Knaur.

Über die Autorin:
Carla van Raay wurde in Holland geboren und zog im Alter von zwölf Jahren zusammen mit ihren Eltern nach Melbourne, Australien. Seit einigen Jahren schreibt sie Bücher und leitet Seminare zum Thema Kindesmissbrauch. Sie lebt in Perth im Westen Australiens. Im Internet ist sie unter www.carlavanraay.com zu finden.

Carla van Raay

Einmal Hölle und zurück

Mein Leben als Heilige und Hure

Aus dem australischen Englisch
von Maria Zybak

Knaur Taschenbuch Verlag

Die australische Originalausgabe erschien 2004 unter dem Titel
God's Callgirl bei HarperCollins Publishers Pty. Ltd, Sydney, Australien.

Besuchen Sie uns im Internet:
www.knaur.de

Deutsche Erstausgabe Oktober 2006 Knaur Taschenbuch.
Ein Unternehmen der Droemerschen Verlagsanstalt
Th. Knaur Nachf. GmbH & Co. KG, München.

Redaktion: Kathrin Stachora
Umschlaggestaltung: ZERO Werbeagentur, München
Satz: Adobe InDesign im Verlag
Druck und Bindung: Nørhaven Paperback A/S
Printed in Denmark
ISBN 978-3-426-77824-1

2 4 5 3

Der Unschuld in uns allen gewidmet.

Die Gnade ist in dir.
Verabschiede dich von der Vorstellung,
dass du in Ungnade bist.
Papaji (H. W. L. Poonja), Bombay, 1975

Inhalt

Vorwort

Carla van Raay erzählt in ihrem Buch *Einmal Hölle und zurück* mit entwaffnender Offenheit von ihrem außergewöhnlichen Leben. Ich leitete im Jahr 1987 eine Frauengruppe. In den Wochen, die wir miteinander verbrachten, wurden nicht nur intimste Gefühle offenbart und Probleme gelöst, sondern auch Lebensgeschichten erzählt – manche berichteten kurz, manche lang, ängstlich oder verlegen, unter Tränen und Lachen. All diese Geschichten waren real, bewegend und befreiend für die jeweilige Erzählerin.

Eine hoch gewachsene, schlanke, zurückhaltende Frau mit einem nervösen Lachen fesselte uns ganz besonders mit ihren Geschichten aus dem Klosterleben und ihren späteren, ganz und gar unwahrscheinlich klingenden Versuchen, ihrem Leben einen Sinn zu geben. Ich glaube, keine der Teilnehmerinnen von damals wird Carla jemals vergessen. Wir hatten sie alle gern – wegen ihrer Ehrlichkeit, ihrem Mut, ihrem schrägen Humor und am allermeisten wegen ihrer Unschuld. Denn trotz aller Missbrauchserfahrungen, trotz aller Angst, Konditionierung und verrückten Lebensentscheidungen gelang Carla das Unmögliche – sich ihre Unschuld zu bewahren. Und das ist heutzutage selten. Alle Frauen in der Gruppe bestürmten sie, dieses Buch zu schreiben.

Ihre bewegende und schier unglaubliche Geschichte berührte mich wieder sehr, als ich ihr Buch las. Andererseits, wenn Sie Carla kennen würden, dann würde Ihnen ihre Geschichte überhaupt nicht unglaublich vorkommen.

Persephone Arbour, Perth

Einleitung

Es war eine Geschichte voller Bitterkeit und Zorn, die ich vor vielen Jahren zu schreiben begann, eine fürchterliche Seifenoper, mit der ich »die schrecklichen Nonnen« bloßstellen wollte. Alle Welt sollte erfahren, was ich zwölfeinhalb Jahre in einem Kloster erduldet hatte. Nicht zuletzt wollte ich mit meinem Buch ein wenig Kritik an der katholischen Kirche provozieren und an allem, wofür ihre Institutionen stehen.

Mit meinem Zorn schwand mit der Zeit auch diese Motivation, und 1986 sprach ich bei der damaligen Stadträtin Joan Watters vor – einer Frau mit einigem Einfluss in Perth –, weil ich dachte, sie könnte mir vielleicht helfen, einen Verleger zu finden. Mit der Einleitung, dem ersten Kapitel, einem Konzept der weiteren Kapitel und einem Foto von mir als Postulantin im Orden der Faithful Companions of Jesus (dt.: Treue Gefährtinnen Jesu) bewaffnet, konnte ich sie ziemlich schnell davon überzeugen, dass meine Geschichte es wert war, veröffentlicht zu werden. Auf meine Bitte hin stellte sie einen Kontakt zur Presse her. Obwohl wir uns ein Einspruchsrecht erkämpft hatten, machte jede Sonntagszeitung in Australien mit der reißerischen Schlagzeile auf: *Warum ich vom Kloster ins Bordell ging. Die Beichte einer Exnonne.*

Der Artikel rief sofort meine vier Geschwister in Melbourne auf den Plan, die mich inständig baten, aus Rücksicht auf unsere Eltern von einer Veröffentlichung meiner Geschichte abzusehen. Es würde sie nicht nur zutiefst verletzen, alle möglichen Einzelheiten aus dem Leben ihrer einst so geachteten und nun so tief gefallenen Tochter zu lesen, sondern es würde auch ihre Beziehung – ein Abhängigkeitsverhältnis – zu den Nonnen belasten. Obwohl mein Vater inzwischen im Ruhestand war, wohnten sie noch in einem Haus, das ihnen der Orden zur Verfügung gestellt hatte. Ich fügte mich und ließ mir die Chance zur Veröffentlichung entgehen, als ein Verlag auf mich zukam.

Inzwischen sind meine Eltern beide tot und alle Beziehungen mit dem Orden, bis auf die freundschaftlichen, beendet. Viele der Nonnen, die in meiner Geschichte vorkommen, sind mittlerweile sehr alt oder schon gestorben. Für mich sind die Figuren in dieser Geschichte wie die Rosen an einem Strauch: Sie haben einmal herrlich geblüht, und nun sind viele verwelkt und tot. Es geht mir nicht darum, das Gedenken an ihre Blütezeit zu entehren, sondern darum, herauszudestillieren, was es aus ihrem und meinem Tun zu lernen gibt. Ist es nicht das, worum es im Leben wirklich geht? Gott atmet, und da sind wir: rosige, lebendige Wesen, vital und selbstverliebt, auf einer Bühne mit eng gesteckten Grenzen. Dann atmet Gott wieder – vielleicht seufzt er nur über den ganzen Spektakel –, und wir sind alle fort, zurückgekehrt an den Ort, von dem alles kommt.

Gott segne die alten Rosen und auch mich – eine Rose, die sich einem Alter nähert, in dem man möglichst nicht mehr davon spricht. *Einmal Hölle und zurück* ist ein ehrlicher autobiografischer Bericht und zwangsläufig auch eine ganz persönliche Interpretation der Ereignisse. Mittlerweile bin ich seelisch erwachsen geworden und es ist keinesfalls meine Absicht, mit meiner Geschichte irgendjemanden zu verletzen. Deshalb habe ich die Namen – und ebenso einige Details – geändert, um eine zufällige Identifizierung noch lebender Personen zu vermeiden. Es kann durchaus sein, dass Mitglieder meiner Familie, meiner ehemaligen Ordensgemeinschaft oder auch frühere Kunden aus meiner Zeit als Callgirl meine Geschichte als Fiktion betrachten; das lässt sich wohl nicht verhindern.

Sollte eine in dieser Geschichte erwähnte, noch lebende Person sich zu Unrecht kritisiert oder unfair behandelt fühlen, so möchte ich klarstellen, dass diese Geschichte in erster Linie eine Demaskierung meiner selbst mit all meinen Fehlern ist.

In den Jahren, da ich die Geschichte von Carla niederschrieb – von dem Mädchen, das im katholischen Süden Hollands aufwuchs und mit zwölf Jahren nach Australien kam, sich dann im jungfräulichen Alter von achtzehn Jahren zum Eintritt in ein Kloster entschloss und es mit jungfräulichen einunddreißig wieder verließ –, wurde mir nach und nach klar, *dass ich gar keine andere Wahl gehabt hatte*, als Nonne und später Prostituierte zu werden. Es waren Rollen, die ich spielte und die eher meine Neurose als mein wahres Selbst ausdrückten. Ich musste erst erfahren, wer ich *nicht* war, um herausfinden zu können, wer ich *bin*. Vielleicht ist das immer so im Leben, bei mir war es jedenfalls so.

»Was man abwehrt, kommt wieder«, heißt es. Ich wusste nichts über Sexualität, hatte Angst davor, unterdrückte sie, und so beschäftigte mich dieses Thema die ganze Zeit. Dann ließ ich mich, um sie zu verstehen, auf alle möglichen mehr oder weniger rühmenswerten Experimente ein. Dieses Buch beschreibt die Höhen und Tiefen eines Lebens als Prostituierte und das seelische Leid, das durch Exzessivität entsteht.

Die Zeitumstände und der Beistand vieler Freunde haben mir geholfen, mir meiner unterbewussten Muster bewusst zu werden und sie zu überwinden. Es ist vielleicht nicht gut, in Erinnerungen zu schwelgen, aber ganz gewiss gefährlich, sie zu ignorieren. Also erzähle ich jetzt meine Geschichte, und dann bin ich fertig damit, denn ich möchte sie nicht noch einmal durchleben!

Ordenshierarchie der Faithful Companions of Jesus

(nach Rang und Autorität geordnet)

Generaloberin
Leiterin des Ordens; lebt im Mutterhaus in England.

Provinzialin
Leiterin einer Provinz, zum Beispiel Australien (wo es seinerzeit vier Klöster gab).

Oberin
Leiterin eines Klosters.

Professschwestern
Diejenigen, die nach einem Zeitraum von achteinhalb Jahren die ewigen Gelübde abgelegt haben. Unter ihnen gilt das Prinzip: höheres Dienstalter = höherer Status.

Geistliche Schwestern
Diejenigen, die nach dem Noviziat die zeitlichen Gelübde abgelegt oder sie drei Jahre später erneuert haben.

Novizinnen
Diejenigen, die sich nach dem Postulat, bevor sie dic zeitlichen Gelübde ablegen, der zweijährigen Erprobungszeit unterziehen.

Postulantinnen
Diejenigen, die sich in den ersten sechs Monaten der Erprobungszeit befinden.

Laienschwestern
Erledigten alle Hausarbeiten wie Kochen, Putzen und Waschen und unterstützten dadurch die unterrichtenden Schwestern. Häufig wurde ihnen von Postulantinnen und Novizinnen geholfen. Die Laienschwestern durchliefen eine ähnliche Probephase wie Nonnen, konnten aber niemals in eine verantwortungsvolle Position gewählt werden.

Erster Teil

Es ist ein Mädchen

Ich wurde als katholisches Mädchen geboren, am 28. Oktober 1938 um sieben Minuten nach vier Uhr am Nachmittag in einer kleinen holländischen Stadt namens Tilburg. Es war die erste Erfahrung meiner Mutter in Sachen »Kinder zur Welt bringen« und ihre allerschlimmste; und meine erste Erfahrung mit der Erbsünde, was bedeutete, dass man mich bis zur Taufe nicht küssen durfte, weil ich zu sündig war.

Es war eine merkwürdige Zeit, um auf die Welt zu kommen. Das Wetter war launisch, einmal warm, dann wieder kalt. Von den Platanen, Eichen und Kastanienbäumen fielen die Blätter und wurden vom Wind raschelnd über die Gehsteige und auf die Veranden getrieben. Noch hielten sich letzte Rosen. Ihr Duft mischte sich mit dem strengen Geruch der Chrysanthemen und dem dunklen, erdigen Geruch der nebligen Morgenluft. Der Sommer verabschiedete sich und die Menschen begannen sich in Gedanken auf den unvermeidlichen Winter vorzubereiten.

Das Haus, in dem ich geboren wurde, stand in einer Reihe hintereinander gestaffelter Häuser, die genauso aussahen. Alle hatten ein oberes Stockwerk mit einem kleinen Fenster im steilen Dach. Der winzige Garten davor, gerade groß genug für ein paar Büsche blauer Hortensien, war von einer niedrigen Mauer mit hübsch gerundeten Ziegeln als Abschluss umgeben – ein wunderbarer Hochsitz, wenn mildes Wetter die Leute zum Plausch mit den Nachbarn nach draußen lockte. Das Fleckchen Erde hinter dem Haus war zu klein, um Gemüse anzubauen, und das war einer der Gründe, warum wir 1944 umzogen.

Die Straße hatte den provozierenden Namen »Malsenhof«, was so viel bedeutet wie »Garten der Freuden« oder »üppiger

Garten«. Sie wurde ihrem Namen jedoch nicht gerecht und existiert heute nicht mehr; sie musste für unerfreuliche, hässliche Wohnblöcke Platz machen.

Damals bekamen Mütter ihre Kinder zu Hause; den Arzt rief man nur, wenn es ernsthafte Schwierigkeiten gab. Meine heftige Abneigung, auf die Welt zu kommen, wurde schließlich dadurch überwunden, dass er mich mit einer stählernen Zange durch einen trockenen Geburtskanal ins Licht der Welt zerrte.

Meine schöne Mutter war fünfundzwanzig, mein gut aussehender Vater vierundzwanzig, aber sie hatten wenig Ahnung davon, was es hieß, Kinder zu haben. Eines wussten sie jedoch: Ich sollte das Wunderkind werden, das keiner von beiden gewesen war. Sie wollten mich herumzeigen können, die ganze Familie und Nachbarschaft mit mir beeindrucken. Besonders wichtig war das für meine Mutter, denn ihre Familie war gegen die Hochzeit gewesen, weil sie weit unter ihrer sozialen Stellung geheiratet hatte.

Nach dem ersten obligatorischen Schrei wurde ich von der Hebamme gesäubert und meiner zitternden Mutter übergeben, damit ich einen Schluck an ihrer Brust nehmen konnte. Sie war stolz auf mich, ohne jeden Zweifel, und stolz auf ihre Leistung, nun da der Schmerz schon fast vergessen und alles Unappetitliche so gut wie beseitigt war. Und ich war niedlich, ein sehr hilfreicher Umstand. Ihr nächster Gedanke galt meiner Taufe.

Die katholische Kultur, in die ich hineingeboren wurde, ging von einer simplen und bedrückenden Voraussetzung aus: Der Mensch, wurde behauptet, ist von Grund auf schlecht. Das bedeutete, schlecht von allem Anfang an und im Innersten seines Wesens. Die Menschen im südlichen Teil der Niederlande, wo ich geboren wurde, waren katholisch bis auf die Knochen und felsenfest davon überzeugt, dass Seelen ohne christliche Taufe in der Hölle landen.

Für ungetaufte Babys gab es einen besonderen Ort – Limbus oder Vorhölle, wie im Katechismus stand –, wo sie zwar gnädigerweise keine Höllenqualen leiden, aber auch nie »Gottes Antlitz schauen« würden. Dieser Ort verdankt seine Existenz einer Bulle, von den Weisen der katholischen Kirche in irgendeinem Jahrhundert erlassen, und wurde im späten 20. Jahrhundert durch eine andere Bulle wieder abgeschafft, aber 1938 zweifelte kein Mensch daran, dass es ihn gab. Also begab man sich mit einem Neugeborenen in der Regel eiligst zur Kirche, um das Risiko, dass es an jenem trostlosen Ort enden würde, möglichst klein zu halten. Die Mutter war bei der Taufe selten anwesend, denn meistens hatte sie sich von der Tortur, ein neues Sündenbalg auf die Welt zu bringen, noch nicht hinreichend erholt. Stattdessen marschierte eine Tante, umgeben von einem Schwarm weiblicher Verwandter und Freundinnen, mit dem Baby auf dem Arm stolz die Straße hinunter, das Baby in einem Steckkissen mit einem Schleier aus Seide und Spitze darüber. Zur Kirche gelangte man nur zu Fuß, es sei denn, man besaß zufällig Pferd und Kutsche oder eines dieser seltenen Dinger: ein Automobil. Wir besaßen keins von beidem. Wenn es regnete, schützte der Schleier das Baby ein wenig.

Die jüngere Schwester meiner Mutter brachte mich also schleunigst in die Kirche, ließ mich taufen und mir gute katholische Namen geben, wie es sich gehört. Meine Eltern fanden offenbar, dass ich mindestens drei Heilige brauchte, um dem Teufel die Stirn zu bieten: Ich wurde auf die Namen Carolina Johanna Maria getauft.

In diesen Namen waren auch meine Vorfahrinnen repräsentiert. Mein erster Vorname leitete sich von der deutschen Mutter meines Vaters, Carola, her. Ich wurde jedoch nie so genannt, denn meine mutige Mutter, die alle Deutschen (außer meinen Vater) ablehnte, nein, *hasste* und die Familie ihres Mannes immer wieder brüskierte, sagte: »Carola? Nur über meine Leiche!« Sie rettete den Tag durch eine kleine Verkürzung des Namens, die jedoch von großer Bedeutung war, und nannte mich Carla.

Carla bedeutet »starke Frau«, und das war gut, wenn man bedenkt, welches Karma mir bestimmt war. Wenn sie gute Laune hatte, rief mich meine Mutter Kareltje, das ist eine Verkleinerungsform des männlichen Namens Karel, der sich vom holländischen Wort *kerel* herleitet, und das heißt »starker Mann«.

Im Großen und Ganzen ging es einem katholischen Baby gar nicht so schlecht, wenn es – wie ich – gestillt wurde. Ich wurde gestillt, bis fünfzehn Monate später meine Schwester erschien. Aber die Zeiten sollten sich ändern. Bald würde der Krieg nach Holland kommen. Und, noch bedeutsamer, es drohte auch Krieg in der Familie – jene privaten Kämpfe, die sich in den Häusern abspielen, in denen Kinder aufwachsen.

Meine Mutter war mollig, aber nicht dick, und hatte dichtes kastanienbraunes Haar, das sich in weichen Wellen an den Kopf schmiegte und ihrem offenen Gesicht mit den vollen Lippen schmeichelte. Ihre braunen Augen, über denen sich perfekt geschwungene Brauen wölbten, versteckten sich ein wenig unter Schlupflidern. Sie stammte aus einer frommen, sich vornehm gebärdenden Familie, hatte Schneiderei gelernt und es bis zur Meisterin gebracht. Während des Krieges hielt sie uns mit ihren Näharbeiten, die sie auf dem Schwarzmarkt anbot, über Wasser. Als junges Mädchen quälte meine Mutter, dass es ihrer Familie so gut ging, während um sie herum so viel Armut herrschte. Dieses Problem ließ sich leicht lösen: Sie heiratete einen Mann, der nicht viel mehr als eine Geige und ein hübsches Gesicht besaß.

Mein Vater sah wirklich ausgesprochen gut aus. Er war groß, muskulös und hatte eine hervorragende Figur. Das Gesicht mit der schmalen geraden Nase und den grauen Augen war sehr ebenmäßig, das Kinn kantig, wie gemeißelt und sein Mund – nun, der ließe sich am ehesten als entschlossen beschreiben. Er war praktisch veranlagt und handwerklich sehr geschickt, wusste, wie man Pflanzen zieht und Schuhe repariert.

Mein Vater hatte viele Geschwister. Als er auf die Welt kam, machten seine Eltern keine großen Umstände mit einem Kinderbettchen – sie legten ihn einfach in die unterste Schublade einer Kommode. Er erzählte diese Geschichte immer mit einem gewissen ironischen Humor, aber sie schien ihn doch zeitlebens betroffen und traurig zu machen.

Er wurde in dem Städtchen Kranenburg geboren, das so nahe an der deutsch-holländischen Grenze lag, dass die Leute beide Sprachen beherrschten. In seiner Familie wurde jedoch Deutsch gesprochen. Sie ließen sich in Holland nieder, als mein Vater siebzehn war, und erhielten problemlos die niederländische Staatsbürgerschaft.

Als sich der baldige Kriegsbeginn abzeichnete, war mein Vater fünfundzwanzig. Er wurde in die holländische Armee eingezogen, wo man seine Loyalität kurz in Frage stellte. Er selbst hatte keine Bedenken, für Holland zu kämpfen – schließlich war dies das Land, das ihm nun Brot und Wohnung gab. Er betrachtete es jetzt als seine Heimat und wollte seine Dankbarkeit zeigen, indem er sich voller Begeisterung für seine Verteidigung einsetzte.

Seine große Familie teilte diese Gefühle leider nicht. Vor allem die Verwandten in Deutschland betrachteten die bedingungslose Loyalität meines Vaters gegenüber seiner neuen Heimat als unverzeihlichen Verrat. Sein jüngerer Bruder Anton meldete sich zur holländischen Armee, betätigte sich jedoch als Spitzel für die Deutschen. Mein Vater war todunglücklich darüber, doch seiner Loyalität tat es keinen Abbruch.

Ich war noch kein Jahr alt, als der Zweite Weltkrieg ausbrach. Aus meiner Mutter wurde ein Nervenbündel, doch sie beruhigte sich mit der Zeit, als man sich an das Leben unter der Besatzung zu gewöhnen begann und mein Vater abends wieder von der Arbeit nach Hause kam. Krieg war eine Sache, die sich im Leben von Menschen und kleinen Kindern eben hin und wieder ereignete.

Was meine Eltern beide als Erbe von ihrer Familie mitbekamen, waren Schuldgefühle in Sachen »Sex« – nicht ungewöhnlich im schuldbeladenen Katholizismus jener Zeit, aber einiger Worte wert.

Die Vorfahren meiner Mutter stammten aus dem französischen Adel und waren der Guillotine während der Revolution nur durch Flucht ins Ausland entkommen. Im statusbewussten Holland hielten sie sich für wesentlich besser als der Pöbel mit seiner angeblich so lockeren Moral, weshalb schnellstens geheiratet werden musste, als mein Großvater um Großmutter warb und die beiden von Leidenschaft übermannt wurden, was zu einer Schwangerschaft führte. Das erzählte mir meine Mutter, als ich selbst kurz vor der Hochzeit stand (obwohl ich nicht im Geringsten schwanger war), aber das dicke Ende kam erst noch. Eines Tages spazierte meine Großmutter allein über die Wiesen, als plötzlich ein Gewitter aufzog. Sie war schon auf dem Heimweg, und da geschah etwas Schreckliches: Unmittelbar neben ihr schlug der Blitz in einen Baum ein, übrig blieben nur zwei verkohlte Hälften. Das war das Letzte, was meine Großmutter in ihrem Leben sah. Sie erblindete, entweder weil das gleißende Blitzlicht die Netzhäute verschmort hatte oder durch den Schock – oder durch beides. Sie wurde nie wieder gesund und brachte ihre Tochter (und später noch drei weitere Kinder) als stockblinde Frau zur Welt.

Man kann sich gut vorstellen, welche Erklärung sie dafür fanden: Gott hatte meine Großmutter gestraft. Gott hatte sie blind gemacht, weil sie ihr Kind in *Lust* empfangen hatte. Es widersprach ihrem feinen katholischen Empfinden, dem zufolge Geschlechtsverkehr nicht zum Vergnügen, sondern allein zum Zweck der Fortpflanzung stattzufinden hatte. Ja, Gott hatte meine Großmutter schon hier auf Erden gestraft, damit ihr später die Hölle erspart blieb. Ihr Gatte, ein aufrechter Mann, trug die Schuld tapfer mit, ohne dass ihn der Blitz streifen musste. Er bezahlte stattdessen gutes Geld für die Kindermädchen, die sie zur Unterstützung brauchten.

Meine Mutter betrachtete sich deshalb als »Kind der Lust« und fühlte sich nie wohl mit ihrer Sexualität. Seltsam, dass auch sie Sex vor der Ehe hatte – wieder ein Akt verdammenswerter Wollust! All das gestand sie mir erst später, als sie eine alte Frau war und sich nach einer anderen Vertrauensperson als dem Pfarrer ihrer Gemeinde sehnte. *Schuldgefühle*, schrieb mir kürzlich eine scharfsichtige Freundin, *suchen sich immer eine Rechtfertigung*. Sie heiratete meinen Vater, einen gesunden, gut aussehenden, armen Mann mit einem starken Sexualtrieb. Ihr Glaube und das heilige Ehegelübde verlangten, dass sie ihm gehorchte – und ihm zu gehorchen bedeutete, sich seiner Wollust zu unterwerfen. In allen anderen Dingen, so schien es, war *er* derjenige, der *ihr* gehorchte. Beide machten also Zugeständnisse, die Grundlage so mancher dauerhaften Ehe.

Das bekam ich auf meinen Lebensweg mit: Als Katholikin war ich von Geburt an schuldig, von Natur aus schlecht, schon bevor ich die Schuld meiner Mutter und später die meines Vaters erbte, der seinen Sexualtrieb nicht unter Kontrolle halten konnte. Innerhalb weniger Jahre sollten mich die Schuldgefühle derart fest in den Klauen haben, dass ich den Teufel zu Hilfe rief.

Was für ein schwieriges Kind!

Meine Mutter schrie und mein Vater brüllte, während sie die Hochzeitsgeschenke zu retten versuchten. Um mich herum landete krachend und mitsamt der Tischdecke ein herrliches Durcheinander von Porzellan und Bernstein auf dem Boden, als plötzlich die harten Hände meines Vaters mich packten und aus den Scherben hoben. Welch ein Schreck! Für meinen Vater wichtiger war jedoch der Verlust des Unersetzlichen. Mit ihrem zukünftigen Einkommen würden sich meine Eltern solche schönen und frivolen Dinge nie mehr leisten können.

Ich war eine große Enttäuschung für meine Eltern. Es fing damit an, dass ich Kohle aß. Sie wollten nicht, dass unsere Verwandten es mitbekamen, und versuchten mich mit bösen Blicken und Klapsen auf den Po davon abzubringen. Aber immer wenn sie mich nicht finden konnten, saß ich in dem Schrank neben dem Herd, mein Kleid, der Boden und jedes Fleckchen nackter Haut schwarz von Ruß. Es gab noch mehr, was sie zum Schreien und Brüllen brachte. Ich riss unheimlich gern große Fetzen Tapete von der Wand, wenn sie sich irgendwo gelöst hatte, nur um dieses wunderbare *Rrrripp!* zu hören. Und trotz zu erwartender unangenehmer Folgen wollte ich unbedingt wissen, wie meine Kuscheltiere innen aussahen, besonders der Teddybär, der so schön brummte, wenn man auf seinen Bauch drückte. Die Liste meiner Untaten war beinahe so lang wie der Tag.

Es machte mir Angst, wenn mein Papa mit seiner kräftigen Stimme zu schimpfen begann, ein missbilligendes »Ts ts!« von sich gab wie eine zischende Lokomotive oder Worte sagte, die er – wie meine Mama fand – nicht sagen sollte. *»Hou je mond*, Jan!«, fuhr sie ihn dann an. »Red nicht so vor den Kindern!«

Ich sei ein böses Mädchen, sagte er oft zu mir. Manchmal, wenn er mich hochnahm, wusste ich nicht, ob er mich hätscheln oder hauen wollte. Manchmal hatte ich einen lieben Papa und manchmal einen Papa, der mir Angst machte. Ihm zuliebe wollte ich ein braves Mädchen sein. Ich hatte ihn schrecklich lieb.

Sonntags holte mein Vater seine Geige hervor und spielte die paar Stücke, die er beherrschte. Er hatte keinen Musikunterricht mehr nehmen können, als die Kinder kamen, und hart arbeiten müssen, um die Familie durchzubringen. Dass er in den Krieg zog, förderte seine musikalische Entwicklung auch nicht gerade. Also spielte er immer wieder dieselben Melodien, jedoch mit dem allergrößten Vergnügen, und ich bewunderte meinen Vater aus tiefstem Herzen. Eines seiner Lieblingsstücke war Paganinis *Karneval von Venedig*, denn es ließ ihm Raum für kreative Variationen.

Meiner Mutter ging seine ewige Geigerei irgendwann auf die Nerven. Sie hasste es, wenn er sich produzierte, und dass er selbstzufrieden immer und immer wieder dieselben Stücke spielte. Auf das Laster des Stolzes reagierte meine Mutter besonders empfindlich.

Mein Vater liebte auch seine Mundharmonika sehr. Ich bestaunte ehrfürchtig seine Virtuosität, aber meine Mutter fand das Instrument vulgär und Papas Repertoire langweilig. Armer Papa! Er wäre schon zufrieden gewesen, wenn sie wenigstens nicht laut gesagt hätte, wie sehr sie es hasst.

Nach der Sonntagsmesse besuchten wir eines meiner beiden Großelternpaare, das war heiliger Brauch, außer es gab Bombenalarm. Zu den Eltern meines Vaters, Oma und Opa Koekeroe (sie hießen so, weil Opa Tauben hielt, die immer *»koekeroe, koekeroe«* machten), mussten sie mich jedoch mit Gewalt schleppen. Mein Vater setzte dann sein strenges Gesicht auf, und meine Mutter – na ja, insgeheim ergriff sie meine Partei, deshalb bekam ich auch keine Klapse dafür, dass sie mich den ganzen Weg den Gehsteig entlangschleifen mussten.

Die meisten meiner Verwandten väterlicherseits erschreckten mich. Bis auf Oma waren alle dürr wie Bohnenstangen und sahen halb verhungert aus, als bekämen sie nicht genug Essen oder Liebe oder beides. Und die Familie war groß, es gab zahlreiche Tanten mit kurzen Söckchen und Onkel in Anzügen, die komisch rochen. Ich fühlte mich einfach immer schmutzig bei ihnen zu Hause. Der allgegenwärtige Geruch nach Taubenkot machte es auch nicht gerade besser. Oma hatte einen watschelnden Gang und keuchte asthmatisch; Opa war dürr und gebeugt und hatte einen borstigen Schnauzbart. Er trug zu lange dieselben Sachen, und immer hatte er eine Pfeife im Mundwinkel oder zwischen den knotigen Fingern. Auch er atmete keuchend.

Viel lieber ging ich zu den Eltern meiner Mutter, wo es eine Sitzgarnitur aus Leder gab, wo alles glänzte und sogar Blumen in den Vasen standen. Vor den Erkerfenstern, die auf den breiten, von Bäumen gesäumten Bürgersteig und den Park gegenüber blickten, wuchsen Büsche.

Holland blieb besetzt und das Leben ging, den Umständen entsprechend, seinen Gang. Ich gewöhnte mich an den Anblick deutscher Soldaten, wenn sie, ihre Furcht einflößenden, schussbereiten Waffen fest im Griff, durch die Straßen patrouillierten. Die meisten waren junge Männer, die von zu Hause träumten und die bestimmt keinen Gefallen an den Schimpfwörtern fanden, die ihnen manche couragierten Menschen zuriefen.

Meinen Eltern wurden in dieser harten Zeit vier Kinder geboren. Denn »Gottes Segen« blieb nicht einfach aus, nur weil

Krieg war. Eigentlich schien Gott sich überhaupt nicht darum zu kümmern.

Mein Papa sah so unglaublich gut aus, besonders in seiner Militäruniform, und meine Mama war sehr romantisch. Wenn Richard Tauber im Radio kam, sang sie seine Lieder laut mit. »Du bist mein ganzes Herz«, sang sie. »Wo du nicht bist, kann ich nicht sein.« Sie strahlte immer vor Freude, wenn sie solche Lieder sang. Es gibt ein Familienfoto, aufgenommen von einem Fotografen, auf dem mein Vater seine Uniform trägt. Kein anderer sah so schneidig und selbstbewusst aus.

Auf einem Familienfoto mit meinem sagenhaft gut aussehenden Papa, meiner stolzen, sittsamen Mutter, meiner jüngeren Schwester Liesbet und meinem kleinen Bruder Adrian – damals noch ein Baby – erwischte mich die Kamera mit gespitztem Mund, als würde ich pfeifen. Mein Vater hatte mir das Pfeifen beigebracht, aber mittlerweile hatte ich gelernt, vorsichtiger damit umzugehen. Einmal, als wir im Verschlag unter der Treppe Schutz gesucht hatten, machte ich das Pfeifen einer Bombe so perfekt nach, dass sie direkt auf uns zuzukommen schien. Ich war erst vier und hatte keine Angst vor Dingen, die ich mir nicht vorstellen konnte – im Gegensatz zu meinen Eltern, die vor Angst kaum zu atmen wagten. Mein Vater hatte mir blitzschnell die Hände um den Hals gelegt – ein sehr wirksames Mittel, um jemanden zum Schweigen zu bringen.

Gegen Kriegsende zog mein Vater noch einmal seine Uniform an, um sich den Alliierten anzuschließen. Er kam regelmäßig auf Urlaub nach Hause, mit Lastwagen und Gewehr. In jenen Monaten war er der Held des ganzen Viertels. An die Front war er nie geschickt worden, nicht nur weil er Familie hatte, sondern weil auf der Hand lag, wie schwer es für ihn wäre, nachdem seine ganze Familie – abgesehen von uns – in Deutschland lebte.

Mir erschienen die deutschen Soldaten einfach sonderbar; ich konnte lange nicht verstehen, warum die Menschen sie hassten. Ich hatte keine Angst vor ihnen, denn wenn wir ihnen auf der Straße begegneten, unterhielt sich mein Vater mit ihnen und brachte sie zum Lachen. Dass er fließend Deutsch sprach, war mehrere Male seine Rettung.

Zwei deutsche Soldaten retteten mir wahrscheinlich das Leben, als ich meinen Vater eines Tages bei einem seiner Ausflüge zum Holzsammeln in den Wald begleitete. Dazu hatte er sich von einem Nachbarn einen Karren geliehen, der zwei Räder von einem Fahrrad und Griffe wie ein Schubkarren hatte, so dass man ihn schieben und ziehen konnte. Mich setzte er auf einen Stapel leerer Kartoffelsäcke, so dass ich nicht jeden Stein spürte. Später würde er mit den Säcken unser Brennholz abdecken, damit es nicht die Aufmerksamkeit deutscher Soldaten auf sich zog, die es dann für sich beschlagnahmten.

Der Wald kam gerade in Sicht, als Sirenengeheul ertönte und die Menschen aufforderte, einen Schutzraum aufzusuchen. Die Alliierten flogen oft Angriffe über Holland, um den Deutschen ihre Selbstherrlichkeit auszutreiben. Das Dröhnen der Flugzeuge kam näher – und wir befanden uns auf freiem Feld, es gab weit und breit keinen Unterschlupf, und jeden Moment würden die Bomben fallen! Ich war fünf, alt genug, um diese Sirenen mit panischer Angst zu assoziieren, aber mir war trotzdem nicht bang: Mein großer, starker, kluger Papa wusste bestimmt, wie er uns beide beschützen konnte. Er würde doch nicht vor einer Sirene davonlaufen.

Eine Weile ging mein Vater noch verbissen weiter, dann traf er eine Entscheidung. »Du wartest hier auf mich«, sagte er, hob mich vom Karren und setzte mich neben dem Weg auf die Erde. »Ich komme gleich mit dem Holz zurück.«

Mein Vater wollte mich allein lassen, ganz allein? Ich könnte von den Bomben getötet werden, und mein Papa ließ mich allein? »Oh nein, Papa, nein, nein, nein!«, schrie ich voller Entsetzen, sank auf die Knie und streckte ihm die Arme entgegen. Ich weigerte mich zu begreifen, dass er mich tatsächlich dort zurücklassen würde. Doch mein Vater, der Draufgänger, warf mir lachend ein paar Kartoffelsäcke zu und rief: »Deck dich damit zu!«

Ich wurde noch panischer. Welchen Schutz sollten mir ein paar Jutesäcke bieten? Doch er war schon weitergegangen und sah sich nur einmal um. »Jetzt deck dich schon zu, zum Teufel noch mal!«, schrie er über die Schulter zurück. Ich wollte gerade vor Angst schlotternd und schluchzend in einen der Säcke kriechen, als ich von der anderen Seite des Weges ein Geräusch hörte, einen leisen Pfiff. Als ich mich umblickte, sah ich zwei Soldaten in deutscher Uniform, die sich in einem Graben im Gebüsch versteckten. Ich erkannte sie an ihren Helmen. Die Soldaten, beide noch sehr jung und mit freundlichen Augen, bedeuteten mir mit hektischen Gesten, zu ihnen zu kommen. Ich zögerte keine Sekunde, sondern lief hinüber in ihre Arme.

Ich muss ohnmächtig geworden sein, denn ich erinnere mich erst wieder, dass ich zu Hause in meinem Bett von den aufgeregten Stimmen meines Vaters, meiner Mutter und der Nachbarn aufwachte. Als ich benommen die Treppe hinunterstolperte, sah ich meinen Vater mit einem Verband um den Oberschenkel dasitzen. Man hatte ihm gerade eine Kugel herausgeholt. Ein amerikanischer Pilot hatte ihn im Wald entdeckt und so lange über ihm gekreist, bis er einen Treffer landen konnte. Ich ließ mich verwirrt auf die unteren Treppenstufen sinken, um das Spektakel zu beobachten.

Solche Geschichten waren typisch für meinen Vater.

Das kleine Unkräutlein

Ich war erst seit ein paar Monaten in der Grundschule, als ich plötzlich stark abnahm.

»Sie wächst zu schnell«, sagten alle, »vielleicht ist sie deshalb so dünn und so scheu geworden.« So scheu, dass sie einem nicht mehr in die Augen zu schauen wagt und am liebsten unsichtbar wäre, hätten sie hinzufügen können.

Es war kein Wachstumsschub, es war das schreckliche Geheimnis, das ich mit mir herumtrug. Ich konnte niemandem von dieser dunklen, traurigen Last auf meiner Seele erzählen.

Was war es, das ich niemandem mehr erzählen konnte, nicht einmal dem Pfarrer, *vor allem* nicht Pater Janus, dem jungen neuen Pfarrer, der mein Freund geworden war?

Es war der ständig wiederkehrende Albtraum, der schreckliche, ekelhafte Albtraum, den ich seit ungefähr drei Jahren erlebte und dem ich nicht entfliehen konnte, in dem mein Papa im Nachtgewand wie ein dünner, schmaler Geist mitten in der Nacht in mein Bett geschlüpft kam. Während ich ganz benommen war vom Schlaf, schlug er das Bettzeug zurück, küsste mich und ließ seine rauen Hände über meinen Körper wandern. Mein Papa küsste sein kleines Mädchen nie am Tag, vor aller Augen, sondern er drückte seinen großen, feuchten, nach Tabak riechenden Mund in der Nacht auf mein Gesicht. Aus seiner Nase kam schlechte warme Luft, der Kuss war hart und die Bartstoppeln taten weh auf meiner Haut.

Es war so verwirrend! Er roch so schrecklich, dass ich es kaum ertrug, aber ich konnte mich ihm nicht entziehen, wenn er mir mit etwas Übel riechendem, Schleimigem über das Gesicht rieb und mir dann – welch ein Horror! – das schmutzige Ding in den Mund steckte.

Morgens hatte ich immer noch den Geschmack im Mund. Ich dachte, ich hätte schlecht geträumt. Ich war erst drei, als es anfing. Ich würgte, wollte mich erbrechen, alles loswerden. Und dann, aus heiterem Himmel, bekam ich Keuchhusten. Ich hustete und hustete wochen- und monatelang und wurde doch nicht los, was mir im Hals saß und mich halb ersticken ließ. Mit der Zeit aber – ich war ein robustes Kind und liebte meinen Vater bedingungslos – gewöhnte ich mich daran. Es entwickelte sich eine unausgesprochene Komplizenschaft zwischen uns, eine sehr spezielle Bindung.

Meine Mutter hätte sich denken können, dass mein Vater woanders Druck ablassen würde, wenn sie sich ihm verweigerte oder eine besonders starke Periode hatte und er nicht schlafen konnte, weil er nur auf seinen Penis konzentriert war und nicht auf die Stimme seines Herzens hörte. Er verließ das Bett, wenn er dachte, dass sie schlief. Sie brauchte ihre Schonzeiten. Auch sie hatte schlechte Träume, und oft wurde daraus eine weitere Schwangerschaft. Meine Mutter wollte lieber nichts Genaues wissen, lieber nicht wahrnehmen, was geschah, und ihm ein Ende machen. Als ich eine Blasenentzündung bekam, nähte sie mir eine warme Hose, die ich mit Sondergenehmigung der Rektorin statt einem Rock auch in der Schule tragen durfte.

Ungefähr in dieser Zeit hörten wir Schulkinder die Geschichte von Jesu Kreuzigung und Tod. Unsere Lehrerin beschrieb in allen Einzelheiten, wie Jesus gegeißelt wurde und Blut schwitzte und sie ihm dann eine Dornenkrone auf den Kopf drückten.

All diese Bilder waren so neu, so anschaulich und brutal. Es war die schlimmste Horrorgeschichte aller Zeiten, und ich hatte das Gefühl, dass ich bald ohnmächtig würde. »Als Jesus all dies erlitten hatte, wurde er an ein Kreuz genagelt. Ein Soldat schlug einen großen Nagel durch jede Hand und jeden Fuß.«

Bum, *bum*, *bum* machte der Hammer in meinem Kopf. »Dann richteten sie das Kreuz auf und nach einer Weile nahm ein anderer Soldat eine Lanze und stach Jesus ins Herz, damit er auch bestimmt tot war.« Ich spürte einen Stich in meiner Brust, wollte mich übergeben.

Wie sollte man solche Sachen nur begreifen! Mein Kopf sank auf das Pult, ich konnte die Lehrerin nicht mehr anschauen. Und dann fügte sie hinzu, fast beiläufig, dass Jesus all das für *unsere* Sünden erlitten hatte. Wir Kinder waren schuld an seinem Tod! *Ich* war schuld an seinem Tod!

Meine schändliche Sündhaftigkeit lag mir schwer auf der Seele. Ich hatte das Gefühl, mehr als jeder andere für Jesu Leid verantwortlich zu sein. Aus welchem Grund? Wegen der schrecklichen Dinge, die in unserem Kohlenschuppen zu Hause passierten.

Der Kohlenschuppen, ein Anbau neben der Küche, war nur über den kleinen, ummauerten Hof zugänglich, in dem sich auch der Abort befand, WC genannt, obwohl es dort kein fließendes Wasser gab. Am Kohlenschuppen musste ich vorbei, wenn ich zur Toilette wollte.

Unser WC war ein simpler Abtritt mit einer Grube, deren Inhalt auf dem Hinterhof landete, wo wiederum prächtiges Gemüse wuchs. Der Geruch in diesem Abort war so grauenhaft, dass ich lernte, mich ganz schnell zu entleeren, damit ich fertig war, bevor ich einmal Atem holen musste. Wenn mein Vater auf der Toilette war, konnte man es nicht einmal draußen im Hof aushalten. Vielleicht lag es daran, dass er Zigarren rauchte oder dass er oft Fleisch aß, oder am Krebs, der vielleicht schon an seinen Eingeweiden fraß – oder an seiner häufigen schlechten Laune. Was immer der Grund gewesen sein mochte, der Gestank war jedenfalls unerträglich.

Der Kohlenschuppen diente meinem Vater auch als Werkstatt, wo er unsere Schuhe machte und reparierte und Spielsachen für Weihnachten und Geburtstage bastelte. Mein Vater stellte herrliche Spielsachen her; das war seine Jekyll-Seite. Er baute mir ein Gokart, ein wunderschönes Puppenhaus und ein Schaukelpferd, alles in leuchtenden Farben bemalt. Uns Kindern wurde gesagt, dass auch Knecht Ruprecht, der Begleiter des Weihnachtsmanns, sich im Kohlenschuppen versteckte, um herauszufinden, ob wir brav waren oder nicht. Er hielt sich dort allerdings nur in den Wochen vor dem sechsten Dezember auf, an dem auch in Holland die Kinder sehnsüchtig auf den Nikolaus warten. Meistens fühlte ich mich im Kohlenschuppen jedoch sicher, wenn ich hin und wieder meinen Papa besuchte, um ihm bei der Arbeit zuzusehen.

Eines Tages rief er mich in den Schuppen und schloss schnell die Tür hinter mir, ohne Licht anzumachen, so dass nur zwischen den ungleichen Holzbrettern unten an der Tür Licht hereinkam. Er packte mich grob an der Schulter – ich spürte, wie seine Hand zitterte – und zog mich weiter hinein. Seine Angst übertrug sich auf mich wie eine ansteckende Krankheit. Nie zuvor hatte ich ihn in einem solchen Zustand erlebt.

Das Gesicht meines Vaters war fratzenhaft verzerrt, er konnte kaum verständlich sprechen. Erst hielt er mich an den Schultern fest und schüttelte mich heftig, dann fanden seine Hände plötzlich ihren Weg zu meinem Hals und er begann mich zu würgen. Er stieß hässliche Laute aus, die mich an die Art von Worten erinnerten, die in unserem Haus nicht ausgesprochen werden durften. Sie machte mich schrecklich traurig, diese plötzliche, unverständliche Zurückweisung. Konnte er denn mein Gesicht nicht sehen? Ich betete ihn an! Meinen Papa! *Bitte nicht, Papa! Ich bin doch dein kleines Mädchen! Tu mir nicht weh! Ich hab dich lieb!* Doch mein Vater hatte große Angst. Er konnte nicht sehen, wie seine sechsjährige Tochter unter seinen

Händen nach Atem rang; er wollte nichts anderes, als sich sicher fühlen.

»Erzähl niemandem davon«, stieß er keuchend hervor und stieß mir einen Finger in den Mund, um zu verdeutlichen, was er meinte. Es war ihm unmöglich, auszusprechen, was bei Tageslicht niemals eingestanden worden war. Die Worte kamen schwer aus seinem verzerrten Mund, er fiel in den Dialekt zurück, den er auf der Straße gelernt hatte. »Erzähl niemandem davon! Schon gar nicht dem Pfarrer! Verstanden? Niemandem!« Die Adern an seiner Stirn standen hervor, seine Augen hatten einen wilden Blick, er knirschte mit den Zähnen. Plötzlich ließ er mich los. Ich sank auf dem rußigen Boden zusammen und blieb wie ein Häufchen Elend zu seinen Füßen liegen, unfähig, etwas zu sagen, in einem Moment von dem hilflosen Wunsch erfüllt, ihn anzuflehen, im nächsten von dem Wunsch, zu sterben, bis mich schließlich Angst überkam, tatsächlich sterben zu müssen.

Er konnte mich im Dunkeln nicht sehen, wusste nicht, ob ich ihn verstanden hatte, also trat er nach mir, verlangte eine Antwort. Er traf mich im Kreuz und irgendwie setzte ich mich auf. All das geschah sehr schnell. Er beugte sich über mich und war der Teufel und der liebste Mensch auf der Welt in einem. Ich nickte stumm und wusste nicht, wie ich atmen sollte. Ich war vollkommen verwirrt und konnte nicht begreifen, was an mir so schlimm war, dass mein Vater solche Dinge mit mir tat. Keine Sekunde konnte ich mir vorstellen, dass vielleicht mein *Papa* ein schlechter Mensch war. Nein, wenn er mich so behandelte, musste ich wirklich ein ganz böses Mädchen sein.

Erschöpft ließ ich mich in dem dunklen Schuppen wieder zu Boden sinken. Er ging mit großen Schritten hinaus und ließ die Tür zufallen. Obwohl ich zutiefst verzweifelt war, konnte ich in diesem Augenblick nicht nach meiner Mutter rufen. Ich schloss die Augen und wurde ohnmächtig.

Als ich zu mir kam, stieg Panik in mir auf, eine Urangst, entlarvt zu werden. Ich konnte meine Schuld nie beichten, denn mir war sehr wohl klar, dass ich mit dem Pfarrer nicht darüber sprechen durfte. Ich war ein böses Mädchen, dem niemals verziehen werden könnte. Ich konnte nur versuchen, meine Schlechtigkeit vor den Menschen um mich herum zu verbergen. Aber selbst wenn es mir gelang, die Menschen glauben zu machen, dass mit mir alles in Ordnung war, konnte ich am Ende nicht gewinnen, denn *Gott* wusste um meine Verdorbenheit. Ich hatte entsetzliche Angst, denn ich glaubte, ich würde geradewegs in die Hölle kommen. Ich war erst sechs und wusste es nicht besser.

Ich lief herum wie benebelt. Mehr als die Hälfte meiner Zeit war ich damit beschäftigt, mit den heftigen Gefühlen in mir klarzukommen. Mein Leben ähnelte mehr und mehr einem Traum, während in mir dieser Aufruhr tobte. Es fiel mir zusehends schwerer, zu unterscheiden, ob ich träumte oder nicht. Oft fragte ich mich voller Angst, ob ich wirklich die eine oder andere Arbeit im Haus, meine Hausaufgaben oder irgendeine andere Aufgabe erledigt hatte. Oder hatte ich es nur geträumt? Oft machte ich etwas doppelt, weil ich nicht mehr erkennen konnte, was real war.

Ach, dieser schreckliche Lärm in meinem Kopf, in meinen Ohren, in meiner Seele! Ich fühlte mich gehetzt, eingesperrt wie eine Gefangene. Pater Janus war mir zum Freund geworden. Ich hatte begonnen, ihm zu vertrauen, mit ihm zu reden, doch jetzt durfte es keine Gespräche mehr geben. Ich konnte mich weder ihm noch irgendeinem anderen Priester anvertrauen, konnte nicht beichten, konnte mich nicht an Gott wenden.

Da war noch meine Mutter. Vielleicht würde sie etwas tun, damit alles wieder gut wurde. Aber sie hatte zu viel um die Ohren, als dass sie sich mit einem ihrer Kinder hingesetzt und gefragt hätte, wie es uns ging. Es gab nie ein Gespräch über intime Dinge. Für solche Sachen hatte sie einfach keine Zeit.

Und so fand ich nach dem schrecklichen Erlebnis im Kohlenschuppen in meiner Verzweiflung selbst zu einer Lösung. Ein schlechter Mensch wie ich konnte den Teufel anrufen und einen Handel mit ihm abschließen. In dem brennenden Wunsch, mir Lebenszeit zu erkaufen und den Flammen der Hölle zu entgehen, betete ich zum Bösen, denn ich musste mich mit jemandem verbünden, der größer war als ich. »Luzifer«, begann ich zögernd und voller Angst, Gott durch diesen Treuebruch noch mehr zu verärgern, »ich brauche deine Hilfe. Ich bin ein sehr böses Mädchen. Ich bin so schlecht, dass Gott nicht mehr mein Freund ist. Ich möchte, dass du mein Freund wirst. Bitte hilf mir, dass ich nicht sterbe.«

Mein abscheuliches Gebet an den Teufel entsprang tiefster Trostlosigkeit und Verlassenheit. Nach einer Weile hatte ich das Gefühl, dass meine Gebete erhört worden waren. Ich *lebte noch*. Doch ich hatte schreckliche Schuldgefühle wegen meines Verrats an Gott. Ich konnte nicht mehr richtig atmen und essen und fing an, alles durcheinander zu bringen, was wiederum zur Folge hatte, dass mein Vater und meine Mitschülerinnen sich über mich lustig machten. »Die Dumme! Bringt die Hausarbeit vier Tage zu spät!« Eines Tages kam ich nach dem Mittagessen zu spät zur Schule, weil ich im Hochstuhl meines kleinen Bruders stecken geblieben war. Warum hatte ich überhaupt darin sitzen wollen? Jedenfalls kam ich nicht mehr heraus, und dass sich meine Mutter auf meine Kosten darüber amüsierte, drückte mich noch mehr nieder. Als ich endlich mit hängendem Kopf zur Schule schlich, war das große Stahltor verschlossen. Jetzt gab es nur einen Weg, um hineinzukommen: Ich musste an die Tür des Klosters klopfen und eine Nonne bitten, mich durch das Kloster zum angrenzenden Schulhof zu bringen. Sie führte mich durch das Gebäude, ohne ein Wort zu sagen. Ich sah einige Nonnen Hostien backen. Von hier kamen sie also, diese dünnen weißen Oblaten, die sich in den Leib Gottes verwandelten!

Als ich endlich an meinem Platz saß, konnte ich der Lehrerin den Grund für meine Verspätung nicht recht erklären. Ich stieß nur mehrmals stammelnd hervor: »I-i-ich bin im *kakkestoel* stecken geblieben!« und verwendete in meiner Verwirrung den umgangssprachlichen Ausdruck für Hochstuhl – wörtlich: Stuhl zum Kacken, da er im Sitz ein Loch für das Töpfchen hat. Die anderen Kinder erfassten die Situation sofort und krümmten sich vor Lachen, und je mehr sie lachten, desto mehr verfranzte ich mich.

Mein Vater wusste nicht, dass seine sechsjährige Tochter einen Pakt mit dem Teufel geschlossen hatte. Mir schien der Teufel in meiner Verzweiflung ein besserer Verbündeter als ein strafender Gott. Jedes Mal, wenn mein Papa nachts zu mir kam, dachte ich, ich würde ersticken. Eine schlimmere Hölle als die, in der ich schon lebte, konnte ich mir nicht vorstellen.

Der ständig wiederkehrende Albtraum, von dem ich Pater Janus ansatzweise erzählt hatte, saß nun wie ein dicker Kloß in meinem Hals. Das Beste war, mich möglichst unauffällig zu verhalten, vorzugsweise ganz unsichtbar zu sein. Ich fühlte mich noch mehr verpflichtet als früher, morgens sehr früh aufzustehen und in die Messe zu gehen (ich versäumte nie die Messe – es sei denn, ich war so krank, dass ich nicht mehr gehen konnte). Ich musste essen, in die Schule gehen und meine Aufgaben erledigen, aber mit irgendjemandem näher in Kontakt zu treten war viel zu gefährlich und anstrengend. Ich fühlte mich wie ein zitterndes kleines Unkräutlein, geduldet im Garten des Lebens, wenn niemand mich bemerkte.

Endlich fiel doch auf, dass ich immer dünner wurde. Meine Mutter sah, dass ihre Tochter sich stark verändert hatte, aber falls sie überhaupt einen Verdacht hinsichtlich der Ursache hatte (sie kannte ihren Mann schließlich), so unternahm sie nichts. Mein Vater, der sein kräftiges Mädchen immer schlapper und bemitleidenswert dünn werden sah, wollte sich sein schreckliches Wissen nicht eingestehen. Und so wurde seine älteste, früher so muntere und eigensinnige Tochter zum Arzt gebracht, weil man sich nicht erklären konnte, warum sie so lustlos, untergewichtig und bleich war. Wenige Monate nach Kriegsende schickte man mich zur Kur, wo ich gemeinsam mit ausgemergelten Kriegswaisen und Kindern mit Kriegsneurose wieder zu Kräften kommen sollte.

Ich verbrachte sechs schreckliche Wochen in einer Einrichtung, die von Nonnen in der Art einer Kaserne geführt wurde. Sie kamen mir strenger vor als die Nonnen an meiner Schule. Ich hatte so grässliches Heimweh, solche Bauchschmerzen, dass ich nicht essen konnte. Im Refektorium dröhnte bei jeder Mahlzeit die Stimme einer unsichtbaren, alles sehenden Nonne aus einem versteckten Lautsprecher: »Carla, iss auf! Schieb den Teller nicht zu deiner Nachbarin!« – eine Stimme, die mich jedes Mal erstarren ließ.

Wir wurden auf Kopfläuse untersucht, und zum ersten Mal in meinem Leben musste ich beschämt über mich ergehen lassen, dass man mein langes blondes Haar mit DDT-Pulver bepuderte; ich hatte den Geschmack sogar im Mund. Als ich wieder zu Hause war, wurden mir die Haare fast täglich nach Nissen abgesucht. Meine Mutter, gewissermaßen der Chef-Pavian, nahm diese Aufgabe sehr ernst. Von ihr lernten wir, wie man die winzigen Eier – und gelegentlich eine Laus, die überlebt hatte – zwischen den Fingernägeln zerquetscht. Dank der strengen Kontrolle mussten wir nie giftige Mittel anwenden, wenn wir von der Schule Läuse nach Hause gebracht hatten. Jetzt musste ich den Übelkeit erregenden Geruch des weißen Pulvers ertragen, den man unweigerlich einatmete.

Die Nonnen kontrollierten sogar, wie wir im Bett lagen. Wir mussten die Arme über der Brust kreuzen und nachts wagten wir kaum, uns zu bewegen. »Zupf nicht ständig an den Decken herum, Carla! Und Kinder, das gilt für alle: Schlaft auf der rechten Seite, nicht auf dem Herzen!«

Ein Mädchen, das zum Geburtstag Lutscher von zu Hause bekommen hatte, brachte mich auf die Idee, in einem Brief auch um Süßigkeiten zu bitten. Und meine Eltern, oh Wunder, schickten mir eine Schachtel Pralinen, die ich unter meine Matratze legte. Sie wurde prompt gestohlen und ich fühlte mich unsagbar betrogen.

Durch den Hof verlief der Länge nach eine Mauer, die die Jungen von den Mädchen trennte. Über diese Mauer drangen geheimnisvolle, laute Stimmen von Jungen herüber – Jungen, die ich nie gesehen hatte. Meine Welt war immer sehr klein gewesen; selbst in der Grundschule wurden die Geschlechter getrennt. Diese Jungen waren *Fremde* für mich, im wahrsten Sinne des Wortes. Als mich eines Tages die Neugier übermannte, spähte ich durch einen Mauerspalt hinüber und – oh Schreck! – blickte in das Auge eines Jungen, das *mich* anstarrte. Ich lief fort und versteckte mich, nach Atem ringend, hinter der nächsten Ecke; mein Herz galoppierte wie ein wildes Pferd. Ich war noch keine sieben Jahre alt – zu jung, um das Wort »Sex« zu kennen, aber auf keiner Seele dürften je solche Schuldgefühle wegen unreiner Gedanken gelastet haben wie auf meiner.

Ich kam mir so schlecht vor an jenem Tag auf dem Schulhof, dass ich mich am nächsten Morgen nicht überwinden konnte, zur Kommunion zu gehen. Wir wurden jeden Tag zur Messe in die Kapelle des Klosters geführt, und ich blieb fast eine ganze Woche in der Bank sitzen, während alle anderen sich in die Schlange vor dem Altar einreihten. Mir wurde heiß und kalt bei dem Gedanken, dass mich jemand fragen könnte, warum ich mich so sonderbar verhielt. Die Nonnen saßen in Bänken, die im rechten Winkel zu uns angeordnet waren, konnten die Kinder also gut beobachten. Ich war in einem so erbärmlichen Zustand, dass ich wahrscheinlich nur geschrien hätte oder in Ohnmacht gefallen wäre, wenn jemand hätte wissen wollen, warum ich nicht zur Kommunion ging.

Der Beichttag am Ende der Woche versprach Erlösung. Obwohl mir die große Sünde, die mich so sehr belastete, nie vergeben werden konnte, ging ich wie alle anderen Kinder in den Beichtstuhl und bekannte meine Sünden. Ein katholisches Schulkind konnte unmöglich *nicht* zur Beichte gehen: Wir wurden hingetrieben wie die Schafe und hatten uns zu fügen.

Der Pfarrer schien mir überhaupt nicht zuzuhören. »Ich habe unkeusche Gedanken gehabt«, gestand ich ihm mit stockender Stimme. Warum ging er nicht auf meinen Kummer ein? Warum ist nicht ein einziger Priester bei all den wöchentlichen Beichten meines Lebens jemals darauf eingegangen? Waren sie so sehr mit sich selbst beschäftigt? Wer weiß schon, was einem Priester durch den Kopf geht, wenn er Kindern die Beichte abhört.

Natürlich nahm ich in den Wochen, die ich an diesem Ort militärischer Indifferenz verbrachte, nicht zu. Ehe wir zum letzten Mal gewogen wurden, aß ich so viel ich konnte und ging nicht auf die Toilette. Ich wollte meinen Eltern, die es gut meinten, unbedingt eine Freude machen. Die Waage zeigte, dass mein Gewicht sich nicht verändert hatte. Ich geriet in Panik und bettelte die Nonnen, sie sollten sagen, dass ich zwei Pfund zugenommen hätte. Sie taten es natürlich. Es machte sich auch besser in der Statistik ihrer aus staatlichen Geldern finanzierten Einrichtung.

Und dann wurde ich in den Zug Richtung Heimat gesetzt. Ich war sehr aufgeregt und freute mich auf zu Hause. Als der Zug in Tilburg einfuhr und ich vom Waggonfenster aus meinen Papa sah, entfuhr mir ein Freudenschrei.

Der Zug hielt. Er blickte sich stirnrunzelnd um, sah mich aber nicht. Ich lief auf ihn zu und blieb atemlos vor ihm stehen; meine Freudentränen schluckte ich hinunter. Wie gern hätte ich ihn umarmt, mich von ihm umarmen lassen! Doch ich wollte keine Zurückweisung riskieren, und eine Geste der Zuneigung, die die falsche Art von Zärtlichkeit auslösen konnte, von der Art, die schlimmer war, als ignoriert zu werden, kam schon gar nicht in Frage.

Ich weiß heute noch nicht, ob mein Vater sein zitterndes kleines Mädchen absichtlich nicht in die Arme nahm oder ob ihm die Situation und seine eigenen Gefühle einfach nicht bewusst waren. Er führte mich zu seinem Fahrrad; ich sollte auf dem Rücksitz mit ihm nach Hause fahren.

Vom Bahnhof bis zu unserem Haus war es nicht allzu weit, aber nun stellte sich mir ein anderes Problem: Ich musste mich hinten auf Papas Fahrrad irgendwo festhalten, damit ich nicht herunterfiel. Wenn er doch einfach gesagt hätte: »Halt dich fest!« – das wäre für mich die Erlaubnis gewesen, ihm während der Fahrt meine Arme um die Taille zu legen. Doch er sagte nichts, und ich wollte nicht riskieren, dass er mich barsch anfuhr, ich solle meine Arme wegnehmen. Unter dem Sattel entdeckte ich etwas, das ich mit beiden Händen umfasste, und so schaffte ich es mit hämmerndem Herzen, bis zu Hause nicht herunterzufallen. Was für ein Ereignis! Ich war fort gewesen und sehr einsam. Ich war so froh, wieder zu Hause zu sein, bei Mama und Papa. Für sie war meine Heimkehr eine Enttäuschung. Nichts hatte sich verändert. Ich war genauso dünn wie zuvor.

Ich sehnte mich immer danach, dass meine Mutter mich verstand, dass sie wusste, wie ich mich fühlte. Sie war wie eine Fata Morgana: nah, aber gleichzeitig weit weg, und mit der Zeit kam ich zu der Überzeugung, dass ich den Kampf verloren hatte, in der Weise geliebt und angenommen zu werden, wie ich es mir wünschte.

Ich bekam Scharlach. Meine Mutter konnte sich nicht erklären, warum ich derart hohes Fieber hatte. Sie ließ mich nicht mehr in die Schule gehen, sondern packte mich auf die Couch im Wohnzimmer, was praktischer war als mein Bett im ersten Stock. Das Wohnzimmer – es lag neben der Küche – war ungeheizt, die mit Rosshaar gepolsterte Couch sehr hart. In der Küche gab es einen Holz- und einen Gasofen, die den ganzen Raum warm hielten, und einen großen Tisch, an dem wir aßen, unsere Hausaufgaben machten und Papa nach dem Abendessen das Leder für Schuhe zuschnitt. Die Rosshaarcouch stand vor einem zugigen Fenster, durch das der kalte Winterwind sich Einlass verschaffte wie ein unwillkommener Besucher. Das unaufhörliche Ticken der Kuckucksuhr an der Wand hallte in meinem Kopf wider wie Hammerschläge. Die Tapete mit ihrem Muster aus Herbstblättern machte mich jedes Mal schwindelig, wenn ich die Augen öffnete und versuchte, mich auf einen Ausschnitt des Musters zu konzentrieren, und mir wurde übel.

Nebenan in der Küche hatte meine Mama den ganzen Tag mit ihren drei Vorschulkindern zu tun. Erst gegen Abend fiel ihr auf, dass ich delirierte, worauf sie erschrocken den Arzt rief. Als mein Papa später, als es schon dunkel war, von der Arbeit nach Hause kam, hörte ich meine Mama ängstlich mit ihm flüstern und von meinem Zustand berichten. Sie fragte ihn mit rührend sanfter Stimme: »Sollen wir sie in ihr Bett tragen?« Ihr war durchaus bewusst, wie hart und kalt es auf dem Rosshaarsofa war. Es gab eine Diskussion, wie schwierig es wäre, mich in mein Bett hinaufzuschaffen, die mit dem Satz endete: »In Watte sollten wir sie auch nicht packen, das verdirbt sie nur.« Es war die Stimme meines Vaters. Innerlich weinte ich. Nach außen war nur das Fieber sichtbar.

Dann kam der Doktor durch die Haustür herein und brachte einen Schwall kalter Luft mit. Er war schwarz gekleidet und hatte eine große Tasche dabei. Eigentlich kein ungewöhnlicher Anblick, für mich aber dennoch ein Ereignis, denn zu uns kam fast nie ein Arzt; immer gingen wir *zu ihm*. Ich war erst ein Mal bei ihm in der Sprechstunde gewesen, wegen der vielen Warzen an meinen Oberschenkeln. Ich solle meinen Rock hochheben, hatte er gesagt, damit er sie sich anschauen könne. Diese Aufforderung versetzte mich in Panik, denn sie erinnerte mich an Papa, deshalb hob ich meinen Rock nur widerstrebend bis knapp über die Knie. Dunkelrot vor Scham und ganz flach atmend beobachtete ich konzentriert das Gesicht des Doktors. Meine Zögerlichkeit schien ihn zu irritieren. Er kam offenbar gar nicht auf den Gedanken, dass die abstoßende Anhäufung von Warzen an meinen Schenkeln das Vermächtnis eines Penis sein könnten, der abstoßende Spuren darauf hinterlassen hatte; dass eine kleine Warze, die sich im Genitalbereich eines Erwachsenen nicht groß verändert, auf zarter Kinderhaut wild zu wuchern beginnen kann. Der Arzt meinte, er könne nichts gegen die Warzen tun, und irgendwann verschwanden sie von allein.

Nun war der Doktor gekommen, um mich zu untersuchen. Ich bekam alles mit, was geschah, denn mein bewusstes Selbst befand sich außerhalb meines Körpers; es saß am Ende der Couch und sah zu, was der Doktor mit meinem Körper machte. Er maß meine Temperatur und schaute mir in den Hals. Dann wandte er sich mit vorwurfsvollem Gesicht meiner Mama zu, die mit ineinander verflochtenen Händen dastand und sich auf die Unterlippe biss, was sie immer machte, wenn sie nicht wusste, was sie tun sollte.

Als er sagte: »Sie hätten mich früher rufen sollen; es ist Scharlach, wissen Sie«, und hinzufügte: »Sie hätte sterben können«, beobachtete ich sie sehr aufmerksam. Ich konnte beschließen, zu sterben, wenn ich wollte. Ich würde sterben, selbst auf die Gefahr hin, in die Hölle zu kommen, wenn sie nicht zu erkennen gab, dass sie mich lieb hatte. Ich sah, wie sich ihr Gesicht bei den Worten des Doktors vor lauter Schuldgefühl plötzlich mit Schamröte überzog. Sie schien den Tränen nahe. Da beschloss ich, dass es genug sei. Sie machte sich große Sorgen um mich! Ja, meine Mama hatte mich lieb. Das wusste ich nun. Und sie würde es in Zukunft bestimmt deutlicher zeigen. Sie würde mich mehr beachten, nachdem ich dem Tod so nah gekommen war, um sie auf die Probe zu stellen.

Der Doktor empfahl, mich in mein Bett zu bringen, worauf meine Mama einen kurzen verlegenen Seufzer ausstieß. Ein weiteres Signal ihrer Liebe: Es tat ihr Leid, dass sie mich vernachlässigt hatte, und jetzt wollte sie, dass es mir wieder gut ging. Ich kehrte in meinen Körper zurück, die Medikamente und mein warmes Bett im oberen Stock zeigten Wirkung. Meine Mutter brachte mir heiße Suppe und fütterte mich. Es war die Krise wert. Ich fühlte mich umsorgt und wurde wieder gesund.

Das Unkräutlein wird grösser

Es war Advent, die vierwöchige Zeit der Buße und des Gebetes vor Weihnachten, unserem ersten Weihnachtsfest nach der Befreiung, und wir knieten vor der im Wohnzimmer aufgebauten Krippe und beteten. Im Zimmer war es bitterkalt, denn Feuer gemacht wurde nur am Sonntag, doch der himmlische Duft der Kiefer und des frischen Strohs in der Krippe versetzten mich in einen Rausch. Selbst die kleinen Kerzen, die den Ochsen, den Esel und das Schaf beleuchteten, die Heiligen Drei Könige, die anbetende Maria und den erstaunt dreinschauenden Josef, verbreiteten einen heimeligen, betörenden Duft.

Wir knieten, jeder einen Rosenkranz in der Hand, auf unseren Esszimmerstühlen. Ich war sieben, die Älteste, und sollte jeweils den ersten Teil des Ave-Maria vorbeten, zur zweiten Hälfte fiel der Rest der Familie ein. Bei jedem Ave-Maria wanderten unsere Finger zur nächsten Perle, so dass wir nicht selbst mitzählen mussten. Eigentlich nicht schwierig, aber hinter mir kniete mein Papa und schnaubte ungeduldig, und ich kam doch durcheinander. Ich hätte lieber inmitten der Figuren im Stroh gelegen, umschmeichelt vom weichen Kerzenlicht, statt ein Ave-Maria nach dem anderen herunterzuleiern.

Ich hatte schon viel zu viele Ave-Marias angestimmt, als mein Papa plötzlich völlig respektlos in meine fromme Fantasie einbrach. »Weißt du eigentlich, was du tust, Carla?!«

Panik stieg in mir auf, weil ich meinte, jeden Moment von den Händen hinter mir gepackt und durchgeschüttelt zu werden. Zum Glück verhinderte meine Mama eine Auseinandersetzung, indem sie einfach aufstand. Wir anderen taten es ihr nach, und mein Vater murmelte mit einem verächtlichen Blick auf seine zerstreute Tochter missbilligend: »Ts, wie kann man nur so dumm sein?!«

Ich schlug die Augen nieder, um seine niederschmetternde Verachtung nicht so zu spüren. Tränen sammelten sich in mir, wie sich in letzter Zeit überhaupt immer mehr stummer Kummer in mir ansammelte. Der Schmerz, von meinem Papa nicht anerkannt zu werden, tröpfelte in meinen Bauch und bis in meine Schuhe hinunter.

Bei allem, was ich tat, verunsicherte mich die Angst, etwas falsch zu machen. Doch noch größer als die Angst vor Fehlern war die Vorstellung, als das böse, verdorbene Mädchen entlarvt zu werden, das ich war – eine Horrorvorstellung, die durch das Gefühl verstärkt wurde, dass mich ohnehin alle durchschauten.

Mein siebenjähriges Gemüt war in Aufruhr. Sex beherrschte meine Gedanken, schien allgegenwärtig. Auf eine staubige Fensterscheibe zeichnete ich ein Strichmännchen und fügte verstohlen ein zwischen seinen Beinen hängendes Ding hinzu (ich wusste nicht, was es war, nur dass es schlimm war – ich hatte andere unartige Kinder es zeichnen sehen) und wischte es dann hastig weg, wobei ich mich furchtsam umsah, ob jemand mich beobachtet hatte. Noch schlimmer war, dass ich den Drang in mir spürte, kleine Kinder zu entführen und ihnen schreckliche Dinge anzutun.

Eines Tages, als ich auf dem Weg zu meiner Tante die vertrauten kopfsteingepflasterten, mit Bäumen gesäumten Straßen entlangging, sah ich im Garten vor einem Haus ein kleines nacktes Mädchen. Die Gärten in unserem Viertel waren alle sehr klein, kaum drei Meter von der Straße bis zur Haustür. Beim Anblick ihrer Genitalien, so deutlich sichtbar an dem kleinen Körper, blieb ich wie vom Donner gerührt stehen. Ich verspürte den übermächtigen Wunsch, dieses kleine Mädchen zu packen, es mit meinen Händen zu quälen, es zu Boden zu schleudern, mit einem Messer auf die Kleine einzustechen, mit einem Stock, einem Ziegelstein, mit irgendetwas auf sie einzuschlagen, sie umzubringen, aber zuerst ihre Geschlechtsteile zu verstümmeln. Der Wunsch, es zu tun, wurde immer heftiger, ich war wie in Trance, irgendetwas in mir drängte mich immer stärker, es zu tun. Plötzlich wurde mir bewusst, wie heftig ich atmete und dass mein Gesicht ganz rot und verzerrt war, und ich lief davon, ehe mich jemand ertappte. Ich war vollkommen verschwitzt und fühlte mich schrecklich schuldig. *Du darfst niemandem davon erzählen!*

Als dann am Ende des dritten Schuljahrs jede von uns ein Lied vor den dreißig Mitschülerinnen singen sollte, überkam mich eine entsetzliche Panik. Jede musste vor die Klasse treten, ein Lied eigener Wahl singen, und bekam dafür eine Note. Die meisten freuten sich darauf; dass man zwischendurch aufstehen durfte, kam selten genug vor, und außerdem war es eine Gelegenheit, sich zu produzieren. Mir wurde einfach nur angst und bang bei dem Gedanken, die Augen anderer Menschen auf mich gerichtet zu wissen. Ich atmete schwer, rutschte nervös hin und her, wurde abwechselnd rot und blass, schwitzte und fror und mir war entsetzlich übel.

Schließlich war ich als Einzige noch übrig und es gab kein Entkommen. Die Lehrerin bedeutete mir, nach vorn zu kommen, und ich stand tatsächlich auf und stellte mich vor die Klasse, die mich in stummer Erwartung anstarrte. Ich öffnete meinen Mund und heraus kam etwas, das für mich wie ein unterdrückter Schrei klang, in Wirklichkeit jedoch der erste Takt des banalen Lieds war, das ich mir ausgesucht hatte: *»Daar bij die molen«* (»Dort bei der Windmühle«). Meinem Vortrag fehlte jegliche Finesse; ich wollte auch keine Unterhaltung bieten, sondern diese Tortur einfach nur überstehen. Meine Stimmbänder schienen kaum zu funktionieren, so dass die aufmerksamen Zuhörer eher ein raues Krächzen zu hören bekamen. Die Lehrerin war nett. »Du hast eine glockenreine Stimme«, sagte sie und gab mir sechs Punkte von zehn.

Die Soldaten kamen aus dem Krieg nach Hause. Sie füllten die Züge, die kreuz und quer durchs Land fuhren, auch den Waggon, der mich, meine Schwester und meine Tante nach einem Aufenthalt in Amsterdam nach Hause brachte. Während wir fort waren, hatte der Storch unserer Mama ein neues Baby gebracht – einen Jungen, ihr fünftes Geschenk von Gott. Wir konnten die Störche mit ihren langen staksigen Beinen wie auf Beobachtungsposten auf den Dächern stehen sehen. Ihre Nester boten reichlich Platz für Babys. Sie brachten sie in einer großen Windel, die sie im Schnabel trugen.

Die Soldaten sahen müde aus, waren aber sichtlich froh und aufgeregt, endlich nach Hause zu kommen. Bestimmt träumten sie von dem herzlichen Empfang, den man ihnen bereiten würde. Der Waggon war brechend voll und der Geruch der wollenen Felduniformen nicht unangenehm. Ich genoss es, inmitten dieser geballten männlichen Energie zu sitzen. Als einer der Soldaten mir einen liebevollen Blick zuwarf, wurde mir schwummerig. »Für holländische Kinder wie dieses habe ich gekämpft«, wird er sicherlich gedacht haben, und mein Anblick rechtfertigte alle schrecklichen Dinge, die er durchgemacht hatte. Ich spürte, dass er freundlich war und nichts Böses im Sinn hatte, konnte aber nicht verhindern, dass sich eine heftige Röte, so heftig wie die Scham in meinem Innersten, erst über meine Wangen und dann über mein ganzes Gesicht ausbreitete. Ich fühlte mich elend. Von diesem Moment an hielt ich den Blick starr auf den Boden gerichtet und sehnte den Augenblick herbei, in dem wir endlich aussteigen würden.

Mein Vater war eine Mischung aus Jekyll und Hyde, aber auch meine Mutter hatte verschiedene Seiten, und die Stimmung bei uns zu Hause hing gewöhnlich davon ab, wie sie gelaunt war. Was ihre Launen in unseren Augen vor allem wettmachte, war ihr gelegentlich aufblitzender Humor, der die Düsternis ebenso schnell vertrieb, wie Sonnenstrahlen dies tun, die durch eine Wolkendecke brechen. Wir bogen uns vor Lachen bei ihren unerwarteten witzigen Bemerkungen. Das ganze Haus schien dann verwandelt und alles Böse unvorstellbar.

Ihre witzig-geistreiche Art lockte Besucher ins Haus. Selbst als sie schon in den Achtzigern war und als senil angesehen wurde, konnte sie von einer Minute auf die andere vierzig Jahre von sich werfen und über das Leben im Pflegeheim witzeln, als wäre sie bei einem fröhlichen Picknick. Obwohl sie wegen ihrer schweren Polyarthritis und als Folge von Syphilis Schmerzen hatte und deshalb die meiste Zeit sediert war, entzückte sie Besucher oft mit ihren unerwarteten und witzigen Bemerkungen.

Mama liebte Musik und schaltete oft das Radio ein. Klassische Musik machte sie glücklich, und ich beobachtete als Kind oft, wie sie lachte, während sie herumwerkelte, und die Stunden genoss, wenn ihr Mann in der Arbeit war und sie das Haus für sich hatte. Sie sang Kinderlieder, Schlager aus der Kriegszeit, sogar Arien, und verbreitete rundum gute Laune.

Besonders schön war es, mit meiner Mama einen Einkaufsbummel zu machen, als ich groß genug war, um Arm in Arm mit ihr zu gehen, wie bei den Frauen in Holland damals üblich. Wir genossen beide die ungewohnte Nähe und sie plauderte angeregt und fröhlich, während wir dahinspazierten und unsere Einkäufe machten. Auch mir erschien das Leben wieder leicht, wenn ich das flüchtige Glück erlebte, mich zeitweise selbst zu vergessen.

Mutter wollte nicht so oft schwanger werden und ging zum

Pfarrer, um sich Rat zu holen. Der Pfarrer erklärte ihr, sie habe kein Recht, sich ihrem Gatten zu verweigern, da sie im heiligen Sakrament der Ehe geschworen habe, ihn zu ehren und ihm zu gehorchen. Also musste meine Mutter den sexuellen Forderungen meines Vaters nachgeben; aber sie, die schlaue Füchsin, wusste, wie sie es ihm, dem ungebildeten Kerl, heimzahlen konnte. Sie wusste, wie sie ihn mit Worten verletzen konnte. Ihrem scharfen Intellekt und beißenden Spott hatte er nur brutale Muskelkraft entgegenzusetzen.

Meine Mama war selten einverstanden mit dem, was mein Papa tat. Über sein Geigenspiel spöttelte sie so lange, bis er das geliebte Instrument eines Tages an die Wand schmetterte. Es hätte Unsummen gekostet, es reparieren zu lassen, also verkaufte er die Geige einem Instrumentenbauer für lumpige fünfundzwanzig Gulden – die Geige, die für ihn wie eine Stradivari gewesen war. Ob er damals mit den Zähnen knirschte und weinte, wenn niemand ihn sah, weil seine Frau wieder einmal ihren Kopf durchgesetzt hatte? Oder fanden seine Rachegelüste in Gewalttätigkeit ein Ventil?

Eines Tages hatten meine Eltern wohl vergessen, dass die Nachbarn durch die Wände alles mitbekamen, und stritten besonders lautstark. Meine Mutter machte sich mit höhnischer Stimme über meinen Vater lustig und schrie herausfordernd, er sollte sie doch umbringen. Das war neu. Sie hatten sich schon eine ganze Zeit Beleidigungen an den Kopf geworfen und jetzt machten sie sich gegenseitig bittere Vorwürfe. Wir sechs Kinder saßen in einer Reihe nebeneinander am Küchentisch und heulten verzweifelt. Durch die offene Küchentür konnten wir unsere Eltern im Wohnzimmer sehen. Papa hatte das große Tranchiermesser in der Hand und Mama stieß keuchend hervor: »Na los, tu's doch! Bring mich um!«, und sah ihm herausfordernd in die Augen. Sie wiederholte es so oft, dass ihm gar nichts anderes übrig blieb, als tatsächlich auf sie einzustechen, wenn er sein Gesicht wahren wollte. Sie stieß einen Schrei aus und wir Kinder heulten noch lauter. In diesem Augenblick war das Band zwischen uns und unseren Eltern zerschnitten; wir waren verlassen, trieben wie Treibgut in einem aufgewühlten schwarzen Ozean.

Das Blut brachte meinen Papa wieder zur Besinnung. Er griff nach einem Handtuch und presste es ihr an den Hals, um den Blutfluss zu stoppen. Mit der Zeit verblasste die Narbe und wurde vergessen. Ich bemerkte sie erst Jahre später wieder auf einem Foto aus dem Pflegeheim, wo Mutter in ihrem Bett liegt und liebevoll zu meinem Vater aufblickt, der ihre Hand hält. So war die Beziehung meiner Eltern – sie liebten sich von Herzen und hätten sich nie getrennt. Und doch kamen sie nicht miteinander zurecht. Selbst wenn Leidenschaft manchmal negative Folgen hat – ohne sie geht es auch nicht.

Wenn mir das Leben schwer wurde, flüchtete ich in Tagträume. Ich hatte Freunde, die immer bei mir waren: meine Puppen. Sie wurden für mich lebendig. Ich sprach mit ihnen, nähte Kleider für sie, brachte sie zu Bett, schenkte ihnen Blumen und überschüttete sie mit Zuneigung. Mein kluger Papa hatte mir aus Holz ein Puppenhaus gebaut und es in einem schönen Rot gestrichen. Für die kleinen weichen Teppiche hatte zwar das Fell meines Kaninchens herhalten müssen, aber ich behielt sie trotzdem. Sie vermittelten mir ein seltsames Gefühl von absoluter Reinheit und Zartheit.

Mein wahres Ich sahen nur meine Puppen. Ich baute eine Beziehung zu ihnen auf, wie ich sie gern zu den Menschen um mich herum gehabt hätte – wenn mich nicht eine solche Angst geplagt hätte. Mit meinen Puppen konnte ich eine unendlich zärtliche Mutter sein, eine Schwester, ein hilfsbedürftiges Kind, eine Krankenschwester und ein Genie, das alle Probleme löste. Bis ich zehn war, empfand ich die Puppen als lebendige Wesen. Mit elf Jahren erlebte ich sie manchmal als lebendig, manchmal nicht; seltsamerweise hing es davon ab, wie ich selbst sie sehen wollte.

Mein Puppenhaus hatte seinen Platz auf einem offenen Zwischenboden auf halber Treppe. Es passte sogar noch eine Matratze hin, und eines Tages überredete ich meine Eltern, mich dort bei meiner Puppenfamilie schlafen zu lassen. Allerdings bewirkte ein nächtlicher Besuch meines Papas – vielleicht war es auch nur ein Albtraum dieses Inhalts –, dass ich einnässte. Ich sagte aber nichts und niemand verlor je ein Wort darüber, was mich erleichterte, gleichzeitig aber auch verwirrte. Meine Mama musste es bemerkt haben, denn sie wusch das Leintuch und bezog die Matratze frisch. Warum sagte sie nichts? War sie so sehr damit beschäftigt, selbst mit den Dingen ins Reine zu kommen? Wusste sie, was vor sich ging? Wollte sie es lieber nicht wissen? Statt mich zu beschützen, wurde sie eine verbitterte Frau, die mich als Rivalin betrachtete, als ich älter wurde, und mir Schimpfnamen wie *vuile dweil*, Schlampe (wörtlich: Putzlumpen), an den Kopf warf.

Als die Erinnerung an den Vorfall im Kohlenschuppen allmählich verblasste, fühlte ich mich wieder leicht und rein, wenn ich zur Beichte gegangen war. Und ich war stolz, durch die Firmung ein Soldat Christi zu werden. Ich spürte, dass ich Gott auf eine Weise würde gefallen können, wie es bei meinem Vater nicht möglich gewesen war. Ich stellte mir vor, ich wäre mit einem Flammenschwert bewaffnet, um den Teufel und alles Böse in Stücke zu hauen, wenn ich, die Hände zur Faust geballt, wild mit den Armen um mich schlagend durch die Gasse hinter unserem Haus marschierte und *»Soldiers of Christ, we* *march to vindicate Thee«* schmetterte. Der deutschen Seite in mir gefiel der Marschrhythmus dieser Firmlieder.

Zu jener Zeit war mir mein Pakt mit dem Teufel nicht mehr bewusst gegenwärtig, doch mein Unterbewusstsein bewahrte ihn auf. Zwei starke, einander entgegenwirkende Überzeugungen ließen mich schwanken wie eine Birke im Sturm, erst zur einen, dann zur anderen Seite. Manchmal war ich brav, tapfer und liebenswert, und ebenso sehr war ich manchmal überzeugt, das schlechteste, böseste Mädchen auf der ganzen Welt zu sein. Als meine Kindheit zu Ende ging, wusste ich überhaupt nicht, wer ich war: Meine Vorstellung, ein guter Mensch zu sein, wurde ständig von starken Schamgefühlen erschüttert, die mir bewiesen, dass das schlechte mein wahres Ich war. Ich hatte keine Kontrolle über die schrecklichen Gedanken, anderen Schmerzen zuzufügen, sie zu ermorden. Es brachte mich an den Rand der Erschöpfung, wie wenn man in einem schlechten Traum davonzulaufen versucht.

Älter und ein bisschen klüger

Mein Vater wollte als erstes Kind einen Sohn. Er muss das in meiner Gegenwart einmal zu jemandem gesagt haben, denn ich begriff es ziemlich bald und strengte mich sehr an, ihm ein Junge zu sein. Ich schleppte Dinge, die viel zu schwer für mich waren, um ihm zu zeigen, wie stark ich war. Ich hatte ein weiches Herz, konnte es aber nicht zeigen. Stattdessen musste ich stärker sein als jeder Junge in meinem Alter und es beweisen, indem ich mit ihm kämpfte. Jeder arglose Neuankömmling in der Straße wurde von den Nachbarskindern, die darauf brannten, wieder einmal einen Kampf zu sehen, unweigerlich zu unserem Haus gebracht. Der Kampf endete immer damit, dass ich in Siegerpose meinen Fuß in den Rücken des armen zitternden Jungen stemmte, während die anderen Kinder bewundernd applaudierten und sich im Stillen vornahmen, diesem verrückten Mädchen nie in die Quere zu kommen.

Ich hatte drei Brüder, ehe wir Holland verließen und nach Australien auswanderten. Adrian war der älteste; er war stark, konnte sich aber nicht durchsetzen. Eines Tages kam er mit schreckgeweiteten Augen zu mir gelaufen, weil Henk, der vierzehn und am größten von uns allen war – ein ausgesprochen gemeiner und berechnender Kerl –, hinter ihm her war. Adrian kam also angerannt und barg seinen Kopf an meiner Brust. Ich legte meine Arme um ihn und wartete darauf, dass der hoch aufgeschossene Rabauke um die Ecke käme. Als er auftauchte, lief er in meine Faust. Es tat weh, aber es half: Henk ging zu Boden und nahm dann mit blutender Nase Reißaus. Am Abend erschienen seine Eltern bei uns und überschütteten meine Eltern mit Beschimpfungen.

Das einzige Problem bei dieser Art von Überlegenheit war,

dass ich keine richtigen Freunde hatte. Ich wurde zwar nicht gerade gefürchtet – ich tat nie etwas, um einen Kampf zu provozieren –, aber innerlich empfand ich mich als Krüppel, den niemand zum Freund würde haben wollen, wenn er mich wirklich kennen würde. Alles, was ich hatte, war ein zweifelhaftes Prestige.

Ich gewann regelmäßig die jährlichen Laufwettbewerbe, die Eltern für die Kinder der Nachbarschaft organisierten. Wir mussten um den Block rennen, und der war sehr groß, auch ein Bauernhof und mehrere Geschäfte gehörten dazu. Manchmal strengte ich mich so sehr an, dass ich das Gefühl hatte, gleich zusammenzubrechen. Aber nicht zu gewinnen, wenn mein Papa zuschaute, war ein Ding der Unmöglichkeit. Ich musste einfach gewinnen, für ihn, und das schien auch die ganze Nachbarschaft zu wissen, die mich lautstark anfeuerte. Hinterher stand ich nach Atem ringend vor ihm und zeigte ihm die Flasche Sherry oder was immer ich mir als Preis ausgesucht hatte. Ich war ganz blass vor Anspannung und Erschöpfung: *Na, Papa, bin ich dir jetzt gut genug? Wirst du mich jetzt respektieren?* Dass ich mit den Preisen, die ich aussuchte, nichts anfangen konnte, war mir egal – mein Papa konnte es, und das war meiner liebesbedürftigen Seele wichtig. Und er lachte, mein Papa lachte; er war stolz auf mich. Ich fiel schier in Ohnmacht vor Freude, wenngleich mit einem unerklärlichen Schmerz im Herzen.

Jahrelang, bis ich den Spaß daran verlor, war ich auch gut im Murmelspielen. Damals, im fernsehlosen Zeitalter, spielten Tilburgs Kinder viel im Freien: Ballspiele, Seilhüpfen, »Himmel und Hölle« und eben Murmeln. Wir spielten auf dem glatten harten Sandboden des Feldwegs hinter unserer Häuserzeile oder auf den Steinplatten des breiten Bürgersteigs, der die kopfsteingepflasterte Straße säumte. Die Murmeln waren entweder aus Glas oder Ton. Die Gläsernen hatten innen oft wunderschöne bunte Spiralen, waren milchig trüb, durchsichtig oder rauchig. Es gab sie von klein bis ziemlich groß und sie besaßen jeweils unterschiedlichen Wert, nicht anders als Geldscheine mit ihren verschiedenen Größen und Farben.

Ich war ehrgeizig und hatte in ein paar Monaten so viele Murmeln zusammen, wie vielleicht auf der Bezirksbank an Geldstücken lag – ein dicht gewebter Nylonstrumpf, prall gefüllt. In meinen Augen hatte er nichts Unanständiges, jedenfalls nicht, bis ich ihn meiner Mama in all seiner Pracht präsentierte, vor Stolz aus allen Knopflöchern strahlend. Auch in ihren Augen meinte ich Stolz zu sehen – allerdings nur eine Sekunde lang, denn sie war schlicht entsetzt.

»Carla!«, stieß sie heiser hervor, als hätte es ihr plötzlich den Atem verschlagen. »Das ist Stolz! Gott bestraft Menschen, die voller Stolz sind. Stolz ist eine Sünde!«

Ich riss erschrocken die Augen auf. Die suggestive Äußerung meiner Mama fiel in meiner schutzlosen Seele auf fruchtbaren Boden. Ich nahm dieses Stück katholischer Moral als unverrückbare Wahrheit und sie drohte mir jede Lust, mich mit anderen zu messen, für alle Zeit auszutreiben.

Ich zog sofort meine Konsequenzen. Ich ging hinaus, stellte mich mitten auf die Straße und schüttete die sündhaft erworbenen Murmeln vor aller Augen heroisch auf das Pflaster. Die Nachbarskinder hatten nicht die geringsten Skrupel, sich gegenseitig beiseite zu stoßen, um sich möglichst viele Murmeln in die Taschen zu stopfen, wie ich bemerkte. Irgendetwas in mir fühlte sich betrogen, und Selbstgerechtigkeit stieg wie Galle in mir hoch. Nun war ich vollends verwirrt. Ich musste mich schon mit so vielem herumschlagen. Jetzt fügte ich dem wachsenden Berg von Problemen noch diese neue Neurose hinzu und schlug einen neuen Kurs ein. Fortan würde ich die Armut hochhalten, genau wie Jesus, der nicht einmal ein Kissen besaß, um sein Haupt darauf zu betten, wie meine Mama und die Lehrerinnen mir erzählt hatten. Sie vergaßen zu erwähnen, dass die Menschen in jener Zeit anstelle von Kopfkissen andere Dinge hatten, die auch nicht schlechter waren, und Geld dürfte Jesus, der stets von Frauen umgeben war, die ihn anbeteten und sich um ihn kümmerten, sowieso kaum gebraucht haben. Seine Anhängerinnen werden sich einfach die Rechnung geschnappt haben. Dass *das* die heiligste Art der Lebensführung war, sagte mir aber niemand.

Mein Papa war sehr naturverbunden, hatte den sprichwörtlichen grünen Daumen und hielt sich am liebsten im Freien auf. Er zeigte mir Spinnweben, die frühmorgens in der Sommersonne wie mit tausend Diamanten besetzt glitzerten. Er nahm mich auf lange Spaziergänge durch einen ausgedehnten Privatwald in der Nähe mit, in dem es Zauberpilze gab – die mit den Tupfen –, und brachte mir bei, auf den Wind und die Vögel zu hören, als wäre er ein alter Indianer.

Das Leben draußen war einfach gut. Auf dem großen Hof hinter unserem Haus erzählte er mir alles über Würmer, Kompost, die bösen Käfer, die die Kartoffelpflanzen fressen, und die guten wie den Marienkäfer. Er zeigte mir, wie man Ringelblumen, Stiefmütterchen und Bartnelken setzt und wie man an ihre Samen kommt. Für Gemüse interessierte ich mich nicht besonders, außer für Kartoffeln, weil die auf dem großen Stück Gemeindeland angebaut wurden, zu dem wir ein gutes Stück laufen mussten. Es war ein großer Acker neben den Feldern mit Gerste, Hafer, Rüben und Kohl, die die Bauern hauptsächlich als Viehfutter anbauten.

Mit meinem Papa auf dem Gemeinschaftsfeld Kartoffeln zu setzen bedeutete einen Tag in Wind und frischer Luft. Papa und ich zogen mit unseren Spaten zusammen eine Furche, maßen die Entfernung zwischen den einzelnen Kartoffeln mit Schritten aus, legten die kostbare Saatkartoffel in den Boden, drückten sie mit dem Absatz fest und zogen dann die nächste Furche, wobei wir die vorherige mit Erde bedeckten. Als im Sternzeichen »Jungfrau« Geborenen erfüllte meinen Vater alles, was wuchs, mit ehrfürchtigem Staunen. Für ihn waren Pflanzen die Wunder, die seinen Glauben an die Existenz Gottes aufrechterhielten. Wissenschaftlichen Erklärungen konnte er nichts abgewinnen; Gott hatte den Samen mit dem Wissen ausgestattet, was aus ihm werden würde. Gott war es, sagte er, der den winzigen Samenkörnern die wunderbare Fähigkeit gab, die Jahreszeiten zu erkennen und auf Temperatur, Wasser, Nährstoffe und Sonnenlicht zu reagieren. Mein Papa könne Schuhe machen, Tische, Spielsachen, alles, was er sich in den Kopf setze. Aber nur Gott, sagte er, könne eine Blume machen.

Eine meiner Tanten mütterlicherseits beging eines Tages den Fehler, mich zu fragen, wen ich lieber hätte: meine Mama oder meinen Papa? Das war eine schwierige Frage, die mich zu konzentriertem Stirnrunzeln veranlasste. Meine Tante beobachtete mich scharf. Warum starrte sie mich so an? Ich fühlte mich unwohl, überlegte dann aber, mit wem ich mehr Spaß gehabt hatte an diesem Morgen und sagte: »Papa!« Sie sah mich böse an und ließ mich ohne ein Wort stehen, und es war klar, dass ich die falsche Antwort gegeben hatte. Aber mit meinem Papa hatte man immer Spaß, wenn er draußen im Freien war. Ich verzieh ihm sogar – obwohl er mich nie um Verzeihung gebeten hatte –, dass er mich im Sommer einmal einfach in den Kanal warf, damit ich schwimmen lernte. Er sprang hinterher, bevor ich unterging, und befahl mir, mich an seine Schultern zu klammern, während er mit mir im Huckepack auf das Ufer zusteuerte. Ich wurde nie eine besonders gute Schwimmerin.

Wir hatten ein ziemlich gutes Leben, wäre nicht die unterschwellige Angst vor dem nächsten Mal gewesen, wenn Jekyll sich in Hyde verwandeln, wenn mein Papa in Zorn geraten würde. Einmal warf er einen Hammer nach meinem jüngsten Bruder, der ihn fast am Kopf getroffen hätte. Wenn ich ihm widersprach oder ihn provozierte, trommelte er mit seinen Händen so lange auf meinen Kopf ein, bis ich ohnmächtig zu werden drohte oder jemand Mama zu Hilfe rief.

Und er hatte kein Vertrauen zu uns. Als mein Bruder Adrian eines Tages mit einer Hand voll Geldscheinen nach Hause kam und sagte, er habe sie gefunden, glaubte ihm mein Papa nicht. Er ging mit seinem achtjährigen Sohn ins Wohnzimmer und jedes Mal, wenn Adrian wiederholte, er habe das Geld gefunden, schlug er ihn mit einem Ledergürtel. Das zornige Verhör und die Prügel dauerten stundenlang.

Dank meinem Vater büßte ich mit zehn Jahren beinahe meine beiden Schneidezähne ein. Eines Tages wollte ich morgens meinen Haferbrei nicht essen. Normalerweise aß ich die dicke Pampe sehr gern, die mein Vater fast immer zum Frühstück machte; wir gossen heiße Milch dazu und streuten braunen Zucker darüber. An jenem Tag aber hatte ich keinen Appetit und wollte nichts essen, was sofort zu einer Auseinandersetzung mit ihm führte. Er betrachtete meine Weigerung als persönliche Beleidigung, als Kritik an seiner Kochkunst und Infragestellung seiner Autorität. Er fuhr mich an, dass ich den Brei gefälligst essen solle. Ich weigerte mich erneut und sagte höflich: »Mir ist heute nicht danach, Pa.« Ich hatte Verstopfung und wusste instinktiv, dass ich lieber fasten sollte.

»Iss den Brei oder ich tunke dich hinein!«, drohte er noch wütender.

Leider war ich so dumm, diese ungerechte, lächerliche Herausforderung anzunehmen. Den Teller mit Haferbrei vor mir, ließ ich es darauf ankommen. Und dann bewies mein Vater, dass er seine Drohung auch wahr machen konnte. Er packte mich im Nacken und stieß mein Gesicht mit all seiner schrecklichen Kraft so fest in den Brei, dass der Teller aus dickem weißem Porzellan zerbrach und mit ihm meine beiden Schneidezähne. Von meinen verletzten Lippen und dem Zahnfleisch tropfte Blut in den Brei. Meine Mutter, den Tränen nahe, seufzte: »Ach, Jan!« Dann säuberten sie mir mit vereinten Kräften Gesicht, Haare und Kleider und schickten mich in die Schule.

Das Leben in einem anderen Land

Wir waren im Begriff, Holland hinter uns zu lassen, den Schnee und die Eisblumen, Nikolaus und Knecht Ruprecht und den Kohlenschuppen – und all meine Puppen. Meine Mutter hatte von ihrem Vater etwas Geld geerbt, das sie für die Reise verwenden wollte.

Im Sommer 1950 zimmerte mein Vater die Holzkisten, in denen unsere Möbel und sonstigen Besitztümer über das Meer reisen würden. Nach den Vorschriften durften sie nur eine bestimmte Größe haben, so dass einige Sachen geopfert werden mussten. Meine Eltern brachten es nicht übers Herz, mir zu sagen, dass keine meiner Puppen mitkommen würde. Immerhin war ich fast zwölf Jahre alt.

Vor unseren Freunden prahlten wir mit den Abenteuern, die wir erleben würden, und versprachen zu schreiben. Unsere Freunde waren beeindruckt. Damals hatte ich noch keine Ahnung, wie sehr ich im ersten Jahr nach meiner Ankunft in diesem so weit entfernten Land unter Heimweh leiden, wie sehr ich mich nach den Orten sehnen würde, an die ich nie mehr zurückkehren würde. In meinen Träumen ging ich durch die vertrauten Straßen und Gassen, schnupperte den Geruch der Salweiden und Narzissen, die ich so gern mochte, roch den Schnee in der knackig kalten Luft, sah die saftig grünen Blätter der Platanen und betrachtete die wunderschönen Blütenkerzen der Rosskastanien. Manchmal schwebte ich sogar über dem Haus, unserem früheren Heim, das so viel Kummer gesehen hatte, und dem Kohlenschuppen mit dem Dach aus Teerpappe. Es tat mir in der Seele weh, das alles wieder zu sehen. Ich hatte mich allzu leichten Herzens davon getrennt.

Wir waren sechs herrliche Wochen auf einem schwerfälligen

alten Truppentransportschiff unterwegs, bis wir in Sydney ankamen. Ich hatte noch nie das Meer gesehen, und bei dem Gedanken an die romantischen Begegnungen, die auf Schiffen bekanntermaßen häufig sind, blühte meine vorpubertäre Seele regelrecht auf.

Wir legten in Port Said an, in Ägypten. Dort, ein Stück unter dem Bullauge der Kabine, die ich mit mehreren Mädchen teilte, entdeckte ich einen bronzehäutigen ägyptischen Gott, nackt bis zur Taille, der auf dem Deck des Öltankers, der neben unserem Schiff festgemacht hatte, in der Mittagshitze recht lustlos seiner Arbeit nachging. Er dürfte ziemlich überrascht gewesen sein, als plötzlich ein Stück Papier, an einem weißen Nähfaden befestigt, über seinem Kopf flatterte. Er blickte hoch, lächelte und riskierte sein Leben (dachte ich zumindest), um es an sich zu bringen.

»I like you«, lautete die unschuldige Botschaft in meinem besten Englisch. Das göttliche Wesen mit pechschwarzem Haar und ebensolchen Augen schenkte mir ein wundervolles Lächeln. Er suchte nach einem Bleistift und, oh Wunder!, kritzelte eine Antwort auf die Rückseite meines kleinen Billetts. Ich zog mein windzerzaustes Briefchen wieder herauf und las, was er geschrieben hatte: »I love you too.« Mir stand schier das Herz still. Für ein junges Mädchen, das schon eins hinter die Ohren bekam, wenn es den Wunsch äußerte, einmal abends ins Kino zu gehen, war das ein sensationelles Erlebnis, eine Art Ehrenrettung. »Ein kleines bisschen attraktiv muss ich wohl doch sein«, dachte ich, »wenn ein solch prachtvoller Mensch meine bewundernde Botschaft annimmt und mit solch spontaner Freundlichkeit antwortet.« Ich beugte mich über den Rand des Bullauges und lächelte dankbar zurück. Er schien erfreut und machte sich wieder an die Arbeit.

Die Schiffsglocke läutete zum Mittagessen. Es kam zu einem

kurzen Kampf zwischen meinen romantischen Gefühlen und dem Verlangen meines Bauches nach dem köstlichen Essen, das es an Bord gab. Eine Viertelstunde später lief ich zurück zur Kabine, aber mein Ägypter und der Tanker waren fort, als wäre alles nur ein Traum gewesen. Doch ich besaß das Stück Papier als Beweis und hütete es wie einen Schatz; niemand bekam es zu sehen.

Jener Austausch freundlicher Worte war für mich der Höhepunkt unserer Reise, denkwürdiger als mein zwölfter Geburtstag, den ich auf dem Schiff feierte, und sogar wichtiger als der Moment, als wir unsere Füße auf australischen Boden setzten.

Unser Schiff legte an einem Sonntagmorgen in Fremantle an und blieb einen Tag im Hafen liegen. Es war November und deshalb gab es massenhaft Fliegen. In Holland gab es natürlich auch Fliegen, aber sie überfielen einen nicht in solchen Horden!

Sie hatten etwas Magisches an sich, die ersten Schritte in diesem Land namens Australien. Es war so neu, so anders – fremd, aber freundlich. Die Luft roch frisch, trotz der Hitze. Fremantles Straßen waren verlassen, kein einziger Australier weit und breit. Leere Papiertüten trieben raschelnd über die staubigen, hitzeflimmernden Asphaltstraßen – in meinem sauberen, kopfsteingepflasterten Heimatland hatte ich dergleichen nie gesehen.

Wir kehrten zu unserem Schiff zurück und fuhren wie geplant nach Sydney weiter. Wegen eines Eisenbahnerstreiks mussten wir am Bahnhof lange warten, bis wir endlich die Dampfeisenbahn besteigen konnten, die uns zu einem Einwandererlager jenseits der Blue Mountains bringen sollte.

Der Zug kämpfte sich mühsam in die Berge hinauf und als die Schienen einmal eine weite Kurve beschrieben, konnte ich den Schornstein sehen. Er brannte! Flammen schossen himmelwärts! Ich schaute mich nach den Mitreisenden um. Ob wohl noch jemand es gesehen hatte und sich, ebenso wie ich, zum Abspringen bereit machte? Wenn ich in Holland meinen Kopf aus dem Zugfenster streckte, bekam ich warmen, rußigen Dampf ins Gesicht. Niemals hatte der Schornstein einer Lokomotive Feuer gespuckt! Da es niemanden auch nur im Geringsten zu beunruhigen schien, ließ ich mich schließlich wieder auf meinen Sitz plumpsen und war froh, dass ich nicht den fürchterlichen Fehler gemacht hatte, die Notbremse zu ziehen.

Wir lebten sechs Wochen im Einwandererlager, während unser Vater Arbeit suchte. Das Leben dort brachte ungewohnte Belastungen mit sich, besonders für die Erwachsenen: blanke Bodendielen, die täglich feucht gewischt werden mussten, damit es nicht allzu sehr staubte; Blechdächer ohne jede Isolierung; Latrinen, notdürftig mit Vorhängen aus Jute abgeteilt; Gemeinschaftsduschen; und Fliegen in der Gemeinschaftsküche. Wir Kinder jedoch wurden mit den meisten Dingen spielend fertig, nahmen vieles sogar als spannendes Abenteuer – außer die entsetzlich stinkenden Latrinen mit ihren Myriaden von Fliegen und die offenen Duschen, die wir nicht benutzen sollten, wenn Erwachsene dort waren. Nur ein Mal bekam ich in der Dusche eine nackte Frau zu sehen. Am interessantesten und schockierend für mich waren ihre Brüste, denn ich selbst hatte noch keine, auch wenn ich in meinen Brustwarzen ein seltsames, wie elektrisiertes Prickeln spürte, wenn ich ein kaltes Glas dagegenpresste. Natürlich kam ich mir verdorben vor, wenn ich das tat, und meine aufkeimende Sexualität verwirrte mich und verursachte mir Schuldgefühle.

Ich ging jeden Morgen in die Sechs-Uhr-Messe. Der Weg führte ein Stück den Hügel hinauf und an seinem Rand wuchsen prächtige australische Gräser, die sich gegen das sanfte Morgenlicht abzeichneten. Ich war wie betäubt von all dem

Schönen, das ich sah, hörte und spürte. In der Morgensonne glitzerten große Spinnennetze, Vögel jubilierten – ihr Gesang machte mich so glücklich. Ich war in ein Land gekommen, in dem die Helligkeit zu Hause war, ganz anders als Europa mit seiner jahrhundertealten finsteren Geschichte voller Leid und Schrecken. Ich fühlte mich leicht, wie ein Engel im Himmel. Ich pflückte die hellen strohfarbenen Gräser, als wären es kostbare Blumen, und brachte die Sträuße meiner Mutter. Manche lachten über mich, weil ich Gras pflückte, meine Mutter zum Glück nicht. Sie stellte meine Sträuße in ein leeres Marmeladenglas, das als Vase diente.

Mein erster Schultag war schrecklich. Wie alles andere war auch das Klassenzimmer nur eine Übergangslösung. Zwischen den Holzwänden und dem Dach klaffte ein großer Abstand, durch den an jenem ersten Tag ein paarmal ein Fußball hereingesegelt kam, der immer wieder auf dem gleichen Weg hinausbefördert wurde. Wir hatten einen sehr jungen Mann als Lehrer, der sich gegenüber seiner Klasse nur schlecht durchsetzen konnte. Anstelle von Pulten gab es lange Tische aus aufgebockten Holzplatten, an denen wir uns auf Bänken gegenübersaßen, so dass ihm die Hälfte der Kinder den Rücken zukehrte. Dass der Raum l-förmig geschnitten war und seine Schützlinge verschiedenen Altersstufen angehörten, machte ihm seine Arbeit nicht leichter.

Oft durften wir einfach eine Weile zeichnen, während der Lehrer sich etwas Besseres auszudenken versuchte. Er besprach sich neben der Tür mit einem Kollegen und unterdessen flog der Fußball weiter herein und hinaus, was eine ständige Unruhe verursachte. Mich interessierte dieser Unfug bald nicht mehr und so vertiefte ich mich ganz ins Zeichnen.

Mein Lieblingsmotiv waren Balletttänzerinnen. Um ihre faszinierend sinnlichen Posen gut darzustellen, musste ich versuchen, all die runden Linien und Proportionen richtig hinzubekommen, besonders die Biegung des Fußes beim Spitzentanz, wenn die Ballerina praktisch auf dem großen Zeh balanciert – so ganz gegen die Natur, so feminin und so elegant. Das Chaos um mich herum machte mir nichts aus. Daheim in Holland hatte ich oft am Küchentisch meine Hausaufgaben gemacht, während meine Eltern Besuch hatten oder meine jüngeren Geschwister herumtobten und manchmal auch noch das Radio lief. Dadurch hatte ich gelernt, vollkommen zu ignorieren, was um mich herum vorging.

In diesem Klassenzimmer war es nicht viel anders, und so hatte ich nicht bemerkt, dass mittlerweile Totenstille herrschte. Dem Lehrer war schließlich der Geduldsfaden gerissen. Sie sollten sich hüten, noch einmal den Mund aufzumachen, ohne sich zuerst zu melden, hatte er außer sich vor Entrüstung gebrüllt. Und in diese vom Zorn des Lehrers und der Angst der Kinder vor Strafe aufgeladene, vollkommene Stille hinein fragte ich das Mädchen, das neben mir saß, leise, aber deutlich hörbar: »Leihst du mir deinen roten Farbstift?«

Ihre großen Augen wurden vor Schreck noch größer, als sie ungläubig zuerst mich und dann den Lehrer ansah, der hinter mir stand. Ich hatte keine Zeit, darüber nachzudenken, was ich falsch gemacht haben könnte. Stahlharte Hände packten mich und schüttelten mich erbarmungslos. Der Lehrer machte seinem hilflosen Zorn und seiner Frustration durch eine wütende Attacke auf meinen Körper Luft. Ich saß an dem Tisch direkt vor ihm, war also ein leichtes Opfer. Dieser übermächtige Zorn war mir vertraut – von meinem Vater, der genauso explodieren konnte. Ich begann zu zittern, schluckte aber meine Tränen hinunter und versuchte meinen Körper steif zu machen, damit ich nicht zusammensackte und mir vielleicht noch Schlimmeres passierte.

Die Klassen wurden neu organisiert. Alles in allem machte die Schule im Lager mehr Spaß als in Holland, weil ein paar in unserer bunt gemischten Gruppe sich trauten, frech zu sein, und die eher Schüchternen mitzogen. Es waren zwei Lehrer notwendig, um uns im Zaum zu halten und uns die Grundbegriffe der englischen Sprache beizubringen. Wir streckten ihnen feixend die Zunge heraus, wenn sie uns zu zeigen versuchten, wie man das »th« ausspricht.

Gleich am ersten Wochenende gingen wir mit Leuten von einer australischen Kirchengemeinde schwimmen. Sie hatten angeboten, uns Kinder nach Bathurst (das war die nächste Stadt) ins »Bad« (so nannten sie den Teich) zu fahren, um uns eine Freude zu machen, und wir waren natürlich hellauf begeistert. Die Sonne brannte vom Himmel, wir tobten stundenlang im Wasser herum und niemand bemerkte, dass wir uns einen fürchterlichen Sonnenbrand holten – bis es zu spät war. Mein ganzer Rücken war voller Blasen. Der Lagerarzt kam, konnte aber auch nichts tun. Australische Landeskunde, am eigenen Leib erlebt.

Eines Tages kam uns Pfarrer Maas besuchen, der Priester der niederländisch-altkatholischen Kirche von Victoria. »In einem Kloster in Melbourne suchen sie einen Obergärtner, und vielleicht hat Gott diese Stelle dir zugedacht, John.« Mein Vater war ganz Ohr. Eine Arbeit im Freien! Das hatte er nicht zu träumen gewagt. »Ein Häuschen für die Familie ist auch dabei.«

Mein Vater und der Pfarrer fuhren hin, um sich das Ganze anzusehen. Der »Garten« umfasste gut sieben Hektar Land, das jahrelang vernachlässigt worden war. Mitten darin stand das imposante Kloster mit Namen »Genazzano«, das auch ein College für Mädchen aus wohlhabenden Familien beherbergte.

Das erwähnte Häuschen befand sich ebenfalls auf dem Klostergelände und wurde seit zwanzig Jahren vom bisherigen Gärtner bewohnt, der inzwischen zwar nicht mehr arbeitete, sich aber weigerte, auszuziehen. Um das Häuschen herum stand mannshoch das Unkraut, eine Heimstatt für Schlangen und Kaninchen. Wir ließen uns von alldem nicht entmutigen. Die verzweifelten Nonnen hatten, während der Gärtner mit seiner Familie in Urlaub war, in unmittelbarer Nähe des Häuschens mehrere große Zelte für uns aufgestellt; die sanitären Einrichtungen des Hauses durften wir mitbenutzen. Auf dieses Campingabenteuer folgte eine würdigere Unterbringung in einem schönen Haus namens »Grange Hill«, das ebenfalls auf dem Klostergrund stand. Erst als er einsehen musste, dass wir bleiben würden und mein Vater die von ihm so lange vernachlässigten Aufgaben übernommen hatte, entschlossen sich der alte Mann und seine Familie doch zum Auszug.

An dem Tag, als wir in das Gärtnerhaus einzogen, kochten die dankbaren Nonnen Essen für uns. Die Mutter Oberin kam, um uns allen die Hand zu schütteln. Sie hatte ein angenehmes Wesen, lächelte ständig und nahm meine Mutter im Laufe der Zeit mit ihrer unerschütterlichen Freundlichkeit sehr für sich ein. Es stellte sich zwar heraus, dass sie oft ein wenig naiv und unpraktisch war, aber diese Schwächen verzieh man ihr, diesem rundlichen, unbeschwerten, liebenswerten Engel. Begleitet wurde sie von ihrer Stellvertreterin, einer beeindruckenden, groß gewachsenen Nonne mit offenem Blick, deren Auftreten eine tadellose Kinderstube verriet, doch nicht den geringsten Snobismus.

Wir sprachen zwar nur gebrochen Englisch, konnten uns aber verständigen. Mein Vater sollte freie Hand bekommen bei allem, was sich zur Verbesserung der Lage tun ließ, und dazu ein beträchtliches Budget erhalten, das man für die Wiederherstellung der Klostergärten beiseite gelegt hatte. Wir Kinder würden kostenlos die Grundschule der örtlichen Pfarrgemeinde besuchen, die von denselben Nonnen geleitet wurde. Wir durften mietfrei im Gärtnerhaus wohnen und für den Strom mussten wir auch nichts bezahlen. Man würde uns Farbe zur Verfügung stellen, damit wir das Häuschen verschönern konnten, und auch anderes Material wie Gipskartonplatten, um das große Loch in einer der Wände zu verschließen.

Wir sahen uns in dem Holzhaus um und wollten unseren Augen nicht trauen. »Schau doch nur! Holzbretter innen an den Wänden, nicht einmal richtig festgenagelt, voller klebrigem Fett und Staub!« Die Holzbretter waren Schindeln, die man normalerweise nur zur Verkleidung von Außenwänden verwendete. Die Böden bestanden entweder aus abgetretenen Holzplanken oder abgenutztem Linoleum. Die Schlafzimmerwände hatten hässliche Flecken und die Fenster waren offenbar seit Monaten, vielleicht seit Jahren nicht mehr geputzt worden. Meine Mutter, meine Schwester Liesbet und ich würden die meiste Arbeit haben, bis alles wieder ordentlich aussah. Nachdem wir uns seufzend umgeschaut hatten, kamen wir zu dem Schluss, dass wir schon irgendwie etwas daraus machen würden. Es brauchte nur ein paar tüchtige Frauenhände und ein bisschen weibliche Vorstellungskraft – wie immer.

Unsere Vorgänger hatten einiges Mobiliar zurückgelassen. Unter der alten Couch im Wohnzimmer fanden wir eine große Bibel mit vergoldeten Ecken und Messingschließe und darin – neben spärlich bekleideten Gestalten aus dem Alten Testament wie Batseba und den geraubten, vergewaltigten Sabinerinnen – sensationelle Abbildungen vom nackten Adam und der nackten Eva. Für Katholiken aus Südholland war die Bibel fast ein ketzerisches Buch, das nur die abscheulichen Protestanten lasen. Leider konnten wir dem kostbaren Folianten wegen unserer

Vorurteile nicht einmal seinen historischen oder künstlerischen Wert zugestehen. Er wurde umgehend in der 44-Gallonen-Blechtonne hinter dem Haus, unserem »Ofen« für Abfälle, dem Feuer übergeben.

Endlich wurden die lang ersehnten Kisten mit unserem Mobiliar und anderen Besitztümern vom Hafen gebracht, aber sie waren aufgebrochen worden. Herzlose australische Hafenarbeiter mussten sich unser Tafelsilber unter den Nagel gerissen haben. Ebenso fehlten die wunderschönen Stickereien meiner Mutter aus der Zeit, als sie noch keine Kinder gehabt hatte. Es war sehr traurig, aber wir mussten uns damit abfinden; die meisten Einwanderer machten solche Erfahrungen. »Schauermann im Melbourner Hafen« war damals gleichbedeutend mit »Dieb«.

Meine Puppen waren nicht dabei. Sie waren auch nicht gestohlen worden, man hatte sie gar nicht eingepackt. »Es gab nicht genug Platz«, sagten meine Eltern leise, diese Verschwörer, die beschlossen hatten, dass ich zu alt für Puppen wäre. Ich weinte bittere Tränen, nicht nur wegen meiner Puppen, sondern weil meine Eltern mich belogen hatten. »Ich kaufe dir einmal eine andere Puppe«, sagte mein Vater, dem ich Leid tat. Er wird wohl trotzdem gehofft haben, dass ich irgendwann nicht mehr daran denken würde, denn als wir eines Tages einen Schaufensterbummel machten, sagte er mit trauriger Stimme zu mir, dass die Puppen wirklich zu teuer wären und ich warten müsste. »Bis wann?«, fragte ich, denn ich hätte ihn gern auf ein bestimmtes Datum, einen bestimmten Anlass oder einen überschaubaren Zeitraum festgenagelt. Aber eigentlich war mir schon klar, dass ich mich auf ein Leben ohne Puppen einstellen musste.

Meine Mutter, meine Schwester und ich machten uns wild entschlossen daran, das schmutzstarrende Gärtnerhaus zu putzen, und innerhalb einer Woche strahlte es in makelloser Reinheit. Die drei älteren Jungs – der stämmige Adrian, inzwischen neun; unser Lockenkopf Markus, sieben; und der fünfjährige Willem – sammelten Brennholz für den Boiler und gingen Vater zur Hand. Um die Kleinen – die braunhaarige, braunäugige Berta mit ihren zwei Jahren und das blonde Nesthäkchen Teresa, die erst ein Jahr alt war – kümmerten wir uns alle gemeinsam.

In wenigen Wochen war das ganze Haus renoviert und ein Schuppen errichtet, wo mein Vater Schuhe reparierte und Ventilatoren bastelte. Dann wurde eine Garage für den Chevrolet gebaut und später kam noch eine Einliegerwohnung für meine drei in Australien geborenen Brüder hinzu, die sich im Laufe der nächsten sieben Jahre einstellten. Sie rebellierten gegen die altmodische und weltfremde Vorstellung meiner Eltern von Disziplin und machten meistens, was sie wollten. Die unkrautbewachsene Pferdekoppel nahe dem Haus verwandelte sich in einen äußerst ertragreichen Gemüsegarten und auch Bäume wurden gepflanzt. Am besten gefiel uns eine Weide, die bald so groß war, dass man eine Schaukel daran hängen konnte.

Aus den verwilderten Gartenanlagen von Genazzano machte mein fleißiger Vater mit der Zeit ein richtiges Schmuckstück. Aber er kümmerte sich nicht nur um die Gärten, er war gleichzeitig der Elektriker, Klempner und Zimmerer des Klosters. Gewissermaßen der »Mann im Haus« für etwa dreißig Nonnen, die sich »Faithful Companions of Jesus« (dt.: Treue Gefährtinnen Jesu) nannten und in einem schönen dreistöckigen Haus mit Schieferdach lebten. Die Nonnen wussten die Arbeit meines Vaters zu schätzen, und dass er geschätzt und mit verantwortungsvollen Aufgaben betraut wurde, wirkte sich wiederum positiv auf ihn aus. Er konnte seinen ganzen Einfallsreichtum einsetzen, bemühte sich aber immer, die Kosten für die Nonnen möglichst niedrig zu halten. Er zog selbst Sämlinge heran, damit die Nonnen keine Jungpflanzen außerhalb kaufen mussten. Und er legte ein eigenes Beet an für die Blumen, die als Schmuck für die Kapelle gedacht waren, damit die anderen Blumen im Garten in aller Ruhe wachsen konnten.

Nie war mein Vater zufriedener gewesen. Sein Jähzorn legte sich für einige Zeit und er kam nachts nicht mehr zu mir. Ich war inzwischen zwölf, wir lebten in einem sonnigen, wenn auch kleinen Haus mit papierdünnen Wänden, und der mürrische Hilfsgärtner George hatte Vater eine neue kulturelle Sphäre erschlossen – das so genannte »Männerzimmer«. Nonnen und Mädchen war der Eintritt verboten. An den Wänden hingen keine Heiligenbilder, sondern Kalenderblätter mit pikanten Fotos. In den Schubladen lagen alle möglichen Hochglanzmagazine, voll mit Anzeigen von Melbourner Etablissements, die denjenigen, die es nach Befriedigung verlangte, jedwede Befriedigung versprachen.

Schließlich wurde mein Vater in eine ihm bislang unbekannte, anspruchsvollere – und teurere – Form der Befriedigung seines unbändigen Sexualtriebs eingeführt. Vermutlich glaubte er in seiner Naivität, dass sie weniger riskant und leichter geheim zu halten sei. Er wird nie einen Gedanken daran verschwendet haben, dass er nach vielen Jahren zunehmender Sorglosigkeit seiner Frau eines Tages die Syphilis mit nach Hause bringen würde oder dass sie nach langem Herumrätseln über ihre Beschwerden (er sagte kein Wort, bis sie ihn festnagelte) mit dem Taxi zu einer Adresse in der Lygon Street fahren und der Prostituierten, die sie dort vorfand, lautstark und unter Tränen bitterste Vorwürfe machen würde. Trotz Mutters schlechtem Zustand beschlossen meine Eltern, dass die Sache ein Familiengeheimnis bleiben sollte. Doch das Geheimnis belastete meine Mutter zu sehr, als dass sie es hätte für sich behalten können. Schließlich vertraute sie es meiner Schwester Liesbet an, die damals für ihr Alter schon recht reif und erwachsen war. Und Liesbet vertraute es allen ihren Schwestern an.

In Holland hatten wir sonntags immer Verwandte besucht und da jetzt keine Großeltern mehr da waren, besuchten wir andere holländische Familien. Etwa zehn Monate nach unserer Ankunft in Genazzano machten wir uns alle zusammen mit dem Zug auf den Weg zu einer großen Familie, die mit uns auf dem Auswandererschiff gereist war, um zu sehen, wie es ihnen mittlerweile ging. Man unterhielt sich über die Gewerkschaften mit ihren Bummelstreiks, die schwer arbeitende Neuankömmlinge bedrohten, weil sie ihre lasche Arbeitsmoral entlarvten; oder die geringe Auswahl an leckeren Sachen und das heimische Essen, das wir alle vermissten; über die halbwüchsigen Töchter und Söhne und wie sehr man ihre Freundschaften mit diesen unzuverlässigen Australiern missbilligte.

Wir Kinder, übrigens ein ziemlich großer Haufen, blieben uns selbst überlassen und durften spielen gehen. Ich war wie immer nervös, ob die anderen mich akzeptieren würden, obwohl ich mit meinen fast dreizehn Jahren eines der ältesten Kinder war. Ich hätte den Mund aufmachen und energischer sein müssen, um bei den Spielen mitmachen zu können, aber ich war an jenem Tag nicht in Stimmung. Auf dem Hof stand ein Baum. Ich trug zwar ein Kleid, aber das hielt mich nicht davon ab, bis ganz nach oben zu klettern. Doch trotz dieser Leistung beachtete mich kein Mensch. Eine große Traurigkeit überkam mich. Da saß ich nun allein im Baumwipfel, wünschte mir nichts sehnlicher, als so zu sein wie andere Kinder, fand aber keinen Kontakt zu ihnen und fühlte mich merkwürdig einsam. Tränen stiegen mir in die Augen, ich begann heftig zu schluchzen und plötzlich konnte ich meinen ganzen namenlosen Kummer herauslassen.

Alle müssen mich gehört haben, auch die Erwachsenen im Haus. Ich sah kurz den Kopf meiner Mutter in der Hintertür auftauchen. Sie muss sofort wieder hineingegangen sein. Ich stellte mir vor, wie sie den anderen erklärte, Carla habe wieder einmal eine ihrer Launen. Am besten ignoriere man sie. Diese Vorstellung, die mit ihr verbundene schreckliche Demütigung stürzten mich erst recht in Verzweiflung. Ich wusste gar nicht genau, warum ich weinte. Seit wir nach Australien gekommen waren, hatten die nächtlichen Besuche meines Vaters aufgehört und ich war erlöst von dem Horror, an den ich mich schon gewöhnt hatte. Der nächtliche Besucher sollte nie mehr kommen – ich war benützt und dann ausrangiert worden und jetzt fühlte ich mich leer. Ich interessierte meinen Vater nicht mehr, ich war nicht mehr sein ganz besonderes Mädchen. Ich konnte mich zwar nicht bewusst an seine nächtlichen Besuche erinnern, aber mein Körper vermisste seine Nähe und ich fühlte mich seltsam verlassen. Ich heulte noch lauter. Die anderen Kinder nahmen keine Notiz von mir. Was hätten sie auch tun können? Dass der Abstieg für mich nicht allzu schwer sein würde, wenn ich wieder vom Baum herunterwollte, konnten alle sehen. Sie wussten nicht, was sie mit diesem komischen Mädchen anfangen sollten.

Das Ergebnis war, dass meine Eltern – verständlicherweise – meinten, ihre seltsame Tochter, die um Zuwendung jammerte, statt sich wie die anderen Kinder vergnügt die Zeit zu vertreiben, hätte sie vor der anderen Familie blamiert.

Für meine Eltern, die selbst genug damit zu tun hatten, sich in dem neuen Land einzugewöhnen, war mein Innenleben einfach viel zu kompliziert. Bald würde ich, ihr erstes Kind, in die Pubertät kommen, ein richtiger Teenager sein. Was würden sie dann mit mir machen?

Neuer Wein in alten Schläuchen

Unsere Liebe Frau vom Guten Rat«, das war der Name unserer Pfarrkirche in Holland. An der Seitenwand hing ein wunderschönes byzantinisches Mosaikbild der Jungfrau Maria mit dem Jesuskind auf dem Arm, das sich an seine Mutter schmiegte, und davor brannten ihr zu Ehren stets kleine Kerzen der Hoffnung. Die Menschen beteten zu ihr, dann gingen sie wieder ihrer Wege und taten, was sie wollten.

Wir waren sechs Wochen um die ganze Welt gereist und, durch irgendeine rätselhafte karmische Fügung, nach beinahe zwanzigtausend Kilometern in einer Pfarrgemeinde mit demselben Namen gelandet. Es war unglaublich: Wir befanden uns in einem fremden Land, in einer anderen Kultur, doch das Bild Unserer Lieben Frau vom Guten Rat war das gleiche, wenn auch kein echtes Mosaik. Es gab mir das Gefühl, als hätte sich auf seltsame Weise überhaupt nichts geändert. Sie war uns nach Australien gefolgt, Unsere Liebe Frau, die uns immer gut beraten sollte. Warum empfand ich dieses Omen dann als gar nicht besonders tröstlich?

Für den ersten Schultag putzte Mutter uns heraus, wie sie es auch in Holland bei besonderen Anlässen gemacht hatte: Sie band uns große Satinschleifen ins Haar und wir trugen die auf Hochglanz polierten Schnürschuhe, die unser Vater gemacht hatte. Wir fielen ziemlich auf mit unseren Schleifen, aber es war ohnehin egal, was wir anhatten: Die australischen Schulkinder, ob katholisch oder nicht, verachteten uns Neuankömmlinge, einfach weil wir anders waren. Sie konnten uns nicht verstehen, also machten sie sich über uns lustig.

Unsere Klassenlehrerin, eine Nonne namens Mutter Mary Luke FCJ, unterrichtete gleichzeitig drei Jahrgänge im selben

Raum. (FCJ steht für Faithful Companions of Jesus; alle Nonnen hatten diese Initialen hinter ihrem Namen.) Mutter Mary Luke hatte schon einiges erlebt in ihrem Leben und verfügte dadurch über einen gewissen Realitätssinn. Sie las unsere schriftlichen Arbeiten laut vor und lobte unsere ungewöhnliche, fantasievolle Art der Darstellung.

Weniger gut erging es meinen Brüdern im Klassenzimmer nebenan in den Händen von Schwester Bartholomew. Sie hatte immer ein langes Holzlineal mit Metallkante bei sich, mit dem sie ihren Schülern auf Hände und Beine schlug, bis sich dicke Striemen bildeten. Schwester Bartholomew war der Boss in ihrem Klassenzimmer und das sollte den Kindern immer bewusst sein. Sie war im Busch geboren und hatte eine harte Hand. Als meine Brüder – Markus, Adrian und Willem – mit Striemen auf Händen und Beinen nach Hause kamen, marschierte unsere Mutter in die Schule, um Schwester Bartholomew zur Rede zu stellen, obwohl sie nur gebrochen Englisch sprach. Richtig verstehen konnte sie niemand, aber jeder wusste, was sie meinte.

Schwester Bartholomew rechtfertigte sich lautstark. Es galt damals fast als Sünde, eine andere Meinung zu vertreten als eine Ordensfrau, und es war wirklich mutig von meiner Mutter, sich dem Spott und der Selbstgerechtigkeit der Nonne auszusetzen. Wir schämten uns, dass unsere Mutter so schlecht Englisch sprach, aber ihr Mut machte uns stolz. In unserer kleinen, in »wir« und »die anderen« eingeteilten Welt gehörte unsere Mutter von diesem Tag an zu »wir« und Schwester Bartholomew zu »den anderen«. Der Einsatz war höher und das Leben aufregender geworden.

Mutter Mary Luke, der an einem guten Einvernehmen lag, übertrug meiner Schwester und mir, um die Wogen zu glätten, Aufgaben mit einem gewissen Maß an Verantwortung; zum

Beispiel sollten wir uns um den Blumenschmuck für den Altar kümmern. Unser Klassenzimmer war von der Kirche durch eine Faltwand aus Holz getrennt, die sich harmonikaartig zusammenschieben ließ. Sonntags wurde auf diese Weise Platz geschaffen für die zahlreichen Gemeindemitglieder, die dann an unseren Tischen saßen. Es war ein wohliges Gefühl, Jesus im Tabernakel so nah zu sein. Ich wurde für die höchst verantwortungsvolle Aufgabe auserkoren, den Altar für die nächste Frühmesse vorzubereiten, was ich nach der Schule machen musste. Außerdem hatte ich dafür zu sorgen, dass in der Sakristei, wo der Pfarrer sich ankleidete, alles griffbereit war. Ich lernte die Wörter »Kasel«, »Albe«, »Manipel«, »Cingulum«, »Humerale« und »Stola« – die für das Priesterhandwerk unerlässliche Garderobe.

Ich ging jeden Morgen zur Messe und machte sogar den Ministranten, wenn der offizielle Messdiener nicht erschien. Und das war immer öfter der Fall, seit er wusste, dass ich seinen Platz einnehmen konnte. Für mich war es eine Ehre, so unmittelbar an den Ritualen des Gottesdienstes beteiligt zu sein. Meine Hingabe an Jesus wuchs.

Meine Klassenkameradinnen waren weniger religiös, besonders Jill, die beste Freundin meiner Schwester Liesbet. Die beiden platzten eines Nachmittags herein und richteten ein Chaos an, indem sie die Schachtel mit den Hostien für die Kommunion herunterwarfen. Da sie auf dem Boden gelegen hatten und nicht mehr verwendet werden durften, sondern weggeworfen werden mussten, stopften Liesbet und Jill sich die Hostien unter lautem Gelächter und unanständigen Witzen in den Mund. Dann beschloss Jill, dass sie auch den Messwein probieren müsste. Sie schnappte sich die Karaffe und einen Kelch, nahm einen Schluck und erklärte, das Zeug sei wirklich ausgesprochen süffig. Jetzt wurde auch ich neugierig und probierte. Es war eine besondere Art von Portwein, wirklich köstlich, und er machte uns sehr übermütig. Jede Soutane wurde gelüpft, jede Schublade inspiziert, und dann machten sich die zwei respektlosen Mädels durch die Sakristeitür davon.

Während ich noch vergnügt vor mich hin grinste, durchfuhr mich ein jäher Schreck; immerhin hatte ich mitgemacht und der Portwein hatte mich in eine erstaunliche Hochstimmung versetzt. Nach diesem Tag war es für mich in der Sakristei nie mehr so wie früher: Die Versuchung war stets gegenwärtig und von Zeit zu Zeit gab ich ihr still und heimlich nach. Schließlich ließ sich das in der Beichte wieder ausbügeln. Allerdings beichtete man solche Sachen in einer anderen Pfarrkirche.

Mutter Mary Luke war schwer in Ordnung, wenn auch ein bisschen alt für ihre Aufgabe und etwas griesgrämig, weil sie dauernd Migräne hatte. Sie hatte bereits alle Zähne verloren, aber ihr dünnes Lächeln war dennoch aufrichtig. Ihre Lebensklugheit entsprang einer langjährigen Erfahrung als Lehrerin und im Umgang mit Eltern und Kindern. Sie war immer in Eile und ging nicht, sondern lief mit hochgezogenen Schultern und flatterndem Schleier durch die Gänge, wenn sie mehrmals täglich den Weg vom Klassen- zum Lehrerzimmer zurücklegte. Und bei einem dieser Spurts geschah es, dass sie mir mit einem kleinen Lächeln die Frage stellte: »Wann wirst du aufwachen, Carla?«

Ich blieb verblüfft stehen. Irgendetwas an dieser Frage brachte mich zum Nachdenken. Sie hatte nicht gesagt: »Wann wirst du *erwachsen?*«, sondern: »Wann wirst du *aufwachen?*« Mein Englisch war inzwischen gut genug, dass mir der Unterschied auffiel. Ihre Frage implizierte, dass ich schlief, ohne Bewusstsein war; dass es etwas gab, dessen ich mir bewusst werden musste. Was konnte das sein? Ich wusste nicht, wie die Welt für Menschen aussah, die wirklich wach waren. Ihre Frage ging mir noch lange im Kopf herum, doch ich hatte nicht allzu viel Zeit, um über dieses Rätsel nachzugrübeln, denn die nächsten beiden Schuljahre sollten nicht störungsfrei verlaufen.

Als wir eines Tages von der Schule nach Hause kamen, fanden wir meine Mutter im Bett vor, in einer Blutlache liegend, stöhnend und delirierend. Wir wussten, was zu tun war, und rannten zum Kloster hinüber, um Schwester Victoire zu holen, die Infirmarin, eine ausgebildete Krankenschwester. Die Anrede »Schwester« bezeichnete Nonnen, die irgendeine Arbeit verrichteten, im Gegensatz zu den »Müttern«, die Lehrerinnen waren. Schwester Victoire ließ alles liegen und stehen und kam mit uns. Sie rief sofort einen Rettungswagen, der wenig später zur Stelle war und Mutter ins Krankenhaus brachte. Als man sie hinaustrug, öffnete sie die Augen, sah uns mit verschleiertem Blick an und flüsterte, dass wir nicht weinen sollten. Sie hatte bei fortgeschrittener Schwangerschaft eine Fehlgeburt erlitten und war durch den Blutverlust sehr geschwächt, und trotzdem war ihr erster Gedanke, dass wir uns keine Sorgen um sie machen sollten. Es tat mir in der Seele weh, sie so schwach, so hilflos und doch so gefasst vor mir zu sehen.

Schwester Victoire hielt die Situation offenbar nicht für besonders ernst. Sie war eine kompetente Person, mager, mit einem Herzen aus purem Gold und einem unerschütterlichen sonnigen Gemüt, das allein schon heilsam war. Ihr Lächeln machte uns die Katastrophe leichter. Schwester Victoire zog das blutgetränkte Bettzeug ab, als wäre dergleichen alltäglich, und plauderte mit uns, während sie alles zu einem großen Bündel zusammenwickelte, um es für die Wäsche mitzunehmen. An jenem Abend ließen uns die aufmerksamen Nonnen Essen aus der Klosterküche bringen.

Ich musste mich mehrere Wochen um die Familie kümmern,

denn meine Mutter erholte sich nur langsam. Sie hatte eine Transfusion mit der falschen Sorte Blut bekommen, was sie beinahe das Leben gekostet hätte. Mit dreizehn Jahren »Mutter« für sechs Kinder zu sein und außerdem unseren Vater zu versorgen war keine einfache Aufgabe. Meine Kochkünste waren äußerst bescheiden, also kaufte ich ein Kochbuch und ein paar neue Utensilien und fing an, auf unserem Kookaburra-Gasofen zu experimentieren. Niemand sagte mir, dass er nicht richtig funktionierte, weil sich die Tür nicht ganz schließen ließ, und außerdem konnte man die Temperatur nicht einstellen – eine echte Herausforderung also. Aber ich war fest entschlossen, es zu schaffen, und mühte mich lange Zeit redlich damit ab.

Meinen Brüdern schien es nichts auszumachen, sie aßen, was auf den Tisch kam, und wenn es noch so verbrannt war. Ich liebte sie dafür, entwickelte aber trotzdem Komplexe hinsichtlich meiner Kochkunst und beschränkte mich auf ein paar einfache Speisen: Pfannkuchen mit Äpfeln und viel Sirup, Suppen und gedünstetes Gemüse, frisch aus dem Garten.

Das Fleisch bereitete mein Vater zu, denn ich hatte nicht die geringste Ahnung, wie man das anstellte, und kann es heute noch nicht. Die einzige Ausnahme ist Selleriesuppe mit Fleischbällchen, eine Spezialität meiner Mutter. Sie brachte uns Mädchen mit großem Stolz bei, wie man sie zubereitet, aber irgendwie gelang ihr die Suppe immer besser als mir oder allen anderen. Sie hatte einfach ein Händchen für Selleriesuppe mit Fleischbällchen.

Ich wollte meine Brüder dahingehend erziehen – sie schliefen in Stockbetten in einem Zimmer mit Linoleumboden –, dass sie morgens ihre Betten machten und sich abends sauber schlafen legten, damit das Bettzeug nicht gleich nach der Wäsche wieder schmutzig wurde. Aber es war hoffnungslos.

Sie waren es gewohnt, Männerarbeiten zu übernehmen, beispielsweise Holz für den Boiler zu hacken, und Bettenmachen gehörte nicht dazu. Und vor dem Schlafengehen die Füße waschen – na ja, das machten sie vielleicht einmal, aber ohne Dusche im Haus war es zu viel verlangt. Wir badeten lediglich einmal in der Woche, ansonsten wuschen wir uns täglich am Ausguss. Ungemachte Betten würde es aber in »meinem« Haushalt nicht geben, darauf achtete ich streng. Wenn schon in meiner Seele Chaos herrschte, so konnte ich doch wenigstens meine unmittelbare Umgebung in Ordnung halten.

Abends brachte ich die Kleinen zu Bett. Oft las ich meinen zwei jüngeren Schwestern – sie waren damals neun und zehn – Geschichten vor, manchmal machte ich sie auch nur zum Schlafengehen fertig. Ich erschreckte sie zu Tode mit Geschichten vom Ritter Blaubart – dieselben Geschichten hatten mich in Angst und Schrecken versetzt, als ich sie zum ersten Mal las –, aber wenn am Himmel der Donner grollte, redete ich beruhigend auf meine kleinen Schwestern ein und sagte, das sei ein Zeichen der Macht Gottes und unsere Schutzengel stünden uns bei.

Schließlich kehrte meine Mutter zurück, doch ich blieb während ihrer Genesungszeit noch von der Schule zu Hause. Ich war mit dem Unterrichtsstoff ohnehin schon weiter als die anderen, deshalb war mir die Schule nicht so schrecklich wichtig, und meine Englischkenntnisse verbesserte ich durch Lesen und eifriges Radiohören.

Einige Zeit später ging ich wieder zur Schule, jedoch mit Unterbrechungen, denn meine Mutter war mit den drei Kindern, die noch zu Hause waren, oft überfordert. Und dann entdeckte ich auf meinem Schulweg in einem Garten eine wunderschöne Blume, »Jungfer im Grünen« genannt, mit ihrer blauen, sternförmigen Blüte, umgeben von einem Gespinst feiner gefiederter Blätter, die das zarte Blau der Blume unterstreichen. Mein romantisches Herz schmolz dahin, als ich dieses Wunder von einer Blume sah. Hätte ich sie nicht mit meinen eigenen Augen gesehen, vielleicht schon von einer Zeichnung gekannt, dann hätte ich es nicht für möglich gehalten: Dass englische Gartenblumen auch in Melbourne gediehen, war mir neu.

Die Besitzerin des Gartens pflückte einen Blütenstängel für mich und verriet mir den hübschen Namen. Ich drückte die Blume an mein Herz und wünschte mir, sie könnte in mir blühen. Dann beschloss ich, sie meiner überarbeiteten Lehrerin, Mutter Mary Luke, zu schenken, die ich eine ganze Weile nicht mehr gesehen hatte.

Mutter Mary Luke trug ihre schwarz gefasste runde Brille und war sehr blass, als ich sie vor der Morgenandacht auf dem Weg zwischen Klassenzimmer und Speisesaal erwischte und ihr die Blume mit dem schönen Namen entgegenstreckte. Sie brachte es immerhin fertig, ihren Schritt kurz zu verlangsamen, dann gab sie mir die wunderschöne blaue Blume zurück. Ich könne mir eine Vase holen, wenn ich wolle, und sie im Klassenzimmer vor die Statue Unserer Lieben Frau stellen.

Ihre Sachlichkeit verletzte mich und mir kamen die Tränen. Ich war eine Kind-Mutter, die selbst ein wenig bemuttert werden wollte. Ich hatte gehofft, mein Geschenk, diese ganz besondere Blume, gegen ein wenig Zuneigung von meiner Lehrerin eintauschen zu können. Ich war so müde. Aber ich erkannte dennoch, dass ich von den Menschen nicht zu viel erwarten sollte.

Und so wandte ich meine Gedanken Jesus zu, der auf seine mystische Weise im Tabernakel der Kapelle gegenwärtig war, eingeschlossen in den kleinen weißen Hostien, die bei der Kommunion ausgeteilt werden, und in der größeren Hostie in der Monstranz. Dass die Liebe existierte, wusste ich. Das

Problem war nur, dass es unter den Menschen zu wenig davon gab.

Ich übertrug mein Liebesbedürfnis auf Jesus, als ich dreizehn war und in die Pubertät kam. Ich begann romantische Gefühle für ihn zu entwickeln. Ich schüttete ihm während der großen Pause oder nachmittags in der Kirche mein Herz aus. Jesus musste mich lieben, wenn schon niemand sonst mich liebte, und so kam es, dass meine imaginäre Beziehung blühte und gedieh. Es war meine persönliche Form einer Beziehung mit dem Göttlichen: Ich liebte Jesus, obwohl ich ihm nie begegnet war, obwohl ich unmöglich wissen konnte, wie er aussah, und obwohl ich keine Ahnung hatte, wer er wirklich war.

Diese Beziehung bewahrte mein Herz davor, sich zu verschließen. Sie war das Beste meiner romantischen Teenagerjahre, sie erhielt mich am Leben. Und als diese kitschigen Andachtsbildchen verteilt wurden, auf denen Jesus mit den Worten »Du, ja, *du*, *dich* brauche ich!« direkt auf mich zeigte, jubilierte mein Herz, weil ich gebraucht wurde, und rief: »Ja!, Ja, Jesus! Ich werde Vater und Mutter verlassen, meine Brüder und Schwestern und alle Welt und dir nachfolgen!« Ich pinnte das Bildchen an die Seitenwand meines Kleiderschranks und kniete mich jeden Tag davor, um zu beten, und oft hüpfte mein Herz vor Freude ob der wachsenden Zuversicht, dass ich eines Tages eine Nonne, endlich eine Geliebte Jesu sein würde.

Alles in allem verbrachte ich mehr Zeit zu Hause als in der Schule zu Unserer Lieben Frau vom Guten Rat. Wahrscheinlich bot meine Anwesenheit meiner Mutter eine gewisse Sicherheit, die ihr half, sich den Annäherungsversuchen ihres Mannes zu entziehen, wenn er mittags zum Essen nach Hause kam. Sie war zu leicht verfügbar und hatte doch solche Angst, all die Schmerzen noch einmal durchmachen zu müssen. Dennoch konnte er sie nicht in Ruhe lassen, sie wurde erneut schwanger und hatte im fünften Monat wieder eine Fehlgeburt. Danach musste sich meine Mutter einer Operation unterziehen, bei der die überdehnten Gebärmutterbänder wieder gestrafft wurden. Sie war sicher sehr froh, sich wieder einigermaßen wohl zu fühlen. Allerdings gab es jetzt auch keine Ausrede mehr, und sie bekam noch drei weitere Söhne; beim letzten Kind hatte ich mein Elternhaus schon verlassen.

Obwohl es auch zu Hause immer viel zu tun gab, erledigten meine Schwester Liesbet und ich samstags nachmittags die Bügelwäsche für Schwester Kevin, um uns ein zusätzliches Taschengeld zu verdienen. Den Samstagnachmittag dranzugeben war ein großes Opfer, zu dem wir – sehr zum Ärger von Schwester Kevin – nicht immer bereit waren. Im Stockwerk über der Waschküche des Klosters bügelten wir die Tisch- und Bettwäsche und die merkwürdig aussehende Unterwäsche der Nonnen; was repariert werden musste, legten wir zur Seite. Eines Nachmittags ertappte uns Schwester Kevin, wie wir uns verkleideten. Wir hatten vor lauter Gekicher nicht gehört, dass sie die lange Treppe heraufkam, und erschraken fürchterlich, als sie plötzlich vor uns stand. Es folgte die unvermeidliche Standpauke. Wir versprachen mit schamroten Gesichtern, dass wir es nie wieder tun würden, amüsierten uns aber umso mehr, als sie wieder gegangen war. Schwester Kevin hatte ein gutes Herz und lud uns immer zu Tee und Kuchen ein.

Auch meine Brüder kannten Schwester Kevin gut, denn sie machten sich einen Spaß daraus, ihre Hühner zu ärgern. Der Hühnerstall befand sich unmittelbar neben unserem Hinterhof, gleich hinter der Zypressenhecke, und sein Dach eignete sich einfach hervorragend für Zielübungen. Stöckchen, Steine und sonstige Gegenstände fanden von der Hecke aus regelmäßig ihren Weg aufs Dach des Hühnerstalls und versetzten jeder

Henne, die gerade ein Ei legen wollte, einen gehörigen Schrecken. Es war aber auch ein Bild für die Götter, wenn Schwester Kevin der heilige Zorn packte. Und meine Brüder lachten sich ins Fäustchen, wenn die erboste Nonne »ausflippte«, wie sie sagten.

So vergingen meine ersten beiden Jahre in Australien. Bei meiner Schwester wurden schon die Hormone aktiv, sie bekam ihre erste Periode mindestens ein halbes Jahr früher als ich, obwohl sie jünger war. Sie entdeckte Blut in ihrer Unterhose und lief erschrocken zu meiner Mutter, die ihr nüchtern erklärte, das sei ein Zeichen, dass sie später würde Babys haben können. Sie bekam Binden aus altem, dünnem, aber saugkräftigem Windelmaterial, die innen am Schlüpfer zu befestigen waren. Ich fühlte mich minderwertig gegenüber meiner Schwester und versteckte mich oft in der dichten Zypressenhecke nahe beim Haus, um in meiner Unterhose nach Blut zu suchen. Meine Schwester war sich ihrer Sexualität viel stärker bewusst als ich und zog als hinreißend schönes junges Mädchen alle Blicke auf sich. Ich würde nie wie sie sein. Ich unterdrückte meine Sexualität mit aller Macht und fühlte mich in Gegenwart von Jungen und Männern äußerst unwohl.

Im Sommer nach meinem dreizehnten Geburtstag bekam auch ich meine Periode, unter ziemlich ungünstigen Umständen. Ich durfte für etwa eine Woche zu einer großen holländischen Familie, die meine Eltern gut kannten und auf einer Farm nicht weit vom Meer lebten. Die Hausherrin war eine kräftige, fleißige Frau mit einer warmen, etwas rauen Stimme und einem guten Herzen, die nicht viele Worte machte. Wir gingen mehrere Male zusammen an den Strand und eines Tages beschloss ich, mit dem Rad hinzufahren. Ihr jüngstes Kind, einen dreijährigen Jungen, nahm ich auf dem Rücksitz mit. Sie packte uns Proviant zusammen und ich fuhr los. Der Kleine und ich verbrachten etliche sonnige Stunden am Strand, bis es Zeit war, sich auf den Heimweg zu machen. Allerdings war ich mir nicht sicher, in welche Richtung ich fahren musste, als ich an der Landstraße stand. Beide Seiten kamen mir vertraut vor. Ich entschied mich für rechts und fuhr mit einem bangen Gefühl los, denn ich kannte meine Neigung, im Zweifelsfall das Falsche zu tun. Als ich das äußerste Ende der Halbinsel erreicht hatte, das Ende der Straße, war mir natürlich klar, dass ich falsch gefahren war. Jetzt kannte ich den Weg, aber es war so entsetzlich weit! Die Nachmittagssonne brannte herunter, die Autos kamen mir oft gefährlich nahe, und fast hätte ich schlappgemacht. Aber ich musste durchhalten, auch wenn mein Herz hämmerte wie wild, meine Beine schmerzten und meine Augen vor Erschöpfung, Hitze und Scham brannten.

Endlich kam ich doch auf der Farm an, wo die Mutter meines kleinen Schützlings, der sich die ganze Zeit stumm an mich geklammert hatte, schon auf uns wartete, ihr Söhnchen in die Arme nahm und vom Fahrrad herunterhob. Dann entdeckte sie, dass mein Kleid hinten blutdurchtränkt war. Ich sollte meine Sachen ausziehen, sagte sie, gleich würde sie mir ein Kleid ihrer Tochter bringen. Sie schimpfte nicht mit mir oder sagte, ich sollte mich säubern gehen, sondern wusch einfach mein Kleid, meinen Petticoat und meinen Schlüpfer notdürftig aus und steckte die Sachen dann in den Waschbottich im Hof, an dem sie gerade beschäftigt gewesen war, als wir ankamen.

Dank ihrer freundlichen, mütterlichen Art hatte ich den Schreck bald überwunden. Sie sagte zwar sehr wenig, aber was zählte, war ihr Verhalten. Ich war entsetzt beim Anblick meines Menstruationsblutes, aber dass sie mit der Situation ganz natürlich umging, vermittelte mir das Gefühl, dass unser Frausein etwas Positives war. Sie erriet jedoch nicht, dass es mein erstes

Mal war. Sie gab mir ein sauberes, der Länge nach zusammengefaltetes Stück alten Stoff und zwei Sicherheitsnadeln, mit denen ich die Binde in geborgten Liebestötern befestigte. Dann erholte ich mich eine Weile im Kleid ihrer Tochter, während meine eigenen Sachen auf der Wäscheleine trockneten.

Meine erste Menstruation könnte besser, aber auch schlechter verlaufen sein, nämlich wenn meine Mutter dabei gewesen wäre. Meine Mutter nannte ihre Töchter gern »Schlampen«, wenn sie bluteten oder wenn ihre Weiblichkeit in anderer Weise sichtbar wurde. Vielleicht erinnerte sie unsere jugendliche Unbekümmertheit an das »schlechte Mädchen«, das sie selbst einmal gewesen war. Sogar als ich einmal müßig an eine Tür gelehnt einem Klempner, der bei uns im Haus etwas zu tun hatte, bei der Arbeit zusah, schien ihr Anstandsgefühl verletzt.

»Du Schlampe!«, giftete sie mich an und ihre Stimme war plötzlich ganz rau. »Steh nicht so aufreizend herum! Produzier dich nicht so vor dem Klempner!«

Sie hatte Holländisch gesprochen, der Klempner hatte ihre beleidigenden Worte nicht verstanden. Ich blickte überrascht an mir herunter, wurde mir meiner Haltung bewusst und von Schuldgefühlen überflutet. Tränen stiegen in mir auf, aber auch Zorn, doch der Schaden war angerichtet. Ich hätte in meinen Jugendjahren eine Mutter gebraucht, bei der ich Schutz finden konnte, aber stattdessen musste ich mich vor ihren Angriffen fürchten.

Küssen macht schwanger

Vaucluse Ladies' College, eine Klosterschule mit wesentlich geringerem Ansehen als Genazzano: Das war die nächste Stufe der Bildung für meine Schwester Liesbet und mich. Wir mussten mit zwei verschiedenen Straßenbahnen fahren, um hinzukommen.

An jenem ersten Tag im Vaucluse wussten die Nonnen nicht, wo sie die beiden Einwanderermädchen Carla und Liesbet einstufen sollten. Sie steckten ein paar Minuten die Köpfe zusammen und dann verkündete Mutter Eleanor mit ihrem besten englischen Akzent: »Carla und Liesbet, ihr werdet beide in die achte Klasse gehen [die erste Klasse in der weiterführenden Schule]. Ihr hinkt sicher hinterher, weil eure Muttersprache nicht Englisch ist und du, Carla, in den letzten beiden Jahren so häufig den Unterricht versäumt hast.« Die Entscheidung wurde wie von der Kanzel herab verkündet. »Ihr werdet euch in der neuen und fremden Umgebung gegenseitig unterstützen können, wenn ihr in derselben Klasse seid«, sagte die andere Nonne.

Die wohlmeinenden Nonnen kamen nicht auf die Idee, erst mit uns beiden zu sprechen, um dann eine vernünftige Entscheidung zu treffen. Das normale Alter für die achte Klasse war zwölf und ich war inzwischen vierzehn. Es deprimierte mich, aber ich hatte nicht den Mut, etwas zu sagen.

Wir schliefen im selben Bett, meine dunkelhaarige Schwester und ich – nicht immer ein Herz und eine Seele, denn wir waren … nun ja, sehr verschieden. Unser Doppelbett stand am Ende eines langen schmalen Zimmers mit einem zweiten Doppelbett am anderen Ende, in dem meine zwei jüngsten Schwestern schliefen. Für mich persönlich konnte ich nur ein Stück

Platz an der Wand über unserem Bett beanspruchen, wo ich ein Neonkreuz aufhängte, das ich zum Geburtstag bekommen hatte, und eine Seite des Kleiderschranks, die ich mit Andachtsbildchen füllte – je größer, desto besser –, und dem Text der Gebete, die ich jeden Tag sprach. In derselben Klasse sitzen zu müssen war wie eine Fortsetzung der gemeinsamen Schlafstatt, eine erzwungene Vermischung unserer Identitäten. Ich empfand es als demütigend, dass man mich in dieselbe Klasse gesteckt hatte wie meine jüngere Schwester und dass man nicht vorher mit mir gesprochen hatte. Und so war ich vier lange Jahre einer unendlichen Langeweile ausgeliefert, fühlte mich zu alt, zu groß – mit anderen Worten: vollkommen fehl am Platz.

Bevor wir in unsere Klassenzimmer im oberen Stockwerk gehen durften, mussten wir uns auf der breiten überdachten Veranda mit dem grün gestrichenen Holzgeländer aufstellen. »Hebt eure Röcke hoch, Mädchen, damit wir eure Schlüpfer inspizieren können!« Unsere Schlüpfer mussten lange Beine haben, damit beim Korbball oder wenn wir die Treppe hinauf- und hinunterliefen, nicht zu viel nackte Haut sichtbar wurde, und unsere Röcke mussten das Knie bedecken. Wir trugen dicke braune Baumwollstrümpfe, Schnürschuhe, eine weiße Bluse mit einem runden gestärkten Kragen und die Schulkrawatte. »Ihr wisst natürlich, dass ihr, wenn ihr euch in Schuluniform außerhalb dieses Geländes bewegt, auch die dazugehörigen Handschuhe und Hüte tragen müsst.« Die Inspektionen der Nonnen und Vertrauensschülerinnen gingen weiter, bis wirklich alle vollkommen gleich aussahen.

Es war uns verboten, eine nicht katholische Kirche zu betreten, egal welcher Glaubensgemeinschaft sie gehörte. Manchmal, wenn ich nicht in einer langen Schlange auf die Straßenbahn warten wollte, ging ich zur nächsten Haltestelle, die nicht weit entfernt war. Dann kam ich an einer griechisch-orthodoxen Kirche vorbei. Diese Kirche, eingezwängt zwischen alten Häusern, in denen sich Büros befanden, war für mich ein Gebäude wie jedes andere, bis eines Nachmittags eine fremdartige, schwermütige Musik herausdrang, die mich tief berührte.

»Komm, Maria«, sagte ich zu meiner italienischen Freundin, mit der ich oft ein Stück weit ging, »schauen wir hinein.«

Erfreulicherweise war sie einverstanden, vermutlich weil ihre Abenteuerlust in diesem Moment gerade größer war als ihre abergläubischen Ängste. Aber nicht das Gewissen plagte Maria – kirchliche Weisungen und schulische Vorschriften fanden sie und ihre Familie und italienischen Freunde durchaus verbesserungsfähig (man hielt sich daran, wenn es einem genehm war). Dunkle Ängste vor den Gefahren fremder Religionen waren jedoch etwas ganz anderes.

Gemeinsam stießen wir die schweren Türflügel auf, traten in den Vorraum und fanden uns in einer vollkommen unbekannten Sphäre wieder, an einem mystischen Ort, an dem eine Gemeinde mit Gesängen und Bewegungen ein Ritual von tiefem Ernst vollführte. Die langen dünnen Kerzen, das imposante Buch, das den Gläubigen gezeigt wurde, die bestickten Fahnen, die fremdartigen, sehnsuchtsvollen Gesänge, die an Erinnerungen aus uralter Zeit zu rühren schienen – all das kam mir damals viel mächtiger, leidenschaftlicher und echter vor als die Andachten in meiner eigenen Kirche und die albernen Texte der Lieder, die wir sangen. Beim Nachbarn ist das Gras immer grüner, heißt es.

Es war mit ziemlicher Sicherheit kein gewöhnlicher Gottesdienst an diesem Tag, sondern ein ganz besonderer, denn der Patriarch war anwesend. Nun schritt der alte Mann langsam den Gang entlang in Richtung Ausgang – lächelnd und immer wieder innehaltend, um mit Mitgliedern seiner Gemeinde zu sprechen. Maria und ich standen neben der Tür, um nötigenfalls schnell verschwinden zu können – falls uns beispielsweise der Teufel versuchen sollte, weil wir uns in eine »Heiden«-Kirche gewagt hatten. Der alte Mann kam näher und schließlich fiel sein Blick auf uns beide. Er blieb vor mir stehen und umfing meine Hände mit den seinen. »Wie heißt du?«, fragte er mich ernst und sah mir in die Augen. »Carla«, antwortete ich, gerührt von seiner freundlichen Art, die mir überhaupt nicht teuflisch vorkam. Der alte Mann, dessen Sprache die seiner Heimat Griechenland war und der vermutlich auch schwer hörte, schien sehr zufrieden mit meinem Namen und sagte bedächtig, meine Hände immer noch festhaltend: »Ah, das bedeutet *gut!*«

Das hatte ich nun gar nicht erwartet. Ein herrliches Gefühl der Erleichterung strömte durch meinen Körper, ich spürte, wie ich vor Freude errötete. Dieser Mann hatte mich als gut erkannt! War das möglich? Aber es stimmte, ich war gut! Sonst würde ich mich nicht so gut *fühlen!* Dieser weise heilige Mann hatte mir seinen Segen gegeben. Er hatte offensichtlich das grundlegend Gute in sich selbst erkannt und konnte es deshalb auch in allen anderen erkennen. Mit seiner Berührung und seinem Blick übertrug er es auf mich. Es war nicht von langer Dauer, denn meine innere Überzeugung, nichts wert zu sein, war stark und würde sich wieder durchsetzen.

Er grüßte auch Maria herzlich und wir verließen die Kirche ganz benommen, nicht lachend, nicht kichernd, nicht spottend, sondern zutiefst beeindruckt. Ich ging nie mehr in diese Kirche, obwohl ich oft daran vorbeikam. Ich wollte nicht riskieren, dass die Tür womöglich verschlossen oder der mystische Zauber, den wir an jenem Tag gespürt hatten, verschwunden wäre.

Es versteht sich von selbst, dass Sexualkundeunterricht an einer katholischen Schule nicht fehlen darf. Das ist natürlich ironisch gemeint, denn über Sexualität wurde in der Schule nicht gesprochen. Doch obwohl sie ausgeblendet wurde, spielte sie im Katholizismus eine zentrale Rolle. Das Wort »Sex« fiel im Klassenzimmer kein einziges Mal; Vorbild für uns war, was die Nonnen taten beziehungsweise unterließen. »Schweigen sagt oft mehr als viele Worte«, heißt es, und wir waren von Frauen umgeben, die um der Liebe Gottes willen auf Sexualität verzichtet hatten. Welchen Platz nahmen Sexualität und sexuelle Beziehungen also auf der Werteskala ein?

Aber was hätten uns diese Nonnen über Sex erzählen können? Ihre frömmlerische Unwissenheit wurde als Weisheit verkauft. Ich war sicher nicht die Einzige, die sie mit ihrem »Wissen« vollkommen verwirrten.

Die deutlichste Aussage zum Thema Sex, die ich dort je hörte, stammte von Mutter Anthony, unserer Mathematiklehrerin, einer mageren, temperamentvollen Frau mit olivfarbener Haut, höchstwahrscheinlich irischer Abstammung, die es eigentlich besser hätte wissen müssen. Ihre knochigen Hände waren unter der Schürze ständig mit dem Rosenkranz beschäftigt. Sie erklärte einer aufmerksam lauschenden Klasse voller Mädchen vor den Sommerferien im Jahr 1956: »Küssen macht schwanger.«

Es folgte eine große Stille, während der Mutter Anthony die Wirkung ihrer Unheil verkündenden Aussage beobachtete. Wir warteten auf weitere Enthüllungen und als nichts mehr kam, begannen wir zu kichern und versuchten an ihrem Gesicht abzulesen, was sie offensichtlich wusste. Mutter Anthony hatte einen etwas seltsamen Humor, der sich besser für zynische Erwachsene als für junge Mädchen eignete. Aber nein, dieses Mal machte sie keinen Witz. Ihre Erklärung ließ in meinem

Kopf das Bild vom Samen eines Jungen entstehen, der von seinem Mund durch meinen Hals bis in meinen Schoß wandert.

Und Mutter Mary Paul, unsere Klassenlehrerin in der Elften, hatte nach der Inspektion unserer Kleider für den jährlichen Ball nicht mehr zu sagen, als dass wir unser Dekolletee bedecken sollten, um die jungen Männer nicht in Versuchung zu führen. Ohne es zu wollen, verriet sie uns damit auch, was zu tun war, falls wir (verwerflicher-, schamloser- und sündhafterweise) einen jungen Mann tatsächlich einmal in Versuchung führen wollten – was *ich* mich natürlich nie getraut hätte!

Als ich später in jenem Sommer Keith kennen lernte, drei Monate bevor ich ins Kloster eintreten sollte, entwickelten wir eine Quasi-Beziehung, während der ihn das Unerreichbare in Entzücken versetzte. Armer Keith. Ich ließ mich von ihm nie auf den Mund küssen, weil ich Angst hatte, schwanger zu werden.

Ich wuchs zu einem nicht unattraktiven Teenager heran – groß und schlank, mit wohlgeformten Beinen, dicken, leicht gewellten blonden Haaren und einem makellosen Teint –, empfand mich selbst aber nicht als gut aussehend. Mein größter Makel war meine Schuhgröße. Ich fand mich zu alt für meine Klasse, zu mager, meine Füße zu groß und dass meine Oberschenkel – man stelle sich das vor! – oben zu weit auseinander standen. Abgesehen von diesen augenfälligen Mängeln hatte ich zwei schwarze Schneidezähne, ein Vermächtnis jenes Tages, an dem ich mich weigerte, morgens meinen Haferbrei zu essen. Die Nerven waren abgestorben und die Zähne mit der Zeit schwarz geworden, und seitdem wagte ich kaum zu lächeln.

Es gab noch etliche andere Probleme, beispielsweise einen Badeanzug zu tragen, wegen meiner Oberschenkel und der Krampfadern, an denen ich litt, seit ich sechzehn geworden war. Tanzen gehen war ein Problem, weil die Taschentücher, die ich mir in den Büstenhalter stopfte, den meine Mutter mir endlich gekauft hatte, unversehens herausrutschen konnten. Ich fühlte mich furchtbar unzulänglich. Vielleicht zog mein hübsches Gesicht jemandes Blicke auf sich (was ich mir während meiner langen Fahrten mit der Straßenbahn oft vorstellte und erhoffte), aber sobald er auf meine Füße schaute oder sah, dass ich fast alle anderen Leute überragte, wenn ich stand, würde er sich bestimmt seufzend abwenden.

Dann die Sache mit der Haltung. Unsere Mutter zeigte uns, wie man mit einem Buch auf dem Kopf einen aufrechten Gang übt. Sie hatte einmal einen Mannequinkurs gemacht und gab einen Teil ihres Wissens an uns weiter, beispielsweise Gymnastikübungen für einen flachen Bauch, aber sie bemühte sich nie, uns ein gutes Gefühl für unsere Weiblichkeit zu vermitteln. An Schultagen waren unsere Bäuche in elastische Hüftgürtel eingezwängt, die sich in der feuchten Wärme aufrollten und rochen, als würde der Gummi schmelzen.

Als ich achtzehn war, überkamen mich romantische Gefühle in einer ganz neuen, stürmischen Weise. Ich verliebte mich in eine Schülerin des Klosterinternats, die regelmäßig auf den Plätzen in der Nähe unseres Hauses Tennis spielte. Sie hatte einen russischen Nachnamen, und allein das beflügelte meine Fantasie, aber auch die Art, wie sie lachte und sich bewegte. Es war mir damals zwar nicht bewusst, aber sie stand für die Persönlichkeit, die ich gern gewesen wäre: selbstsicher, ein Klassemädchen, unbefangen im Umgang mit Freunden, aus begüterter Familie, intelligent und dazu erzogen, eine richtige Frau zu sein – alles andere als spießig.

Sie hieß Alana und war überhaupt nicht eingebildet. Sie war sich meines Interesses bewusst, denn manchmal ging ich zu den Tennisplätzen hinüber und hin und wieder winkte ich ihr zu.

Wenn ich den Hals lang machte, konnte ich vom Fenster meines Zimmers aus die Plätze sehen, und so hielt ich von dort Ausschau. Eines Nachmittags muss ich zu sehr gegen das Fliegengitter gedrückt haben, denn es löste sich mitsamt dem Holzrahmen und stürzte krachend zu Boden, worauf sie sich umdrehte und mir zulachte. Sie wusste, was los war.

Es war sehr nett von Alana, dass sie sich nicht über mich lustig machte, und noch netter, dass sie mich auf ein paar Ferientage mit ihren Eltern nach Lakes Entrance einlud. Ich war selig. In ihrer Gesellschaft fühlte ich mich wohl, denn sie war nicht überheblich oder sarkastisch. Sie war nur ein Jahr älter als ich, aber um vieles reifer. Zum Abschied schenkte sie mir zum Andenken an den schönen Ort, an dem wir gewesen waren, ein Souvenir aus Keramik mit echtem Moos, Muscheln und Koralle. Meine Leidenschaft für Alana reifte bald zu einer gesunden Wertschätzung und später winkte ich ihr manchmal noch zu, und das war alles.

Als ich aus Lakes Entrance zurückkam, nahm mich meine Mutter beiseite: »Carla, das Neonkreuz, das ich dir zum Geburtstag geschenkt habe … es ist kaputt.« Es war das Kreuz an der Wand in meinem Zimmer, das nachts sanft leuchtete. Sie sagte mir nicht, wer es kaputtgemacht hatte, aber ich wusste, dass es meine Schwester gewesen war. Liesbet war eifersüchtig auf meine Freundschaft mit Alana, obwohl sie selbst viele Verehrer hatte, und hatte auf diese Weise Rache geübt. Auch auf meine Freundschaft mit Barbara war sie eifersüchtig und versuchte sie mir abspenstig zu machen. Sie machte auch Alanas Souvenir kaputt. Die Schwester, die in meinen Augen alles hatte, weil sie so beliebt war und aus irgendeinem Grund nicht einmal halb so viel Hausarbeit wie ich übernehmen musste, meinte also, ich wäre besser dran als sie. Was angesichts der Tatsache, dass wir dieselbe Erziehung genossen hatten, wo

Selbstachtung beinahe als Sünde galt, nicht sonderlich überraschte. Unsere Mutter tat selbst genug dazu, ihre Töchter auseinander zu bringen; warum, ist mir nicht ganz klar. Damit wir nicht gemeinsam gegen sie Front machten? Wer weiß. Manchmal reden wir über die Vergangenheit, meine Schwester Liesbet und ich. Wir mögen uns sehr gern, sie ist heute eine meiner besten Freundinnen, diese Schwester, die sich einst weigerte, mich ihren geklauten Lippenstift benützen zu lassen: »Nein, den kannst du nicht nehmen! Du hast ja nicht einmal Lippen!«

Ich wurde achtzehn und hatte nachts immer öfter Albträume von der Schule. Ich träumte, dass ich sie nie würde verlassen können. Am Ende der elften Klasse trug ich immer noch diese schrecklich schweren Schnürschuhe, in denen meine großen Füße noch größer aussahen, als sie waren. Jenes Jahr sollte mein letztes sein, aber bevor ich ins Leben entlassen wurde, musste ich bei der jährlichen Theateraufführung in der Schule noch die Hauptrolle spielen.

Les Cloches de Corneville hieß das banale Stück, das die Vorstellungskraft der Regisseurin, der scheinbar allgegenwärtigen Mutter Eleanor, nicht über Gebühr beansprucht haben dürfte. Ich war entsetzt und gleichzeitig geschmeichelt, dass man mich für die Rolle des Grafen wählte, angetan mit Satinhose und Rüschenjacke. Die weibliche Hauptrolle spielte Ann Hathaway, ein kleines, zierliches Mädchen mit einer Stimme, die sie später im Leben zur Profischauspielerin machte. Damals gab es noch keine Lautsprecheranlagen für die Bühne und unsere Texte mussten bis zur letzten Reihe verständlich sein. Meine holländischen Stimmbänder trieben Mutter Eleanor schier zur Verzweiflung; sie verschliffen und verstümmelten einfach alles, was aus meinem Mund zu kommen versuchte.

Wir mussten ein Menuett tanzen, Ann Hathaway und ich, eine knifflige Abfolge von Schritten, die ich nie richtig hinbekam. Unsere Darbietung, die schließlich doch als Erfolg betrachtet wurde, war für die schier verzweifelnden Nonnen eine harte Geduldsprobe. »Ach Gott, welch eine Grazie! Warum ziehst du nicht gleich Holzschuhe an?« Diese sarkastische Bemerkung einer Nonne traf mich so tief, dass sie ganz schockiert war und nur noch Komplimente verteilte. Von da an lief es wesentlich besser; ich war auch nur ein Mensch.

Ich opferte viele kostbare Wochenendstunden, um meine Rolle einzustudieren, und lief wochenlang vollkommen erschöpft herum. Schließlich bemerkten die Nonnen meinen Zustand und schickten mich hin und wieder früher nach Hause, damit ich mich ausruhen konnte. Was mich – und alle anderen – an den Rand der Erschöpfung brachte, war meine Schüchternheit. Lampenfieber ist ein bekanntes Phänomen, aber bei mir wuchs es sich zu einer abgrundtiefen Angst aus, dass offenbar werden könnte, was ich im Innersten zu sein meinte: ein verfaulter Apfel. Ich fühlte mich nackt bis auf den Grund meiner Seele. Es bedurfte sehr viel guten Zuredens, mich davon zu überzeugen, dass ich meine Sache recht gut machte, dass es schon gut gehen würde. Die armen Nonnen! Wie hätten sie auch wissen sollen, welch namenlose Angst mich lähmte? »Alles für Jesus durch Maria«, lautete ihre Devise, und »Mut und Zuversicht«. Mit diesen Sprüchen behalfen sie sich, um den enormen Aufwand an Zeit und Energie leisten zu können, den die Aufführung erforderte.

Den Zuschauern schien unsere Darbietung zu gefallen und sie fanden es lustig, dass ich mitten im Menuett meine Füße durcheinander brachte. Ihre freundliche Aufmerksamkeit tat mir gut und ich begann die Sache zu genießen. Wie die Tradition es verlangte, sang nach der Aufführung der gesamte Chor der älteren Mädchen – auf stoffbezogenen Kisten, Stühlen und Stufen hintereinander gestaffelt – Gounods »Ave Maria«, diese herrliche Hymne an die Gottesmutter. Und wir sangen wie Engel in unserer Hochstimmung nach der erfolgreichen Aufführung.

Danach kam ein hoch gewachsener junger Mann mit schwarzem krausem Haar, braunen Augen und einem rundlichen, aber ernsten Gesicht auf mich zu. »Carla, das ist Keith«, stellte seine Schwester ihn mir vor. Es hatte ihn so sehr berührt, was er gesehen und gehört hatte, dass er mich, den Star des Tages, kennen lernen wollte.

Als seine Schwester uns allein gelassen hatte, fragte Keith mich in seiner zurückhaltenden Art, aber entschlossen: »Carla, darf ich dich anrufen? Wir könnten einmal eine Spazierfahrt machen oder so.« Er zuckte nicht mit der Wimper, als ich ihm geradeheraus sagte: »Keith, es hat keinen Sinn, eine Beziehung anzufangen. In drei Monaten trete ich ins Kloster ein.«

Keineswegs entmutigt stand er gleich am nächsten Wochenende vor unserer Tür, um mich zu einer Ausfahrt mit seinem Motorrad abzuholen. Es machte riesig Spaß. Bald darauf legte er sich eine Holden mit einer verlängerten Sitzbank zu und wir machten lange Fahrten, meistens schweigend, aber körperlich glühend vor Verlangen. Ich sah, dass er sich dessen bewusst war, wenn ich ihm verstohlen einen Blick zuwarf, und fragte mich, wie lange wir diese Selbstverleugnung durchhalten würden.

»Heilige Maria Goretti, steh mir bei!«, flüsterte ich im Stillen. Maria Goretti, eine junge Italienerin, war von einem Sittlichkeitsverbrecher ermordet worden, nachdem sie sich gegen seine Zudringlichkeiten gewehrt hatte, und vor kurzem heilig gesprochen worden. An der Wand neben dem Eingang zur Aula hing ein großes Bild von ihr, auf dem sie – einen Lilienstrauß an die Brust gepresst – Hilfe suchend zum Himmel blickt. Sie war zu »einer Heiligen unserer Zeit« erklärt worden, zu einem Vorbild für alle Mädchen, die zu sündhaftem Tun verführt wurden – was in unserer Zeit häufiger vorkam als jemals zuvor, wie es schien.

Keith hatte Plattfüße, deshalb gingen wir selten spazieren, und außerdem war er übergewichtig, weshalb er sich ungern sportlich betätigte. Seine Zuneigung zu mir wuchs und auch ich hatte ihn sehr gern, denn er schenkte mir uneingeschränkt seine ganze Freundschaft und Bewunderung. Er fragte mich, warum ich ins Kloster gehen wollte. Ich weiß nicht mehr, was ich antwortete – dass es Gottes Wille sei oder so etwas –, aber er versuchte niemals, es mir auszureden. Er wartete acht Jahre auf mich und gab erst auf, als ihm berichtet wurde, dass ich die ewigen Gelübde abgelegt hätte.

Seit dem ersten Tag, an dem ich mit Nonnen in Berührung gekommen war, hatte ich sie von Berufung reden hören und mich immer davor gefürchtet, dass ich vielleicht eines Tages auch damit gestraft würde. Viele Nonnen erschienen mir kalt wie Eis. In Holland erlebte ich sie oft herzlos und egozentrisch, in Australien eingebildet und selbstgerecht. Die meisten kamen mir unnatürlich vor, nicht wie normale Menschen aus Fleisch und Blut. Wie sie zu werden, war das Letzte, was ich wollte. Schon mit sechs Jahren lief mir ein kalter Schauer über den Rücken, wenn ich nur in die Nähe der Klostermauern kam. Es war gewissermaßen eine böse Vorahnung, denn ich wusste, dass ich eines Tages ins Kloster gehen würde, obwohl ich mich so sehr davor fürchtete, dass es mein Schicksal war – unausweichlich.

Als ich siebzehn war und zu befürchten stand, dass meine Motivation, ins Kloster zu gehen, durch meine Freundschaft mit Keith nachgelassen haben könnte, winkten die Nonnen öfter einmal mit dem Zaunpfahl, um mir Angst zu machen. Alle jungen Frauen kurz vor Abschluss ihrer Schulausbildung wurden mit Geschichten von Mädchen gefüttert, die dem Ruf Gottes nicht gefolgt waren. Sie hätten ein Leben voller Kummer und Leid führen müssen, erzählte man uns, weil sie sich der Gnade Gottes entzogen hätten. Als hätten sie den ihnen bestimmten Weg verlassen, den einzigen Weg, auf dem Gottes Gnade ruhte. Folgen dieser Verweigerung waren unglückliche Ehen, tot geborene Kinder, schreckliche Krankheiten und Unglück. Trotzdem krampfte sich mir immer der Magen zusammen, wenn ich eine Mutter mit ihrem Baby sah. Und ich sollte niemals ein Baby haben; meine Seele weinte.

Ich stand innerlich ungeheuer unter Spannung, denn trotz meines Widerwillens wusste ich, dass es keinen Ausweg gab: Ich *musste* ins Kloster gehen. Es ist Gottes Wille, sagte ich mir. Gott würde mich um meines Opfers willen lieben. Gott würde auch meiner Familie seinen Segen angedeihen lassen, wie die Nonnen versprachen. Ich suchte nicht nur nach der Wahrheit; ich suchte Liebe, wollte endlich richtig geliebt werden. Ich war wie der junge Mann, der nachts unter einem Laternenpfahl nach seinem verlorenen Schlüssel sucht. Als ein Fremder vorbeikommt und ihn fragt, wo er den Schlüssel denn verloren habe, zeigt er in die Dunkelheit. »Warum suchst du dann hier, wenn du den Schlüssel dort im Dunkeln verloren hast?«, fragt der Fremde. »Weil«, erwidert der junge Mann, »*hier* das *Licht* ist.«

Ich musste mein Bestes tun und hätte alles eher getan, als die Hoffnung aufzugeben, den Schlüssel zu finden. Und doch war es genau das Richtige. Irgendwie hatte Gott alles geregelt, obwohl ich auf so paradoxe Weise meinen freien Willen auszuüben schien. Mein Eintritt ins Kloster sollte mein Ausweg sein.

Ungefähr einen Monat, bevor ich im Kloster erscheinen sollte, kam einmal meine Mutter ins Zimmer gestürzt, weil sie lautes Schluchzen gehört hatte, und war entsetzt, als sie mich vollkommen aufgelöst, an meinen Kleidern herumzerrend und von Weinkrämpfen geschüttelt vorfand. Ich gestand ihr unter heftigem Schluchzen, wie schrecklich es für mich wäre, ins Kloster zu gehen, was in dem verwirrenden, verzweifelten Satz gipfelte: »Eigentlich will ich nicht ins Kloster, aber eigentlich *doch!«* Ich tat ihr Leid und sie tröstete mich, aber was sollte sie sonst auch tun? Abgesehen davon, dass mein Eintritt ins Kloster eine Ehre für die ganze Familie bedeutete, woran ihr persönlich sehr viel lag, war auch sie felsenfest überzeugt, dass man »den Willen Gottes erfüllen« müsse.

Sie half mir ohne viel Aufhebens bei den Vorbereitungen und schneiderte mit ihren geschickten Händen ein einfaches schwarzes Kleid, eine Schürze und ein kurzes Cape, gewissermaßen die »Uniform« einer Postulantin. Außerdem brauchte ich eine Netzhaube, damit meine Haare nicht herumhingen oder im Wind flatterten, und baumwollene Strümpfe. Meine alten schwarzen Schnürschuhe, die ich während meiner Schulzeit getragen hatte und so sehr hasste, hatte mein Vater neu besohlt. Dazu die übliche Unterwäsche. Die Nachthemden mussten einfarbig weiß sein. Meine Mutter und ich nähten ein paar wärmere aus Baumwollflanell und ein paar aus Bettlaken.

Eine kleine Eigenwilligkeit erlaubte ich mir aber doch: Ich nähte große knallrote Knöpfe an meine weißen Nachthemden.

Zweiter Teil

Das gibt Probleme

Februar 1957, ein heißer Tag in Melbourne. Eine mir sehr fremde Carla marschierte mit gestrafften Schultern, begleitet von meinen stolz lächelnden Eltern, an der Zypressenhecke vorbei, die sich von meinem Zuhause bis zum Kloster erstreckte. Am Hintereingang des Klosters empfing mich eine ebenfalls stolz lächelnde Oberin. Alle um mich herum lächelten, wie ich es noch nie erlebt hatte, am meisten die Ehrwürdige Mutter Winifred, die Grinsekatze, wie ich sie (nur für mich) nannte.

Nun war ich also Postulantin – wörtlich »eine, die bittet«, in diesem Fall eine, die darum bittet, Nonne werden zu dürfen. Außer mir gab es noch fünf weitere »Possis«, die genau wie ich direkt von der Schule kamen. Ich hatte nicht einmal mein Vorbereitungsjahr gemacht; manche der anderen auch nicht. In wenigen Jahren würde meine jüngere Schwester Berta, die unbedingt von zu Hause wegkommen, aber dennoch ein Dach über dem Kopf haben wollte, im Alter von knapp sechzehn Jahren hier aufgenommen werden.

»Narren stürzen sich in Dinge, wo Engel einen Fuß zu setzen fürchten«, schrieb einst Alexander Pope. Hätte mich in jener Zeit jemand eine verrückte Närrin genannt, hätte ich geantwortet: »Oh ja, das bin ich! Ich bin verrückt nach Jesus!«. Ich war unbeirrbar, ein Euphemismus für »blind«.

Ich konnte es mir nicht leisten, meine Motive zu erforschen, und die Nonnen schienen sich auch keine großen Gedanken wegen irgendwelcher Motive zu machen. Sie konnten es sich nicht leisten, bei ihren dringend benötigten Anwärterinnen allzu wählerisch zu sein, selbst wenn sie das psychologische Knowhow besessen hätten, etwaige Hintergedanken aufzuspüren.

Ich selbst brauchte schließlich dreißig Jahre, um dahinterzukommen, warum ich keine andere Wahl zu haben glaubte, als ins Kloster zu gehen.

»Gott sieht dich persönlich, wer immer du bist. Er ruft dich beim Namen. Er sieht und versteht dich, denn er hat dich gemacht …« Diese Worte hatte es mir irgendwie vor die Füße geweht, auf einem Stück Papier, das ich eines Tages auf dem Heimweg von der Schule auf der Straße fand. Sie hatten mich tief berührt und ich hütete diesen Fetzen Papier wie einen kostbaren Schatz. Ich brauchte sicher jemanden, der mich kannte, da ich mich selbst nicht kannte und auch niemand sonst in meiner Umgebung. Ich brauchte das Versprechen, von meinem Gott »gesehen« zu werden, der »mich beim Namen kannte«, wie es hieß. Ich konnte es mir nicht leisten, dieses Versprechen einfach zu ignorieren. »Du kannst dich nicht so lieben, wie Er dich liebt … Er umfängt dich und trägt dich in Seinen Armen.« Welch tröstliche Worte für jemanden, der an der Liebe zweifelt.

Ich nahm Abschied von meinen Eltern, obwohl ich meinen Vater wahrscheinlich tagtäglich auf dem Gelände des Klosters sehen würde, und wenn nicht, würde er sich darum kümmern, dass er *mich* irgendwie zu sehen bekam. Und bei meiner Mutter konnte ich in einer Minute sein. Sie hatten Tränen in den Augen. Hätten sie gewusst, was mich erwartete, hätten sie vielleicht Einspruch erhoben oder mich mit Gewalt fortgeschleppt. Doch nichts geschah. Es herrschte eine unwirkliche Atmosphäre von heiligem Opfer und blindem Vertrauen an jenem Tag.

Ich wurde in den Klausurbereich geführt, in den ich die Nonnen so oft hatte verschwinden sehen, dorthin, wo sie sich meiner Vorstellung nach in ätherische Geistwesen verwandelten. Ich war total geschockt gewesen, als Mutter Anthony eines Tages in der Schule ein Taschentuch aus den tiefsten Tiefen ihres Habit zutage gefördert und sich vor ihrer Klasse unter heftigem Schnauben die Nase geputzt hatte. Geschockt, weil mir plötzlich bewusst wurde, dass sie auch nur ein Mensch war; außerdem fand ich es wirklich unästhetisch. Es war ein sehr seltsames Gefühl, nun endlich Zugang zu dem Bereich hinter den Kulissen zu bekommen. Dass ich bei den Faithful Companions of Jesus eintrat, dem Orden, bei dem ich in die Schule gegangen war, versteht sich fast von selbst.

Der Schlafsaal der Postulantinnen und Novizinnen ganz oben im dritten Stock war ursprünglich als Kapelle gedacht, jedoch nie als solche benützt worden. Durch die weißen Vorhänge, mit denen Kabinen für zwölf Betten abgeteilt wurden, wirkte er eher wie ein Traumzimmer für Engel oder Feen. Die beiden großen bogenförmig gerundeten Teile der Eichentür sahen wie Flügel aus und am gegenüberliegenden Ende gab es hohe Schiebefenster, in eine fünfseitige Wand gesetzt, so dass der Raum rund wirkte. Wie überall im Gebäude bestand der Boden auch hier aus poliertem Holz. Die metallenen, mit Sprungfederrahmen ausgestatteten Betten hatten derbe Rosshaarmatratzen. Von zu Hause war ich Kapokmatratzen gewohnt, die zwar Staubfänger und klumpig waren, im Vergleich zu den harten Rosshaarmatratzen jedoch äußerst komfortabel. Man musste sich eben daran gewöhnen und niemand beschwerte sich darüber.

Morgens wuschen wir uns mit kaltem Wasser, im Sommer wie im Winter. Es wurde abends in einem großen Krug geholt und morgens in eine Blechschüssel gegossen, die auf einem Holzschränkchen stand. Dann zogen wir das Bett ab, legten das Bettzeug auf den einzelnen Stuhl, der gerade noch daneben Platz hatte, und zogen schließlich, wenn wir gingen, die Vorhänge zurück. Die zwei am Ende des Schlafsaals hatten wegen der »runden« Wand mehr Platz als die anderen. Ich war eine der Glücklichen, die eine Kabine am Ende hatte, und schlief neben einem offenen Fenster, durch das ich den Mond und die Sterne sehen konnte. »Der Blick aus diesem Fenster übertrifft sogar den Blick von der Spitze des Baumes in unserem Hof«, schrieb ich meinen Eltern, um zu bekräftigen, wie wunderbar alles war. »FCJ ist die Abkürzung für First Class Jailbirds – Erster Klasse Knastschwestern«, schrieb mein Bruder Willem zurück.

Im Großen und Ganzen war das Postulat eine recht behutsame Einführung in das Leben als Nonne. Wir wohnten mit den Novizinnen zusammen, die schon ein ganzes Jahr im Kloster waren und den Habit trugen, nur dass Haube und Schleier weiß statt schwarz wie bei den richtigen Nonnen waren. Außer zu den gemeinsamen Gebeten und manchmal zu Lesungen waren wir Postulantinnen und Novizinnen von den Nonnen getrennt. Das bedeutete, dass wir vorerst vom Alltag derjenigen, die die ewigen Gelübde abgelegt hatten, abgeschirmt wurden – oder vielleicht *sie* von *uns?* Obwohl ich eine Postulantin mit großer Zuversicht war, machte mir der vollkommen schwarze Habit der Nonnen doch Angst.

Das einzig sichtbare Weiß an einer Nonne befand sich an der Stirn: ein breiter, halbmondförmiger Streifen aus gestärkter Baumwolle zwischen Augenbrauen und Haaransatz, das so genannte Bandeau, unter einem ebenfalls weißen, steif gestärkten Stoffstreifen um das Gesicht herum. Obwohl Papst Pius XII. der Kongregation für die Ordensleute in Rom im Jahr 1950 empfohlen hatte, die Kleidung der Nonnen dem modernen Leben anzupassen, hatte sich in unserem Orden nichts geändert. Noch zehn Jahre nach meinem Eintritt ins Kloster hatte ich Albträume wegen dieses kleinen weißen Stückchen Stoffs auf meiner Stirn, dem einzigen Teil von mir, der symbolisch intakt gelassen worden war.

In diesem Albtraum verlangten die Nonnen, die alle zusammen hoch oben in einem Baumhaus mit gefährlichen Löchern im Boden lebten, dass ich eine Katze häuten sollte. Die Katze war schwarz, hatte aber einen kleinen weißen rautenförmigen Fleck auf der Stirn. Man übergab mir die Katze und ein Skalpell. Der Körper war schlaff, als hätte man das Tier betäubt, aber ganz warm. Entgegen jedem natürlichen Instinkt und voller Entsetzen schickte ich mich an, einem Befehl zu gehorchen, den ich nicht in Frage zu stellen wagte. Ich beugte mich »dem Willen Gottes«. Normalerweise werde ich beim Anblick eines Skalpells ohnmächtig, aber in meinem Albtraum schaffte ich es, die warme schlafende Katze zu häuten. Ich zog ihr das ganze schwarze Fell ab, aber bei dem weißen Fleck auf der Stirn stockte ich. Ich konnte es nicht! Ich tat es tatsächlich nicht und ließ den weißen Fleck intakt.

Danach wachte ich stets mit heftig klopfendem Herzen, aber auch einem leisen Gefühl des Triumphs auf. Der Katze war es schlecht ergangen (durch meine eigene Hand), aber sie war doch nicht *ganz* gehäutet worden.

Der Beginn meines Postulats war angenehm: Es war Sommer, anfangs liefen nicht einmal Schulkinder herum, und es wurden keine strengen Anforderungen an uns gestellt. Wir bekamen reichlich Freiraum, damit wir uns an das Leben nach den Ordensregeln gewöhnen konnten, und ich hatte zum Trost die Gesellschaft der anderen, die ebenso neu waren wie ich.

Das Noviziat war ein großer sonniger Raum mit knarrendem Boden, in dem große Schreibtische aus Holz aufgereiht standen. Jede von uns hatte ihren eigenen Tisch in diesem freundlichen Raum und dort studierten wir die Regeln des Klosters, die Heilige Schrift, das Leben unserer Ordensgründerin, Madame de Bonnault d'Houet, und das Leben der Heiligen. Dort schrieben wir unsere Briefe, dort bewahrten wir unsere Mess- und Regelbücher auf.

Auf einem Sockel stand eine Statue des Schutzpatrons der Novizen, stets mit frischen Blumen geschmückt. Ein weiterer Heiliger, Stanislaus, teilte sich in unserem Schlafsaal die Ehre mit dem heiligen Antonius, dem Wiederbringer verlorener Dinge und deshalb besonders beliebt. Warum hatten wir ständig das Gefühl, etwas zu verlieren?

Jeweils für eine ganze Stunde nach dem Mittagessen und für eine halbe Stunde abends vor dem Gebet kamen wir zur Rekreation zusammen. Dann wurden in der Mitte des Noviziats zwei große Tische zusammengeschoben, damit alle Postulantinnen und Novizinnen daran Platz fanden. Wann immer es das Wetter erlaubte, gingen wir ins Freie und spazierten unter dem ausladenden schattigen Blätterdach eines großen Baums herum oder wässerten die zwei kleinen Eichen, die wir auf der nahen Pferdekoppel gepflanzt hatten. Oder wir sahen nach den drei Kürbispflanzen auf dem Komposthaufen, bis wir eines Tages feststellen mussten, dass mein Vater, der Gärtner, zwei von ihnen herausgerissen hatte. Als ich mich in einem Brief an ihn darüber beschwerte, bekam ich zur Antwort, dass der Platz dort nur für eine Pflanze reiche. Mein Vater war kein Mann der Sentimentalitäten.

Wir hatten damals einen ausgeprägten Sinn für Humor. Ohne Humor wäre all das Fremde, Ungewöhnliche vielleicht ins Makabre umgeschlagen. Trotzdem wurde ich vor Scham blutrot, als wir zum ersten Mal mit den Nonnen im Gemeinschaftsraum zur täglichen Lesung zusammenkamen und sich eine Nonne auf den Boden kniete, sich mit lauter Stimme irgendeines Fehlverhaltens bezichtigte und die Mutter Oberin und alle Anwesenden darum bat, ihr zu verzeihen und für sie zu beten. Ich kam mir vor, als würde ich etwas Unanständiges tun, einfach weil ich mit ansah, wie sich diese Nonne vor allen entblößte. Danach stolperte ich wie benommen in die Kapelle, doch dort erwartete mich der nächste Schock: Die Nonnen küssten den Boden, wenn sie die Kapelle betraten und verließen! Später beobachtete ich, wie Nonnen den Boden des Refektoriums küssten – ich habe nie verstanden, warum – und, als besonderes Zeichen der Bußfertigkeit, die Schuhe verehrungswürdiger alter Nonnen, meistens der Ehrwürdigen Mutter Provinzialin.

Mich überkam das Gefühl, ins Mittelalter zurückversetzt worden zu sein. Ich war geschockt, als ich eine Novizin ihre Mahlzeiten auf dem Boden kniend einnehmen sah, den Stuhl zum Tisch umfunktioniert, etwas abseits von den anderen, so dass sie sich nicht selbst bedienen konnte. Mit der Zeit begriff ich, dass dergleichen ziemlich häufig vorkam und ein Zeichen des freiwilligen Rückzugs aus der Gemeinschaft war, weil die Betreffende gegen eine Regel verstoßen hatte. Gab ihr eine mitfühlende Mitschwester zu essen, bedeutete das, dass diese demütige Bitte um Vergebung angenommen worden war. Manchmal erlaubte die Mutter Oberin der betreffenden Schwester noch während der Mahlzeit, ihren Platz am Tisch wieder einzunehmen und sich damit der Gemeinschaft wieder anzuschließen. Man konnte immer damit rechnen, dass einem zu essen gegeben und verziehen wurde, also war die Bußübung eigentlich ein recht harmloses Ritual.

Unsere erste Novizenmeisterin hatte etwas sehr Kultiviertes, Vornehmes an sich, nicht zuletzt wegen ihrer auffallend geraden Haltung. Doch sie imponierte auch durch ihr Alter, ihren Sinn für Humor, ihre Beobachtungsgabe, Intelligenz und innere Stärke. Mutter Philomena war unheilbar an Krebs erkrankt und sah viele Dinge dadurch besonders klar. Ihre Schüler hatten sie gefürchtet, weil sie eiserne Disziplin hielt, aber uns gegenüber zeigte sie ein seltenes Mitgefühl. Sie unternahm mit uns gemächliche Spaziergänge auf dem Klostergelände mit seinen mächtigen Koniferen, Eichen und Ulmen, das mein tatkräftiger und erfinderischer Vater mit seiner hingebungsvollen Arbeit unaufhörlich verschönerte. Sie kannte die Namen aller Bäume und brachte sie uns bei. Mutter Philomena konnte stundenlang Geschichten von anderen Klöstern in anderen Ländern erzählen und von den Frauen, die dort gelebt hatten.

Ihr gefiel unser jugendlicher Überschwang, aber wir mussten uns trotzdem an die Regeln halten. Jemand anders zu unterbrechen war nicht erlaubt. Sie achtete in ihrer wunderbar sanften Art stets darauf, dass jede eine faire Chance bekam, sich an unserer lebhaften Unterhaltung zu beteiligen.

Hin und wieder bekam ich einen meiner jüngeren Brüder zu Gesicht. Einmal kam mein zweijähriger Bruder Peter auf der Suche nach seinem Papi mit seinem Teddybär im Arm angezockelt. Ich schickte ihn dorthin, wo ich meinen Vater vermutete, und er strahlte übers ganze Gesicht und warf mir Kusshände zu, als er davonstapfte. Ein paar Wochen später saß er, als wir zur Rekreation nach draußen gingen, mit sich selbst und der Welt zufrieden in der Nähe auf dem Bordstein, und rief mir ungefähr jede Minute mit breitem Grinsen zu: »Allo, Ca-la!« Ich durfte ihm einen Kuss geben und ihn nach Hause schicken, aber zuerst zog ich ihm die Hose, die ihm ein Stück heruntergerutscht war, wieder über das nackte Bäuchlein. »Ca-la, ich finde Mami nicht«, klagte er. Armer kleiner Junge!

Wenn die Rekreation vorbei war, empfand ich oft ein starkes Gefühl von Verlust, ja Verdammung. Warum durften wir nicht noch ein paar Stunden weiterträumen, die Welt neu erschaffen? Warum dieser blinde Gehorsam gegenüber der Uhr? Doch zwei Uhr nachmittags bedeutete schlagartige Stille, wie ein plötzlicher Tod. Die Zeit war abgelaufen, also die Augen niederschlagen und fix an die Arbeit.

Und Arbeit gab es reichlich. Wir Postulantinnen und Novizinnen müssen dem Kloster eine Menge Geld gespart haben. Wir arbeiteten in der Wäscherei, in der Küche, in der Kapelle, in der Wäsche- und Kleiderkammer – Kleidung durchsehen, neue Sachen nähen, größere Schäden mit Hilfe der Nähmaschine reparieren –, in den Schlafsälen; eigentlich überall in dem großen Klosterkomplex.

Zu meiner Zeit gab es dort nicht *eine* Lohnarbeiterin; alle Arbeit wurde von Novizinnen und Nonnen erledigt, deren Zeit jenseits ihrer Lehrtätigkeit von der effizienten Schwester Kevin je nach Bedarf eingeteilt wurde. Als ich viele Jahre nach meinem Austritt erfuhr, dass meine Eltern während des Noviziats – insgesamt für achteinhalb Jahre bis zu meinem ewigen Gelübde – regelmäßig Geld für mich hatten bezahlen müssen, konnte ich das erst gar nicht glauben. Es hatte etwas damit zu tun, dass ich bei meinem Eintritt keine Mitgift mitgebracht hatte. Lediglich meinen Anteil an der Hinterlassenschaft meiner Eltern hätte ich dem Kloster bei meinem Tod vermachen können, und das war offenbar nicht genug. Ich hatte keine Ahnung von dieser Beutelschneiderei.

»Es sind immer die armen Leute, die bezahlen müssen, Mrs van Raay«, sagte die Schwester, die man mit der schmutzigen Arbeit des Geldkassierens beauftragt hatte, zu meiner Mutter. »Die Reichen darf man damit nicht belästigen, sie bezahlen nie.«

Offenbar hatten ziemlich viele Mitschwestern keine Mitgift mitgebracht, auch solche, deren Eltern es sich hätten leisten können. Nur dass die Reichen so klug waren, sich von Geldforderungen nicht einschüchtern zu lassen, während ihre Töchter ihr Leben Gott und Gottes unaufhörlicher Arbeit opferten.

Meine Hauptaufgabe war, dafür zu sorgen, dass die Korridore und Besuchszimmer blitzsauber und staubfrei waren. Man zeigte mir, wie man am einen Ende des Korridors feuchte Teeblätter streut und sie dann mit System zusammenfegt, so dass sie allen Staub aufnehmen. Ich lernte, wie man die große Bohnermaschine bändigt, die unerfahrenen Händen gern wie ein wildes Pferd durchging, und wie man die beschnitzten Tische aus Mahagoni, die Queen-Anne-Stühle und all die anderen Gegenstände in den prachtvollen Besuchszimmern pflegte.

Das Ordensleben war jahrhundertelang eine Erziehung zur Entmenschlichung. Die Kirchenväter haben es immer wieder als Streben nach Vollkommenheit definiert, gleichbedeutend mit der Entsagung der Welt. Wobei »die Welt« nicht nur materiellen Besitz meinte. Die Nonnen sollten auch möglichst wenig Kontakt zu anderen Menschen haben. *Bedingungslos* ist das Wort, das einem sofort dazu einfällt. Bedingungslose Hingabe. Papst Pius XII. und Papst Johannes XXIII. unternahmen Versuche, dieses strikte Festhalten an Regeln und Lebensführung zu lockern, und riefen in den Jahren 1957, 1961 und 1965 die Generaloberen aller Orden zusammen, doch ihren Bemühungen war kein Erfolg beschieden. Man konnte sich schlicht keinen anderen Weg zur Vollkommenheit vorstellen als den, den man bereits ging.

Mit der Zeit wurde es einfacher, nach den Regeln und dem vorgegebenen Tagesablauf zu leben – die Routine wurde sogar zu einer Art Stütze. Wir brauchten uns nur an die Regeln zu halten, um das Richtige zu tun, und in Zweifelsfällen konnten wir die Novizenmeisterin fragen.

»Alles, was ich tue, ist immer genau das, was Unser Herr in diesem Moment von mir erwartet, und diese Gewissheit macht mich überglücklich«, schrieb ich meiner Familie im ersten meiner allwöchentlichen Briefe. Je mehr Regeln wir lernten, desto leichter schien es, »das Richtige zu tun«. Irgendwann galt es jedoch, so viele Regeln zu beachten, dass einem doch hin und wieder ein Fehler unterlief, weil es schwierig war, sie alle einzuhalten.

Wir fühlten uns als etwas ganz Besonderes, denn wir gehörten jetzt zur »Gemeinschaft«. Für eine junge Frau, die ihre Identität erst noch sucht, ist das ein wunderbares Gefühl. Dass ich in der Lage war, »Gott zu gefallen«, schien gar keine Frage. Ich hatte mein Bedürfnis nach der Anerkennung meiner Eltern mit Erfolg auf alle Autoritätspersonen innerhalb der Klosterhierarchie, die »Sprachrohre Gottes«, übertragen. Und das war ausdrücklich erwünscht. Selbst Titel wie »Ehrwürdige Mutter Oberin«, »Ehrwürdige Mutter Provinzialin« und »Ehrwürdige Mutter Generaloberin« forderten unverhüllt kindliche Loyalität ein. Inzwischen sind diese Titel abgeschafft.

Um unsere Ehrwürdige Mutter Oberin wurde viel Wind gemacht. Sie hatte eine Menge Organisatorisches zu erledigen und wurde verwöhnt wie eine Bienenkönigin. Auch der Mutter Provinzialin sollte Liebe entgegengebracht werden – wer immer diese Funktion zu der Zeit innehatte – und am allermeisten der Ehrwürdigen Mutter Generaloberin, liebevoll »Notre Mère« genannt. Sie persönlich kennen zu lernen war am schwierigsten, denn sie lebte in Broadstairs in England. Wir wurden angehalten, dieser unbekannten, respektierten Mutterfigur in Briefen unsere Zuneigung zu bekunden und sie unserer unaufhörlichen Gebete, unserer Loyalität und Liebe zu versichern.

Die Ehrwürdige Mutter Winifred hatte mich am ersten Tag zwar mit einem breiten Lächeln begrüßt und dabei ihr Pferdegebiss entblößt, schien jedoch bald eine herzliche Abneigung gegen mich zu empfinden. Sie hatte allgemein wenig Zeit für Postulantinnen und Novizinnen und ließ sich zum Glück nur hin und wieder sehen, um uns aus den Ordensregeln vorzulesen oder einen leidenschaftlichen, zu unserer Aufmunterung gedachten Vortrag zu halten, eine so genannte Dissertation. Sie hob die Augen kein einziges Mal von ihrem vorbereiteten Manuskript, während wir, der Nachwuchs, in zwei Reihen im rechten Winkel zu ihr saßen und den Blick starr auf unsere gefalteten Hände im Schoß richteten.

Ab und zu mussten wir ihr jedoch persönlich Bericht erstatten. Dann knieten wir eine nach der anderen in ihrem von Heiligkeit erfüllten privaten Arbeitszimmer, in dem es streng nach Verweisen, Disziplinarmaßnahmen, unzählige Male wiederholten Regeln und Vorschriften, bedauerlichen Entscheidungen, Demütigungen, Ermahnungen und Verwarnungen roch – all das erlebte ich selbst im Laufe der Zeit in diesem Raum.

Die Ehrwürdige Mutter Oberin saß in einem Sessel, so dass eine kniende Postulantin wie ich in ihr breites Gesicht aufsehen konnte. Ich glaube, es war meine besondere Art von Naivität, die ihr auf die Nerven ging. Ihre große Nase zuckte unwillkürlich und die buschigen Augenbrauen zogen sich düster zusammen, wenn sie ohne die Spur eines Lächelns auf meine Fragen antwortete.

Als Mutter Philomena, unsere elegante Novizenmeisterin, starb, waren wir vorübergehend mutterlos. Sie starb an Krebs, ohne dass eines ihrer »Kinder« in der Sterbestunde bei ihr gewesen wäre, an ihrem Bett hätte trauern können. Wie üblich wurden Seelenmessen für sie gelesen, am ersten Tag sechs hintereinander, doppelt und sogar dreimal so schnell wie der Gottesdienst sonst, worauf ich mich fragte, warum wir das nicht jeden Morgen so machten und uns eine Menge Zeit sparten. Nach ungefähr einer Woche wurde eine neue Novizenmeisterin bestimmt.

Mutter Rosa war jünger, wesentlich gefühlsbetonter und

hatte freundliche Augen. Sie betrachtete es als ihre vorrangige Pflicht, uns aufzumuntern, selbst wenn es ihr manchmal nicht besonders gut ging. Leider musste Mutter Rosa die unselige Erfahrung machen, dass eine der älteren Novizinnen sich heftig in sie verliebte. Ich sage bewusst »heftig«, denn Schwester Miriam erlaubte sich sehr laute, respektlose Diskussionen mit Mutter Rosa und fluchte sogar manchmal. Nach fast zweieinhalb Jahren Noviziat schickte man Miriam schweren Herzens zu ihren hoch angesehenen Eltern zurück. Sie ging, ohne sich von uns zu verabschieden.

Mutter Rosa bemühte sich wirklich sehr, ihre Arbeit gut zu machen, das arme Ding, aber sie klagte derart über ihre eigene Unfähigkeit, dass wir zum dritten Mal eine neue Novizenmeisterin bekamen: Mutter Immaculata, eine Nonne mit dicken Brillengläsern, einem verkniffenen Mund und ausgeprägtem Kinn, deren himmelwärts weisende Stupsnase über ihr wahres Naturell hinwegtäuschte. Sie hatte zwar etwas Verschmitztes und eine kultiviert-kluge Art, aber ihre nervöse Angewohnheit, ständig die Brille hochzuschieben, und dass sie selbst dann prüde wirkte, wenn sie lächelte, hätte einem zu denken geben sollen. Es war nicht so, dass sie eine richtige Macke gehabt hätte, sie hatte einfach nicht die leiseste Ahnung, was sie eigentlich tat. Sie vertraute blind darauf, dass Gott durch ihre Vorgesetzten zu ihr sprach. Und ihre Vorgesetzten hatten sie zur Novizenmeisterin bestimmt. Es spielte keine Rolle, dass sie nichts über ihre Aufgabe wusste; ihr Glaube sagte ihr, dass sie auf wundersame Weise geleitet werden würde. Sie war die heilige Einfalt in Person – und ein Kind, nicht weniger als ich. Als ausgebildete Grundschullehrerin war sie gewohnt, mit kleinen Kindern umzugehen, und jetzt waren ihre Schützlinge eben etwas größer, das war alles.

In dieser Zeit kam die geheimnisumwobene, Ehrfurcht gebietende Ehrwürdige Mutter Generaloberin aus England, um ihre drei Häuser in Australien zu besuchen. Wir hatten nicht genug Zeit, um ein Begrüßungskonzert einzuüben, deshalb hielten wir nur eine Lesung aus der Heiligen Schrift in unserem Gemeinschaftsraum ab, gefolgt von einem allgemeinen Gespräch, bei dem sie uns verschiedene Fragen stellte. Später erfuhren wir, was sie von uns hielt: Sie würde keinen Heller für uns geben! Wir bissen uns auf die Lippen, um nicht lauthals loszulachen, als wir das hörten. Erstaunlicherweise kränkte uns diese Beleidigung nicht – sie war so unverschämt wie lächerlich. Wir konnten einfach nicht glauben, dass sie sich in solch kurzer Zeit ein ehrliches Urteil über unseren Wert oder Unwert hatte bilden können.

Das Gekicher von uns Postulantinnen wurde als Ventil für aufgestaute Spannung angesehen und eine Zeit lang toleriert. Oft überkam es uns in der Kapelle, denn wir waren es nicht gewohnt, lange zu schweigen – unsere Meditationen dauerten anfangs nur zwanzig Minuten. Nach einem Monat wurden sie auf eine halbe Stunde, nach zwei Monaten auf eine Dreiviertelstunde verlängert. Es überforderte unseren sprunghaften, jugendlichen Geist, jeglichen Gedanken so lange beiseite zu schieben. Irgendwann fing eine von uns an, unterdrückt zu kichern, die anderen ließen sich anstecken, und bald schüttelte es uns derart, dass die Vibrationen durch die hölzernen Kniebänke zu spüren waren. Bis dann plötzlich eine laut herauslachte. Der schockierende Energieausbruch schien uns alle zu beruhigen, als ob unsere kollektive Spannung durch eine von uns ein Ventil gefunden hätte.

Beim Frühstück hörten wir immer Passagen aus *Imitation of Christ*, selbst als uns die schockierende Nachricht erreichte, dass Thomas à Kempis, der hoch geschätzte Autor, niemals heilig gesprochen werden würde – und zwar deshalb, weil man nach seiner Exhumierung festgestellt hatte, dass er im Sterben wohl in eine seiner Schultern gebissen hatte. Er muss an Gott verzweifelt sein, nachdem man ihn lebendig begraben hatte und er im luftlosen Sarg wieder zu sich gekommen war, und das würde kein Heiliger tun.

Während des Mittagessens, das wir schweigend zu uns nahmen, wurde aus den Schriften der Ordensgründerin vorgelesen, bis die Oberin die magischen Worte »Gelobt sei Jesus Christus!« sprach. Das war das Startsignal für einige Minuten lebhafter Unterhaltung, wobei jeweils nur eine Person sprechen durfte und alle anderen den Mund halten mussten, obwohl sie bestimmt schrecklich gern etwas gesagt hätten. Nur die Laienschwestern, die kein Gelübde abgelegt hatten und gewöhnlich am weitesten entfernt von der Oberin saßen, hielten sich nicht an diese Regel. Da sie den klosterinternen Themen oft nicht folgen konnten, unterhielten sie sich leise miteinander, worauf sie regelmäßig einen Verweis von der Oberin bekamen, der jedoch ohne Wirkung blieb. An Festtagen konnte man damit rechnen, dass die Lesung sehr kurz war, was wir sehr angenehm fanden. Beim Abendessen gab es wieder eine Lesung, aber keine Unterhaltung hinterher, denn nach dem Abwasch kam noch eine Rekreation.

Die Abendlesung, vor dem Gebet und dem Essen, folgte einem strengen Schema. Zweimal in der Woche wurden wir mit den Schriften von Alphonsus Rodriquez erfreut. Er schrieb mehrere Bücher in einer Reihe mit dem Titel *The Practice of Perfection and Christian Virtue* (dt.: Vervollkommnung und christliche Tugend). Die Bücher waren von großer Ernsthaftigkeit und Klarheit und wir nahmen ihre eigentümliche Argumentation und erstaunlichen Lösungen für ein Leben in Vollkommenheit bereitwillig in uns auf. Kein anderes Buch hätte uns derart deutlich gezeigt, wie erbärmlich und nichtswürdig wir Menschen waren, wie schmutzig, verdorben und primitiv unser Körper, so dass man uns die Bestrebung, dem »Weg des Geistes zu folgen«, geradezu einprügeln musste.

An anderen Tagen wurde für die Lesung ein geeigneter Text aus Lebensbeschreibungen beliebter Heiliger ausgewählt, wie sie von Generation zu Generation überliefert worden waren. Nach dem Besuch der Generaloberin wurden wir einige Monate lang mit Büchern von Abt Marmion traktiert – hoch geschätzt, da von der Generaloberin, die seine gelehrte Ausdrucksweise bewunderte, persönlich ausgewählt. Normale Gehirne wie die unseren hatten Schwierigkeiten, seinen Gedanken zu folgen. Gelegentlich kamen wir in den Genuss eines echten Thrillers – beispielsweise dem Bericht einer humorvollen Missionarin über ihr Leben in Afrika. Ihren Namen habe ich vergessen, aber sie brachte uns immerhin zum Lächeln. Dann gab es Geschichten von männlichen Heiligen wie Augustinus, der niemals einer Frau ins Gesicht sah, nicht einmal seiner Mutter. Und die Geschichte von Vater Petit, der wegen seiner unseligen Verknüpfung mit dem Sündenfall, als Eva die Erbsünde in die Welt brachte, niemals einen Apfel anfasste. Vater Petit bat darum, sein reines Herz nach dem Tod herauszuschneiden und für Schwester XY, eine Freundin von ihm, zu konservieren. Niemand kam auf die Idee, sich über solche Geschichten lustig zu machen. Wir nahmen sie wie Patienten eine Arznei: Sie schmeckten unangenehm, taten uns aber angeblich gut.

Auf der Lektüreliste stand natürlich auch die Vita unserer Ordensgründerin. Sie hatte ein ungewöhnliches und couragiertes Leben voller Geheimnisse geführt, in dem sich gegen Ende unerklärliche Vorfälle häuften, zum Beispiel, dass sie sich an zwei Orten gleichzeitig aufhielt, Stimmen hörte und Ereignisse prophezeite, die sich später bewahrheiteten. Sie war eine Wegbereiterin der Schulausbildung für Mädchen aus weniger gut situierten Familien, denn sie hatte erkannt, dass Anfang des 19. Jahrhunderts der Weg der Frauen zur Emanzipation, zur Befreiung aus dem Korsett ihrer traditionellen Rolle über die Schulausbildung führte.

Im Jahr 1820 gründete sie ihr erstes Kloster, dem rasch vier weitere folgten, alle in Frankreich. Etwas später kamen Klöster in England und Irland hinzu. Das erste Kloster in Australien wurde 1882 in Richmond, Melbourne, gegründet, vierundzwanzig Jahre nach dem Tod der Ordensgründerin. Hätte sie zu unserer Zeit gelebt, in den 1960er-Jahren, als jedermann Zugang zur Schulbildung hatte, dann hätte sie bestimmt die Schulen Schulen sein lassen und etwas Sinnvolleres getan. Für die Faithful Companions of Jesus war das unvorstellbar. Gegen Ende des 20. Jahrhunderts hatten Schulschwestern praktisch keine Bedeutung mehr und immer weniger fühlten sich berufen. Schuld an dieser Entwicklung war in ihren Augen die heutige Gottlosigkeit und nicht der Mangel an zeitgemäßer Initiative.

Die sechs Monate der Postulanz voller aufregender, erschreckender und lustiger Erlebnisse vergingen wie im Flug und bald waren wir bereit für den nächsten Schritt: unsere schlichten schwarzen Baumwollkleider und die Netzhauben gegen den absolut professionell aussehenden Habit der Novizinnen einzutauschen, eine schrecklich aufregende Sache.

Die Einkleidung erfolgte in einer feierlichen Zeremonie, die unsere Familien beeindrucken und demonstrieren sollte, dass ihre Töchter wieder etwas gefestigter waren in ihrer Entscheidung, ihr Leben Gott zu weihen.

Noch mehr Probleme

Das Postulat, in dem uns vergleichsweise wenig abgefordert wurde, endete am 8. September 1957, an Mariä Geburt. Zum Zeichen, dass nun ein neuer Abschnitt kam, fand in der Kapelle eine sehr feierliche und beeindruckende Zeremonie statt, bei der unsere Familien und Freunde anwesend waren. Von der Grobheit, mit der uns hinter den Kulissen die Haare abgesäbelt wurden, bekamen sie allerdings nichts mit.

Wir sechs Bräute Christi gingen gemessenen Schrittes, den Kopf gesenkt und die Hände vor der Brust gefaltet, den Mittelgang entlang. Unsere Haarpracht war noch unversehrt und mit demselben Schleier bedeckt, den wir als kleine Mädchen zur ersten Kommunion getragen hatten. Das Pseudo-Hochzeitskleid hatte mir meine Mutter genäht. Es war aus dünnem weißem Satin mit kleinen eingewebten Pünktchen – und war natürlich weder schulterfrei noch hatte es einen tiefen Ausschnitt. In meiner Vorstellung sah ich aus wie Maria Goretti oder eine der Heiligen auf meinen Andachtsbildchen.

Die Kapelle war bis auf den letzten Platz besetzt mit Verwandten der sechs jungen Frauen, die über den roten Läufer zum Altar schritten. Ein paar ältere Schulmädchen, die als potenzielle »Anwärterinnen« betrachtet wurden, durften ebenfalls dabei sein. Auch meine Eltern und eine meiner Schwestern saßen irgendwo.

Die Kapelle war erfüllt vom Duft unzähliger, vorzugsweise weißer Blumen: weiße Rosen, weiße Nelken, Lilien, Gladiolen, Schleierkraut und Maiglöckchen. Heute erscheint es mir seltsam, aber der intensive Blumenduft, an den ich mich noch sehr genau erinnere, beruhigte mich damals. Er vermittelte mir die Botschaft, dass alles in Ordnung war. Es *war* auch alles in Ordnung – nicht weil mir bestätigt wurde, dass ich »das Richtige tat«, um Gott zu gefallen, denn das traf nicht zu, weil Gott nicht zufrieden gestellt werden braucht –, sondern weil ich tat, was ich damals meinte tun zu müssen. Mit der Zeit würde es andere Dinge zu tun geben. Ich hatte Freunde, über mich wurde gewacht.

Mit dieser Zeremonie würden wir der Welt entsagen, um den Habit bitten, den wir zukünftig tragen wollten, und unsere Bereitschaft erklären, eine Braut Christi zu sein, eine Treue Gefährtin Jesu. Natürlich hatten wir unseren Text geprobt.

Der Bischof stellte uns die vorgeschriebenen Fragen, während wir vor ihm knieten.

»Mein Kind, worum bittest du?«

»Herr, ich bitte um die Gnade Gottes und den heiligen Ordenshabit«, antworteten wir.

»Bittest du darum aus freiem Willen und von ganzem Herzen?«

»Ja, Herr.« Unsere Antworten waren in der Kapelle klar und deutlich zu vernehmen.

»Ich vermähle dich mit Jesus Christus, Sohn des Ewigen Vaters, in der Gesellschaft der Treuen Gefährtinnen Jesu. Möge Gott dir Beständigkeit schenken, mein Kind.«

Und dann legte der Bischof, nachdem er uns mit Jesus verheiratet hatte, den fein säuberlich zusammengelegten Nonnenhabit auf die ausgestreckten Arme. Als wir alle unser neues Kleid erhalten hatten, erhoben wir uns und schritten mit gesenktem Kopf würdevoll den Gang entlang zur rückwärtigen Tür der Kapelle.

Sobald wir die Kapelle verlassen hatten, vergaßen wir alle Würde und rannten in den Raum, den wir »Brautkammer« getauft hatten. Jesus hatte an diesem Tag sechs weitere Bräute bekommen – dieses Mysterium akzeptierte ich ebenso bereitwillig wie die Vorstellung vom Heiligen Geist und von Ejakulationen. Das Haareschneiden musste schnell vonstatten gehen, damit die versammelte Gemeinde nicht allzu lange warten musste, ehe die Bräute Christi zurückkamen, den Körper in voluminöses schwarzes Tuch gehüllt, den Kopf unter einer weißen Haube und dem Schleier versteckt.

Mich überkam ein seltsames Gefühl, als meine Novizenmeisterin anfing, mir meine Haare – das Symbol meiner Weiblichkeit – abzusäbeln. Die Weiblichkeit verschwindet, wenn man seine Gelübde ablegt. Eine Braut durfte ich sein, aber keine Frau.

Was um alles in der Welt hatte Mutter Immaculata vor? Sie hantierte in ihrer Nervosität noch ungeschickter als sonst, während sie sich abmühte, meine dicken, gesunden Haare abzuschneiden. So würde das ewig dauern! In der Kapelle ging das märchenhafte Zeremoniell inzwischen weiter. Orgelmusik sorgte für eine Atmosphäre milder Heiligkeit, doch hinter den Kulissen herrschte hektische Betriebsamkeit. Jemand mit kräftigeren Händen und einer größeren Schere übernahm die Aufgabe der Novizenmeisterin. Als ein Büschel Haare ums andere auf den Boden fiel, regte sich etwas in mir, das mich an den Traum der vergangenen Nacht erinnerte.

Ich hatte von Keith geträumt, dem sanften, sinnlichen Keith mit seinen schwarz gelockten Haaren und dem freundlichen, klugen Gesicht. Ohne das Wort »Geschlechtsverkehr« zu kennen – ganz zu schweigen von seiner konkreten Bedeutung –, hatte ich geträumt, dass er in mich kam. Im Traum war er irgendwie in meinen Körper und in mein Herz gekommen. Ich spürte seine physische Gegenwart so deutlich, so intensiv, und es fühlte sich so gut an, dass ich mir wünschte, es möge immer so bleiben. Das ist der Vollzug der Ehe, ging mir vage durch den Kopf, noch im Traum, noch in Ekstase.

Als ich im Dunkeln aufwachte und mir bewusst wurde, dass von den anderen im Schlafsaal vielleicht jemand etwas gehört hatte, fragte ich mich, ob ich überhaupt noch eine Nonne werden konnte. *Aber es war nur ein Traum.*

Mutter Mary Luke, die in der Grundschule meine Klassenlehrerin gewesen war, lächelte mich wissend an, als sie sah, wie ich am nächsten Morgen forschend und nervös in die Gesichter um mich herum blickte, um herauszufinden, wer mich in der Nacht vielleicht gehört hatte. Irgendjemand musste ihr etwas zugetragen haben. Doch ich war mir sicher in meiner Entscheidung, mein Leben Jesus, Gottvater und dem Heiligen Geist zu weihen, der Dreifaltigkeit, die nach christlicher Glaubenslehre auf geheimnisvolle Weise ein göttliches Wesen ist, das jedoch leider keine physische Realität besaß, zu der ich eine Beziehung hätte aufbauen können.

Immer noch wurde unter Ächzen und Stöhnen an meinen Haaren herumgesäbelt. Plötzlich schoss mir der düstere Gedanke durch den Kopf, dass ich niemals ein Baby haben würde. Dieser Gedanke sollte mir in den folgenden Jahren immer wieder kommen, und jedes Mal, wenn mir diese schmerzliche Erkenntnis bewusst wurde, kam es mir vor, als würde etwas in meinem Körper austrocknen.

Endlich waren die Nonnen doch fertig und mein stacheliger Kopf mit einer Haube bedeckt. In unseren schweren Kleidern aus schwarzem Serge und dem weißen Schleier auf dem Kopf zogen wir wieder in die Kapelle ein und wirkten offenbar derart unirdisch, dass einige Leute in Tränen ausbrachen.

Nachdem die Zeremonie tapfer überstanden war, kam meine Familie, um mir zu gratulieren. Mein Vater packte mich fest an den Armen und küsste mich auf den Mund, bis meine Mutter ihn flüsternd, aber eindringlich ermahnte, endlich damit aufzuhören. Sein Mund noch auf dem meinen, öffnete ich die Augen und sah das aufgeregte Gesicht meiner Mutter, die sich nervös umschaute, ob jemand diese Szene bemerkt hatte. In diesem eigenartigen Moment der unbewussten Kollusion, des geheimen Einverständnisses mit meinem Vater, hatte ich das Gefühl, als würde sich all mein verzweifeltes Stillhalten in der Vergangenheit doch noch auszahlen. Endlich war mein Vater stolz auf mich! Endlich hatte ich es geschafft! Die Leistung seiner Tochter hatte ihn sexuell erregt. Das war nicht angemessen, aber ich war es nicht gewohnt, Dinge gründlich zu durchdenken. Mein verzweifeltes Bedürfnis nach Liebe und Anerkennung hatte mich seit dem zarten Alter von drei Jahren in sexueller Kollusion mit ihm gehalten – aber als die junge Novizin, die ich damals war, hatte ich diese Zusammenhänge noch nicht durchschaut.

Als das feierliche Ereignis schließlich im großen Empfangszimmer sein Ende gefunden hatte, gingen alle nach Hause. Meine dicken, glänzenden blonden Haare – die nach den sechs Monaten, die ich sie unter ein kleines Haarnetz gestopft hatte, kaum noch Locken hatten, sondern eher wie die von Grace Kelly aussahen – wurden meiner Mutter übergeben. Sie verwahrte meine Haare in einer mit Seide ausgeschlagenen Schachtel, die sie neben ein vergrößertes Foto von mir stellte, oft auch weinend auf dem Schoß hielt. Wenn meine jüngeren Schwestern sie weinen sahen, glaubten sie, ich hätte ihnen ihre Zuneigung gestohlen und sie seien für meine Mutter nur zweite Wahl. Ich wurde sowohl verehrt als auch verachtet.

Niemand hatte eine Ahnung von den zahllosen nicht ganz so heiligen Motiven, die mich unterbewusst zu der Entscheidung getrieben hatten, ins Kloster zu gehen. Mein sozialer und finanzieller Status in der Welt, meine psychische Verfassung hätten kaum hoffnungsloser sein können. Hätte ich nur ein wenig Selbstsicherheit besessen, ein gutes Selbstbild und mehr von der Alltagswirklichkeit gewusst, dann hätte ich auch zuversichtlich und erwartungsvoll in die Zukunft blicken können – doch ich fühlte mich vollkommen unfähig. Mit meinem Eintritt ins Kloster tat ich nichts anderes als ein Politiker, der mit berühmten und mächtigen Leuten verkehrt, um seine Karriere und sein Renommee zu fördern. Eine Braut Christi hatte nicht gerade schlechte Beziehungen, für eine Braut Christi im FCJ-Lager sah es sogar noch besser aus! Mir war jedoch nur bewusst, dass ich auf ein normales Leben verzichtete, um ein Leben in strengem Gehorsam zu führen, und dafür bewunderte und beglückwünschte man mich. Ich war wie ein naiver junger Soldat, der ohne nachzufragen jedem Befehl Folge leistet.

Wenige Tage nach meiner Einkleidung begegnete mir ein kleines Mädchen, das sich an seinem ersten Tag in unserer Schule verlaufen hatte und nun verzagt herumirrte. Ich wusste natürlich, in welche Richtung sie gehen musste, und machte schon den Mund auf, um es ihr zu sagen, als mir das Schweigegebot einfiel. Es tat mir Leid, dass ich ihr nicht helfen konnte, aber ich sagte kein Wort, sondern ging einfach wieder meines Weges in der Überzeugung, dass ich das Bessere getan hatte, indem ich das Gebot gehorsam befolgte. Der Drang, einer Weisung zu folgen, war stärker als das Bedürfnis, Hilfe zu leisten, und viel stärker als der gesunde Menschenverstand. Erst 1967, einige Jahre nach den von Papst Johannes XXIII. initiierten Reformen, löste sich für mich der Bann.

Ich hatte als Treue Gefährtin Jesu Gehorsam gelobt, und zwar nach den Regeln des heiligen Ignatius von Loyola und der Jesuiten, deren Statuten die Grundlage unserer Ordensregeln bildeten. Unsere Oberen gaben sich den Anschein, unfehlbar zu sein, ganz wie der Papst. Damals wusste ich nichts von den dunklen Zeiten in der Geschichte der katholischen Kirche, die oft von Päpsten mit zweifelhaftem Charakter und ausgesprochen weltlichen Ambitionen geführt wurde. Ebenso wenig wusste ich, dass die Jesuiten als Antwort auf Luther entstanden waren, den Erzkritiker, der so viele Menschen zum Abfall von der Kirche veranlasste, weil er es wagte, die institutionalisierte Korruption öffentlich anzuprangern. Zu meiner Unwissenheit kam noch meine psychische Abhängigkeit und Unreife, was die ganze Situation unterstützte. Und Abhängigkeit wurde auf Schritt und Tritt gefördert. Wir jungen Schwestern wurden mit »Kind« angesprochen und wir sprachen unsere Oberen natürlich mit »Mutter« an.

Ich war jetzt Schwester Mary Carla, diesen Namen hatte ich mir erbeten. Viele meiner Mitschwestern hatten noch ein Stück mehr ihrer Weiblichkeit geopfert, indem sie einen männlichen Heiligennamen annahmen. Das kam für mich nicht in Frage!

Für Novizinnen galten weitaus strengere Regeln. Es begann gewissermaßen der Ernst des Lebens, unseres neuen Lebens. Zuvor hatte ich meinen Eltern einmal in der Woche schreiben dürfen – in Holländisch, aber stets mit englischer Übersetzung, damit die Zensorin den Inhalt verstand –, jetzt war nur noch ein Brief pro Monat erlaubt. Ein Verstoß gegen die Regeln, ob aus Unwissenheit oder Gedankenlosigkeit, wurde nun härter bestraft. Die Verweise waren demütigender, die Strafen strenger. Die älteren Nonnen putzten Novizinnen oft herunter, bis sie weinten, um sie Demut zu lehren. Sie schienen Expertinnen darin, unsere empfänglichen Seelen in Stücke zu reißen.

»Geh mir aus den Augen!«, wurden wir angefahren, wenn wir etwas falsch gemacht hatten. »Mach ausnahmsweise etwas Nützliches und geh die Küche putzen!« Oder: »Was sollen wir von dir denken? Bist du zu dumm, um zu begreifen, dass eine Regel eine Regel ist, auch wenn du keine Lust hast, sie zu befolgen?«

Je mehr Regeln wir lernten, desto häufiger konnten uns Fehler unterlaufen. Wir wurden gewissermaßen hypersensibilisiert, wurden gemaßregelt, wenn wir einmal den Blick schweifen ließen oder zwei Sätze sagten, wenn einer gereicht hätte; wenn wir ein paar Sekunden zu spät kamen, in der Kapelle ein Geräusch verursachten oder die Hausarbeit nicht tadellos erledigt hatten; wenn wir einen Fleck oder Fussel auf unserem voluminösen schwarzen Gewand hatten oder die Schuhe nicht blank poliert waren oder wenn wir die Oberen nicht mit gebührendem Respekt angesprochen hatten.

Ich bekam eine Geißel ausgehändigt, die aus fünf steifen Knotenschnüren bestand, um mich für bestimmte Verstöße wie Zuspätkommen selbst zu bestrafen, indem ich mir heftig auf die Beine schlug. Anfangs zitterten mir nach einer solchen Geißelung die Beine, aber im Winter wurden sie auf diese Weise angenehm warm. Ich behielt diese Geißel all die Jahre, die ich im Kloster verbrachte, und benützte sie regelmäßig, um mich zu züchtigen, insbesondere um fleischliche Begierden abzutöten. Eine andere übliche Form der Züchtigung war, mit ausgestreckten Armen so lange zu knien, bis Arme und Beine unerträglich schmerzten.

An den vierzehn Stationen des Kreuzweges zu beten gehörte zu den täglichen Pflichten. Dort verehrten wir den leidenden, sterbenden und toten Jesus. Jedes einzelne der Milliarden Kreuze auf der Welt mit dem gequälten Körper Jesu belegt diese Verehrung des Leidens.

Die Wochen vor Ostern und Weihnachten waren Zeiten, in denen wir uns zusätzliche Bußübungen auferlegten. Wir waren in dieser Hinsicht sehr erfinderisch, und nachdem die Bußübung von der Oberin abgesegnet war, trugen wir sie in ein kleines Büchlein ein, das so genannte Erlaubnisbuch. Wir strichen keine Butter mehr aufs Brot, tranken den Tee ohne

Zucker oder Milch und gaben stattdessen Salz hinein und verzichteten beim Essen auf Salz und Pfeffer – und auf Wasser.

Melbourne im Sommer ist berüchtigt für seine Inversionswetterlage, bei der sich die Hitze in geringer Höhe staut, so dass nach einem drückend schwülen Tag selbst die Nacht keine Abkühlung bringt. Mir wurde derart heiß unter meiner engen Haube, dass ich fast in Ohnmacht fiel. Das gestärkte weiße Leinenband um mein Gesicht herum bekam Flecken vom Schweiß und die Kopfhaut juckte entsetzlich. Selbst das Atmen fiel einem schwer unter all den Lagen von schwarzem Serge über dem Petticoat und den dicken Baumwollstrümpfen an den Beinen. Und unter solchen Umständen als Buße auf Wasser verzichten! Eine vorhersehbare Folge war, dass mein Kolon buchstäblich austrocknete (nicht dass ich damals gewusst hätte, was oder wo mein Kolon war). Ich stellte keinen Zusammenhang her zwischen dem Defizit an Wasser und meiner grässlichen Verstopfung.

Im Sommer fand man oft nur aus purer Erschöpfung Schlaf. Außer dem Nachthemd mussten wir auch eine Nachthaube tragen. Auf dem Schränkchen neben dem Bett standen eine Schüssel mit Wasser für die morgendliche Wäsche und ein Glas Wasser zum Zähneputzen. Ich halluzinierte schon von diesem Glas Wasser und wachte nachts mehrere Male auf, weil mein Arm sich von allein in seine Richtung bewegte. Doch ich schaffte es mit meinem eisernen Willen immer wieder, mir jeden Schluck zu versagen.

Zehn Jahre lang hatte ich wegen Flüssigkeitsmangel keine normale Verdauung, zusätzlich zu meinen psychischen Problemen und meiner Angst. Ich hasste Toiletten ohnehin. Zu Hause in Holland hatte ich oft zurückgehalten, was herauswollte, statt auf unseren grässlichen Abort zu gehen. In Genazzano mied ich die Toiletten aus anderen Gründen. Sie standen auf blankem Betonboden, sechs nebeneinander, und hatten klappernde Holztüren, die mit einem großen Eisenriegel verschlossen wurden. Passenderweise waren die Türen grasgrün gestrichen, denn die Toiletten befanden sich außerhalb des Gebäudes. Das offene Gelände bot keinen Schutz vor beißendem Wind, und im Winterregen bekam man auf dem Hin- und Rückweg ziemlich nasse Füße. Außerdem hatten die Toiletten eine uralte Kettenspülung, was ich besonders unangenehm fand. Ich mied sie also nach Möglichkeit und bezahlte den Preis dafür.

Die Zeit der Buße vor Ostern, die Fastenzeit, ging dem Ende zu, die Kinder waren für die Osterferien nach Hause gefahren und wir hatten alle Hände voll zu tun, um unser Kloster für die Feiertage herauszuputzen. Für den Blumenschmuck in der Kapelle war Schwester Victoire zuständig und sie brachte mir bei, dass Hortensien und Gladiolen länger halten, wenn man den Stängel am Ende quetscht und ihn in heißes Wasser taucht. Mein Vater zog die Blumen für die Kapelle in einem eigenen Beet neben der Pflanzschule. Und es gab immer genug. Es mussten schöne Arrangements sein und an besonderen Festtagen verschwand der Altar geradezu unter all den herrlichen Blumen.

Am Karfreitag putzte ich gerade die Korridore und polierte im Vorbeigehen die Messingknäufe an den Türen – die Böden hatte ich mit der Bohnermaschine bereits auf Hochglanz gebracht –, als mich ein Geräusch innehalten ließ. Es kam vom Büro der Provinzialin um die Ecke und ich spitzte die Ohren, um herauszubekommen, was los war.

Plötzlich tauchte, schlurfend und auf die kräftige Mutter Oberin gestützt, die verschrumpelte alte Provinzialin auf –, damals wohl um die fünfundachtzig und ziemlich wackelig auf den Beinen –, laut über das Leid der Muttergottes am Fuße des Kreuzes lamentierend und dabei ständig an ihrem Rosenkranz herumfingernd. Als sie näher kam, konnte ich verstehen, was sie sagte: »Heilige Muttergottes, wie muss sie gelitten haben! Ihren Sohn Jesus so grausam behandelt zu sehen! Heilige Muttergottes!« Die alte Tante hatte sich fast ihr ganzes Leben an das Schweigegebot gehalten und jetzt machte sie ein solches Spektakel. Mir kam ihr Gejammere aber nicht wie wahrhaftige spirituelle Empathie mit der Muttergottes vor, vielmehr roch ihr theatralisches Getue für meinen Geschmack nach der schlimmsten Art von Beachtungsbedürfnis eines hinfälligen alten Menschen, der immer Kind geblieben war. Ich stand stumm an der Seite, die Hände auf den Mop gestützt, als das Paar an mir vorbei in die Kapelle ging, wo es plötzlich still wurde.

Sollte das eine Demonstration besonders großer Frömmigkeit sein?, überlegte ich. Als gehorsame Novizin sollte ich vor Älteren absoluten Respekt haben, aber meine Gedanken konnte ich nicht abschalten. Die alte Schrulle wollte uns mit ihrer angeblich beispiellosen Heiligkeit einfach nur beeindrucken. Ihr Getue überzeugte mich nicht. Die Provinzialin war gebrechlich, ja, aber willensstark genug, sich stets einzumischen, wenn es um irgendwelche Entscheidungen ging und sie zufällig etwas mitbekommen hatte. Seit sie nicht mehr in der Lage war, ihrer Funktion als Provinzialin gerecht zu werden, hatte sie ihre Position gewissermaßen ehrenamtlich inne; alle spürten, dass sie vermutlich in eine schwere Identitätskrise geraten würde, wenn man ihr diese Rolle ganz fortnahm.

Am Abend bestand die Provinzialin darauf, ihre Mahlzeit auf dem Boden des Refektoriums kniend einzunehmen, den Teller auf ihrem Stuhl vor sich. Wieder gab es ein Mordstheater, weil alle sich herauszufinden bemühten, was sie brauchte. »Salz? Nein. Pfeffer? Wasser? Butter? Sind Ihnen die Kartoffeln zu viel, ja? Lieber mehr Erbsen? Ach, Ihre Gabel ist hinuntergefallen, bitte, ich hebe sie Ihnen auf …« Ich hatte nur noch Verachtung für die alte Nonne übrig. Selbst ihre jahrelange Vertraute, die Mutter Oberin, die erst besorgt geäußert hatte, dass der nackte kalte Boden ihren Knien wohl nicht gut täte, saß nur noch schweigend und mit gesenktem Blick da, während der Zirkus weiterging. Das Schlimmste war: Ich schämte mich nicht einmal über mich selbst, als ich froh war, als sie endlich starb und wir nicht mehr ihre endlosen Platitüden über uns ergehen lassen mussten.

Ich bemühte mich sehr, mein Bestes zu geben. Die Besuchszimmer sahen aus, als hätte kein Mensch sie je benützt, und die Böden der Korridore waren spiegelblank von meinem Wischen und Bohnern. Trotzdem hatte ich immer wieder den Albtraum, dass ich *vergaß*, die Korridore zu putzen, so dass der Staub sich in den Ecken sammelte, der Holzboden seinen Glanz verlor und alle wussten, dass Schwester Mary Carla versagt hatte. Wie konnte das sein, dass man etwas jeden Tag machte und dann plötzlich vergaß? Aufgrund eines inneren Befehls aus dem Hauptquartier der Selbstsabotage. Je mehr Angst ich davor hatte, desto wahrscheinlicher war, dass es passierte.

Und so kam der Tag, als ich massenhaft Staub im Korridor entdeckte und mir mit Entsetzen bewusst wurde, dass ich tagelang meine Arbeit nicht gemacht hatte! Niemand hatte ein Wort gesagt. Ich schluckte schwer. Diesen Schmutz musste ich sofort beseitigen! Sobald ich einen Augenblick unbeobachtet war, holte ich schnell einen großen Mop und wischte notdürftig durch. Ich spürte, wie die Scham mir heiß ins Gesicht stieg. Meine Schultern waren ganz verkrampft vor Anspannung und ich arbeitete, so schnell ich konnte.

Im Nachhinein kommt mir das alles vor wie ein Traum. Schwester Kevin versicherte mir, als ich sie Jahre später einmal traf, dass in den Korridoren niemals Staub gelegen hätte, solange ich da war. »Dafür kann ich mich verbürgen«, sagte sie. Und wenn das jemand konnte, dann Schwester Kevin, die für derlei Arbeiten verantwortlich war und alles sehr genau nahm.

Währenddessen ging das Leben in meiner Familie in dem Haus hinter der Zypressenhecke nur hundert Meter entfernt weiter. Meine Mutter war mit vierundvierzig Jahren zum zwölften Mal schwanger. Es war eine sorgenvolle Zeit. Man versprach dem heiligen Gerard, dem Beistand gebärender Mütter (warum, habe ich vergessen), dass das Kind seinen Namen bekommen sollte, wenn alles gut ging. Es ging gut und mein kleiner Bruder Gary, später Gazza genannt, wurde nach Strich und Faden verwöhnt. Später schwor er sich, niemals eigene Kinder zu haben.

Eines Tages sah ich, wie er an Vaters Hand hängend auf müden Beinchen neben ihm herstolperte, und empfand großes Mitgefühl. Vater hatte gerade eine Ratte in der Blechtonne im Garten verbrannt. Garys Gesicht war ganz rot von der Hitze und das Schicksal der Ratte schien ihn zu beschäftigen – für einen Erwachsenen war es eine eklige Kreatur, für ein Kind aber einfach ein Tier.

Nach der überaus feierlichen Einkleidung als Novizin ging die Zeremonie, bei der wir zwei Jahre später das dreifache Gelübde von Armut, Keuschheit und Gehorsam ablegten und damit unsere erste wirkliche Verpflichtung eingingen, schlicht und bescheiden vonstatten. Wieder mussten wir vor dem Bischof in der Kapelle die Worte sprechen, doch dieses Mal waren nur meine Schwestern im Glauben Zeugen. Die zwei Jahre meines Noviziats hatten dazu gedient, das Leben als Ordensschwester kennen zu lernen und zu überlegen, ob ich mein Leben wirklich Gott weihen wollte. Ich war inzwischen fast einundzwanzig und hatte mich an diese Art Leben gewöhnt; alles andere erschien mir damals schlicht unvorstellbar. Ich liebte Gott von ganzem Herzen und wollte das Zusammengehörigkeitsgefühl in der Klostergemeinschaft nicht mehr missen.

Und so tauschte ich an einem ganz gewöhnlichen Wintertag, als der wärmende schwarze Stoff mir sehr willkommen war, die weiße Haube und den weißen Schleier gegen beide Teile in Schwarz, nahm einen großen Rosenkranz entgegen, der zukünftig an meinem Gürtel hängen würde, und ein Kreuz mit dem sterbenden Jesus. Die Passion Christi und Carlas Opfer wurden eins – zwei Opfer, um die Welt zu retten.

England

Madame de Bonnault d'Houet war Witwe, als sie den Orden der Treuen Gefährtinnen Jesu gründete, und ihre Nachfolgerinnen behielten die damalige Kleidung als Tribut an ihre spirituelle Größe und zum Zeichen, dass sie sich ihrem Beispiel zu folgen verpflichteten, auch nach ihrem Tod bei. Außerdem verlieh sie ihnen eine erkennbare Identität in der Welt.

Wir sahen also in den 1960er-Jahren immer noch genauso aus wie unsere französische Gründerin zu Beginn des 19. Jahrhunderts mitsamt der rundherum gerüschten Haube und dem langen, spitz zulaufenden Umschlagtuch. Damit wir auch ganz der Tradition gemäß angezogen waren, trugen wir keinen BH, sondern ein baumwollenes weißes Leibchen mit einem breiten weißen Baumwollschal darüber, der zweimal um die Brust geschlungen wurde, so dass sich die Brustwarzen ganz sicher nicht mehr abzeichneten. Unsere Gründerin war eine wirklich innovative Frau gewesen, ihrer Zeit weit voraus. Ihre Nachfolgerinnen jedoch hatten ihr Vorbild in Lebensführung und Kleidung in erstarrter Form konserviert, als besäße es für alle Zeit absolute Gültigkeit.

Obwohl wir unsere Gelübde abgelegt hatten, würden wir erst nach zwei weiteren Probezeiten von jeweils drei Jahren »richtige« Nonnen sein. So streng wurde eine Anwärterin geprüft, ehe sie die ewigen Gelübde ablegte und nicht mehr fortgeschickt werden durfte.

Die Obrigkeit (die sich niemals mit uns besprach) beschloss, dass einige Novizinnen an die Latrobe University in Melbourne gehen sollten; insgesamt sechs, eine gemischte Gruppe aus Novizinnen und älteren Nonnen, würde ins Lehrerseminar des Ordens in Sedgley Park in England, nördlich von Manchester, geschickt werden. Da ich mein letztes Schuljahr nicht beendet hatte und deshalb nicht studieren konnte, musste ich ins Lehrerseminar.

Für den Reisepass wurden noch Fotos gebraucht, deshalb kam ein Fotograf ins Kloster. Ich besaß noch einen holländischen Pass, denn ich hatte nicht mehr bei meiner Familie, sondern bereits im Kloster gelebt, als sie 1958 in Australien eingebürgert wurde.

Wir sollten auf der *Oriana*, einer P&O-Fähre, nach England reisen. Die Ehrwürdige Mutter Winifred – die mit dem Grinsekatze-Lächeln, die eine besondere Abneigung gegen mich hegte und es mit den Regeln immer besonders genau nahm – begleitete uns als Anstandsdame. Aber nicht einmal sie konnte uns sechs bremsen in unserer Begeisterung angesichts einer Reise über das weite, weite Meer. Und ich würde noch einmal ein gutes Stück der Überfahrt nacherleben, auf der ich mich neun Jahre zuvor als Kind auf dem Weg nach Australien befand.

Wir hatten zwei große Kabinen auf dem D-Deck für uns; ich teilte eine mit drei anderen und schlief im obersten Bett. Die Kabine war mit einem dicken Teppich ausgelegt, vor dem Bullauge hing ein hübscher Chenillevorhang und die Schiffsseife war eine willkommene Abwechslung zu den gelblichen Seifenstücken Marke Velvet, die wir sonst benutzten. Das Schweigegebot wurde etwas lockerer gehandhabt, so dass wir über die Dinge, die wir sahen, miteinander reden konnten; mit den anderen Passagieren durften wir uns jedoch nicht unterhalten. Wir hatten auch eine Karte dabei, so dass wir die Inseln und Orte, an denen wir vorbeifuhren, identifizieren konnten.

Wir hatten einen Speiseraum für uns allein und auch einen eigenen Steward, einen etwas kurz geratenen jungen Burschen, der sich über die alberne Konversation bei uns sichtlich wunderte. Das dürfte seinen ehrfurchtsvollen katholischen Vorstellungen von Klosterfrauen, dem Image von ihrer angeblichen Selbstbeherrschung und Intelligenz, einen schweren Schlag versetzt haben. Er konnte gar nicht fassen, dass wir frohgemut Dinge bestellten, die wir überhaupt nicht kannten. Wir erkundigten uns fast nie bei ihm, was es mit den einzelnen Begriffen in der reichhaltigen Speisekarte auf sich hatte. Sie bot uns ungeahnte Wahlmöglichkeiten.

»Gorgonzola, das ist ein interessanter Name. Sollen wir den nehmen? Alle einverstanden?«

Unser kleiner Steward hob die Augen zum Himmel und trat nervös von einem Fuß auf den anderen – ein vergeblicher Versuch, uns wissen zu lassen, dass dies eine unkluge Wahl für den Uneingeweihten war, aber vermutlich hatte man ihn angewiesen, nicht mit uns zu sprechen und schon gar nicht zu widersprechen.

Der Gorgonzola kam und wir untersuchten den seltsam aussehenden Käse. »Warum hat er blaue Adern?«, fragte eine von uns sehr vernünftig. Jetzt endlich lockerte sich die Zunge unseres jungen Stewards. »Der Schimmelpilz«, begann er begeistert zu erklären, »frisst sich langsam durch den Käse, vermehrt sich dabei und … und …« Er zögerte, als wöge er ab, ob er es uns sagen sollte oder nicht, und kam dann offenbar zu dem Schluss, dass es seine Pflicht war, uns in möglichst höflicher Sprache die volle Wahrheit zu sagen. »Und *defäkiert* auch. Das verleiht dem Käse seinen einzigartigen Geschmack«, fügte er hastig hinzu. Es genügte, um den Käse zurückgehen zu lassen.

Und dann erreichten wir Port Said, wo ich neun Jahre zuvor den jungen Ägypter gesehen hatte, den Helden meiner Teenagerträume, der damals auf dem Öltanker neben unserem Auswandererschiff gearbeitet hatte. Dieses Mal, als wir unseren Ozeandampfer kurz verließen, um den Kai entlangzuspazieren, stach mir die Armut der Menschen ins Auge. Es beeindruckte mich jedoch, wie zufrieden sie wirkten und wie freundlich sie auf jedes Lächeln reagierten. Zurück in unserer Kabine, tauchte am Bullauge plötzlich ein dunkles Gesicht auf, das neugierig hereinspähte, so dass wir lieber die Vorhänge zuzogen.

Wir glitten majestätisch durch den Suezkanal. Es war herrlich, nun mit den Augen einer Erwachsenen die fremde, exotische Welt zu betrachten, die sich auch damals vor mir als Kind ausgebreitet hatte. Als unser Konvoi von acht Schiffen um eine Biegung fuhr und wir zurückblickten, sahen wir die anderen Schiffe gemessen eines nach dem anderen unserer *Oriana* folgen, als gehörten sie zu Nelsons Flotte.

Und dann, weit draußen auf dem Meer, kamen wir in eine Zone völliger Windstille, auch »Doldrums« genannt. Ich kannte »Doldrums« bisher nur als anderes Wort für Lustlosigkeit und Trübsinn, eine Art Depression, aber als nun von »Doldrums« die Rede war, wusste ich, dass es auch ein nautischer Begriff sein musste. Nach dem Mittagessen lieferte ich ein typisches Beispiel meiner ignoranten Naivität, die meine Oberin so sehr an mir hasste. Wir standen alle an der Reling und starrten ins Wasser auf der Suche nach den Doldrums, wie ich annahm. Nach einer Weile gestand ich, dass ich sie nicht sehen könne. »Ach bitte, könnte mir jemand zeigen, wo sie sind?«

Mutter Winifred warf mir einen pikierten Blick zu, wahrscheinlich dachte sie, ich wollte sie auf den Arm nehmen. Sie konnte sich nicht vorstellen, dass ich tatsächlich so unwissend war. »Die Doldrums sind eine Zone häufiger Windstille, wo die Segelschiffe in früherer Zeit oft eine ganze Weile liegen blieben und nicht weitersegeln konnten«, erklärte mir eine der Mitschwestern. Diese Erklärung werde ich mein Leben lang nicht vergessen.

Wir marschierten jeden Tag eine ganze Meile – sieben Mal

um das Deck herum. Und ich wurde kein einziges Mal seekrank.

Es war Ostern, als wir Frankreich erreichten, und sehr kalt. Die Hafenarbeiter waren nicht in Festtagslaune und unsere Versuche, sie mit einem fröhlichen Lächeln aufzuheitern, zeigten keine Wirkung in ihren kältestarren Gesichtern.

Am 27. März 1960 um halb sechs Uhr morgens kamen wir in Southampton an. Es war einer dieser typischen regnerischen Tage, an denen alle Farben ausgelöscht scheinen. Bei der Einfahrt in den Hafen sahen wir nichts als triste graue Industrieanlagen. Am Kai erwartete uns eine ortskundige Schwester, die den Auftrag hatte, die »Provinzlerinnen« sicher durch die betriebsamen Straßen der Stadt in die Geborgenheit des Londoner Klosters zu bringen. Nachdem unser Gepäck den Zoll passiert hatte, wurde es in einen Zug verladen. Dem Träger war es zu schwer, also schleppte unsere Führerin alle Koffer und Taschen allein – sie hatte die Statur von zwei Trägern und wir hatten eine Menge schweres Gepäck.

Für den letzten Teil unserer Reise winkte unsere unerschrockene Cockney-Schwester ein Taxi heran, und nun konnten wir mit eigenen Augen einige der berühmten Wahrzeichen der Stadt sehen, von denen wir bisher nur gehört hatten: die Mall, Westminster, die Themsebrücken, den berüchtigten Tower, den Wachwechsel vor dem Buckingham-Palast. Und wir sahen unendlich vieles, obwohl wir einer Regel zufolge den Blick stets gesenkt halten sollten. *Nicht* hinzusehen hätte für unseren Geist sicher mehr Ablenkung bedeutet, als ein paar Blicke aus dem Taxi zu riskieren. Überall blühten leuchtend die Tulpen, als wären wir in Holland.

Schließlich waren wir am Ziel, und was wir als Erstes und am allernötigsten brauchten, war eine Toilette. Das Londoner Kloster beherbergte auch eine große Mädchenschule. Mit ein bisschen Glück konnten wir die nächstgelegenen Toiletten benützen, ehe die Mädchen sie in der Pause stürmten. Leider verließ uns das Glück ziemlich schnell: Die Türschlösser klemmten und vier von uns waren auf der Toilette gefangen.

Ein schöner Schlamassel! Wir wussten überhaupt nicht, was wir tun sollten. Es war uns furchtbar peinlich und keine wagte sich bemerkbar zu machen, wir blieben mucksmäuschenstill und hätten uns am liebsten in Luft aufgelöst. Als das nach ungefähr einer Minute noch immer nicht geschehen war, stemmten wir uns mit unserem ganzen Gewicht gegen die Tür zum Toilettenraum, um sie geschlossen zu halten. Und von der anderen Seite drückten und schoben die Schülerinnen. Sie wussten ja nicht, wer drin war, und dachten wohl, es sei ein Scherz.

Doch es half nichts: Wir mussten uns der Realität stellen, hinausgehen und nicht nur eingestehen, dass auch wir Menschen waren und uns erleichtern mussten, sondern dass wir uns auch dafür schämten. Wir öffneten die Tür und gingen mit gesenktem Blick hinaus, ohne ein Wort zu sagen. »Oh, Entschuldigung, Schwestern!«, stießen die Mädchen überrascht hervor. Es war sehr anständig von ihnen, dass sie sich entschuldigten, statt einfach loszuprusten. Dabei hätten wir uns entschuldigen müssen! Ich frage mich oft, was diese Mädchen aus unserem seltsamen Verhalten wohl schlossen: Dass man sich schämen muss, ein Mensch zu sein? Dass Nonnen nicht urinieren und defäkieren müssen sollten?

Nach dem Mittagessen fuhren wir mit dem Bus zum Mutterhaus – Stella Maris, Heimatkloster unserer hochverehrten Mutter Generaloberin – in Broadstairs in Kent. Sie war zu der Zeit abwesend, aber der Klosterkomplex mit seinen verschiedenen Gebäuden und mehreren Gärten, die in voller Frühlingspracht prangten, beeindruckte uns tief. Die Tulpen schienen hier wie Unkraut zu wachsen. Die Obstbäume standen in voller Blüte, die Pappeln zeigten ihr erstes Grün und hunderte von Narzissen säumten die schmalen Wege durch die Gärten. Eines der Gebäude war ein altes Novizenhaus. Dort, in *The Knoll*, würden wir unseren Tee trinken und in einem kleinen runden Schlafraum schlafen.

The Knoll, ein Haus aus dem typischen roten Backstein mit vier Stockwerken, wurde nach oben hin schmaler und das oberste Zimmer diente als Schlafraum für drei Personen. Am nächsten Morgen durften wir ausschlafen und ich genoss den seltenen Luxus, im Bett zu frühstücken, als ich um halb neun Uhr aufwachte. Man überschüttete uns geradezu mit freundlicher Aufmerksamkeit. Eine Schwester brachte mir sogar ein neues Stück Seife, als sie sah, dass ich von der Reise nur noch einen winzigen Rest besaß. Als ich ihr jedoch zeigte, dass ich aus vielen solcher Reste ein größeres Stück geformt hatte, zog sie ihr Angebot sofort zurück.

Unser Studium in Sedgley Park sollte erst im Juni beginnen und so machten wir uns vorerst im Garten, in der Wäscherei und Küche von Stella Maris nützlich; hin und wieder nahmen wir auch ein Latein- oder Französischbuch zur Hand. In dieser Zeit fühlte ich mich zu der jungen Schwester Dehlia hingezogen – sie war noch Novizin –, deren herrlicher englischer Humor irgendwie auch mich zu schlagfertigen Bemerkungen beflügelte. Als wir eines frühen Morgens ein wenig durch den Garten spazierten, zeigte ich ihr meine Hände, die blau vor Kälte waren, und bemerkte übermütig: »Ich habe offenbar blaues Blut!« Sie blickte auf meine Hände, in mein Gesicht und sah etwas in meinen Augen, das sie erschreckte. Sie senkte den Blick, ging schweigend fort und wir wechselten während meines Aufenthalts kein einziges Wort mehr miteinander. Ich schob den Gedanken, dass ich sie zu verführen versucht hatte, ganz schnell von mir fort. Verführen wozu? Zu einem Gespräch, das das Schweigegebot doch verbot? Oder vielleicht zu einer »besonderen Freundschaft«, die eine der Regeln ausdrücklich verbot? Es tat mir so Leid, dass ich sie aus der Fassung gebracht hatte.

Anfang Mai reisten wir nach Manchester, nordwestlich von London, zu unserem neuen Heim. Dort durften wir uns, während es auf den Sommer zuging, noch ein paar Wochen ausruhen und das heitere England und die etwa dreißig Nonnen, mit denen wir die nächsten drei Jahre verbringen würden, ein wenig besser kennen lernen.

Verbotene Liebe

Wo einst üppig das Riedgras wuchs und zahllosen Vogelarten eine Heimat bot, stehen heute das Herrenhaus und College von Sedgley Park. Inzwischen gibt es nur noch wenige Vögel, aber hier und dort versucht das Riedgras sich das Land wieder zurückzuerobern.

Das ursprüngliche Herrenhaus ließ ein griechischer Reeder im 19. Jahrhundert erbauen. Es wirkt von außen eher bescheiden, ist innen jedoch reich ausgestattet. Im Jahr 1906 erwarb der Orden der Faithful Companions of Jesus den Besitz und ergänzte das Haus im Laufe der Zeit durch mehrere Anbauten, einschließlich einer Kapelle, wobei man sich streng an den architektonischen Stil des Hauses hielt und sogar das Muster des Mosaikbodens der Eingangshalle in den breiten Korridoren des späteren Colleges fortführte. Zum Eingang des Colleges mit seiner Eichentür führt eine recht schlichte Treppe hinauf, die dem angrenzenden Herrenhaus bewusst keine Konkurrenz machen sollte.

Im Jahr 1960, als wir Australierinnen eintrafen, hatten die Faithful Companions of Jesus gerade einen dreijährigen pädagogischen Lehrgang eingeführt; er war der Universität von Manchester angegliedert und der erste in dieser Art. Sedgley war ein College für Mädchen, die nicht die Hochschulreife besaßen oder nicht studieren wollten, und die Immatrikulation war keine Aufnahmebedingung. Durch die clevere Verbindung mit der Universität erwarb sich Sedgley einen gewissen akademischen Touch. Es wurde größtenteils von der britischen Regierung finanziert, jedoch von den Faithful Companions of Jesus, die auch selbst über das Lehrerkollegium bestimmten, eigenverantwortlich geführt. Von Lehrplänen hielten die Nonnen nicht viel – sie fühlten sich vollkommen berechtigt, die Werke von Oscar Wilde und *Lady Chatterley* von D. H. Lawrence von der Leseliste für englische Literatur zu verbannen. Deshalb kam mir englische Literatur immer suspekt vor, was sehr schade war, denn ich las unheimlich gern.

Es erschien mir wichtig, mir gut zu überlegen, welche Fächer ich belegen wollte, aber ich wusste nicht, *wie* ich mich entscheiden sollte. Dann wurden aus heiterem Himmel alle verfügbaren Schwestern eiligst zu einer improvisierten Besprechung im Hauptkorridor zusammengerufen, wo wir vom Wunsch unserer Mutter Generaloberin, Margaret Winchester, unterrichtet wurden, dass wir Geografie wählen sollten – weil es unser Verständnis der Welt fördere, und das sei wichtig. Für mich war damit ein Problem gelöst: Mein erstes Fach musste Geografie sein.

Zu meiner Überraschung folgten nicht alle Schwestern diesem Wunsch. Heute weiß ich, was *sie* sofort erkannten, ich aber nicht: Diese »Empfehlung« war ein Trick. Die Dozentin für Geografie hatte keine sonderlich einnehmenden Eigenschaften (sie war alt, verschroben und hässlich), aber es musste sich eine gewisse Zahl für ihren Kurs einschreiben, damit sie weiterhin fest angestellt bleiben konnte. Mutter Gertrude war nicht nur korpulent und kurzatmig, hatte ein teigiges Gesicht und buschige Augenbrauen; schlimmer war, dass sie sich furchtbar viel auf ihren Reichtum an Wissen einbildete, an dem sie andere nur in sehr herablassender Weise teilhaben ließ.

Sedgley Park brannte sich aus zwei sehr verschiedenen Gründen in mein Gedächtnis ein und sie hatten mit der Ausbildung überhaupt nichts zu tun. Zum einen beeindruckten mich die herrlichen Rhododendronsträucher, die am Haus und entlang der schattigen Wege auf dem Klostergelände wuchsen und eine stattliche Höhe erreichten. Im Sommer prangten sie in atemberaubender Blütenpracht – und ich sah sie dreimal blühen, lange genug, um das Gefühl zu bekommen, dass sie irgendwie mir gehörten.

Der zweite Grund war sehr persönlicher Natur. Ich verliebte mich leidenschaftlich, mit Haut und Haar, verbotenerweise. Und zwar in die grünäugige Schwester Alice, eine eigenwillige irische Schönheit mit trockenem Humor und einer Intelligenz, die ihre Loyalität zum Orden am Ende überwog. Sie war elf Jahre älter als ich und verließ Anfang der 1970er-Jahre den Orden.

Schwester Alice unterrichtete Naturwissenschaften an einer High School der Faithful Companions of Jesus im nahen Manchester. Am Wochenende kam sie mit ihren Kolleginnen regelmäßig nach Sedgley, weil sie zu wenige waren, um eine eigene Gemeinschaft zu bilden.

Ich liebte Alices tiefe Stimme mit dem singenden irischen Tonfall, ihre markante römische Nase, ihre dunklen Augenbrauen, ihren trockenen Humor, ihre umgängliche Art und ihre Schlagfertigkeit. Sie berührte mich im Innersten meines romantischen, leidenschaftlichen Wesens. Vor allem liebte ich ihre meergrünen Augen. Die meiste Zeit waren sie braun, aber wenn sie zornig wurde oder etwas sie sehr bewegte, leuchteten sie plötzlich wunderbar grün und mir wurde ganz anders. Unter normalen Umständen hätte ich mit ihr wie mit einer Freundin sprechen oder lachen und Witze machen können. Unter den gegebenen Umständen musste ich all meine Gefühle verbergen; unser Schweigegebot zwang mich dazu und eine noch mehr Furcht einflößende Regel – die Regel »besondere Freundschaften« betreffend. Vor ihnen musste man sich hüten, sie waren *»der Fluch des religiösen Lebens«*. Deshalb fühlte ich mich gezwungen, gegen meine köstlichen Gefühle der Bewunderung und Wertschätzung für diese eigenwillige Frau anzukämpfen, und je mehr ich dies tat, desto stärker wurden sie. »Was man abwehrt, kommt wieder«, ist eine psychologische Erkenntnis, die unserer Gründerin, die die Regel über die besonderen Freundschaften niederschrieb, in all ihrer Weisheit entgangen war. Und ihre matronenhaften Nachfolgerinnen in der Ordenshierarchie wussten es auch nicht besser.

Schwester Alice war unvergleichlich. Für sie hatte es nichts damit zu tun, ob sie eine gute Nonne war oder nicht, wenn sie durch die auf Hochglanz polierten Korridore stapfte, als wäre sie auf einem Bauernhof. Sie konnte sich vieles erlauben, denn man fand, sie habe das Herz auf dem rechten Fleck, und außerdem war sie eine hervorragende und beliebte Lehrerin. Gegen ihre irische Logik kam man ohnehin nicht an. Ich erlebte, wie ihre Oberen eine Diskussion, bei der sie absehbar den Kürzeren ziehen würden, lieber schnell beendeten, um nicht das Gesicht zu verlieren. Ich hörte ihre Kollegen erschrocken nach Luft schnappen, als hätte sie alle möglichen Grenzen überschritten. Sie fürchtete sich nicht vor Strafe; dergleichen schien sie völlig kalt zu lassen. Eine gute Nonne war für sie eine, die viel Liebe geben konnte. Das tat sie und es war der Hauptgrund, warum Kinder sie so sehr mochten. Am Ende war es auch der Grund, warum sie vollkommen desillusioniert den Orden verließ: Die Regeln, von denen sie sich eingeengt fühlte, wurden höher geschätzt als die Liebe.

Es gelang mir ziemlich gut, meine Gefühle zu verbergen, um nicht ihren Argwohn zu erregen. Trotzdem konnte ich mir die Gelegenheit nicht entgehen lassen, ihr für Nachhilfestunden in Französisch ganz nah zu sein. Und so saßen wir eng aneinander gepresst in einer Schulbank, die eigentlich für eine Person gedacht war. *»Ça va très bien, n'est-ce pas?«* Sie schenkte mir ein breites, liebes Lächeln und ich schmolz dahin. Alice sprach hervorragend Französisch; meines war auch nicht schlecht und ich hoffte mit aller Macht, sie damit zu beeindrucken. Alice blieb freundlich, aber neutral.

Ich wollte, dass sie mir Beachtung schenkte, und deshalb ergriff ich sofort die Chance, in ihrer Nähe zu sein, als sie fragte, wer ihr in der Schule beim Einbinden von Büchern helfen wollte. Ich stand in ihrem Klassenzimmer, regungslos und von einer seltsamen Erregung gepackt, als sie mir eine spezielle Glühbirne zeigte, die sie für ein bestimmtes Projekt gerade gekauft hatte. Sie strich mit einer derart sinnlichen Freude über den gewölbten Glaskörper, dass mir der Mund offen blieb. Als ich langsam den Blick hob, um ihr in die Augen zu sehen, in ihnen zu lesen, was ihre Hände auszudrücken schienen, hielt sie sofort inne. Offenbar war sie sich vage bewusst, dass sie in mir etwas ausgelöst hatte, das mit ihrer eigenen Begeisterung für die reine Wissenschaft nicht viel zu tun hatte.

Meine Liebe zu Alice verursachte mir heftige Schuldgefühle, die immer stärker wurden, bis die Last auf meiner Seele schließlich unerträglich schien. Es war ein Verstoß gegen die Regel, den ich meiner Oberin beichten musste. Ich ging also zur persönlichen Aussprache zu ihr. Hätte ich gewusst, dass ich auf dem besten Weg war, Harakiri zu begehen, hätte ich es mir möglicherweise noch einmal überlegt.

Mutter Theresa wurde, wie ich vermute, nicht wegen ihrer intellektuellen Fähigkeiten zur Oberin gewählt. Derlei Angelegenheiten konnte sie getrost kompetenten Schwestern anvertrauen. Das ist vielleicht nicht gerade nett von mir, aber es kann sein, dass sie ihre Position deshalb innehatte, weil sie eine gute Nonne war; eine gute Lehrerin oder psychologisch versiert war sie bestimmt nicht. Ich kniete mich neben ihren Stuhl, so dass ich ihr nicht direkt ins Gesicht sah, wie es von mir erwartet wurde. Mir wurde mit Schrecken bewusst, dass ich diese Frau, der ich mein intimstes Geheimnis anvertrauen sollte, überhaupt nicht kannte, und ebenso wenig wusste sie etwas über mich. Wir hatten nichts gemeinsam als das Regelbuch.

Mir schlug das Herz bis zum Hals, als ich den Mund öffnete und mit meinem verhängnisvollen Geständnis herausrückte: »Mutter«, setzte ich an und beschloss, am besten gleich mit der Tür ins Haus zu fallen, »ich habe mich in eine der Schwestern verliebt.«

Schweigen. Meine ganze Aufmerksamkeit war auf sie gerichtet, meine Oberin, und darauf, wie ihr matronenhafter Körper schwitzte. Ich konnte ihren Schweiß riechen und sehen, wie sich der schwarze Stoff ihres Habits bei ihren kurzen, flachen Atemzügen hob und senkte. Ihr Gesicht drückte erst blanke Überraschung aus, Verwirrung und dann, wie mir schien, den brennenden, aber vergeblichen Wunsch, sich mit dieser Geschichte nicht befassen zu müssen. Da sie nichts sagte, beantwortete ich ihre unausgesprochene Frage. »Es ist Schwester Alice.«

Mutter Theresa antwortete nicht sofort. Eine Weile saß sie schwer atmend da, hatte die Augen geschlossen und fingerte an ihrem Rosenkranz herum. Mir krampfte sich das Herz zusammen. Ich hatte das Gefühl, das Richtige getan und gleichzeitig einen großen Fehler gemacht zu haben. Ich war aufrichtig, ehrlich und gehorsam, doch ich hatte etwas sehr Schlimmes gebeichtet. Ich hatte hier nichts zu gewinnen. Schließlich hatte sich Mutter Theresa wieder gefasst. Sie hob den Kopf, sah mich streng an und erklärte ohne Umschweife: »Schwester, Sie wissen, dass dies einen schweren Verstoß gegen unsere Regeln darstellt. Ich muss Ihnen eine Buße auferlegen. Sie werden sich jedes Mal, wenn Sie an Schwester Alice denken, mit Ihrer Geißel züchtigen. Haben Sie mich verstanden?«

»Ja, Ehrwürdige Mutter. Es tut mir Leid und ich werde mich mit aller Kraft bemühen, unsere heiligen Regeln zu befolgen.«

Es war später Nachmittag, als ich ihr Arbeitszimmer verließ. An jenem Abend brachte ich keinen Bissen hinunter, nachts fand ich keinen Schlaf. Und dann, mitten in der Nacht, in der am weitesten entfernten Toilette, die ich finden konnte, benutzte ich zum ersten Mal meine Geißel, um meine Gedanken an Alice zu bezwingen. Als ich wieder in meinem Bett lag, zog ich mir die Decke über den Kopf, damit niemand mein Schluchzen hörte. Es tat mir gut, meinen Tränen freien Lauf zu lassen, und nach einiger Zeit schlief ich ein.

Am folgenden Morgen, unmittelbar nach der Messe, als die ganze Gemeinschaft sich auf den Weg zum Frühstück machte, wurde Alice von unserer Oberin über meine verdammenswerte Liebe zu ihr informiert. Ich sollte nichts davon mitbekommen, nichts sehen oder hören. Doch ich blickte zufällig gerade auf, als Schwester Alice zu einer Türnische gewunken wurde und im Flüsterton etwas mitgeteilt bekam; dann hörte ich sie davongehen, ihr Gang klang ganz anders als sonst und da war mir klar, dass sie es wusste. Zweifellos hatte Mutter Theresa damit uns beiden helfen wollen. Doch ich erhaschte einen Blick auf ihr gequältes Gesicht, als sie Alice nachblickte. Vielleicht zweifelte sie bereits daran, dass sie klug gehandelt hatte. Es war eine törichte Entscheidung, wenn auch gut gemeint, die sie niemals zu revidieren versuchte.

Nun war auch Schwester Alice in mein Vergehen verwickelt, die mit der übermächtigen Liebe, die *ich* für *sie* empfand, überfordert war. Ich war überzeugt, es wäre anders gewesen, wenn wir nur miteinander hätten reden können. Es gab eine ungute, komplizenhafte Verflechtung zwischen der Mutter Oberin – die mir nicht sagte, dass sie Alice eingeweiht hatte – und Alice – die mir nicht erzählte, dass sie es wusste – und mir – die nichts ihr gegenüber erwähnen durfte. Es machte die ganze Geschichte so schäbig und schmutzig, dass mir das Herz brach.

Unsere Nachhilfestunden in Französisch fanden von einem Tag auf den anderen ein Ende und mir fiel immer öfter auf, dass Alice mir aus dem Weg ging. Schon wenn wir uns auf einem der Korridore zufällig von Weitem sahen – und die Korridore in Sedgley waren sehr lang –, ergriff sie die Flucht. In der Kapelle setzte sie sich nach Möglichkeit in eine Bank auf der anderen Seite. Im Refektorium suchte sie sich einen Platz, wo ich sie nicht sehen konnte, wenn ich den Blick hob. Während der Rekreation redete sie weniger als sonst, um nicht meine Aufmerksamkeit auf sich zu ziehen, und achtete immer darauf, dass sie mit dem Rücken zu mir saß. Es tat mir entsetzlich weh, nicht nur weil mir selbst der normale Kontakt verwehrt war, den ich früher so sehr genossen hatte, sondern auch weil ich sah, wie sehr sie unter dem Ganzen litt. Offenbar lehnte sie die leidenschaftliche Bewunderung eines Menschen ihres eigenen Geschlechts instinktiv ab. Ihre sonst so aufgeschlossene Art und Toleranz zogen hier eine Grenze und ich empfand diese Ablehnung als persönlich, radikal und unerträglich. Ich hätte genauso gut eine Glocke um den Hals tragen können, damit sie rechtzeitig vor mir gewarnt war.

Um ihretwillen, um es ihr leichter zu machen, hielt ich mich gehorsam an die Regel. Ich bemühte mich, nicht in ihre Nähe zu kommen, obwohl ich mich von ganzem Herzen danach sehnte, sie anzusehen. Ich tat es aber nicht, wenn ich die Chance dazu hatte, und weinte, wenn die Gelegenheit vorbei war. Es war, als bohrte sich ein Dolch immer tiefer in mein Herz. Alices Bild wurde zum Bild aller unerfüllten Lieben, die sich nach einem glücklichen Ende sehnen.

Ich war einundzwanzig und hatte noch nie das Wort »lesbisch« gehört, nicht einmal »Orgasmus«. In all meinen Jahren als Nonne und Jungfrau hatte ich nie masturbiert, denn ich wusste nichts davon. Doch in der Kapelle überkam mich ein äußerst deplatziertes spontanes Zittern, das durch meinen ganzen Körper ging, sobald Schwester Alice in meine Nähe kam. Wenn ich dort im Gebet kniete, wusste ich sofort, wann sie hereinkam, und hörte jeden Schritt, der sie mir näher brachte.

Da kommt sie. Ich erkenne ihren Gang, auch wenn sie versucht besonders leise zu gehen. Ein paar Meter ist sie noch entfernt, doch ich nehme schon ihren Geruch wahr, eine Mischung aus wildem Heidekraut und Nass-vom-Regen-Geruch.

Was soll ich jetzt bloß tun? In meinem Becken pulsiert es, eine ungeheure Energie baut sich auf … Oh Gott, vielleicht kann ich es stoppen, wenn ich die Beine fest zusammenkneife. Aber es ist so schwierig im Knien! Ich kippe schwankend von einem Knie auf das andere. Die Energie möchte hinaus … und jetzt kommt meine Hüfte in Bewegung … Oh Gott!

Eine Kraft, die größer war als mein Wille, explodierte und bahnte sich ihren Weg mein Rückgrat hinauf. Mein Kopf zuckte empor; es ist ein Wunder, dass ich nicht durch die ganze Kapelle schrie. Meine Beine zitterten heftig nach der mühsam unterdrückten Ekstase. Ich krümmte mich voller Scham zusammen. Es war unmöglich gewesen, zu verbergen, was geschehen war. Dass jemand etwas bemerkt haben könnte, war mir entsetzlich peinlich, aber wie könnten die anderen *nichts* bemerkt haben? Ich erstarrte, als ich hinter mir jemanden nach Luft schnappen und – begleitet vom Klappern eines Rosenkranzes – laut murmeln hörte: »Heilige Muttergottes, Jesus, Maria und Josef!«

Niemand sprach mich je auf mein Verhalten an, obwohl es mehrere Male passierte. Wäre es mir nicht dank äußerster Willenskraft gelungen, meinen Mund fest verschlossen zu halten, hätte ich natürlich einen Schrei losgelassen, und nur Gott weiß, welche Folgen das gehabt hätte.

Einmal in der Woche trafen wir studierenden Schwestern

uns in althergebrachter Weise mit unserer Oberin zu Belehrung und Ermahnung. Wir saßen mit gesenktem Blick da, die Hände im Schoß gefaltet, und bekamen Dinge zu hören wie: »Ignorieren Sie, wenn Mädchen ihren Freund mit zum College bringen.« Männliche Wesen auf den Campus zu bringen verstieß gegen die Regeln, aber die Mädchen scherten sich nicht darum, und wir ertappten junge Paare häufig dabei, wie sie sich auf den Stufen vor dem Haupteingang mit einem Kuss verabschiedeten. Dann sagte unsere Oberin eines Tages etwas, das wohl als Warnung gemeint war, bei mir jedoch die gegenteilige Wirkung hatte.

»Ich möchte Sie an die Regeln bezüglich Ihres Keuschheitsgelübdes erinnern«, begann sie. »Sie müssen der Versuchung widerstehen, sich gegenseitig in Ihren Schlafkabinen zu besuchen. Außerdem sollen Sie keine Privatgespräche führen.« (Ha, eine super Idee, sich ganz privat in den Kabinen zu besuchen!)

Es wurden keine Namen genannt, aber ich wusste, dass es nicht bloß eine Warnung war, sondern dass so etwas tatsächlich vorkommen musste, denn sonst wäre unsere Oberin nicht so nervös und die Atmosphäre nicht so angespannt gewesen. Trotz der Regel, den Blick stets gesenkt zu halten, schaute ich mich verstohlen um. Wer war die Übeltäterin? Warum hatte man nicht unter vier Augen mit ihr gesprochen? Warum war ich offenbar als Einzige vollkommen ahnungslos? Im Nachhinein frage ich mich, ob es nicht eine versteckte Botschaft an *mich* war, falls ich Derartiges vorhaben sollte. Oder vielleicht *verdächtigte* man mich solcher Besuche.

Ich fand nie heraus, was eigentlich gewesen war, aber jedenfalls beflügelte diese Warnung meine Fantasie. Von diesem Tag an träumte ich davon, in Schwester Alices Kabine zu gehen, sie dort schlafend vorzufinden und anzuschauen, solange ich wollte, und sie dann ganz sanft auf den Mund zu küssen. Statt zu meditieren, träumte ich in der Kapelle mit offenen Augen davon, wie *sie* in *meine* Kabine kam, zu mir ins Bett schlüpfte und mich umarmte, so dass ich ihren festen irischen Körper spürte, ihre Brüste, die meine berührten, und wie ich ihren Geruch nach Heidekraut einatmete – ich hätte vor sündhaftem Entzücken in Ohnmacht fallen können!

Nach solchen hemmungslosen Tagträumen überfielen mich Schuldgefühle. Manchmal gelang es mir, sie eine Weile in Schach zu halten, doch früher oder später musste ich mich bestrafen. Dann schlug ich mir mit meiner fest geflochtenen Geißel erbarmungslos auf die nackten Beine und Oberschenkel. Das war manchmal so schmerzhaft, dass ich zu zittern begann, besonders wenn meine Beine kalt waren; manchmal stellten sich aber auch wohlige Wärme und Wohlbefinden ein. Die Krampfadern, mit denen ich schon seit meiner Jugend zu tun hatte, wurden durch die Geißelungen allerdings schlimmer.

Mit der Zeit schien Alice die ganze Geschichte mit anderen Augen zu betrachten. Vielleicht spürte sie, wie sehr ich mich quälte, obwohl ich mich bemühte, wie gewohnt meinem Studium nachzugehen und mich in der Gemeinschaft so normal wie möglich zu verhalten. Eines Morgens, als wir uns zur Meditation in der Kapelle versammelten, tat sie einen mutigen Schritt. Sie kniete sich demonstrativ neben mich, als wollte sie mich ihrer Solidarität oder Unterstützung versichern – oder vielleicht dachte sie sogar, sie könnte, um Gottes willen, in dieser von Gott verlassenen Institution ein bisschen Liebe brauchen. Das Problem war, dass ich nicht wusste, *was* sie mir damit zu sagen versuchte, und deshalb tat ich so, als würde ich sie nicht bemerken. Mein Glück dauerte nicht lange, denn die Mutter Oberin hatte sie sofort entdeckt, trat heran, berührte sie leicht an der Schulter und flüsterte ihr zu, sich auf die andere Seite zu begeben, was Alice auch tat.

Am späten Freitagnachmittag gab es eine Segensandacht, eine Segnung der Gläubigen mit der Monstranz. Die Schwestern, die im Chor sangen, gingen auf die Empore. Ich fand unsere Gesänge wunderbar, so rein und lieblich. Ich genoss die melodiösen Klänge, die aus meinem Mund kamen, dem Mund, der die meiste Zeit des Tages stumm bleiben musste. Im Singen drückte ich meine innersten Gefühle aus und spürte, wie die Energie frei fließen konnte. Es kam mir vor, als würden wir wie die Engel singen.

Die begnadete Organistin war niemand anders als unsere farblose Schwester Gertrude, die berüchtigte Geografielehrerin. Sie wiegte ihren massigen Körper theatralisch hin und her, während sie die Pedale der alten Orgel trat, assistiert von der Schwester, die gekonnt den Blasebalg bediente, und produzierte die wunderbare Musik, die sie mit viel Sachverstand aussuchte. Ihre dicken Finger zauberten ohne einen einzigen Fehler Stücke von Palestrina bis Paganini, von Haydn bis Mozart, von Bruch bis Albinoni und Verdi hervor. Unser ständig größer werdendes Repertoire umfasste Werke von Weber, Scarlatti, César Franck und Schubert, und daneben unterwiesen die ernsten Benediktinermönche, die zu manchen Anlässen bei uns im Chor mitsangen, uns gründlich in gregorianischem Gesang.

Die Schwestern aus der Schule kehrten oft gerade rechtzeitig zur Segensandacht ins Kloster zurück und einige von ihnen kamen zum Chor herauf. Und so geschah es, dass eines Tages Alice erschien und noch einmal neben mir kniete. Hier oben auf der Empore gab es keine Oberin; sie saß unten bei den älteren Nonnen und Studentinnen. Alice brachte den Regen des herbstlichen Manchester in ihren Kleidern mit und sie roch köstlich. Ich wagte nicht, sie anzusehen oder gar anzulächeln.

Und so nahm ich mit allen Sinnen ihre körperliche Präsenz in mich auf, ihren unabhängigen Geist, um den ich sie so sehr beneidete. *Oh Gott, wie himmlisch! Und wie furchtbar schmerzhaft!* Nicht lange, und mir liefen Tränen über die Wangen, ungehindert und unkontrollierbar, und durchweichten das gestärkte Leinenband unter meinem Kinn. Ich traute mich nicht, ein Taschentuch hervorzuholen, denn es hätte mich verraten. Ich sang weiter und die Liebe ließ meine Stimme noch süßer und reiner klingen. Ich wollte, dass sie es hörte! Ich ließ all meine Liebe in das *Te Deum* und *Ave Maria* einfließen; mein Gesang hätte ihr das Herz zerreißen müssen. Danach, während der stillen Kontemplation, ehe wir nach unten gingen, fühlte ich mich eins mit meiner Geliebten neben mir und uns umfing ein gewaltiges strahlendes Licht der Liebe – wenn sie es doch nur auch gesehen oder gespürt hätte!

Außer solchen, die mit Alice zu tun haben, sind mir nur wenige intensive Erinnerungen an Sedgley Park geblieben. In den beiden folgenden Sommern wurde ich für die Ferien woanders hingeschickt und genoss die herrliche englische Landschaft. Ich spazierte mit meinen Gefährtinnen an Wegen mit hohen Hecken entlang, in denen alle möglichen Wildblumen wuchsen, aus denen ich Sträußchen machte, und sammelte Körbe voll Brombeeren. Ich saß in prächtigen Parks unter uralten Bäumen und las oder zeichnete mit Kohle oder Bleistift, am liebsten Bäume. *Sie waren so schön! Ihre stolzen nackten Stämme, ihre bloßen muskulösen Arme, die Falten in ihrem weißen Fleisch, ihre Blätter, die miteinander tuschelten …* Wie in der Kapelle, wenn Alice in meine Nähe kam, durchzuckte meinen Körper ein ekstatisches Beben. Dort, wo niemand mich sah, ließ ich es geschehen.

Die Sommerferien in der Gemeinschaft fremder Nonnen zu verbringen war nicht einfach. Die englischen Nettigkeiten, die meinen Gefährtinnen im Gespräch miteinander so leicht von den Lippen gingen, selbst die Ausstattung der Räume schüchterte mich ein, und ich war froh über das Schweigegebot, das normalerweise galt. Da ich niemanden dort kannte, konnte ich mich ganz für mich und schweigend mit den Ausdrucksformen einer Kultur beschäftigen, die sich so sehr von der Lebensweise in Holland und Australien, wo ich aufgewachsen war, unterschied.

Aus diesen Sommern in Gesellschaft von Nonnen, die ich nie so gut kennen lernte, dass ich mich an ihre Namen oder ihr Gesicht erinnern könnte, ist mir ein kleines Erlebnis im Gedächtnis geblieben. Ich saß an einem langen Esstisch, um mich herum aufgeregt schwatzende Nonnen, die sich ausnahmsweise einmal völlig ungezwungen mit befreundeten Schwestern unterhalten konnten. Als Fremde in einem fremden Land rief mir niemand »Oh, hallo! Wie schön, dass wir uns wieder sehen!« zu, aber eine von den vielen bemerkte meine Einsamkeit – eine alte verschrumpelte, aber noch sehr rüstige Nonne. Sie wäre mir nie aufgefallen, denn sie war im Hintergrund damit beschäftigt, Kuchen auf Teller zu verteilen, und beteiligte sich nicht am allgemeinen Gespräch. Sie legte einfach nur eine Hand auf meinen Rücken, zwischen die Schulterblätter, und diese warme Berührung war so überaus wohltuend, dass ich sie nie vergessen habe. Sie löste meine Anspannung und beruhigte mich, berührte meine Seele und erinnerte mich daran, dass ich geliebt wurde und alles gut war. Ich wurde schon immer leicht rot und natürlich errötete ich auch jetzt heftig, als mich wie ein Segen dieses intensive Gefühl durchströmte. Ich wandte mich um, sah noch ihr Lächeln, und dann war sie fort – ein Engel in Gestalt einer alten verschrumpelten, schweigenden Schwester.

In Sedgley gab es auch Sterben und Tod und eine gewisse Art von Wahnsinn.

In der Gemeinschaft lebten einige ältere Nonnen – vielleicht um die große Zahl sehr junger Menschen auszugleichen –, Schulschwestern im Ruhestand und alte Laienschwestern. Laienschwestern waren häufig Frauen, die nur eine geringe Bildung besaßen und Gott und der Gemeinschaft durch Arbeit dienten, die angeblich keine intellektuellen Anforderungen an sie stellte, beispielsweise Kochen, Wäschewaschen, Putzen und Bügeln.

Bei dem in England stark ausgeprägten Klassensystem mit seinem tief verwurzelten Snobismus, der nicht in Frage gestellt wird, fühlen sich natürlich auch im Kloster manche den anderen weit überlegen. Die Laienschwestern mussten sich oft eine demütigende Behandlung gefallen lassen; sie besaßen einfach nicht das Ansehen, das die so genannten gebildeten Schwestern genossen.

Eine der Laienschwestern, Schwester Jeromy, klagte tage- und wochenlang über Brustschmerzen. Sie war vielleicht Ende siebzig, stämmig und kurzatmig und vom Alter gebeugt, hatte abgearbeitete, raue Hände und ein faltiges Gesicht mit groben Zügen und einen ebenso faltigen, großen Mund; aufgewachsen war sie irgendwo auf dem Land. Sie jammerte oft darüber, dass es ihr nicht gut ging. In der Regel waren die Laienschwestern diejenigen, die am wenigsten sprachen und am wenigsten bemerkt wurden. Sie waren da, um zu dienen, und zwar möglichst unsichtbar und lautlos. Also wurden Schwester Jeromys Klagen größtenteils ignoriert oder gereizt abgetan. Die Infirmarin hatte offensichtlich kein Heilmittel für ihre Beschwerden und ein Arzt wurde nie gerufen.

Nach der Messe, als wir die breite Treppe zum Refektorium hinaufgingen, sackte Schwester Jeromy, die sich mit ihrem krummen Rücken mühsam am Handlauf von Stufe zu Stufe gezogen hatte, plötzlich zusammen und blieb mit dem Gesicht nach unten liegen. Eine nach der anderen ging an ihr vorbei, auch die Mutter Oberin, die solche dramatischen Auftritte von Simulanten zweifellos missbilligte. Und so starb Schwester Jeromy auf den Stufen der Treppe. Zwei Tage lang lag sie in ihrem Sarg aufgebahrt auf dem Gang, so dass wir für sie beten und ihr unseren Respekt erweisen konnten, den sie zu Lebzeiten nie erfahren hatte. Ich kniete mich neben die starre Gestalt, die nun endlich von der Last unaufhörlicher harter Arbeit, von Erniedrigung und Schmerz erlöst war, und beugte mich vor, um ihre kalten, gefalteten Hände zu küssen. Es blieb ein schaler Geschmack an meinen Lippen haften, den ich nie vergessen werde. Ich verzog das Gesicht und lief fort, um ihn auszuspucken, und mit ihm alle sentimentalen Gefühle für tote Nonnen in Särgen.

Kurze Zeit später erlebte ich den schrecklichen Todeskampf einer anderen Nonne unserer Gemeinschaft mit. Sie lag in einem Zimmer im ersten Stock, gleich neben dem Treppenabsatz und nicht weit vom Refektorium, so dass wir oft bei ihr vorbeikamen. Sie war extrem unruhig, als ich sie besuchte, atmete schwer, rollte die Augen und konnte sich nicht verständlich machen, schien sich ihres Zustands und ihrer Umgebung jedoch bewusst zu sein. Auf dem Tischchen neben ihrem Bett stand ein Fläschchen Glyzerin mit einem Tropfer; es sollte ihren trockenen, kratzigen Hals befeuchten helfen. Ich nahm den Tropfer und hielt ihn der sterbenden Nonne vor die Augen. Sie sah ihn und öffnete den Mund wie ein hungriges Vögelchen. Sie konnte gar nicht genug davon bekommen und ließ den Mund geöffnet zum Zeichen, dass sie mehr wollte.

Eine der Schwestern, die dabeistanden, sagte: »Geben Sie ihr nicht zu viel, es ist nicht gut für sie!« Ich akzeptierte ihre

Aussage, weil ich dachte, sie hätte medizinische Kenntnisse, über die ich nicht verfügte. Der sterbende Körper auf dem Bett schien jedoch anderer Meinung. Den Mund weit aufgerissen, schwer atmend, Entsetzen in den Augen, blickte mich die Nonne an.

Ich spürte ihre furchtbare Angst und stellte nüchtern, aber doch überrascht fest, dass was immer sie in ihrem Ordensleben gelernt haben mochte im Angesicht des Todes keine Bedeutung mehr hatte. Jeder Gedanke daran, dass sie im Jenseits die Belohnung für ihr aufopferungsvolles Leben erwartete, schien mit einem Mal weggewischt, jede Empfindung oder Überzeugung, von Gott geliebt zu werden, verflogen. In der Stunde ihrer höchsten Not schien all ihr Glaube sich in Luft aufzulösen und nichts mehr zu zählen, all ihre Aufopferung war geltungsbedürftiger Unsinn gewesen, der sie keine wahre Hingabe gelehrt hatte. Sie war vollkommen verlassen – zumindest erschien es mir so. Ihre abertausend Ave-Marias mit der Bitte an die Muttergottes, ihr in der Stunde ihres Todes beizustehen, waren offenbar auf taube Ohren gestoßen.

Wir waren hilflos angesichts dieses Sterbens, unfähig, dieser Frau, einer unserer Schwestern, zu helfen. Wir wussten nichts Besseres zu tun, als Platitüden zu murmeln, banale Sätze aus dem Gebetbuch zu rezitieren oder ein entsetztes »Mein Gott, wie schrecklich!« oder »Jesus, Maria und Josef, kommt ihr zu Hilfe!« hervorzustoßen.

Einige Tage später, nach einem schrecklichen Todeskampf, starb die arme Frau. Ich weiß nicht, wie die Menschen in normalen Krankenhäusern sterben, aber etwas Schlimmeres als dieses Dahinsiechen in panischer Angst und bei vollem Bewusstsein, aber ohne jede Möglichkeit, um Linderung der Qualen zu bitten, und mit einer Mischung aus Mitleid und Platitüden als einzigem Beistand, kann ich mir nicht vorstellen.

Wir Nonnen, die wir dieses Sterben tagtäglich mit ansahen, hätten innehalten und uns fragen können, was in unserem Leben falsch lief, wenn es so enden musste – aber nein, wir lebten in elementarer Ignoranz und Verleugnung. Die Wahrheit dringt nur sehr langsam in ein Bewusstsein, das überzeugt ist, dass es alles schon weiß.

Nach drei Jahren in Sedgley Park erhielt ich mein Lehrerdiplom. Es kam der Tag, sich zu verabschieden. *Endlich werde ich Alice wiedersehen und mit ihr sprechen, und es wird ausnahmsweise nicht unrecht von mir sein!* Ich hoffte, es würde eine besonders schöne Begegnung, ein Vorwand für eine liebevolle Umarmung, doch es kam anders. Ich stand vor ihr, zitternd wie Espenlaub, und bemühte mich, möglichst locker zu wirken, als ich ihr die Hand hinstreckte.

»Auf Wiedersehen, ich reise gleich ab«, sagte ich, mehr brachte ich nicht heraus. Wie ich meine Unbeholfenheit hasste! Warum musste ich nur so ein dämlicher holländischer Trampel sein, der den Mund nicht aufbrachte – das genaue Gegenteil der geselligen Iren?

Alice ergriff höflich meine Hand. Keine Regung ihres Gesichts ließ erkennen, dass irgendeine besondere Beziehung zwischen uns bestand. Sie war traurig, weil sie eine andere Freundin verlor, Schwester Imelda, eine Kanadierin, die ebenso wie sie mit einem großen Mundwerk gesegnet war. Als ich vor Alice stand, konnte ich ihre Gedanken lesen, ihre Gefühle, und eine Erkenntnis schoss mir durch den Kopf, die mir wie Verrat vorkam. Alice hatte nicht mehr für mich empfunden als gelegentliches Mitleid. Sie war mir nicht deshalb aus dem Weg gegangen, weil meine Liebe zu ihr gegen die Regeln verstieß, sondern weil ihr einfach nichts an mir lag. Es war keineswegs so, dass nicht auch sie starke Zuneigung hätte empfinden können – für jemanden, der ihr im Wesen ähnlicher war. In diesem bitteren Augenblick der Klarheit löste sich jede Hoffnung, von ihr jemals wiedergeliebt zu werden, in Luft auf.

Wie war es möglich, dass große Liebe nicht wiederum Liebe erzeugte?

Ich lief nach draußen, um mich von dem magentaroten Rhododendronstrauch zu verabschieden, hoffte wider alle Hoffnung, er würde jetzt im Juni schon einige Blüten tragen, aber das war natürlich nicht der Fall.

Während meiner Jahre in Sedgley war ich vollkommen auf Alice fixiert. Als ich 1965 schließlich vor eine Schulklasse trat, hätte ich ebenso gut direkt von der Straße kommen können, so wenig war in meinem ausschließlich mit Alice beschäftigten Kopf von meiner Ausbildung hängen geblieben.

Stummer Wahnsinn

Stella Maris, »Stern des Meeres«, das Mutterhaus nahe Broadstairs. Dorthin wurde ich nun zurückgeschickt, um eine Art Auffrischungskurs als Treue Gefährtin Jesu zu machen, ein Jahr oder länger mit intensivem Training in Gehorsam und Schweigen.

Ich war nicht allein. Wir sechs Australierinnen, die vor drei Jahren nach England gekommen waren, reisten nun gemeinsam in Richtung Süden. Als wir das rußige Manchester hinter uns gelassen hatten, fuhren wir wieder durch die herrlich grüne englische Landschaft bis nach London, wo uns erneut unsere ortskundige Nonnenführerin erwartete und wo wir übernachteten.

Mir war, als würde ich unser Mutterhaus zum allerersten Mal sehen. Ich hatte vollkommen vergessen, wie lange man von einem Ende des Geländes zum anderen laufen musste und dass mitten durch die Klosteranlage mit ihren Gärten und Gebäuden ein öffentlicher Weg führte.

Jetzt im Hochsommer trugen die Spalierbäume an den Südmauern im Garten reichlich Birnen, Äpfel und Pfirsiche. Überhaupt rankten sich an allen Mauern Rosen in allen möglichen Farben, andere Kletterpflanzen und gezüchtete Sorten mit besonders großen Blüten empor. Die sonnigen Erkerfenster an der Vorderseite des Haupthauses zierte Goldlack, der am späten Nachmittag einen köstlichen Duft verströmte. An den roten Backsteinmauern kletterte Efeu bis zu den Kaminen hinauf und versuchte in die geöffneten Fenster des oberen Stockwerks einzudringen.

Wir bekamen das Haus gezeigt, das an allen Ecken und Enden knarrte und knackte: die Studierzimmer, den Wäscheraum, die Küche, den lichtdurchfluteten Versammlungsraum und die in einem separaten Gebäude untergebrachte Wäscherei. Die beiden Haupthäuser waren durch einen geschlossenen Gang aus Holz verbunden. Es gab merkwürdige kleine Kammern und ungenutzte Winkel und fünf Toiletten nebeneinander, die ziemlich neu waren, denn die Verkleidung aus Kiefernholz gab noch einen frischen Geruch ab. Die Besuchszimmer im vorderen Teil des Hauses, die Schlafquartiere der hier lebenden Nonnen und die Zimmer der Generaloberin bekamen wir nicht zu sehen. Letztere wohnte in einem abgetrennten Teil des Komplexes und wurde in der folgenden Woche von einer Reise zurückerwartet.

Ich wünschte mir nichts mehr, als dass ich mich wohl fühlen würde in dieser schönen Umgebung mit den sorgfältig gepflegten Gärten, die mit der bröckelnden Pracht der alten Herrenhäuser kontrastierte. Alles, was ich sah, versprach Heimeligkeit, Bequemlichkeit, sogar Freundlichkeit. All das erlebte ich manchmal auch, und doch wurde das Kloster ganz und gar von einer einzigen, strengen Frau dominiert: von Margaret Winchester, der Generaloberin. Man begegnete ihr mit ungewöhnlich großer Ehrerbietung, nicht nur wegen ihrer Stellung, sondern wegen ihres starken Charakters – den ich aus erster Hand zu spüren bekommen sollte.

Sie war sehr groß, hatte ein breitflächiges Gesicht und Glubschaugen, die durch Tränensäcke und zahlreiche Falten rundherum noch größer wirkten. Sie erinnerte mich stark an einen Orang-Utan. Als sie uns nach ihrer Rückkehr begrüßte, lächelte ich sie fröhlich an, weil ich dachte, sie würde absichtlich so ein komisches Gesicht machen, schlug aber bald den Blick nieder, als sie mich mit ihren seltsamen Augen fixierte. Sie wirkte geschlechtslos, strahlte jedoch eine rätselhafte Kraft aus. Sie war zwar eine imposante Erscheinung, doch weil ihre gichtigen Füße immer schmerzten und sie Acht geben musste, wo sie hintrat, hielt sie immer den Kopf gesenkt. Um ihren schaukelnden Körper beim Gehen in der Balance zu halten, bewegte sie heftig ihre Arme, genau wie ein Orang-Utan. Wir anderen hätten das nie gewagt, und wenn wir noch so schlecht auf den Beinen gewesen wären, denn es sah einfach zu unkontrolliert, zu auffällig aus.

Die Generaloberin war körperlich in sehr schlechter Verfassung, als ich sie kennen lernte. Sie musste ständig aufstoßen, und die ihr vollkommen ergebene persönliche Betreuerin gab sich unendlich Mühe, neue Rezepte zu finden und Speisen für sie zuzubereiten, die ihr empfindlicher Magen vertrug. Die Generaloberin nahm ihre Aufgabe überaus ernst. Mit der Zeit fand ich heraus, dass diese Frau, der ich während meines Postulats und Noviziats liebevolle Briefe geschrieben hatte, ihre Mission im Leben hauptsächlich darin sah, dafür zu sorgen, dass niemand sich für etwas Besonderes hielt, dass wir alle bescheiden und demütig blieben.

Demütig zu sein bedeutete unterwürfig zu sein wie ein Sklave, niemals seine Meinung zu äußern, sich niemals zu beklagen oder zu widersprechen. Wir mussten auch gehorsam sein, ohne Fragen zu stellen, und unser Gehorsam wurde daran gemessen, wie viel Selbstverleugnung wir aufbrachten, wie viel geistiges, psychisches oder körperliches Leid wir in Ausführung der Anweisungen ertragen konnten. Häufig wurden uns widersprüchliche Anweisungen erteilt, um uns durcheinander zu bringen, und wir wurden vor den anderen gedemütigt, wenn wir an diesen unmöglich zu erfüllenden Aufgaben scheiterten.

Die Generaloberin konnte es sich erlauben, denn ihre Untergebenen gestanden ihr als Sprachrohr Gottes eine Art Unfehlbarkeit zu – obwohl es englischen Gleichmuts brauchte (den ich nicht besaß), verstärkt durch hoch dosierte religiöse Inbrunst (die ich durchaus besaß), um in der Wunderlichkeit einer alten exzentrischen Frau eine besondere Heiligkeit zu sehen – und Stella Maris war ohnehin eine Art Versuchsinstitut.

Hier wurden die Eigenwilligen auf Linie gebracht und die noch Ungeformten – oder vielleicht Ver-Formten wie wir College-Absolventinnen, die wir durch weltliche Studien beeinflusst waren – im Geiste des Ordens neu geformt. Sie konnte es sich auch wegen ihrer verrückten Aufrichtigkeit und ihrem Gespür für Innovationen erlauben. Ihre Neuerungen waren brutal, besaßen zugegebenermaßen aber einen gewissen Schockwert. Doch sie hatte auch, man mag es kaum glauben, Sinn für Humor und manchmal leuchtete in ihren Augen eine Freundlichkeit auf, die über ihren Wahnsinn hinwegtäuschte. Es kann schon sein, dass sie einmal eine Frau mit besonderen Begabungen war, doch sie war ein Opfer ihrer eigenen Institution und ihrer eigenen Überzeugungen geworden. Die Generaloberin betete oft gemeinsam mit uns in der Kapelle und gab uns mindestens einmal in der Woche Unterweisung, doch persönliche Gespräche gab es so gut wie nie, und deshalb blieb sie für uns immer eine rätselhafte, Furcht einflößende Gestalt.

Zuständig für die Novizinnen im Terziat war Mutter Mary John, um die fünfundsechzig, rundlich und ernsthaft, aber stets mit einem kleinen Lächeln um die braunen Augen und einem leichten Damenbart über der Oberlippe. Man hätte sie für eine Italienerin oder Spanierin halten können mit ihrer olivfarbenen Haut. Sie war unerschütterlich und immer freundlich, weigerte sich aber beharrlich, sich in eine tröstend-mütterliche Rolle drängen zu lassen, was vielleicht in ihrer Natur gelegen hätte. Sie war streng, wenn sie es für notwendig hielt, aber nicht aus Prinzip, wie die Generaloberin. An dem langen schmalen L-förmigen Tisch im Refektorium, an dem Novizinnen und Laienschwestern ihre Mahlzeiten einnahmen, saß sie an der Kopfseite. Unsere große Gruppe fand kaum Platz an dem Tisch.

An der Unterhaltung, sofern gestattet, sollten sich alle beteiligen können, auch die, die um die Ecke des l-förmigen Tisches saßen und sich den Rücken zukehrten. Dieses besondere Arrangement förderte witzige Bemerkungen, die Mutter Mary John durchaus duldete, solange sie nicht allzu offensichtlich an ihr Ohr drangen. Sie schätzte es, wenn gelacht wurde, und das war unsere Rettung. Dass wir bei Tisch und in der Rekreation lustig sein und lachen durften, war Balsam für unsere jungen Seelen. Wenn Mutter Mary John lachte, bebte ihr ganzer Körper, ihre Augen wurden zu schmalen Schlitzen, ihre Mundwinkel zogen sich verräterisch nach oben, und dann hob sie schnell eine Serviette an den Mund, damit es niemand sah. Mir gefiel sehr, dass sie ihre Frohnatur nicht unterdrücken konnte; offensichtlich genoss sie unsere Gesellschaft. Manchmal blitzte ganz unerwartet ihr trockener Humor auf, und wir lachten uns schief, die meiste Zeit aber behielt sie nur schweigend die Gruppendynamik im Auge und achtete darauf, dass keiner ihrer Schützlinge fehlte und alles in Ordnung war.

Wegen der sehr beengten Verhältnisse in Stella Maris gingen wir Australierinnen zur Morgenmeditation oft in die Vicar's Chapel, damit es in der Hauptkapelle mehr Platz gab. Die unscheinbare steinerne Kapelle mit ihren kleinen uralten Fenstern knapp über Kopfhöhe stand in einem der Gärten. Zu beiden Seiten des Gangs gab es jeweils nur zwei Betpulte aus Korbgeflecht und insgesamt ungefähr acht Reihen. Normalerweise standen die Fenster offen, winters wie sommers, und es kam die herrlichste frische Luft herein. Um sechs Uhr morgens hatte sogar der Tau einen Geruch und so manches meiner Gebete war nichts anderes als ein Lobgesang auf die Rosen, den Goldlack und den Gesang der Vögel. Die Luft war rein wie ein Engel, machte mich geradezu euphorisch und sorgte außerdem für einen klaren Kopf.

Dann ließ ich meiner poetischen Natur freien Lauf und mein Herz zersprang schier vor Freude. Verszeilen wie *»Geladen ist* *die Welt mit Gottes Herrlichkeit …«* von Gerard Manley Hopkins fielen mir dann ein oder anderes, das ich gelesen hatte. Diese steinerne Kapelle war ein Kleinod, still wie die Stille selbst, und hatte eine ganz besondere Atmosphäre, die die dunklere und größere Kapelle in Stella Maris nicht besaß, trotz des reich beschnitzten und polierten Kommuniongitters und der prächtigen Kanzel, der Decke mit ihren wundervollen Architravierungen, den hölzernen Bänken und dem Mosaikparkett. Dort roch es nur nach Holz und Weihrauch wie in allen Kirchen. Die Ehrwürdige Mutter Generaloberin kniete stets hinten – wo sie alles im Blick hatte.

Das Stella Maris beschäftigte einen Landschaftsgärtner, der sich auch um das Gemüse und die Blumen kümmerte. Er ärgerte sich oft, wenn er von Woche zu Woche widersprüchliche Anweisungen bekam und am Ende eine Menge Arbeit umsonst gemacht hatte. Zu Beginn jenes Herbstes warf er schließlich das Handtuch und ging. Dass ein Bediensteter sich so etwas erlaubte, hatte man noch nicht erlebt. Die Nonnen vergaßen, dass er, im Gegensatz zu ihnen, keinen Gehorsam gelobt hatte. »Er liebt seinen Garten und er nimmt seine Arbeit sehr ernst. Er wird zurückkommen«, hörte ich sie sagen, aber sie irrten sich. Das Unkraut im Gemüsegarten nahm immer mehr zu und er kehrte nicht zurück. Und dann kam der Tag, an dem uns die Generaloberin eine ihrer unvergesslichen verrückten Anweisungen erteilte – zehn von uns mussten mit bloßen Händen Brennnesseln ziehen und wir durften nicht eher aufhören, als bis auch die letzte Brennnessel ausgerissen war.

Wer schon einmal eine englische Brennnessel angefasst hat, deren Widerhaken in der Haut stecken bleiben, der weiß, dass der Schmerz nicht so schnell vergeht. Es fühlt sich an wie ein ganz kleiner – oder größerer, je nach Empfindlichkeit – elektrischer Schlag. Wir zögerten, jedoch nur, um sicher zu sein, was von uns erwartet wurde.

Ich packte also die erste Brennnessel mit beiden Händen und erschrak natürlich, als ich die brennenden Stiche spürte, beschloss dann aber, dass es am besten wäre, tapfer weiterzumachen. Die Brennnesseln waren schon sehr hoch und überwucherten mehrere große Beete, als hätte man sie extra angebaut. Bald hatten wir flammend rote Hände und Arme von ihrem brennenden Saft. Wir arbeiteten ungefähr zwei Stunden, bis wir die Letzte ausgerissen hatten. Dann versuchten wir das Nesselgift durch gründliches Waschen loszuwerden – aber es half nicht. Das Wasser brachte zwar kurzfristig Linderung für die brennende Haut, aber der stechende Schmerz verschwand nicht. Ich brachte in jener Nacht kaum ein Auge zu, weil Hände und Arme höllisch brannten, und den anderen erging es ebenso.

»Warum haben wir diese vielen Brennnesseln ohne Handschuhe ausgerissen?«, fragte eine kleine irische Nonne leise während der Rekreation.

Die Antwort interessierte uns alle und so spitzten wir erwartungsvoll die Ohren. Mutter Mary John hörte die Frage, doch da es keine vernünftige Antwort darauf gab, blieb sie stumm und hielt den Blick beharrlich auf ihre Näharbeit gerichtet.

Es konnte einen sehr irritieren, wenn man in der Kapelle fast ständig jemandes Augen im Rücken spürte. Wenn ich saß, obwohl ich knien sollte, konnte ich damit rechnen, nach dem Grund gefragt zu werden. Und als Erklärung reichte nicht, dass man diesmal eine besonders starke Menstruation hatte und es im Bauch zwickte. Die Generaloberin ging die Gänge auf und ab, um zu schauen, wer wach war und wer nicht und ob wir uns auch hinreichend in die Meditation vertieften. Ihrer Meinung nach sollten wir als »Hilfsmittel« zur Meditation kein anderes

Buch verwenden als jenes, aus dem in der Kapelle vorgelesen wurde, obwohl eine schriftliche Gedächtnisstütze nicht grundsätzlich verboten war. Als ich eines Morgens mein Messbuch aufschlug, um mein Gehirn in Gang zu bringen, marschierte sie aufgeregt hinter mir auf und ab. Ich saß normalerweise am Ende der Bank, neben dem Gang, damit ich den anderen nicht die Sicht auf den Altar nahm. Ich hörte das Rascheln ihres Habits hinter mir, als sie auf und ab ging, hielt den Blick jedoch beharrlich gesenkt. Sie klapperte gereizt mit ihrem Rosenkranz, um mich zu einer Reaktion zu provozieren. Ich tat so, als würde ich nichts bemerken, und ließ es darauf ankommen, dass sie mir das Messbuch aus der Hand riss – was sie dann doch nicht tat, aber viel wird nicht gefehlt haben.

Später an jenem Tag wurden wir in den Versammlungsraum gerufen, weil die Generaloberin uns etwas mitzuteilen hatte. In dem Raum, der kaum genug Luft zum Atmen für uns alle bot, wurden Stuhlreihen und davor ein Tisch mit einem Stuhl aufgestellt. Ich setzte mich wie üblich ans Ende einer Reihe, diesmal neben das große vergitterte Fenster, am weitesten von der Tür entfernt.

Zuerst machte die Generaloberin einzelnen Schwestern Vorhaltungen bezüglich ihres Umgangs mit den Regeln und ihrer religiösen Praxis. Schwester Bridget aus Irland, eine hervorragende Geschichtslehrerin von Mitte dreißig, war bekannt für ihre innovativen Schaubilder, und ihre Schüler schnitten immer besonders gut ab. Sie war Verbindungslehrerin an ihrer Schule und offenbar ziemlich verärgert darüber, dass sie Knall auf Fall aus der Klasse geholt worden war. Als die Generaloberin ihre Schaubilder vor aller Augen zerreißen ließ und ihr mitteilte, dass sie überhaupt nicht mehr in die Schule zurückkehren würde, saß Schwester Bridget fassungslos, wie vom Blitz getroffen, da.

Plötzlich wandte die Generaloberin ihre Aufmerksamkeit mir zu. »Schwester Mary Carla«, sagte die Stimme, unterbrochen von leisen Rülpsern, »woran denken Sie, wenn Sie meditieren?«

Meine Antwort kam wie aus der Pistole geschossen, von Panik eingegeben. »An nichts«, erwiderte ich und lief dunkelrot an, weil ich auf einmal im Mittelpunkt stand und meine spontane Antwort – eine klassische Verleugnung wie in TV-Soaps, obwohl ich nie eine gesehen hatte – wirklich dumm war.

Die Generaloberin hakte gleich ein. »Das habe ich mir gedacht«, bemerkte sie knapp, was ein verschämtes Kichern in der Runde auslöste.

Ich saß mit gesenktem Kopf da, entschlossen, kein Wort mehr zu sagen. Der plötzliche Angriff hatte mich so sehr getroffen, dass mein Kopf vollkommen leer war und ich gar nichts mehr hätte antworten können, selbst wenn ich gewollt hätte. Mit einer solchen Idiotin zu reden war für die Generaloberin natürlich kein Vergnügen, also wurde ich in Ruhe gelassen und es folgte ein Vortrag zum Thema Meditation.

Nach diesem Vorfall wurde ich mir der seltsamen tranceartigen Zustände, in die ich spontan immer wieder verfiel, erst richtig bewusst. Wenn ich zum Beispiel ein Buch las, konnte mich eine Passage derart gefangen nehmen, dass ich meine Umgebung für eine ganze Weile völlig vergaß und man schon eine Glocke neben mir läuten musste, um mich in die Realität zurückzuholen.

Eines Nachmittags im Sommer spazierte ich bis zum Ende eines Fußweges, der an einem Zaun endete; gegenüber lag ein Weizenfeld. Da ich groß gewachsen war, konnte ich leicht über den Zaun sehen. Ich betrachtete hingerissen, wie der leichte Wind die Weizengarben wiegte, die roten Mohnblumen und die blauen Kornblumen, die mich an meine Kindheit in Holland erinnerten. An diesem Tag sang eine Lerche, unermüdlich und hingebungsvoll. Hin und wieder ließ sie sich zwischen die Weizengarben sinken, um eine Verschnaufpause zu machen, doch bald stieg sie wieder in den Himmel und trillerte, was die Lunge hergab, aber an wen richtete sich ihr Gesang? An ihren Schöpfer? An einen unsichtbaren Gefährten? Ich beschloss, dass sie sang, um Gott zu preisen, und mein Herz schloss sich ihr freudig an.

Die Lerche war schon lange fort, die Sonne begann bereits zu sinken, als ich mich erinnerte, wo ich war. Ich hatte die ganze Zeit wie angewurzelt auf einem Fleck gestanden. Dieses sonderbare Verhalten blieb natürlich nicht unbemerkt. Als die Generaloberin mir vor versammelter Runde ihre Frage gestellt hatte, hatten mehrere Mitschwestern mich in Erwartung meiner Antwort neugierig angeschaut. Nun, sie warteten vergeblich. Und keine noch so große Demütigung würde mich davon abhalten, diese Fluchtmechanismen zu nutzen. Schon als kleines Mädchen hatte ich gelernt, mich in den Wald auf dem Gemälde zu flüchten, das in einem kunstvoll vergoldeten Rahmen in unserem Wohnzimmer hing. Mein Vater ging mit mir oft in dem echten Wald spazieren, der dort gemalt war, und so war es für mich ein Leichtes, mir vorzustellen, wie ich auf dem Waldweg dahinlief, den Geruch der unter den Füßen zerdrückten Blätter einsog, die Spinnen in ihren glitzernden Netzen betrachtete, Giftpilze entdeckte und nach Feen und Gnomen Ausschau hielt.

Wenn wir nicht über den Büchern saßen oder beteten, beschäftigten wir uns mit Hausarbeit, und davon gab es eine Menge. Ich wage zu behaupten, dass wir uns den Unterhalt mit unserer Arbeit in Haus und Garten redlich verdienten. In der Rekreation fertigten wir feine Stickereien an. Ich kleidete eine ganze Schar von Puppen ein und bestickte sogar ihre Unterröcke. Was mit ihnen und all den Tischtüchern, Zierdeckchen und Servietten geschah, die wir so kunstfertig bestickten, erfuhr ich nie.

Plötzlich ergab sich für mich eine Arbeit ganz anderer Art. Eines Tages hielt mich Mutter Mary John auf dem Korridor auf und sagte: »Schwester Carla, die Schwester, die sonst im Besuchszimmer für das Frühstück des Pfarrers aufdeckt und nach der Messe serviert, ist krank. Würden Sie diesen Dienst vorübergehend übernehmen?«

Es wurde mir angetragen, nicht befohlen, wie ich bemerkte, und ich antwortete, dass ich gern einspringen würde. Ein wenig überrascht war ich auch, denn ich hätte eher gedacht, dass ich für derlei Tätigkeit zu unbeholfen war. Nun, frisch gewagt ist halb gewonnen, dachte ich, und übernahm die »Vertretung«.

Für diese Aufgabe waren zwei Schwestern vonnöten: Eine bereitete das Tablett mit den verschiedenen Sachen in der Küche vor und die andere servierte. Was die Nerven schonte, war, dass die Prozedur jeden Tag gleich ablief – »erst kommt das, dann jenes« – und man immer mit denselben Dingen hantierte – mit Besteck, Geschirr, Servietten, Tabletts und dem Frühstück selbst. Nur die Blumen in der kleinen Vase waren jeden Tag andere. Das Schönste an meiner Aufgabe war definitiv, dass ich aus dem üppigen Garten täglich eine kleine Blume für den Frühstückstisch holen konnte.

Ich war diejenige, die servierte, und alles ging gut, nur dass ich nicht darauf vorbereitet war, dass der Pfarrer mich möglicherweise ansprechen würde. Der Pfarrer in jener Woche war offenbar ein recht umgänglicher Mensch, der die neue Schwester ein wenig kennen lernen wollte. Er versuchte sich in Smalltalk, was nicht nett von ihm war, denn er muss vom Schweigegebot der Novizinnen im Terziat gewusst haben. Ich antwortete höflich und knapp auf seine Fragen und stand auf diese Weise eine Woche durch. Die kranke Schwester, für die ich eingesprungen war, wollte entweder ihren Posten nie zurück oder sie wurde nie gesund, und so begann meine zweite Woche als Serviererin. Langsam bekam ich Routine. Die Pfarrer wechselten, waren aber alle höflich-reserviert und hielten Distanz.

Doch dann ging es mir an den Kragen. Ein irischer Priester fing an, mir Fragen zu stellen, was ich an dem Tag alles machen würde und warum ich in England sei. Ich fand das sehr beunruhigend – irgendwie zu menschlich, zu nett –, kam jedoch nicht auf die Idee, meine Oberen um Rat zu bitten. Und eines Morgens konnte ich der Versuchung nicht widerstehen, ihm den alten Witz vom Rolls Can'ardly zu erzählen. Er hatte mir nämlich einen kleinen Witz erzählt und ich hielt es für angebracht, mich zu revanchieren.

»Mein Vater besitzt einen Rolls Can'ardly«, sagte ich mit einem gewissen sündhaften Vergnügen daran, dass ich jemanden zu einer humorvollen Äußerung verleitet hatte. »Er rollt problemlos bergab, aber hinauf kommt er kaum!«

Das Gelächter des Pfarrers muss durch sämtliche Wände gedrungen sein. Die Generaloberin hatte in einem anderen, nicht weit entfernten Zimmer gefrühstückt, und so blieb es nicht aus, dass mich Mutter Mary John noch am selben Morgen zu sich rief. Ich kniete mich hin, wie es üblich war, um Tadel und Belehrung entgegenzunehmen. Es gehöre nicht zu meinen Aufgaben, fabelhafte Witze zu erzählen, beschied sie mir, und außerdem hätte ich damit gegen das Schweigegebot verstoßen. Ich sei ab sofort von meiner Aufgabe entbunden.

Nun, ich nahm es nicht allzu schwer – dieses Erlebnis wäre ohnehin kaum zu überbieten gewesen. Das Dumme war, dass jetzt meine Mitschwester alles allein machen musste, und das war natürlich schwierig. Ich sah sie durchs Refektorium eilen, das erste Tablett mit Geschirr und Besteck in den Händen, dann mit dem zweiten, auf dem das Frühstück stand, und bis sie selbst frühstücken konnte, war alles kalt.

So ging es ein paar Tage lang, bis mich Mutter Mary John beiseite nahm und andeutete, dass ich wieder servieren dürfte, wenn ich mich entschuldigte. Wie bitte? Ich fand diese Vorstellung so absurd, dass ich rundheraus ablehnte. »Nein, vielen Dank. Ich werde diese Aufgabe nie mehr übernehmen.« Wenn ich ein paar Tage zuvor nicht gut genug dafür war, dann war ich es auch jetzt nicht, und dass die andere Schwester Probleme hatte, alles zu bewältigen, hatte nichts mit mir zu tun. Falls das irgendein komischer Test sein sollte, war ich gern bereit, mit Pauken und Trompeten durchzufallen.

Aus Herbst wurde Winter, Wind und Sturm fegten erbarmungslos über die Landspitze. Wir mussten jeden Morgen und Abend vom Vikariat zu den Hauptgebäuden und wieder zurück gehen, möglichst ohne dass jemand über die Klippen geweht wurde. Regenschirme waren bei diesem Sturm nutzlos, also nahmen wir gar keine mit, sondern kämpften uns meistens zu sechst in einer Reihe, einander fest an den behandschuhten Händen haltend, durch Regen und Wind, was wieder einmal beweist: Gemeinsam ist man stark! Wir zogen uns gegenseitig vorwärts, die Mäntel von Böen gegen den Körper gepresst, die Füße durch Gummistiefel vor der Nässe geschützt. Wie wir diese stürmischen Tage genossen! Ja, wir wurden nass, aber unsere Mäntel waren aus gutem Serge und die Plastikhauben, die wir überzogen, hielten das Schlimmste ab. Es gibt nichts Besseres als eine erfrischende körperliche Anstrengung, um aus vergeistigten Gottesgeschöpfen wieder Menschen zu machen. Bei den vornehmen, Komfort gewöhnten älteren Mitgliedern der Gemeinschaft erwarben wir Australierinnen uns durch die Art, wie wir uns der Natur stellten, so etwas wie einen Heldenstatus. Na ja, immerhin etwas. Es machte uns frisch und den Kopf frei, dass wir mindestens viermal täglich zwischen Haupthaus und Vikariat hin- und herlaufen und das ganze Gelände durchqueren mussten, und trug vermutlich einiges dazu bei, dass wir geistig relativ gesund blieben. Dank der Blick-nach-unten-Regel blieb ich in Kontakt mit den Dingen, die auf dem Boden und neben dem Weg wuchsen. Die Natur war meine Verbündete, wie stets in meinem Leben.

Weihnachten rückte näher und damit die Zeit schneeschwerer Wolken und molliger Wärme im geheizten Gemeinschaftsraum. Während der vier Adventswochen wollten wir zusätzlich Buße tun – ein Leichtes, wenn man unter der Winterkälte leidet. Wir taten schon zwangsweise Buße, wenn der Frühstückstee nicht heiß und nicht warm, sondern kalt auf den Tisch kam – eine *gebrauchsfertige* Buße, wie uns gesagt wurde. Doch es sollte noch schlimmer kommen. Beim Mittagessen entschied die Generaloberin, dass *überhaupt kein Tee* für die Dauer des Advents vielleicht sogar eine noch geeignetere Buße sei.

Ich spürte, wie sich um mich herum Unmut breit machte, besonders bei der Laienschwester, die die Wäsche wusch und Jahr für Jahr vergeblich versuchte, warmes Wasser zum Spülen zu bekommen. Sie lebte bereits seit einigen Jahren in Stella Maris, so dass sich dessen Nimbus wohl schon etwas abgenutzt hatte. Und sie hatte eine ziemlich laute Stimme. »Wir werden alle krank werden!«, rief sie.

Sie hatte Recht. Schon bald zeigten sich alle möglichen Entzugserscheinungen und nach einer Woche gab es zur allgemeinen Erleichterung wieder heißen Tee. Wir waren richtiggehend abhängig davon – und ganz gewöhnliche Menschen, trotz unserer grandiosen Vorstellungen von einem Leben in spiritueller Hingabe.

Wenig später litt ich wieder schlimm an Verstopfung, wie damals in Australien als Novizin. Diesmal halfen auch Abführmittel nicht und so musste ich eine große Tasse sehr stark gesüßten Tee trinken und mich in Seitenlage, mit nacktem Hintern, im Krankenzimmer auf den Untersuchungstisch legen.

Die Infirmarin sah mich an, als überlegte sie, ob mir klar wäre, was mir bevorstand, doch das Schweigegebot hielt sie offenbar davon ab, mir irgendetwas zu erklären. Sie streifte sich Handschuhe über, fuhr mit der Hand in einem Topf Vaseline herum und näherte sich dann dem Ende meines Gedärms, als hielte sie eine schussbereite Pistole in der Hand. Ich beobachtete währenddessen ihr Gesicht. Sie hielt den Blick von ihrem Arbeitsfeld abgewandt, beobachtete mich ihrerseits und ihr Gesicht zeigte keinerlei Regung.

Als es endlich in mir zu rumoren begann, meinte ich doch Anzeichen von Erleichterung und Ekel bei ihr zu erkennen, ehe sie mich anwies, mich auf einen Nachtstuhl zu setzen. Da beschloss ich, in Zukunft das Salz, das ich zur Buße in meinen Tee gab, doch lieber wegzulassen und stattdessen viel Zucker zu nehmen.

Irgendwann später in diesem Jahr blieb meine Periode aus. Ich machte mir deswegen keine großen Sorgen, denn das war während meiner Zeit als Postulantin in Genazzano schon einmal passiert. Ein wenig beunruhigt war ich aber doch und so suchte ich die Ehrwürdige Mutter Winifred auf. »Ehrwürdige Mutter«, stammelte ich verlegen, während ich neben ihrem Sessel kniete und zu ihrem breiten Gesicht aufsah, »ich habe seit vier Monaten meine Periode nicht mehr bekommen.« Erst schien sie ein Schreck zu durchzucken, doch dann meinte sie im Brustton der Überzeugung: »Das hat absolut nichts zu sagen, Schwester Carla.« Die Nonnen von Stella Maris nahmen die Sache aber nicht so leicht.

Mutter Mary John war aus der Wäschekammer berichtet worden, dass ich seit fünf Monaten keine Binden bestellt hatte, und deshalb zitierte sie mich in ihr Büro, wo sie mich im Beisein der Wäscheverwalterin ins Verhör nahm. »Wo waren Sie, Schwester?«

Wo ich war? Nirgendwo, außer im Kloster. Die beiden Inquisitorinnen betrachteten mich scharf, die Atmosphäre war spannungsgeladen.

Schließlich wurde Mutter Mary John etwas deutlicher. »Sind Sie denn ins Dorf gegangen, Schwester?«

»Nein, ich war nicht im Dorf, kein einziges Mal. Warum?«

Sie schien erleichtert und übergab mich der Infirmarin, die zu dem Schluss kam, dass ich an Eisenmangel litt, und mir irgendwelche Tabletten gab. Nach kurzer Zeit bekam ich wieder regelmäßig meine Periode, und »alles war gut«. Erst Jahre später begriff ich, was die beiden so nervös gemacht hatte: *Sie hatten befürchtet, dass ich schwanger war!* Ein absurder Gedanke, der jedoch implizierte, dass dies früher schon vorgekommen sein musste, wenn sie bei mir diesen Verdacht hatten.

Der Frühling kam. Am liebsten hätte ich meine Freude laut herausgeschrien, als ich die ersten Schneeglöckchen aus dem Boden spitzen sah, die Narzissen, die mir massenweise zunickten, wenn ich vorbeiging, und dann die Hyazinthen, Tulpen und Glockenblumen. In der kühlen klaren Luft war ihr köstlicher Duft besonders deutlich wahrzunehmen. Ich sehnte mich danach, jemandem von all dem Schönen zu erzählen, das ich sah, als würde es sonst verloren gehen. Das ging natürlich nicht, außer in der Rekreation. Ich kam mir sehr dumm vor, wenn ich Stunden später über solche intimen, poetischen Empfindungen sprach. Ich schämte mich nicht meiner Tränen, wenn ich zwischen den Blumen spazieren ging und vor Freude weinte. Und ich wünschte mir ausnahmsweise einen ganz besonderen Freund, mit dem ich mein Leben teilen, dem ich meine innersten Gefühle anvertrauen könnte. Jesus war zu weit weg; ich wollte einen Menschen aus Fleisch und Blut, mit dem ich reden konnte. Meine engste Beziehung bestand zu etwas, das ich in meinem Innersten spürte, aber was Jesus betraf – er blieb für mich gesichtslos. Nirgendwo gab es eine Beschreibung seiner Physiognomie und die kitschigen Andachtsbildchen zeigten einen effeminierten, sanften Mann und keinen Jesus, dem ich mich anvertrauen konnte. In den Evangelien wird Jesus kein einziges Mal als jemand beschrieben, der lacht, lächelt oder ihm nahe stehende Menschen in die Arme nimmt.

Ich war seit ungefähr neun Monaten in Stella Maris, als eine Grippeepidemie, begleitet von schwerem Durchfall, die Gegend heimsuchte. Es erwischte ziemlich viele Schwestern, ich jedoch blieb eine ganze Weile verschont. Brauchte man die Hilfe der Infirmarin, ließ man es sie üblicherweise durch eine schriftliche Nachricht wissen, die man in einen Kasten legte. Das funktionierte gut, solange sie den Kasten regelmäßig leerte oder wenn es keinen Notfall gab.

Als schließlich auch ich Bauchkrämpfe bekam, steckte ich eine Notiz mit einer Beschreibung meiner Symptome in den Kasten. Dann wartete ich auf Antwort. Ich wusste, dass es dumm war, sogar absurd – je schneller ich behandelt wurde, desto besser –, doch ich wollte dieses System und das Schweigegebot entlarven, die mich daran hinderten, etwas unmittelbar und laut auszusprechen. Und dann wurde ich wütend.

Ich verbrachte den Großteil des Tages auf oder in der Nähe der Toiletten. Es war Ostern und es wimmelte von Besuchern, die zu den Osterfeierlichkeiten in die Kapelle kamen. Ich ging nicht mehr zum Gebet und erschien auch nicht zum Mittagessen, aber niemand vermisste mich.

Die Toiletten in Stella Maris hatten mich vom ersten Tag an fasziniert – wegen der Bilder, die ich in der Holzverkleidung der Türen und Wände entdeckte; sie ähnelten denen, die man in Wolken sieht. Da gab es einen Wolf, der die Zähne fletschte, einen Drachen, eine Nymphe, Gesichter, Bäume, eine ganze Landschaft in den Verwachsungen, den spiralförmigen Windungen im Holz zu entdecken. Ich vertrieb mir die Zeit damit, die Tiere und Märchenwesen im Kiefernholz zu bewundern, und als mir der Gedanke kam, dass ich eigentlich zeichnen könnte, was ich sah, nahm ich mein Skizzenbuch mit in die Toilette. Doch dann geschah etwas Eigenartiges: Die Tiere und Nymphen verschwanden – eine wirklich sehr seltsame Erfahrung! Zuerst sah ich sie und in der Sekunde, wenn ich sie zeichnen wollte, waren sie verschwunden, selbst wenn ich nur für einen kurzen Moment den Blick abwandte. Es war, als würden sie Verstecken spielen. Es erschien mir höchst mysteriös und ich kam mir dumm vor; vielleicht delirierte ich damals schon.

Die Krämpfe wurden schlimmer und ich ging stundenlang die verlassenen Korridore auf und ab, durch die leeren Zimmer, denn alle anderen hatten sich in der Kapelle versammelt. Plötzlich stand die Infirmarin vor mir, ungehalten und sichtlich besorgt. Meine Notiz war nach vollen zwei Tagen endlich in ihre Hände gelangt und sie konnte es nicht fassen, dass ich ihr nicht einfach etwas gesagt hatte. Wir gingen in eines der nächstgelegenen Zimmer, wo sie mich eingehend zu meinen Symptomen befragte und mich dann bat, kurz zu warten. Zurück kam sie mit Mutter Clare, die ein bestürztes Gesicht machte, und das Ergebnis war, dass ich sofort in The Knoll isoliert wurde.

The Knoll diente hin und wieder als Gästehaus, stand die meiste Zeit jedoch leer. Es war das am weitesten vom Haupthaus entfernte Gebäude, aus rotem Backstein gebaut, und hatte vier Stockwerke und eine Wendeltreppe. Es sah aus wie diese hohen schlanken Häuser in Gespenstergeschichten. Die Stockwerke wurden nach oben hin schmaler, so dass in den kleinen Raum ganz oben nur drei Betten passten. In diesem Mansardenzimmer, das keine Vorhänge hatte, sollte ich nun schlafen. Auch Licht gab es keines – die Glühbirne war vor langer Zeit durchgebrannt und niemand hatte sich die Mühe gemacht, eine neue einzuschrauben. Trotzdem war es nachts nicht ganz dunkel, denn der Leuchtturm von North Foreland schickte in regelmäßigen Abständen seinen starken Lichtstrahl genau durch das Zimmer.

Außer mir gab es keine Menschenseele an diesem einsamen Ort. Die Türen im Erdgeschoss wurden immer verschlossen gehalten. Eine Novizin stellte dreimal täglich ein Tablett mit Essen für mich an den Hintereingang, manchmal war auch frische Unterwäsche dabei. Die Infirmarin kam einmal, um mich um eine Stuhlprobe zu bitten, dann ließ sie die Proben alle paar Tage von einer schweigenden Nonne abholen. Die Ergebnisse der Untersuchungen wurden mir nie mitgeteilt, aber hin und wieder fand sich unter der Teetasse auf dem Essenstablett eine Botschaft, auf der es zum Beispiel hieß: »Putzen Sie heute die gesamte Treppe, Schwester«. Dann, vielleicht am nächsten Tag: »Tun Sie heute nichts« oder »Bleiben Sie heute im Bett«; und einmal war ein Zettel von Mutter Mary John dabei, die wissen wollte, ob ich irgendwelche Bücher brauchte. Das ließ zumindest erkennen, dass sie wusste, wo ich war, und mich nicht vergessen hatte. Ich hatte die Lebensbeschreibung unserer Ordensgründerin dabei, eine Biografie der heiligen Theresa von Avila und das Regelbuch. Ich hatte keine Ahnung, um welches andere Buch ich bitten sollte. Um einen Roman zu bitten wäre mir nie in den Sinn gekommen. Schließlich bat ich um ein Buch über das Leben von Heiligen.

Mein Kopf war zu, mehr denn je. Ich hatte keine Möglichkeit, in Erfahrung zu bringen, wie lange ich isoliert bleiben würde, und stellte mich darauf ein, dass es noch eine ganze Weile dauern könnte. Ich hielt die Zimmer und die Treppe sauber, holte mein Essen vom Hintereingang, aß es meistens kalt, las und meditierte viel über das, was ich las. Ich wollte die Regeln wirklich verstehen, die Bedeutung von Madame de Bonnault d'Houets Leben nachvollziehen können. Abends zog ich mich zwischen den Lichtsignalen vom Leuchtturm aus und begab mich zu meiner einsamen Nachtruhe ins Bett.

Die Wochen vergingen wie im Traum. Der Durchfall hatte schon lange aufgehört, aber ich fühlte mich furchtbar schwach – und hatte schrecklichen Hunger. Ich hätte mindestens dreimal so viel essen können, wie auf dem Tablett für mich gebracht wurde.

Ich hatte das Gefühl, dass kein Mensch mir meine Aufrichtigkeit glaubte außer mir selbst. Es tat weh, dieses Gefühl, aber ich kam damit klar, indem ich alles, was mir geschah, als den Willen Gottes nahm. Ich beklagte mich nicht, ich sah kein einziges Mal nach, ob die Tür vielleicht doch offen war und ich fortlaufen könnte. Ich war gehorsam, erschreckend gehorsam, ohne je eine Frage zu stellen. Ich hätte mich von der Generaloberin vielleicht sogar umbringen oder zumindest misshandeln lassen. Ich hätte es gleichmütig hingenommen.

Es kam der Tag, an dem man mir mitteilte, dass ich in die Gemeinschaft zurückkehren könne. Ich war ein Gespenst, das seine heimatliche Schattenwelt, sein Geisterhaus, verlassen musste, um in das Land der Lebenden zurückzukehren. Die Welt hatte sich verändert. Alles war viel zu hell, alles bewegte sich so schnell! Es habe der Verdacht bestanden, erklärte mir Mutter Mary John, dass meine Krankheit ansteckend sei, aber nun sei die Gefahr vorüber. Ein Blick auf den Kalender sagte mir, dass ich sechs Wochen lang isoliert gewesen war.

Ich war stark abgemagert, nur noch Haut und Knochen, meine Handgelenke waren beinahe durchsichtig. Ich gierte nach *Fett!* Beim Frühstück am nächsten Morgen – es muss ein Sonntag gewesen sein, denn es gab Schinken – bat ich flüsternd um eine zweite Portion »mit Fettrand«, als ich meinen leeren Teller zurückgab. Leider drang meine Bitte nicht durch, aber ich hätte das Tablett sauber lecken können, so sehr hungerte mich nach Fett.

Es kam die Stunde der Rekreation. Ach, es war Musik in meinen Ohren, wieder andere Stimmen zu hören! Ich beteiligte mich am Gespräch, so oft ich konnte, warf witzige Bemerkungen ein, lachte und hörte überrascht, wie Mutter Mary John, die die Rekreation leitete, mich aufforderte, doch öfter etwas zu sagen. Eine Geste, die mich sehr berührte, denn damit gab sie mir ein ganzes Stück mehr Freiraum.

Inzwischen hatte ich mich noch mehr daran gewöhnt, alles auszuhalten und aus blindem Gehorsam alle möglichen unsinnigen Dinge zu tun. Es erschien mir sogar eher normal, wenn etwas seltsam war. Mir erschienen Anweisungen als unsinnig, auch wenn sie es nicht waren, und ich verstand regelmäßig falsch, was mir aufgetragen wurde. Ich ging in diesem nassen Frühjahr nur in riesigen Gummistiefeln nach draußen und vorn um das Gebäude herum, wenn die ausdrückliche Anweisung lautete, es nicht zu tun. Ich wusste nicht mehr, was richtig oder falsch war, und es beunruhigte mich nicht im Geringsten.

Schließlich zitierte mich Mutter Mary John zum Gespräch. Wir saßen in der mit Kissen gepolsterten Nische des Gemeinschaftsraums. Sie sah mich über den Rand ihrer Brille hinweg forschend an, doch ihre braunen Augen blickten nicht verärgert, sondern nur etwas besorgt.

»Bald werde ich über alle Novizinnen im Terziat einen Bericht abgeben müssen«, begann sie. »Was soll ich der Ehrwürdigen Mutter Generaloberin über Sie sagen? Dass Sie ein Dummkopf sind?«

Sie meinte es nicht böse, das spürte ich. Sie wollte mich lediglich tadeln, mir die Möglichkeit geben, mir selbst zu helfen. Ich spürte, wie ein unbändiges Lachen in mir aufstieg, ausgelöst durch die Erkenntnis, dass hier jemand war, der sich um mich sorgte. Sie erinnerte mich daran, dass ich von Gott geliebt wurde und alles gut war. Alle Anspannung fiel von mir ab und ich wurde übermütig.

»Ja! Gut! Tun Sie das!«, erwiderte ich zuerst lachend, fing mich dann jedoch und sagte: »Oh nein! Bitte sagen Sie das nicht!«, konnte aber nicht aufhören zu lachen. »Oje!«, stieß ich hervor und hielt mir den Bauch vor Lachen: »Ich glaube, ich werde verrückt!«

Dann sagte ich, was in diesem Moment auch absolut stimmte: »Es ist mir egal, was die Generaloberin von mir denkt!«, und fing erneut an zu lachen. Meine Oberin sah mich zweifelnd an, mitfühlend, für einen Moment blitzten ihre Augen sogar belustigt auf, und wandte sich dann ab. Ihr war zweifellos klar, dass ich mit dieser Einstellung nicht weit kommen würde. Irgendwie war ich nicht recht bei Verstand. Ich konnte einen befreienden, unbändigen Humor in mir aufsteigen fühlen und gleichzeitig einen ungeheuren Leichtsinn.

Ich hatte keine Ahnung, dass die Würfel schon längst gefallen waren. Es sollte so aussehen, als wäre ich fachlich noch nicht fit genug, um nach Australien zurückzukehren und dort als Lehrerin eingesetzt zu werden, aber das Problem lag woanders. Ich hatte immer noch einen holländischen Pass, war aus australischer Sicht also Ausländerin, und musste, nachdem ich länger als vier Jahre außer Landes gewesen war, erneut einen Einwanderungsantrag stellen. Meine Unkenntnis der Vorschriften – niemand hatte mich darauf hingewiesen –, gab der Generaloberin nun Gelegenheit, ihr hässliches Spiel mit mir zu spielen, mein Ich zu zerstören.

Ich wurde zu ihr zitiert. Ihre großen Augen betrachteten mich geringschätzig, als ich nervös vor ihr kniete. Ich stellte fasziniert fest, dass sie grau waren und leicht tränten und amüsiert blickten, auf meine Kosten. Wenn ich es nicht besser gewusst hätte, hätte ich Mitgefühl in ihnen gelesen, aber diese Augen täuschten alle, selbst die Menschen, die ihr am nächsten standen.

»Sie werden nicht nach Australien zurückgehen.« Es hörte sich an, als verkünde sie eine Freiheitsstrafe. »So, wie Sie jetzt sind, können wir Sie nicht zurückschicken«, fuhr sie fort. »Sie werden stattdessen nach Brüssel gehen und dort von Mutter Josephine weiter unterwiesen werden.«

Ich biss mir auf die Lippen, um nicht in Tränen auszubrechen. Die anderen Australierinnen sollten sich in einem Monat in Richtung Heimat einschiffen. Ich würde sie vermissen, auch den zwanglosen Umgang miteinander an Bord. Außerdem rutschte mir schon das Herz in die Hose, wenn ich Mutter Josephines Namen nur hörte. Sie war eine Irin voller Tatkraft, ehrgeizig, klug und willensstark.

Als der Efeu an den Mauern sich langsam rötlich färbte, verließen meine australischen Gefährtinnen Broadstairs, um in die Heimat zu reisen. Die fünf Glücklichen hatten gerade einen englischen Sommer erlebt und zu Hause erwartete sie nun der australische. Im neuen Trimester würden sie bereits als Lehrerinnen vor einer Klasse stehen. Wir nahmen ohne viele Worte und in gedrückter Stimmung voneinander Abschied. Weder sie noch ich begriffen, welches wirklich der Grund war, dass ich bleiben musste, und niemand wusste, für wie lange. Doch Novizinnen hatten keine Fragen zu stellen.

Winter der Albträume

Eine altersschwache Fähre brachte uns von Dover nach Calais, wo meine neue Mutter Oberin und ich in einen grauen schmutzigen Zug in Richtung Brüssel stiegen. Mutter Josephine sprach während der Fahrt kein Wort mit mir, was seltsam unhöflich wirkte, denn sie war der Inbegriff eines kultivierten Menschen. Vielleicht war sie nur so sehr mit ihren eigenen Gedanken beschäftigt.

Auf Mutter Josephine wartete eine ziemlich schwierige, sehr verantwortungsvolle Aufgabe. Sie würde all ihren Einfallsreichtum und Mut und ihre ganze Beharrlichkeit brauchen, um den Fortbestand ihres Klosters in Brüssel zu sichern.

Die Mutter Oberin war eine außergewöhnliche Frau von etwa vierzig Jahren, als ich sie kennen lernte, eine wohlgestaltete Irin mit einem sehr blassen, aber schönen rundlichen Gesicht. Bei vielen Menschen würde diese Blässe nicht attraktiv wirken, aber Mutter Josephine stand sie irgendwie sehr gut. Sie verlieh ihren regelmäßigen Gesichtszügen eine Art ätherischer Schönheit und ihrer ganzen Person eine wenn auch trügerische Zartheit. Am auffallendsten war der volle sinnliche Mund, der geradezu zum Küssen einlud. Sie hatte mit dem Gelübde der Keuschheit bestimmt ein viel größeres Opfer gebracht als ich, denn sie wäre sicher von vielen umschwärmt worden. Und wenn sie diesen Mund öffnete, wurde man von ihrem zauberhaften irischen Singsang mitgerissen, der unbestimmte Traumbilder von den weisen Frauen, Elfen und Feen der Kelten in einem wachrief. Durch die Brille, die sie trug, wirkten ihre ausdrucksvollen Augen noch größer und für manche Menschen schlichteren Gemüts, mit denen sie zu tun hatte, verwirrend unschuldig und naiv.

Doch Mutter Josephine war weder naiv noch zart, absolut nicht. Hätten Frauen in den 1960er-Jahren in der Politik etwas zu sagen gehabt, dann hätte sie sicher als Politikerin ihren Weg gemacht und später Margaret Thatcher an Intelligenz, strategischem Talent und Wortgewandtheit nicht nur überflügelt, sondern das Unterhaus auch mit ihrer bloßen Schönheit und ihrem irischen Charme in Verwirrung gestürzt. Mutter Josephine setzte diese Eigenschaften in ihrem eigenen Einflussbereich ein, zum Wohle des Klosters und für seinen Fortbestand.

Durch ihr psychologisches Einfühlungsvermögen lernte sie die Menschen für ihre Zwecke zu benutzen, ohne jedoch ihr Mitgefühl für sie ganz zu verlieren.

Ebenso wie die Holländerinnen, die ich kannte, klatschen auch die Belgierinnen gern, und in den Salons der Reichen wurde so manche Reputation geboren oder zerstört. Dass man gut von ihr sprach, war für Mutter Josephine wichtig. Andererseits hing es zu einem großen Teil von Männern ab, ob das Bankkonto des Klosters sich positiv oder negativ entwickelte.

Montjoie war ein riesiger Klosterkomplex, dessen Vorderfront an die Avenue Montjoie grenzte. Es erforderte Unsummen, diesen alten, drei Stockwerke hohen Gebäudekomplex zu erhalten. Für die Heizkosten im Winter kam eine reiche Familie der Brüsseler Gesellschaft auf. Die Heizölrechnung muss gigantisch gewesen sein, denn die Temperatur in allen drei Stockwerken wurde den ganzen Winter über konstant auf zwanzig Grad gehalten. Das Klosterinternat nahm etwa neunhundert Zöglinge auf und dazu kamen noch zahlreiche Tagesschüler. Alles im Internat war überdimensional groß: die Schlafsäle, der Speisesaal, die Klassenzimmer und Korridore, selbst die Kapelle. Die Räume waren so hoch, dass die Fenster erst über Kopfhöhe begannen, um die Proportionen zu wahren.

Die Kapelle im zweiten Stock war ein Kleinod gotischer

Baukunst. Es fanden rund tausend Personen in ihr Platz, wobei die intime Atmosphäre einer Kapelle fast verloren ging. Von einem Ende zum anderen wölbten sich Holzbalken, die den Blick auf einen imposanten mit Marmor verkleideten Altar zogen. Überall sah man Schnitzereien, auch das Kommuniongitter war reich beschnitzt. Und die Heiligenfiguren waren wunderschön. Die Muttergottes hatte ein so liebliches milchweißes Marmorgesicht, wie ich noch keines gesehen hatte, und ähnelte irgendwie Mutter Josephine. Sie war wirklich wundervoll, diese Kapelle, aber jeder Schritt erzeugte ein hallendes Echo. Ich vermisste die intime Geborgenheit der kleinen steinernen Kapelle in Broadstairs sehr.

Als alle im Refektorium anwesend waren, wurde ich allgemein vorgestellt und bekam dann, entsprechend meinem bescheidenen Status, einen Platz bei den Laienschwestern zugewiesen. Schließlich hatte ich meine Lehrtätigkeit noch nicht aufgenommen und ein »Image« hatte ich auch nicht. Mir lag auch überhaupt nichts daran, aber das war ein Fehler: Wer sich als Imagemacher profilieren konnte, war nützlich und innerhalb des Systems hoch angesehen. Ich fühlte mich in solchen Dingen vollkommen überfordert. Mir blieb nur zu hoffen, dass ich alle von meinen guten Vorsätzen überzeugen und meine noch unerprobten Fähigkeiten als Lehrerin würde beweisen können.

Das Kloster Montjoie ließ sich auf ein gewagtes Abenteuer ein: Unterricht für die Kinder reicher amerikanischer Geschäftsleute. Die amerikanischen Familien wollten ihre Kinder nicht den oft sehr massiven Vorurteilen der Belgier gegen sie aussetzen *(Amerikaner sind Parvenüs, die alles besser zu wissen glauben als wir, und sie schnappen uns die besten Geschäfte weg)*. Indem sie ihre Kinder in eine speziell für sie eingerichtete Schule schickten, vertieften die Amerikaner die soziale Kluft und Mutter Josephine hatte große Mühe, die verärgerten belgischen Gönner des Klosters zu besänftigen, was ihr mit dem ihr eigenen Charme und ihrer diplomatischen Art auch gelang.

St. John's, so der Name der Einrichtung, umfasste alle Klassen der Grundschule, doch die räumlichen Verhältnisse waren von Anfang an beengt. Mir wurde der Werkunterricht in allen Klassen übertragen. Es gab keinen Platz für die Materialien und die Arbeiten der Kinder, man konnte sie höchstens zu anderen Sachen dazustopfen, weshalb sie meistens auf dem Boden lagen.

Mutter Josephines Ehrgeiz spiegelte sich in ihrem Anspruch, dass die Kinder gute Leistungen bringen sollten, besonders im Werken. Handgearbeitete Gegenstände waren immerhin etwas Konkretes. Allerdings ist die Koordinationsfähigkeit eines Fünfjährigen nicht so weit entwickelt wie die eines Neunjährigen, aber warum sollte man sie nicht mit etwas Druck fördern? Die Kinder wurden zum Futter für die Imagemaschine des Konvents, und ich sollte ohnehin auf die Probe gestellt werden, also war es egal, ob die Aufgabe zu bewältigen war oder nicht.

Es lief darauf hinaus, dass ich ziemlich oft nachbesserte, um die unvermeidlichen Schnitzer der Kleinen auszubügeln. Doch die amerikanischen Kinder besaßen ein erstaunliches, erfrischendes Selbstvertrauen, wie ich bald feststellte, ganz anders als die Kinder in Australien, England oder Belgien. Sie waren aufgeschlossen, rede- und kontaktfreudig und offenbar nicht gewohnt, schweigend in den Unterricht zu kommen, wie es uns beigebracht worden war. Hoffentlich würden sie sich niemals solchen willkürlichen Regeln unterwerfen müssen, dachte ich im Stillen.

Mit irgendwelchen Entscheidungen hatte ich natürlich nichts zu tun; mir wurde nicht einmal die Leitung einer Klasse übertragen. Offenbar hatte Schwester Stephen, die schlanke, blitzgescheite junge irische Rektorin, Informationen über mich erhalten, die mich nicht im besten Licht erscheinen ließen. Wenn sie mit mir sprach, verzog sie oft geringschätzig die dünnen Lippen, ohne sich dessen bewusst zu sein, und reckte das Kinn – doch was ich sagte, stieß bei ihr auf taube Ohren. Dass die Materialien für den Werkunterricht und die Arbeiten der Kinder nie ordentlich aufbewahrt waren, gab ihr immer wieder Anlass, mich zu tadeln. Schließlich wusste ich mir nicht mehr anders zu helfen, als die ganzen Sachen in Kartons zu verstauen, die ich neben mein Pult, im offiziellen Bereich des Lehrers, abstellte, so dass wenigstens niemand darauf trat.

Ich war stolz auf das, was die Kinder im Werkunterricht zustande brachten, und die meisten Eltern auch. Ich war sogar stolz darauf, dass ich sie so gut beim Lernen unterstützen konnte, bis ich bemerkte, dass bei ein paar Kindern, deren Arbeiten nicht besonders gelungen waren, das Selbstvertrauen stark gelitten hatte, obwohl diese Art von handwerklicher Arbeit es doch eigentlich stärken sollte.

Alles, was ich ausprobierte, schien sabotiert zu werden, doch die Einzelheiten sind nicht weiter wichtig. Dass Schwester Stephen unablässig an meiner Arbeit herumnörgelte, kam mir vor wie Schikane. Ich sollte auf die Probe gestellt werden, aber konnte ich ihr denn überhaupt etwas recht machen? Ich resignierte und beschloss, mich einfach allem zu fügen. Mochten meine Oberen mich beurteilen, wie sie wollten, und die Zukunft bringen, was sie wollte.

Zu meiner Überraschung wurde ich gebeten, Englisch zu unterrichten, ein Pflichtfach in meiner Ausbildung, und so erschien es nur recht und billig, dass mir diese Aufgabe übertragen wurde. Da ich keinen wie auch immer gearteten Lehrplan finden konnte, arbeitete ich in aller Eile selbst einige Unterrichtsstunden aus. Ich freute mich über die neue Aufgabe, doch meine Freude hatte schnell ein Ende, als Mutter Josephine überraschend zu einer Inspektion erschien. Ich hatte die verschiedenen Formen des Verbs »to eat« an die Tafel geschrieben und bei »Imperfekt« stand »ate«: »She ate an apple this morning.«

Mir wurde vor versammelter Klasse unverblümt erklärt, dass ich Unrecht hätte. Statt »ate« heiße es in korrektem Englisch »eat«, behauptete Mutter Josephine. Ich argumentierte in höflichem Ton, doch sie beharrte auf ihrer Meinung.

»Schwester, da dürfte Ihnen in der Ausbildung etwas entgangen sein. Schließlich war Englisch nicht Ihre Muttersprache. Bitte korrigieren Sie das Wort.«

Sie sah zu, wie ich »ate« durch »eat« ersetzte. In diesem Augenblick verriet ich ein weiteres Stück meiner Integrität an den Gehorsam und ein Stück Selbstachtung dazu. Bis heute weiß ich nicht, ob Mutter Josephine einfach besonders pedantisch war – denn »eat« ist eine veraltete Form des Imperfekts – oder ob sie damit testen wollte, ob ich kapitulieren oder mich behaupten würde. Wie dem auch sei, Englisch unterrichten durfte ich zukünftig nicht mehr.

Die Generaloberin wäre überzeugt, dass ich für Australien nicht gut genug wäre, wurde mir als Begründung für meinen Aufenthalt in Montjoie gesagt – als wäre es ein Mädchenpensionat, in dem man den letzten Schliff bekommt. Ich stellte mich also darauf ein, hart angefasst zu werden. Wäre ich psychisch in einer anderen Verfassung gewesen, hätte ich vielleicht vollkommen andere Erfahrungen gemacht. Ich hätte Schikanen und kleinliche Kritik wahrscheinlich nicht als selbstverständlich hingenommen. Wenn Mutter Josephine und ich nur einmal wie zwei ganz normale Menschen miteinander hätten reden können, nur ein einziges Mal, dann wäre meine Zeit in Montjoie vielleicht ganz anders verlaufen.

Eines Tages fing ich Mutter Josephine ab, als sie das Refektorium verließ, weil ich unbedingt mit ihr reden wollte, und sie schickte mich einfach fort. Ich war bereits seit über einem Monat in Montjoie und hatte noch kein einziges Vieraugengespräch mit meiner Oberin oder irgendjemand anders geführt. Es war, als existierte ich überhaupt nicht. Mutter Josephine sagte, ich sollte einen Spaziergang machen – nur um mich loszuwerden. Es war ein bitterkalter Wintertag, der Himmel stark bewölkt. Ich zog meine Handschuhe an (sie hatten plötzlich Löcher, als hätten unsichtbare Motten daran geknabbert) und ging hinaus auf den Schulhof, wo ich meine Runden drehte. Ich hatte nicht gefragt, wie lange ich spazieren gehen sollte, und würde nicht aufhören, bis ich die Anweisung bekam, wieder hineinzugehen. Aber Mutter Josephine war für tausend Menschen verantwortlich. Wie konnte ich von ihr erwarten, dass sie sich an mich erinnerte, die draußen in der Kälte spazieren ging? Hineinzugehen und zu fragen, ob es nun genug wäre, zog ich – stur, wie ich war – gar nicht erst in Erwägung. Nein, ich lief volle fünf Stunden im Kreis herum, bis es dunkel wurde, und wäre wahrscheinlich bis in die Nacht hinein – oder bis mich meine Kräfte verlassen hätten – weitergelaufen in der Erwartung, dass meine Oberin endlich zugab, dass sie zu viel verlangte.

»Schwester!« Die aufgeregte Stimme einer jungen Nonne, die auf mich zugelaufen kam, riss mich aus meinen Gedanken. »Mutter Josephine sagt, Sie sollen jetzt hineinkommen.« Sie machte ein paar Schritte auf mich zu und blickte in mein verfrorenes Gesicht. »Ich habe Sie von einem Fenster aus gesehen«, erklärte sie, »und Mutter Josephine gefragt, was Sie da machen, so lange in der Kälte und im Dunkeln.« Mutter Josephine hatte offenbar für einen kurzen Moment die Fassung verloren, doch dann hatte sie lediglich gesagt: »Sie können gehen und sie hereinholen.«

Als wir hineingingen, begann es zu schneien. Mit blau gefrorenen Lippen bedankte ich mich bei der Nonne für ihre Freundlichkeit. Sie bat eine der Laienschwestern, mir einen Tee zu machen, dann verschwand sie. Zu meinem heißen Tee bekam ich noch ein paar Reste vom Abendbrot.

Am nächsten Tag hatte ich erhöhte Temperatur, kein Wunder nach meinem stundenlangen »Spaziergang« bei Minusgraden. Insgeheim war ich erleichtert, denn ich dachte, ich würde vom Unterricht freigestellt. Ich wurde zur Infirmarin geschickt, die mich untersuchen und, sofern notwendig, mit Medizin versorgen sollte. Zu meiner Überraschung teilte sie mir mit, dass ich gar keine erhöhte Temperatur hatte. Ich saß da wie betäubt, meine Wangen und meine Stirn glühten, meine Lippen waren trocken und aufgesprungen. Ob vielleicht das Thermometer kaputt sei, wagte ich zu fragen, was jedoch barsch verneint wurde. Hatte man sie angewiesen, mich nicht ernst zu nehmen? Sollte das wieder eine Strafe sein?

Ich stand vor dem Krankenzimmer und wusste nicht, was ich nun tun sollte. Drinnen fuhrwerkte die Infirmarin herum, und so nahm ich all meinen Mut zusammen, ging noch einmal hinein und bat sie, ein zweites Mal bei mir Fieber zu messen, was sie widerwillig tat und mir anschließend das Gleiche sagte wie zuvor: Meine Temperatur sei nicht erhöht. Langsam fragte ich mich, ob meine Körpertemperatur vielleicht generell niedriger war als bei anderen Menschen, so dass ein Anstieg sie normal erscheinen ließ. Ich bekam weder Mitgefühl noch Medizin, saß benommen und fiebrig herum und sehnte mich danach, mich unter die Bettdecke zu verkriechen. Wenige Stunden später zeigte ich alle Symptome einer massiven Erkältung und wurde angewiesen, mich von den anderen fern zu halten. So bekam ich doch noch ein paar Tage unterrichtsfrei, doch der Luxus, mich ins Bett legen zu dürfen, wurde mir nicht zugestanden.

Dann kam die nächste Herausforderung. »Unsere alte Schwester Norbert braucht eine neue Haube, aber sie kann solche feinen Näharbeiten nicht mehr machen und sonst hat niemand Zeit«, sagte eine der Nonnen zu mir. »Würden Sie das übernehmen?«

Ich hätte Nein sagen können; es war keine Anweisung, sondern eine Frage. Der einzige Grund, es abzulehnen, wäre gewesen, dass ich so etwas noch nie gemacht hatte. Aber warum sollte ich es nicht versuchen? Ich willigte ein, wahrscheinlich weil ich mir durch widerspruchslose Zustimmung ein gewisses Wohlwollen zu verdienen hoffte.

Das Problem war, dass ich nur nach dem Unterricht an der Haube nähen konnte. Jetzt im Winter wurde es früh dunkel, deshalb nutzte ich das Tageslicht am Fenster, bis die Innenbeleuchtung eingeschaltet wurde und ich den schwarzen Faden auf schwarzem Stoff beim besten Willen nicht mehr sehen konnte. Ich saß Monate an dieser Haube, aber schließlich wurde sie doch fertig und die alte Schwester war froh, sie endlich zu bekommen. Am selben Abend sah ich, wie sie wieder aufgetrennt wurde. Offenbar hatte sie den Anforderungen nicht entsprochen. Als ich zu der alten Schwester hinsah, wurde sie rot und lächelte verlegen. Niemand sagte je ein klares Wort über die unglückselige Haube zu mir und niemand zeigte mir, wie sie hätte genäht werden sollen.

Meine Eltern hatten sich zu einer Reise in die alte Heimat entschlossen und wollten mich bei dieser Gelegenheit in Belgien besuchen. Es war wunderbar: Ich freute mich unbeschreiblich über das Wiedersehen und ihnen ging es genauso. »Wie geht es dir, Carla?«, fragte meine Mutter und sah mich forschend an. Ich zögerte. Am liebsten hätte ich ihr weinend berichtet, wie schlecht es mir ging, doch ich fühlte mich durch meine Loyalität zur Ordensgemeinschaft gezwungen, die Fassade zu wahren: Unerfreuliche Interna gehen Außenstehende nichts an!

Mutter Josephine zeigte sich gegenüber meinen Eltern so gastfreundlich, als wäre es ein Staatsbesuch. Sie war die Liebenswürdigkeit in Person. Beim Kuchen zum Tee wurde nicht gespart und sie durften in sachkundiger Begleitung das Kloster besichtigen, mit der Kapelle als Höhepunkt. Die Unterkünfte der Nonnen bekamen sie nicht zu sehen und ebenso wenig das Zimmer, in dem ihre Tochter schlief. Die Rosshaarmatratze hätte mein Vater sicher gut gefunden! Es drängte mich die ganze Zeit, ihnen von meinem Leben zu erzählen, und ich wünschte mir mit aller Macht, dass sie mich mitnehmen mögen! Mich überkam wieder diese schreckliche Sehnsucht wie damals als Sechsjährige, von meinen Eltern in die Arme genommen zu werden, das Gefühl zu haben, dass sie mich gern hatten. Doch sie taten es damals nicht, als ich sechs war, und jetzt genauso wenig. Dann war es Zeit, Abschied zu nehmen, und sie waren wieder fort.

Als ich am Weihnachtsmorgen in meinem Dachzimmer aufwachte und aus dem Fenster sah, lag auf den Dächern und der Straße Schnee, als hätte jemand in der Nacht eine dicke weiße Decke ausgebreitet. Dieser Morgen hatte etwas Magisches. Ich musste erst die Eisschicht in meiner Waschschüssel brechen, ehe ich mich waschen konnte.

Am Nachmittag vergnügten sich die jüngeren Schwestern damit, den breiten gepflasterten Gehweg vor dem Kloster vom Schnee zu befreien; es machte großen Spaß. Mit großen Schaufeln und Besen beförderten wir den Schnee in den Rinnstein. Mit dieser Arbeit war ungefähr ein Dutzend Schwestern gut drei Stunden lang beschäftigt.

Einige Tage später fiel wieder Schnee. Er taute etwas an, gefror dann wieder, und wir wurden losgeschickt, der Eisschicht mit Salz und Spaten zu Leibe zu rücken. Ein älteres Ehepaar spazierte vorbei und beobachtete uns interessiert. Hätte ich doch nur nicht hochgesehen! Als wäre er verflucht, weil sein Blick sich mit meinem getroffen hatte, rutschte der alte Mann aus und stürzte schwer. Seine Frau half ihrem vor Schreck und Schmerzen stöhnenden Gatten wieder auf die Füße. Keine von uns sagte ein Wort oder kam ihm zu Hilfe – das Schweigegebot schuf Distanz und hielt uns davon ab, spontan Menschlichkeit zu zeigen.

Die Internatsschüler waren zu Weihnachten nach Hause gefahren und so zog sich die ganze Klostergemeinschaft, wie immer in den Ferien, zu dreitägigen Exerzitien zurück. Es kam ein Priester von den Jesuiten, der die Exerzitien leitete und in der Kapelle zweimal am Tag geistliche Unterweisung gab – für mich eine Gelegenheit, mein Französisch zu verbessern. Nie zuvor hatte ich so viel Französisch gehört. Nur der Himmel weiß, wie sich der arme Priester gefühlt haben muss, der voller Inbrunst vor einer Gruppe von Frauen sprechen sollte, die wie Statuen dasaßen und ihn vor lauter Schamhaftigkeit nicht einmal anzusehen wagten. Ich schaute manchmal zu ihm hin und hatte den Eindruck, dass man ihn angewiesen hatte, jeden Blickkontakt mit einer Nonne zu vermeiden, denn er predigte mit großem Eifer zur hinteren Wand der Kapelle.

Für die restliche Zeit der Exerzitien flüchtete ich mich, befreit von der täglichen Tretmühle des Unterrichtens, in glückselige Trancezustände. Ohne den ständigen Leistungsdruck wurde mir das Herz leicht, mein Körper entspannte sich und ich geriet bei dem geringsten Anlass – dem Anblick einer einzelnen Blume, dem Zwitschern eines Vogels – in Verzückung.

In dieser Weihnachtspause fing ich einen Brief an meine Familie an. Es sollte der einzige Brief während meiner ganzen sechs Monate in Montjoie bleiben. Es dauerte zwei Monate, bis ich ihn fertig hatte, denn ich bekam – man mag es kaum glauben – jedes Mal nur ein einziges Blatt, wenn ich um Schreibpapier bat, und jeder (schriftlichen) Bitte um Papier wurde erst nach einigen Tagen entsprochen. Das Schreibpapier wurde von einer Nonne verwahrt, die nach den Wechseljahren richtig unleidlich geworden war. Sie hielt es offenbar für ihre Pflicht, meine Bitten um Papier, ein Kuvert und eine Briefmarke möglichst lange zu ignorieren und aus dem Ganzen eine höchst umständliche Prozedur zu machen.

Meiner Mutter fiel auf, dass der vierseitige Brief, der sie im März erreichte, vom 26. Dezember datiert war. Dieser Umstand und dazu ein Satz, den ich geschrieben hatte, stürzten sie in große Sorge um mich. Ich bewundere den Scharfblick meiner Mutter, denn ich hatte den Brief bewusst fröhlich gehalten. Als sie las, was ich zu den Exerzitien bemerkt hatte, schrillte bei ihr die Alarmglocke. *»Weißt du, man kann traurig und verzagt sein, einsam und arm wie eine Kirchenmaus, und dennoch glücklich, solange Gott einen nicht verlassen hat.«*

Meine Mutter fing an, Fragen zu stellen, warum ich nicht mit den anderen nach Australien zurückgekommen war. Sie wandte sich an die Oberin in Genazzano und bestand darauf, dass diese nach England schrieb. Nach einer Weile, als keine Antwort kam und sie das Gefühl hatte, dass etwas ganz und gar nicht in Ordnung war, wurde sie energisch. Es war meine Mutter, die mich aus Montjoie herausholte, aber bis dahin vergingen noch einmal zwei Monate.

In dieser Zeit fragte eine Schülerin um Nachhilfestunden in Englisch an, denn sie wollte in Kürze nach England gehen. Ich wurde gefragt, ob ich diese Aufgabe übernehmen wollte, und sagte erfreut zu. Als ihre Eltern wissen wollten, was ich verlangte – als ob ich eine Ahnung von der belgischen Währung oder dem üblichen Honorar für Nachhilfestunden gehabt hätte – antwortete ich einfach: »Nicht viel!«, und das war alles, was sie von mir in den folgenden Wochen zu diesem Thema hörten.

Die Schülerin war im Teenageralter und wir kamen prächtig miteinander aus. Sie brachte mir viel Französisch bei, ich fühlte mich also reich belohnt. Zu den Nachhilfestunden zogen wir uns in ein kleines Musikzimmer zurück, dessen Teakholztäfelung einen angenehmen Geruch verströmte. Es hatte den üblichen knarzenden Holzboden und ein niedriges Fenster, knapp unter Hüfthöhe, das auf den Schulhof hinausging. Ihr Englisch machte gute Fortschritte und wirkte Wunder bei meinem Selbstwertgefühl, denn endlich einmal zeigte sich jemand dankbar. Es machte wirklich Spaß. Als sie schließlich abgereist war und ich mein Honorar immer noch nicht eingefordert hatte, spendete ihr Vater dem Kloster eine ziemlich große Summe. Die für die Buchhaltung zuständige Nonne gab die großzügige Spende beim Mittagessen öffentlich bekannt und erwähnte auch meinen Anteil daran. Und so hatte ich auf einen Schlag meine Fehler wieder wettgemacht; es war ein sehr gutes Gefühl. Wie viel Geld ich für das Kloster verdiente, erfuhr ich allerdings nie.

Durch diese kleine Episode hatte sich etwas in mir verändert. Nicht in meiner Beziehung zur Klostergemeinschaft insgesamt – alle waren wie üblich sehr mit ihrer Arbeit beschäftigt und verloren sich tagsüber in dem weitläufigen Komplex –, doch ich begann mich mit den Laienschwestern zu unterhalten, um mir das kürzlich erworbene Gefühl zu bewahren, ein menschliches Wesen zu sein.

Anders als bei den Schulschwestern gab es zwischen den Laienschwestern einen sehr engen Zusammenhalt. Gemeinsam machten sie die Wäsche, kochten und spülten das Geschirr. So oft ich konnte, ging ich nach den Mahlzeiten hinunter und half Geschirr abtrocknen. Ich fühlte mich in ihrer Gesellschaft wohl und spürte auch eine gewisse Unabhängigkeit, ein gewisses Selbstbewusstsein bei ihnen. Es waren einfache, freundliche, duldsame und fleißige Frauen – mit einer Ausnahme.

Diese Frau hatte ein großes Mundwerk und äußerte stets ihre Meinung, wenn die Laienschwestern sich unauffällig im Hintergrund halten sollten. Sie durften bestenfalls hin und wieder eine lustige Anekdote zum Besten geben, sollten sich ansonsten jedoch entsprechend ihrer angeblich geringeren Intelligenz eines unterwürfigen Schweigens befleißigen. Die Laienschwestern akzeptierten ihren niedrigeren Status, außer eben Sœur Patrice, die kein Blatt vor den Mund nahm, was Mutter Josephine und ihre Entourage häufig in Verlegenheit brachte. Sie scheute auch keine Auseinandersetzung mit ihnen und weigerte sich oft, den Mund zu halten, wenn ihr geboten wurde, zu schweigen. Ich fand sie lustig, respektlos, mutig, dumm und anregend. Es war eindeutig ihr Verdienst, dass an der ehrfürchtigen Verehrung, die die Oberin bei allen genoss, ein wenig gekratzt und manches wieder nüchterner gesehen wurde.

Eines Tages erklärte Sœur Patrice, dass die Mädchen ihrer Meinung nach nicht richtig verpflegt würden. Mutter Josephine versuchte nämlich am Essen zu sparen. Kurz darauf gab es einen Aufruhr im Speisesaal der älteren Mädchen, die meinten, dieses Hundefutter würden sie nicht essen. Eine äußerst peinliche Sache. Mutter Josephine musste ihr ganzes Geschick aufwenden, um die Situation zu entschärfen. Man überstand den Sturm, wie alle anderen auch, doch er hätte leicht verhindert werden können, wenn die Klugheit und Ehrlichkeit einer zornigen Laienschwester etwas gegolten hätten.

Ich begann die Kameradschaft unter den Laienschwestern

immer mehr zu schätzen; dank ihr hielten sie die Arbeit in diesem klösterlichen Ausbeuterbetrieb überhaupt durch. Sie stammten alle aus flämischen Bauernfamilien, waren harte Arbeit also gewohnt, und wussten wahrscheinlich, dass das Leben draußen auch nicht besser, sondern eher schlechter wäre. Hier hatten sie zumindest eine gewisse Sicherheit und man würde sich in späteren Jahren, wenn sie Pflege brauchten, um sie kümmern. Es war damals nicht das Schlechteste, auf einen Ehemann zu verzichten: Die Schlauen entschieden sich für ein Leben im Kloster. Ich lernte diese Frauen mit der Zeit gut kennen und sie waren alles andere als naiv.

Eine von ihnen, Sœur Hélène – ein zierliches Persönchen mit einem schmalen engelhaften Gesicht und einem Lächeln in den leicht schielenden, sanften Augen –, war sehr zurückhaltend. Ich hörte sie niemals sprechen. Vielleicht hielt sie sich streng an das Schweigegebot, vielleicht hatte sie aber auch eine Sprachstörung. Sie schien nicht das Bedürfnis zu haben, sich zu äußern. Diese kleine Schwester war Balsam für meine Seele. Es war immer eine Aura von Frieden und Freundlichkeit um sie. Hin und wieder blickte sie mich mit diesen sanften Augen an und dann verflog jeder Kummer in meinem Herzen.

Ich begann mich mit den Schwestern zu unterhalten, wenn ich ihnen bei der Arbeit half. Es verstieß gegen die Regeln, aber die kleine Schar von Spülerinnen war sich einig, dass sie das Gespräch für ihre geistige Gesundheit brauchten. Sie unterhielten sich darüber, was in den Stockwerken über ihnen (sie arbeiteten im Souterrain) wohl alles vor sich ging, und da man ihnen von Dingen, die sie angeblich nichts angingen, nichts erzählte – wie zum Beispiel von Vorkommnissen in der Schule –, versuchten sie selbst möglichst viel in Erfahrung zu bringen. Da unten wurde immer reichlich geklatscht und getratscht.

Und nicht selten mussten sie mich ermahnen, leiser zu sein, weil ich in schallendes Gelächter ausbrach.

In diesen Schwestern hatte ich eine Unterklasse gefunden, mir der ich mich identifizieren konnte. Zwar war ich eine Lehrerin und gewissermaßen ein Gast des Hauses, aber sie schienen zu wissen, dass ich bei den Oberen nicht hoch angesehen war, zudem auch jung und verletzlich. Sie vertrauten mir und gaben mir zu verstehen, dass sie hinter mir standen.

Eines Tages zeigte mir Sœur Hélène etwas ganz Fremdes und Wundervolles. Sie bedeutete mir, ihr zu folgen, und ging zu einem Schrank mit Putzzeug. Als sie ihn öffnete, erspähte ich – verborgen in einer Ecke – die Figur einer Schwarzen Madonna und mir lief ein Schauer über den Rücken, denn sie strahlte eine seltsame Energie aus. Die Figur hatte markante Gesichtszüge, gar nicht hübsch oder lieblich, war ganz schwarz und glänzend lackiert, was den Eindruck vermittelte, als würden sie und das Kind in ihren Armen schwitzen.

Warum war die Figur in jenem Schrank verborgen und hatte keinen Ehrenplatz wie so viele andere Figuren, zum Beispiel das Prager Jesuskind, die heilige Philomena, der heilige Antonius, der heilige Joseph und Unsere Liebe Frau von Diesem und Jenem? Und warum zeigte die kleine Schwester sie mir nur in aller Heimlichkeit? Die ganze Zeit über wandte sie nicht den Blick von meinem Gesicht und ich spürte, dass die Figur irgendwie nicht koscher war oder vielleicht Dinge bewirkte, die nicht geschätzt wurden. Heute frage ich mich, ob vielleicht rassistische Vorurteile dahinter steckten. Eine *schwarze* Madonna! Ich hatte von einer in Russland gehört, wo eine katholische Untergrundbewegung den Staatskommunismus herausforderte, aber die Russen waren nicht wie andere Völker – sie galten als subversiv. Auch die Spanier verehrten eine schwarze Muttergottes, in Montserrat, aber von dieser wusste ich damals nichts – und wahrscheinlich auch sonst niemand im abergläubischen, voreingenommenen Belgien der 1960er-Jahre.

Ich liebte diese Figur so sehr, dass ich mit dem Gedanken spielte, sie zu stehlen. Wenn ich daran dachte, dass man sie in den dunklen Putzschrank gesteckt hatte, als wäre sie des Teufels, nur weil sie anders war, stiegen mir Tränen in die Augen. Ich sah mich wohl selbst in einer ähnlich traurigen Lage wie sie und wollte mit meinem Wunsch, sie von dort fortzuholen, symbolisch mich selbst retten. Leider glaubte ich, kein Recht dazu zu haben, und ließ die Figur dort. Ich fragte mich in späteren Jahren oft, was aus ihr geworden sein mag.

Immer öfter suchten mich Albträume heim. Der alte Dachboden, auf dem ich schlief, war nicht nur staubig, zugig und kalt, sondern hatte dunkle unergründliche Ecken und ständig knackte es irgendwo. Nachts konnte man leicht den Eindruck haben, dass irgendein Fremder herumschlich. Vielleicht gelang es einem Mann, über das Ziegeldach einzudringen. Es gab viele Leute, denen die Beziehungen des Klosters zu den Amerikanern in Brüssel ein Dorn im Auge waren, und deshalb nahm Mutter Josephine meine Angst auch ernst, als ich eines Nachts, einem Nervenzusammenbruch nahe, an ihre Tür klopfte, weil ich überzeugt war, die Schritte eines Mannes gehört zu haben.

Sie rief die Schwester Pförtnerin und gemeinsam durchsuchten sie mit starken Taschenlampen den ganzen Dachboden. Es war niemand da, außer vielleicht die vielen Geister aus vergangenen Jahrhunderten, die mich in anderen Nächten heimsuchten und Schatten schrecklicher Erinnerungen an Zeiten mit sich brachten, die ich selbst erlebt zu haben glaubte.

Eines Tages ging ich den Korridor entlang, wobei der Holzboden bei jedem Schritt knarrte, als plötzlich Mutter Josephine vor mir stand. Sie war kleiner als ich und musste deshalb zu mir aufsehen. Ihr Gesicht zeigte einen Ausdruck, den ich nicht einordnen konnte, und was sie sagte, schockierte mich geradezu.

»Schwester Carla, es tut mir Leid …«, setzte sie an.

»Ist schon gut«, unterbrach ich sie schnell, um ihr die Unannehmlichkeit dessen, was immer sie auch sagen wollte, zu ersparen.

Mutter Josephine schien leicht verärgert, schob ihren Unmut jedoch beiseite und begann erneut: »Es tut mir Leid …«

Wieder unterbrach ich sie, seltsam nervös, fast panisch. Sie gab auf, ging ihres Weges und ich blieb fassungslos zurück. Hatte das eine Art Beichte werden sollen? Hatte sie irgendetwas wieder gutmachen wollen? Ich erfuhr es nie. Ich ließ sie einfach so davonkommen, was weder mir noch ihr gut tat, aber es ließ sich nicht mehr ändern.

Plötzlich, dank des beharrlichen Drängens meiner Mutter, mich nach Australien zurückzuschicken – oder sie würde mich höchstpersönlich abholen kommen –, wurde mir mitgeteilt, dass ich Montjoie verlassen würde. Zu mir kam eine aufgeregte Mutter Josephine mit der Nachricht, dass ich am nächsten Morgen nach Broadstairs abreisen sollte. Es war keine Zeit, eine Ersatzlehrerin für mich zu suchen, ich sollte mich so schnell wie möglich auf den Weg machen, lautete die Anweisung der Generaloberin. Mutter Josephine mahnte mit blassem Gesicht zur Eile. Ich war wie benommen, verwirrt und gleichzeitig erfreut, doch es war keine Zeit für große Gefühle, viele Abschiedsworte oder dergleichen. Mein Pass war inzwischen in Ordnung und in Mutter Josephines Händen. Rasch wurde mein Koffer aus dem Lagerraum geholt und ich begann zu packen.

Um vier Uhr morgens, es war noch dunkel, waren wir schon auf. Ich stopfte ein paar Löffel Haferflocken und eine unreife Banane in meinen ungnädigen Magen, zog meine jämmerlich löchrigen Handschuhe an, und schon waren Mutter Josephine und ich mit einem Taxi unterwegs zum Hafen.

Wieder einmal stand ich auf der Fähre, diesmal von Ostende nach Dover und mit ein paar Landwirten als Weggefährten, die uns Nonnen, die sich sichtlich unwohl fühlten, wohlwollend beäugten.

»C'est très dur«, sagte schließlich einer von ihnen. Er hatte schon eine Weile unsere bleichen, abgespannten Gesichter gemustert. Obwohl ich sonst nie Probleme auf einem Schiff gehabt hatte, musste ich gegen die Seekrankheit ankämpfen, denn die grüne Banane in meinem Magen wollte einfach nicht darin bleiben.

Am Ende siegte doch der Drang der Natur. Ich hatte keine Zeit für Erklärungen, keine Zeit, um zu fragen, wo die Toiletten waren – wir taten in der Öffentlichkeit ja immer so, als würden wir derartige Dinge nicht brauchen. Ich stolperte blindlings den Gang entlang, stürzte in den Waschraum und erbrach mich – und beugte mich gleich wieder würgend über das Waschbecken. Leider ließ sich mein Mageninhalt nicht besonders gut beseitigen. Ich kehrte leise wieder an meinen Platz neben Mutter Josephine zurück, die mit ihren eigenen Gedanken beschäftigt war. Von den Landwirten kam mitleidiges Gemurmel; ich wagte nicht, ihnen ins Gesicht zu sehen.

Wir saßen schweigend da, den Bewegungen des Schiffes folgend, als Mutter Josephine mir etwas zu lesen in die Hand drückte. Es war ein Büchlein mit dem Titel *Wie Sie Ihre Willenskraft stärken* und enthielt eine Menge populärwissenschaftliche Erkenntnisse über die Vorteile eines starken Willens, was ich zu jener Zeit alles wörtlich nahm, vor allem da meine Oberin mir das Büchlein gegeben hatte. Ich nahm an, dass sie es speziell für mich ausgesucht hatte, um mir zu helfen. Ich war ihr schrecklich dankbar und hatte sogar das Gefühl, dass Mutter Josephine nun ein Geheimnis mit mir teilte – vielleicht eine ihrer Strategien. Dass sie mir damit zu verstehen gab, ich sei willensschwach, machte mir überhaupt nichts aus.

Das Büchlein begleitete mich mehrere Jahre lang. Bei jeder Übung – beispielsweise zehn Blatt Papier langsam in hundert kleine Stücke zu zerreißen – beschwor ich das Gefühl eines starken Willens herauf. Genau das brauche ich, dachte ich: eine größere Kontrolle über meine Gefühle. Mutter Josephines eiserner Wille wurde mir zum Vorbild; ein verzweifeltes Ringen um Kontrolle über sich selbst, das letztlich doch scheiterte. Aber es half mir in diesen Jahren, einen stoischen Gleichmut zu bewahren bei allem, was die Götter oder Gott mir schickten, um mich zu versuchen. So sollten die Dinge meiner Meinung nach sein. Die Götter oder Gott hatten anderes mit mir vor.

Im Londoner Konvent lernte ich die Nonne kennen, mit der ich nach Australien zurückreisen sollte. Schwester Marian hatte gerade eine mehrmonatige Umschulung in Stella Maris beendet. Sie war ausgesprochen introvertiert, schien immer sehr auf ihre Umgebung bedacht und blieb selbst dann meistens stumm, wenn die Regeln ihr zu sprechen erlaubten – zum Beispiel auf dem Schiff.

Unsere Rückreise nach Melbourne verlief ereignislos. Die meiste Zeit war die schweigsame Schwester Marian in ein Buch vertieft, doch einmal brach sie ihr Schweigen – ein denkwürdiger Tag –, als wir bei einem Zwischenstopp in Kalkutta das Schiff verließen und uns auf die Suche nach dem Jesuitenhaus machten, um dort zu beichten.

Die Menschen Indiens, denen ich zum ersten Mal begegnete, hinterließen einen tiefen Eindruck bei mir. Vom Schiff aus sah ich ein Grüppchen von Kindern unter Anleitung ihrer Lehrerin im Freien tanzen und war hingerissen von der Anmut und

Leichtigkeit ihrer Bewegungen. An Land nahm uns eine Frau in Empfang, deren feminine fließende Bewegungen bei der Begrüßung mir immer in Erinnerung bleiben werden. In ihnen vereinte sich die würdevolle Anmut des Ganges, der sanften Winde ihres Landes, all dessen, was von Natur aus fließt. Ihr Lächeln war herzlich, aber schüchtern, und ich senkte den Blick meiner neugierigen Augen, der sie verlegen zu machen schien.

Schwester Marian und ich machten uns auf den langen Weg zum Jesuitenhaus. Sie schien einen Stadtplan im Kopf zu haben und schritt forsch voran, als wäre sie hier zu Hause. Offenbar hatte sie genaue Instruktionen bekommen, wohin wir gehen mussten, auf welchem Weg und wie wir uns in dieser fremden Umgebung verhalten sollten. Ich musste nur neben ihr herlaufen. Gesprochen wurde währenddessen kein einziges Wort. Die Scharen von Kindern, die uns umringten und um Geld bettelten, ignorierten wir geflissentlich. Sie sahen in uns keine heiligen Menschen – wie sollten sie auch? Kleidung und Hautfarbe wiesen uns als Ausländer aus. Ich sah in Kalkutta reglose Körper im Rinnstein liegen, betrunken, schlafend oder tot. Ich sah Fleisch, von Fliegen umschwärmt, offen in den Marktständen an der Straße hängen. Ich sah hunderte von Gesichtern auf unserem Weg, Miniaturen des Lebens, Schnappschüsse in meinem Kopf.

Schließlich erreichten wir die klösterliche Oase, wo uns der Hausobere herzlich begrüßte. Überraschenderweise machte Schwester Marian nun den Mund auf, um Rede und Antwort zu stehen, was mir nur recht war, denn ich hatte inzwischen vergessen, wie man eine normale Unterhaltung führt.

Wir wurden in ein kühles Besuchszimmer geführt und bekamen dort den besten Tee serviert, den ich je getrunken habe. Ob es an der Hitze lag oder an der Tatsache, dass es feinster

Ceylon-Tee war, oder weil der junge Priester, der ihn servierte, ihn mit so großer Sorgfalt zubereitet hatte – ich weiß es nicht. Vielleicht war es alles zusammen. Dass der junge Priester eine magische Anziehungskraft besaß, ist sicher, denn ich fühlte mich bei seiner Berührung, als er mir die Hand reichte, wie verzaubert. Es war, als würde elektrischer Strom zwischen uns fließen und sofort eine Verbindung hergestellt. Als ich ihn fröhlich anlächelte, strahlte er übers ganze Gesicht. Es freute ihn offensichtlich sehr, dass mir sein Tee so gut schmeckte.

Dann wurden wir in die stille, kühle, weihrauchduftende Kapelle mit den Beichtstühlen geführt. Nachdem ich den Priester schon persönlich kennen gelernt hatte und ihm nun erzählen sollte, was für ein schrecklicher Mensch ich war, empfand ich die Beichte als bedrückend und demütigend. Ich fühlte mich wie ein Wurm, als ich ihm von meinen sexuellen Fantasien berichtete – und schob ganz schnell hinterher, dass ich auch rebellische Gedanken gehabt hatte, denn das war weniger schlimm als sexuelle Gefühle … Es war einfach erbärmlich. Warum musste ein schöner Nachmittag durch einen solchen Seelenstriptease verdorben werden? Außerdem war die Sache sehr einseitig: Der Beichtvater sagte keiner von uns beiden, was in *seinem* Kopf vorging! Niemals, unter keinen Umständen, würde ein Priester einer Frau seine Sünden bekennen.

Wir gaben uns noch einmal die Hand, der junge Priester und ich, um uns zu verabschieden. Es war ein fester, männlicher, warmer Händedruck. Drei Jahre später tauchte er überraschend in meinem Kloster in Australien auf und wollte mit mir sprechen. Ich war zu jener Zeit nicht dort und erfuhr erst Monate später von seinem Besuch, als sich niemand mehr daran erinnern konnte, wie er hieß und woher er kam. Es war eine dieser seltsamen Begebenheiten, die mich immer ins Grübeln bringen: War unsere Begegnung vorbestimmt? Aber wenn ja, warum trafen wir uns dann nicht mehr? Was wäre weiter geschehen, wenn wir uns wiedergesehen hätten?

Warum machen sich die Menschen über solche Dinge Gedanken?

Willkommen daheim, Schwester!

Ich war sehr blass geworden nach dem längsten aller Winter, aber meine Mutter war überzeugt, dass es mir jetzt, da ich wieder in Australien war, bald wieder gut gehen würde – obwohl schon wieder ein Winter vor der Tür stand. Ihr Gesicht strahlte triumphierend, als sie mich mit meinem Vater besuchen kam, und auch er grinste erfreut. Allerdings würde ich nicht lange in Genazzano bleiben. Ich wurde in einer Schule auf dem Land gebraucht und man sorgte dafür, dass ich möglichst schnell dort eintraf. Das war Mitte des Jahres 1965.

Schwester Marian und ich wurden in einem Auto ins verschlafene Benalla gebracht, einer Kleinstadt in Victoria mit einer katholischen Kirche und zwei angrenzenden Schulen, beide von den Faithful Companions of Jesus geführt.

Jener Tag, der erste in meiner neuen Gemeinschaft von elf Schulschwestern und einer Laienschwester, war für mich die Chance auf ein neues Leben, ein endlich produktives Leben, ein Leben ohne belastende Vorgeschichte – dachte ich zumindest. Nur zwei Mitschwestern kannten mich von früher: Schwester Anna, die ein Jahr nach mir in den Orden eingetreten war, und Schwester Madeleine, ein Jahr älter als ich, und beiden konnte ich vertrauen. Schwester Marian kannte mich von unserer gemeinsamen Rückreise, aber diese kurze Zeit fiel nicht ins Gewicht. Und die Mutter Oberin hatte mich nie zuvor gesehen.

Es gab natürlich so etwas wie Beurteilungen, anhand deren sich die Oberin von einer Schwester, die sie nicht kannte und die sich in der neuen Gemeinschaft noch nicht bewährt hatte, ein Bild machen konnte. Eine solche Burteilung war mir natürlich vorausgereist, was ich in meiner Begeisterung, nun einen

Neuanfang machen zu können, allerdings vollkommen vergessen hatte.

Bei der ersten abendlichen Zusammenkunft am Tisch im Gemeinschaftsraum, an deren Ende einige praktische Dinge standen, fragte die Ehrwürdige Mutter Clare am Schluss in die Runde: »Wir brauchen jemanden, der das Aufwecken um 5.30 Uhr übernimmt. Gibt es eine Freiwillige?« Ich ergriff die Gelegenheit beim Schopf, meinen guten Willen und meine Nützlichkeit zu beweisen, und sagte schnell: »Ja, ich!« und wunderte mich, als mein Angebot nicht sofort angenommen wurde. Die Ehrwürdige Mutter Clare lächelte mitleidig, ohne mich dabei anzusehen, und sagte dann, so dass alle es hörten: »Gut, Schwester Mary Carla bekommt die Glocke. Da müssen wir wohl auf alles gefasst sein.«

Mir blieb fast das Herz stehen. Warum sagte sie das? Ein Murmeln machte die Runde, einige kicherten leise. Sie hatten verstanden, was sie meinte; offensichtlich war schon vor meiner Ankunft über mich gesprochen worden. Der Ruf einer jungen Schwester zählte nicht für die Oberin. Nicht dass sie absichtlich gemein gewesen wäre, sie stand wohl nur unter Druck, weil sie ihrer verantwortungsvollen Aufgabe nicht ganz gewachsen war. Mich verließ fast der Mut, aber ich wusste, dass ich meine Sache tadellos machen würde.

Das Kloster lag auf einem kleinen Grundstück, einige hundert Kilometer nördlich von Melbourne landeinwärts. Die Winter dort waren bitterkalt. Über dem Eingangsportal war »Our Lady of the Angels« eingemeißelt. Vor dem Gebäude befand sich ein Garten, der gerade einmal so groß war, dass ein Auto hätte wenden können, dahinter ein Platz, der als Pausenhof für die Schulkinder diente, der Gemüsegarten des Klosters und der Auslauf für die Hühner. Dass die Gemeinschaft so klein war, förderte das freundschaftliche Miteinander, und die schönen, hellen Räume vermittelten Behaglichkeit und Wohlbefinden – ganz anders als die kargen Zimmer, mit denen sich die Nonnen in Genazzano zufrieden geben mussten.

Die etwa dreißig Internatsschülerinnen waren Farmerstöchter, deren Elternhaus für eine tägliche Hin- und Rückfahrt zu weit entfernt lag. Es gab auch einige Jungen, jedoch nur Tagesschüler. Zu den Schlafräumen im oberen Stockwerk führten zwei Treppen: eine auf der Rückseite des Gebäudes (sie wurde von den Internen, von jungen oder zumindest mobilen Nonnen benützt) und eine reich beschnitzte, auf Hochglanz polierte Holztreppe nahe der Tür zur Kapelle, die nur von der Oberin und den älteren Nonnen benützt wurde, um ihre Beine zu schonen. Abgesehen von Anna, Madeleine, Marian und mir selbst waren alle Schwestern im mittleren Alter oder älter.

Die Aufgaben der Infirmarin übernahm Schwester Marian, doch es wurden mehrere Nonnen in Krankenpflege unterwiesen, um den Kontakt mit männlichen Ärzten auf ein Minimum zu beschränken. Schwester Madeleine war ein zierliches, liebes Persönchen mit einem rundlichen, blassen Gesicht, flehenden Augen, einem schüchternen kleinen Lächeln und leiser Stimme. Am liebsten drückte sie sich unauffällig irgendwo in eine Ecke. Sie und Schwester Anna – in jeder Hinsicht robuster als Madeleine, fröhlich, ziemlich groß, sehr gut in Englisch und im Nähen – wurden meine Freundinnen. Uns dreien war eine jugendliche Unbekümmertheit gemeinsam und später sollten wir uns gegen die Mächte, die der Jugend misstrauten, zusammentun.

Ich war überglücklich, als mir mitgeteilt wurde, dass ich Kinder verschiedener Altersstufen in Kunsterziehung und Handarbeiten unterrichten sollte. Es machte mir so viel Freude, dass meine Verstopfung nach mehr als zehn Jahren mit einem Schlag verschwand und meine Verdauung plötzlich wieder problemlos funktionierte. Ich fühlte mich endlich wieder gebraucht – ein wunderbares Gefühl.

Mit der Zeit fühlte ich mich fast wie in einer Familie. Trotz des Schweigegebots entwickelte sich zwischen den Mitgliedern unserer kleinen Gemeinschaft eine wunderbare Kameradschaft. Unter Anleitung der zuständigen Nonne putzten wir gemeinsam die Kapelle. An einem sonnigen Tag schafften wir mit vereinten Kräften die Kirchenbänke ins Freie. Das alte Holz wurde gesäubert und poliert, der Boden frisch gebohnert, die Buntglasfenster wurden gewaschen, alle silbernen und kupfernen Gegenstände für den Altar auf Hochglanz poliert. Um mehr Bewegungsfreiheit zu haben, banden wir unsere Umschlagtücher und Schürzen hoch und zeigten bei dieser Gelegenheit ungewollt Figur. Einmal tauchte unerwartet ein Handelsvertreter auf, während wir mit unserem Großputz beschäftigt waren, worauf wir uns schleunigst zurückzogen und ihn allein zwischen den vom Staub befreiten Kirchenbänken stehen ließen.

Ich genoss das Gefühl, zu einer Gruppe von Menschen zu gehören, die ihr Leben, so wie ich das meine, Gott geweiht hatten und meistens freundlich und humorvoll waren. Hier, in diesem kleinen Ort mitten auf dem Land, wurde meine Vorstellung vom Klosterleben endlich Wirklichkeit. Es war dieses intensivierte und idealisierte Gemeinschaftsgefühl, nach dem ich noch viele Jahre später, nach meinem Austritt aus dem Orden, in meinen Träumen suchte. Ich träumte immer wieder davon, dass ich die Nonnen, nach denen ich suchte, im Gemüsegarten fand und sie, wenn ich mich ihnen näherte, aufblickten und zueinander sagten: »Da kommt sie wieder. Wie lange sie wohl dieses Mal bleibt?« Ich fragte mich dann ebenfalls, wie viele Male ich tatsächlich zurückgekehrt und warum ich immer wieder fortgegangen war. Dann fiel ich auf die Knie und versicherte ihnen, wie sehr ich Gott liebte und ihm dienen wollte, und sie nahmen mich immer wieder auf. Ich trug immer eine seltsame Mischung aus Schwesterntracht und Zivilkleidung in diesen Träumen, und sobald ich im Kloster war, fragte ich mich, warum ich zurückgekommen war. Wenn ich den Nonnen wirklich nahe kam, spürte ich eine dunkle, kalte Energie, die mich frösteln machte, und ich wusste, dass mein Leben im Kloster nicht von Dauer sein konnte.

Unsere Laienschwester in Benalla war ein zierliches Persönchen mit einer Hasenscharte, ihre Augen hinter der runden Nickelbrille blickten verschmitzt. Schwester Antoinette war nicht mehr jung, als ich sie kennen lernte, ließ sich aber trotz ihrer zarten Gestalt und ihres Alters von keiner Aufgabe entmutigen. Ihr Reich war die Küche und sie bereitete bravourös sämtliche Mahlzeiten für die Nonnen und Internatsschülerinnen zu. Sie stammte aus Irland, war bereits mit zwanzig Jahren nach Australien geschickt worden und vermisste ihre Heimat schmerzlich. Als einzige Laienschwester in Benalla war sie doppelt einsam, denn an den Gesprächen über die Hauptanliegen des Klosters – die Führung des Internats und der Grundschule – durfte sie nicht teilnehmen. Sie war nur ein Arbeitspferd.

Schwester Antoinette und ich wurden gute Freundinnen. Es machte mir Spaß, ihr in der Küche zu helfen. Einmal beschlossen wir, Ingwerbier zu machen. Dem Rezept nach war es kinderleicht. Acht Tage lang fügten wir dem »Ansatz« Zucker und gemahlenen Ingwer zu, dann konnten wir unser Gebräu endlich in Flaschen abfüllen, die wir zusammengebettelt hatten. So weit, so gut.

Ein paar Wochen später nahmen wir gerade schweigend unser Frühstück ein, als eine Explosion uns unsanft aus unseren Gedanken riss. Der Knall kam aus dem Küchenkeller und ein Blick auf Schwester Antoinette genügte, um zu wissen, was vor sich ging. Ich sah, wie sie hilflos, aber trotz der Tragödie im Keller augenzwinkernd zur Mutter Oberin blickte.

Auf die erste Explosion folgte Sekunden später die zweite, und bald hörte es sich an wie das reinste Sperrfeuer. Doch es fiel kein einziges Wort, alle frühstückten weiter, als wäre nichts geschehen. Uns blieb nichts anderes übrig, als zu warten, bis auch die letzte Flasche explodiert war, und dann die Schweinerei zu beseitigen. Schwester Antoinette brauchte gar nicht um Unterstützung zu bitten – alle halfen sofort mit, die Glasstückchen und -splitter aus unserem Gemüse, den Käselaiben und auch den Wänden zu pflücken – eine gewaltige Aufgabe. Das war der erste und letzte Versuch, Ingwerbier herzustellen, denn nun konnte als bewiesen gelten, dass es keineswegs eine würzige Ingwerlimonade war, sondern ein alkoholisches Getränk.

Ich hätte alles für Schwester Antoinette getan, denn sie war ein bescheidener und ganz normaler Mensch, freundlich und unvoreingenommen. Außerdem hatte sie Sinn für Humor und half mir oft, über mich selbst zu lachen. Gott sei ihrer Seele gnädig. Am Ende musste sie miterleben, wie ich immer niedergeschlagener wurde und nicht mehr ein noch aus wusste. Sie verfolgte meine Entwicklung auf ihre ruhige Art, war aber immer für mich da, betete für mich und ihre Gebete waren aufrichtig; ihr Herz urteilte niemals.

»Schwester«, sagte ich eines Tages, als ich ein wenig Zeit übrig hatte, »ich putze jetzt die Fenster der Küche für Sie.«

»Ach, machen Sie sich wegen der Fenster keine Gedanken«, erwiderte Schwester Antoinette. »Sie sind bloß schmutzig, weil sie so hoch sind, dass kein Mensch hinaufkommt.«

Das stimmte. Die Fenster reichten fast bis zur Decke. Sie

waren seit Jahren nicht geputzt worden – die oberen Teile vielleicht noch nie – und deshalb wirkte die Küche nie so blitzsauber, wie eine Küche es sollte.

Antoinette wusste, dass nichts mich aufhalten konnte, sobald ich mir eine gute Tat in den Kopf gesetzt hatte, doch sie warnte mich. »Seien Sie mal schön vorsichtig, Carla«, sagte sie mit einem Blick auf die Holzleiter, die ich anschleppte. »Die Stufen sind sehr rutschig, wenn sie nass werden, also nichts verschütten. Und passen Sie auf, dass Sie nicht an den Heißwasserboiler kommen.«

Mit einem Eimer Wasser in der einen und dem Putztuch in der anderen Hand kletterte ich die Leiter hinauf. Schwester Antoinette betete für mich, das wusste ich. Direkt unter mir auf der linken Seite befand sich der große elektrische Boiler mit fast kochend heißem Wasser.

Meine Schnürschuhe hatten glatte Ledersohlen. Ich hatte die Leiter schon beinahe erklommen, als ich ausrutschte. Der Eimer fiel mir aus der Hand und ich fast ebenso schnell hinterher, blieb mit einem Ärmel meines Habit an der Verankerung des Boilers hängen, löste mich wundersamerweise wieder und landete dann seitlich auf dem Rand des großen Edelstahlspülbeckens.

Der Lärm rief die Infirmarin auf den Plan. Am schlimmsten hatte es mich am rechten Bein erwischt; der Oberschenkel war ein einziger blauer Fleck. »Lassen Sie sich ein Bad ein und bleiben Sie eine Weile darin«, verordnete mir Schwester Marian in ihrer ruhigen Art.

Angesichts ihrer üblichen Haltung – in *diesem* Kloster wird nicht krank gespielt! – war das besser als nichts. Nach dem Bad Arnikasalbe aufzutragen, sogar etwas Bittersalz im Badewasser, hätte vielleicht geholfen, aber leider waren die Infirmare in den Klöstern keine Naturheilkundigen. Seit man auf die Schulmedizin vertraute, wurde die Kräuterheilkunde, einst die Domäne der Klöster, sträflich vernachlässigt. An meinem Oberschenkel blieb eine Delle mit vernarbtem Gewebe zurück. Ein paar Tage lang konnte ich mich nur humpelnd fortbewegen, dann zwang ich mich, mein verletztes Bein zu ignorieren, so wie ich den Rest meines Körpers zu ignorieren versuchte.

Etwas anderes jedoch ließ sich nicht ignorieren: die störenden hässlichen Hubbel auf meinen Händen – Warzen. Meine Hände waren einmal so schön gewesen, dass Schwester Marian Fotos von ihnen gemacht hatte, und meine Novizenmeisterin hatte sie oft bewundernd betrachtet. Das sollte ich natürlich nicht mitbekommen, aber ich wusste es trotzdem, wie Menschen, die um ihres Überlebens willen ständig erraten müssen, was andere denken, solche Sachen eben wissen. Insgeheim war ich stolz darauf und genoss diese Bewunderung, doch hinterher kamen natürlich die unvermeidlichen Schuldgefühle und Selbstbestrafung. Also entwickelte ich Warzen, eine große an meinem linken Daumen und mehrere andere an verschiedenen Fingern. Nicht so ganz das Wahre für eine Lehrerin, die Kunsterziehung und Handarbeiten unterrichtet und auf deren Hände sich ständig alle Blicke richten. Auch im Umgang mit Nahrungsmitteln konnten Warzen gefährlich sein und so wurde beschlossen, dass sie entfernt werden mussten – im Krankenhaus.

Das Krankenhaus von Benalla hatte noch nie eine Nonne in seinen Mauern beherbergt. Sie taten ihr Bestes und setzten mich unter Vollnarkose. Vielleicht meinte der Anästhesist, dass es eine besonders hohe Dosis braucht, um eine Nonne schlafen zu schicken, denn es dauerte sehr lange, bis ich wieder aufwachte, und das nur, um mich zu übergeben. Meine Mitpatientin sah hilflos zu, wie ich würgte und würgte und mich schließlich doch erbrach. Bis eine Schwester kam, war ich schon wieder in die Bewusstlosigkeit abgetaucht.

»Vor morgen wird Schwester Mary Carla nicht entlassen«, wurde meiner Oberin auf Nachfrage mitgeteilt.

Als ich ins Kloster zurückkehrte, nannten mich die anderen »Dornröschen« und ich durfte wegen meiner bandagierten Hände einige Tage nicht arbeiten. Während der Rekreation neckten sie mich dann: »Schwester, Sie haben sich nicht an das Schweigegebot gehalten, als Sie bewusstlos waren!«

»Was? Was habe ich denn gesagt?« Keine wollte es mir sagen und ich wurde rot, als ich überlegte, was es Schreckliches gewesen sein mochte, dass man es nicht wiederholen konnte. Nun denn, was konnte ich anderes tun, als diese unangenehmen Gedanken wegzuschieben und mit den anderen mitzulachen.

Es war eine unabdingbare Notwendigkeit, für Kloster und Schule Spenden zu sammeln, und zu diesem Zweck wurde jedes Jahr ein Fest organisiert. Sie waren immer gut besucht, wenn auch keine denkwürdigen Ereignisse, bis auf das eine Mal, als ich für die Tombola zuständig war. Auf kleine Zettelchen wurden Nummern geschrieben, die den Nummern an den Preisen entsprachen, und dann mit ein paar Nieten in einen Zugbeutel gesteckt. Für zwanzig Cent konnten die Leute ihr Glück versuchen. Der begehrteste Preis war eine Flasche Sherry. Ich merkte bald, dass es diese Flasche war, die die meisten Loskäufer anzog, deshalb wollte ich sie nicht so bald herausrücken. Ich suchte das Los mit der Nummer der Flasche heraus und steckte es in die Tasche. Als ich mich selbst ein wenig umsehen und das gelockerte Schweigegebot dazu nutzen wollte, mit Eltern und Kindern zu sprechen, übernahm eine andere Schwester meinen Posten.

Als ich nach einer Weile wieder zum Tombolastand kam, fing ich einen fragenden und leicht beunruhigten Blick meiner Mitschwester auf. Es waren nur noch drei Preise übrig, die

Flasche Sherry stand einsam auf dem obersten Regalbrett und eine Besucherin, die sie unbedingt gewinnen wollte, kaufte ein Los nach dem anderen! Ich griff nach dem Beutel und steckte blitzschnell die Losnummer hinein – so schnell, dass kein Mensch etwas von meiner Schwindelei mitbekam. Zum Glück ging die Flasche schließlich an die richtige Person, die sich nicht einmal beklagte, dass sie so viele Lose dafür gekauft hatte. Warum schöpfte sie keinen Verdacht? War es so unvorstellbar, dass vielleicht auch Nonnen schummeln? Wahrscheinlich. Jedenfalls blieb mein kleines Manöver unentdeckt und ich wurde sehr für die überaus erfolgreiche Tombola gelobt, und das allein zählte.

Ich war fast einunddreißig, als ich herausfand, woher die Babys kommen – und vierundfünfzig, als ich dahinter kam, warum die Aussage *Küssen macht schwanger* damals mit siebzehn ein derart plastisches Bild von Samen, der durch meine Kehle rinnt, in mir ausgelöst hatte. Mein Wissen über sexuelle Dinge machte gewaltige Fortschritte, als das Kloster endlich einer Direktive des Bischofs Folge leistete, dass die Schüler, entsprechend der von Papst Johannes XXIII. initiierten Reformen, eine richtige Sexualerziehung bekommen sollten.

Den Unterricht übernahm Father Gregory, der Pfarrer unserer Kirchengemeinde, allerdings mussten die Nonnen erst ihre ganzen Überredungskünste aufbieten. Es war im Sommer 1967, als der vor Nervosität schwitzende Mann in unser Kloster kam, um den Schülerinnen – die Aula war voll besetzt – die Sache mit der Empfängnis zu erklären. Als eine der Lehrerinnen durfte ich auch dabei sein.

Father Gregory zeigte ein Dia des David von Michelangelo. Es war ein ziemlich unscharfes Bild, was es schwierig machte, herauszufinden, was und wo die Testikel waren, von denen der

Pfarrer sprach. Im Bauch, nicht wahr? Und was war das Skrotum? Eines wussten wir sicher: Der Penis war außen, denn uns wurde gesagt, dass er seinen Weg in das intimste Teil einer Frau finden müsse, genannt Vagina, damit es zu einer Empfängnis kommt.

Also, das konnte ja wohl nicht stimmen! Es erschien mir so ungeheuerlich vulgär, dass mein Kopf sich weigerte, es zu begreifen. Mir wurde ganz schwindelig bei der Vorstellung, dass eine Frau ihren Schlüpfer auszieht und sich so einem Mann zeigt, der sich seiner Unterhose ebenfalls entledigt hat und dann seinen – *Penis?* Was für ein hässliches Wort! –, jedenfalls das Ding, mit dem er pinkelt, in die Frau hineinsteckt! Unerhört! Widerwärtig! Kein Wunder, dass Jesus es vorzog, von einer Jungfrau geboren zu werden, die derart erniedrigende Dinge niemals erleiden musste.

Mein glühender Kopf klammerte sich verzweifelt an das, was ich mit siebzehn gelernt hatte: *Küssen* macht schwanger! Vielleicht irrte sich der Priester. Wie er schwitzte! Irgendetwas stimmte da nicht, das war klar. Zum Glück ging nach seinem Vortrag ein Karton für Fragen durch die Reihen und man konnte sie anonym stellen.

»Kann ein Kind auch auf anderem Weg empfangen werden?«

Der Priester las meine Frage im Halbdunkel laut vor. Mir blieb schier das Herz stehen. Die Frage hörte sich so ignorant an und sie war es natürlich auch. Und die Antwort klang wie ein Gerichtsurteil – endgültig, unwiderruflich.

»Nein, dies ist der einzige Weg, den wir kennen, außer im Fall der unbefleckten Empfängnis.«

Man hatte mich hinters Licht geführt! Heftiger Zorn auf Schwester Anthonys Sexualerziehung packte mich, aber vor allem schämte ich mich ganz entsetzlich. Ich schämte mich für meine Unwissenheit, für meine Eltern, für *alle* Eltern, die nun »bloßgestellt« waren. Ich schämte mich bei dem Gedanken, dass Erwachsene in aller Welt kopulierten, um all die vielen Kinder zu produzieren, schämte mich, weil nun alle Romantik dahin war. In meinem Kopf herrschte ein Aufruhr, dass ich dachte, es müsste gleich einen Kurzschluss in meinem Gehirn geben. Audrey Hepburn, Bing Crosby, Grace Kelly – *wie konntet ihr das tun?* Wie kann ein Mensch so unschuldig aussehen und solche Dinge tun?

Die Mutter einer der Schülerinnen stand auf, eine Frau also, die »es« getan hatte. Als ich sie ansah, beschäftigte mich nicht die Frage, ob es sie verdorben hatte (das betrachtete ich als selbstverständlich), sondern ob diese Verdorbenheit sichtbar war.

Sie war um die vierzig und hatte dauergewelltes Haar. Hübsch war sie nicht, aber sie traute sich, den Mund aufzumachen. Dass die Luft vor Spannung geradezu knisterte, schien sie nicht zu stören. »Sie haben nicht erwähnt«, sagte sie an Father Gregory gewandt, »dass der Geschlechtsakt sehr viel Vergnügen bereitet.«

Schweigen. »Er ist nicht bloß ein funktionaler Akt, sondern kann äußerst beglückend sein, und davon haben Sie nichts gesagt.«

Nach dieser Aussage stand ich vollends unter Schock. Es kam mir vor, als hätte sie damit sämtliche anderen Erwachsenen in aller Öffentlichkeit verraten. Sie hatte ein Geheimnis ausgeplaudert, ein Erwachsenengeheimnis, und das vor der gesamten Aula voller Schülerinnen. Es war, als würde man den Kindern öffentlich erklären, dass es den Nikolaus gar nicht gibt; es besiegelte die Zerstörung der Unschuld.

Father Gregory blätterte hilflos in den Papieren herum, die er in der Hand hielt. Kein Wort kam von ihm, nur ein Nicken, als Zustimmung oder Eingeständnis. Er sagte nicht: »Ist dem so?«, wie es angebracht gewesen wäre, denn er war Priester und sollte von diesen Dingen eigentlich nichts wissen. Aber vielleicht hatte ihm jemand davon erzählt oder er hatte davon gelesen … Mein in Flammen stehendes Gehirn versuchte ihm einen ehrenvollen Abgang zu verschaffen. Dass er die angenehme Seite von Sex unerwähnt gelassen hatte, war natürlich bezeichnend und allein schon eine Botschaft, die alle in dieser voll besetzten stickigen kleinen Aula verstanden und selbst interpretieren konnten.

Diese Frau hatte mit ihren Worten den Hauptgrund dafür geliefert, warum Sex verwerflich war: Er machte offenbar auf perverse Weise Spaß. Pervers? Aber ja, sonst hätte man es doch offen sagen können.

Natürlich wurde Jesus nicht wie andere Menschen empfangen; er wurde aus einer Jungfrau geboren, die kein menschlicher Penis berührt hatte. Die Schlussfolgerung liegt auf der Hand: Empfängnis wird durch Geschlechtsverkehr besudelt, deshalb ist eine normale Menschengeburt minderwertig.

Die Wissenschaft hatte die Zeugung von Leben ohne Sex noch nicht entdeckt. Da es schwierig gewesen wäre, die Erde ohne Sex zu bevölkern (damit die katholische Kirche wuchs), mussten sexuelle Aktivitäten geduldet und irgendwie kanalisiert werden. Also erfand die Kirche das heilige Sakrament der Ehe, ein Zugeständnis an die menschliche Schwachheit. Sex durfte es nur zum Zwecke der Fortpflanzung geben. Außerdem konnte eine Kirche, die Leid und Schmerz dermaßen verklärte, schlecht die Freuden des Geschlechtsakts rühmen …

Der Vortrag war beendet. Um auf keinen Fall den Blicken einer Schülerin oder meiner Mitschwestern zu begegnen, verließ ich eilig die Aula und schlüpfte in die Kapelle. Dort kniete ich mich hin, den Rücken kerzengerade, steif und starr vor Verlegenheit ob meiner haarsträubenden Ignoranz, die Wangen schamrot, und starrte mit einem großen Fragezeichen im Gesicht auf den Tabernakel, doch es kam keine Erleuchtung vom Altar, nur Schweigen. Anscheinend war Gott mein Dilemma ziemlich gleichgültig: Wie sollte ich diese Schande ertragen?

»Nun ja, ich … äh, ich habe die Menschen so gemacht, ja, aber immerhin … äh … wurde mein Sohn von einer Jungfrau geboren! Mehr konnte ich nicht tun. Du bist mit der Erbsünde geboren. Immerhin schickte ich meinen Sohn, um dich aus deiner Sündhaftigkeit zu erlösen. Ich schuf die Versuchung, aber Adam und Eva hätten stark genug sein sollen, ihr zu widerstehen. Wirklich schade, aber es ist nun einmal passiert. Und hast du nicht das Büchlein weggeworfen, das dir deine Mutter gab, als du siebzehn warst? Es gab Büchereien in deiner Welt – warum hast du dir dort nie ein Buch über Sex ausgeliehen?«

Ja, das stimmte. Ich hatte offenbar absichtlich nichts darüber wissen wollen. *Warum?*

Die Zeit verging, doch ich bemerkte es nicht, bis irgendwann Schwester Madeleine an der Tür eindringlich flüsterte: »Schwester Mary Carla, Zeit für die Lesung!« Es war schon sechs Uhr, der Unterricht seit vier Uhr zu Ende. Ich eilte in den Gemeinschaftsraum und nahm meinen Platz unter den Mitschwestern ein, die zum Glück den Kopf gesenkt hielten, um sich besser auf den von unserer Oberin vorgelesenen Text konzentrieren zu können. Ich hörte kein Wort von dem, was sie sagte, weil ich zum hundertsten Mal versuchte, das Bild aus dem Kopf zu bringen, wie ein Penis in eine Vagina eindringt.

Ich hatte in den folgenden Monaten viele heiße Träume, die ich dem Pfarrer in der wöchentlichen Beichte gehorsam gestand. Wer weiß, welche Wörter meinem träumenden Mund mitten in der Nacht entschlüpften? Es wird schon seinen Grund gehabt haben, dass ich nie als Schlafsaalaufsicht (eine Lehrerin, die im selben Raum schlief wie die Internatsschülerinnen) ausgewählt wurde. Doch was jener Nachmittag in mir wachgerufen hatte, begann nach und nach eine Art Eis in mir zu schmelzen und Gefühle wachzurufen, die mir mit der Zeit gar nicht so unangenehm waren.

Nach wenigen Wochen änderte sich der Ton meiner Beichte. »Father, ich glaube nicht, dass diese Gefühle sündhaft sind. Ich glaube, sie sind normal.«

Der Pfarrer seufzte. Er war nicht bereit, eine Meinung zu äußern, sondern erwiderte diplomatisch: »Ich glaube, das sollten Sie mit Ihrem Bischof besprechen.«

Nicht so schnell, Schwester!

Nach einigen Turbulenzen in England, über die anderswo kaum etwas bekannt wurde, wurde unsere Generaloberin im Jahr 1965 plötzlich ihres Amtes enthoben. Wir in Australien bekamen lediglich mitgeteilt, sie hätte sich aus gesundheitlichen Gründen zurückgezogen. Die Faithful Companions of Jesus waren mehrere Monate ohne Leitung, bis im folgenden Jahr Mutter Raphael, eine Irin mit phänomenalem Organisationstalent und sicherem Gespür für Menschen, das Amt übernahm. An ihr war es nun, etwas in Bewegung zu bringen, und das würde ungefähr so sein, als wollte sie einen Dinosaurier in eine Gazelle verwandeln. Margaret Winchester war 1948 zur Generaloberin gewählt worden und hatte dieses Amt siebzehn Jahre lang ausgeübt.

Als die Generaloberin 1967 starb, löste ihr Tod derart wenig zeremonielles Gedenken aus, dass ich mich gar nicht mehr an das genaue Datum erinnern kann. Woran ich mich jedoch sehr wohl erinnere, ist die schockierende Erklärung, die Mutter Clare über sie abgab an einem Tag, an dem wir mehreres zu hören bekamen, das unser Leben für immer verändern würde.

Die Ehrwürdige Mutter Clare war nervös, das sahen wir an ihren Wangen. Normalerweise von rosiger Frische, röteten sie sich stark, wenn sie sich aufregte oder unter Stress stand. An jenem Tag zeigte ihr Gesicht eine hektische Röte und ein schwer zu deutendes Lächeln, während sie mit den Papieren in ihrer Hand hantierte. Dass sie sich übertrieben gerade hielt, war ebenfalls ein Zeichen von Stress.

Wir wurden gebeten, unsere Handarbeit beiseite zu legen und aufmerksam zuzuhören, was sie uns zu sagen hatte. Es trat schlagartig Stille ein, denn allen war klar, dass etwas sehr

Oben: Mein Vater und meine Mutter am Tag ihrer Trauung; Tilburg, Holland, 1937.

Rechts: Nimm dich in Acht, große Welt, hier komme ich!

Oben: Meine Schwester und ich mit den klassischen Schmetterlingsschleifen im Haar.

Links: Als eleganter Herzog für das Stück »Les Cloches de Corneville« verkleidet.

Unten: Einige Klassenkameradinnen am Vaucluse Ladies' College. Ich bin die Vierte von links in der hinteren Reihe und halte meinen Arm um Marias Taille.

Oben links: Bei meiner letzten Tanzveranstaltung im Alter von 18 Jahren, bevor ich in das Kloster eintrat.

Oben rechts: Die ersten zwei Tage als Postulantin.

Rechts: Heiligenbild mit der Gründerin des Ordens »Faithful Companions of Jesus«, Madame de Bonnault d'Houet. Es symbolisiert das Ablegen der ersten Gelübde.

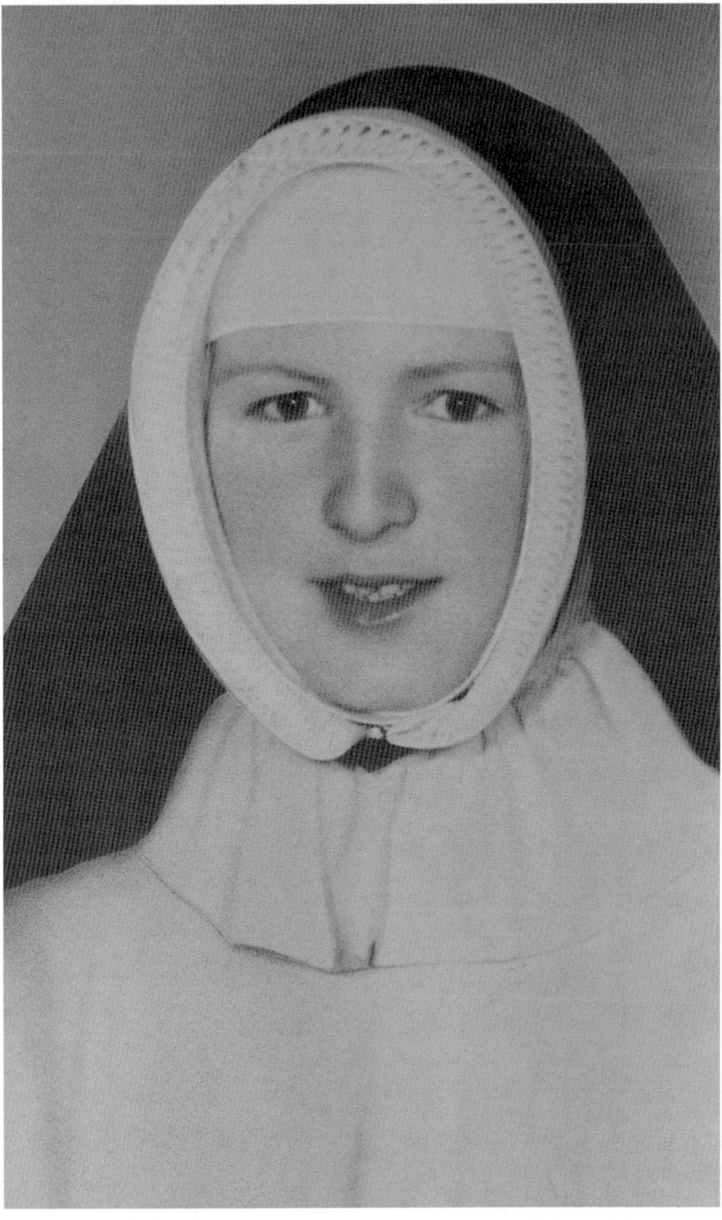

Schwester Mary Carla.

Oben: Faithful Companions of Jesus in Benalla. Der Schlafsaal der Nonnen war in dem oberen Raum mit dem Balkon. Manchmal kauerte ich auf dem Balkon und ließ mir die Sonne auf den Kopf scheinen in der Hoffnung, dass meine Haare dadurch schneller wieder wachsen würden.

Unten: Meine ersten Tage in Freiheit, nachdem ich das Kloster verlassen hatte – und dieses Kleid!

Links: James und ich am Tag unserer Trauung, 1970.

Unten: Einige Nonnen erwiesen mir bei meiner Hochzeit die Ehre ihrer Gesellschaft.

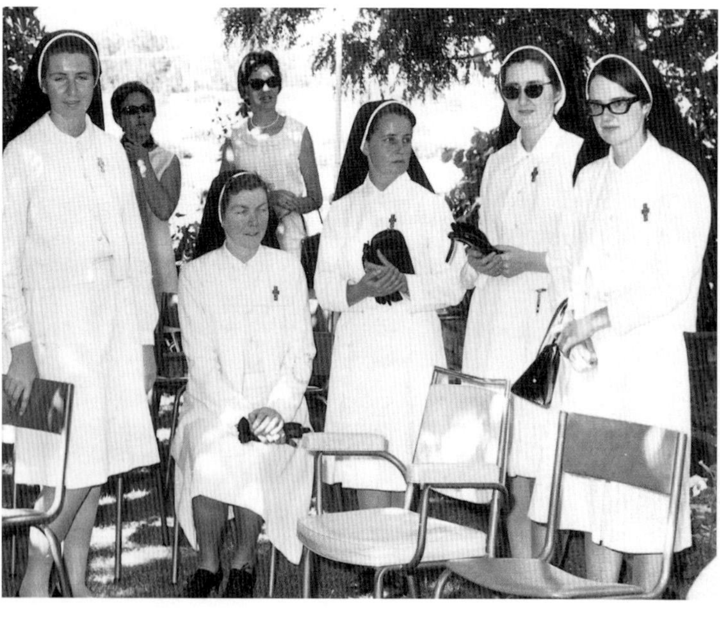

Rechts: Immer noch mit James verheiratet – hier mit unserer Tochter Caroline.

Unten: Mit Caroline in Perth beim Schwänefüttern.

Rechts: Ein neues Leben in Denmark genießend, 1992.

Unten: Mit meinen Kindern und Enkeln (von links nach rechts: Victoria, ihre Tochter Ruth, Caroline, Victorias Sohn Damien, ich).

Wichtiges kommen musste. Wir saßen mit gesenktem Blick und voller Anspannung da.

»Die Erklärung, die ich abgeben werde, ist eine formelle Bekanntmachung, in Juristensprache formuliert«, begann Mutter Clare. Doch bevor sie zu lesen anfing, erklärte sie in ihrem strengsten Ton: »Sie werden sich aus Loyalität zu unserer verstorbenen Mutter Generaloberin, die wir alle sehr verehrt haben, *niemals*, in keiner Weise zu dem äußern, was Sie gleich hören werden.«

Wir meinten unseren Ohren nicht trauen zu können, doch was dann folgte, überraschte uns noch mehr.

»Margaret Ellen Winchester«, las Mutter Clare vor, »von 1948 bis 1965 Generaloberin des Ordens der Faithful Companions of Jesus, wurde für die letzten drei Jahre ihres Lebens für unzurechnungsfähig erklärt. Ein böswilliges Fehlverhalten, gleich welcher Form, kann ihr angesichts ihres verwirrten Geistes keinesfalls zugeschrieben werden.«

Es verschlug uns schier den Atem. Hatten wir recht gehört? *Unzurechnungsfähig!* Unsere Generaloberin, geistig verwirrt bis zur Unzurechnungsfähigkeit und *daher nicht für ihre Handlungen verantwortlich zu machen?* Ich lächelte zufrieden, wenn auch ein wenig reumütig in mich hinein, als ich diese öffentliche, aber innerhalb der Mauern unseres Klosters bleibende Erklärung vernahm. Ob sie wohl ganz offiziell in den Zeitungen würde erscheinen müssen? Meine Gedanken überschlugen sich. Doch es sollte geheim bleiben und in den Archiven der Londoner Bischofsresidenz verschwinden, was während der Herrschaft und Absetzung von Madame Winchester geschehen war. Ich vermute, dass Mutter Clare uns jene Erklärung gar nicht hätte vorlesen sollen. Soweit ich feststellen konnte, wurde sie in keinem anderen Kloster verlesen. Und der Orden wurde nie gerichtlich belangt.

Dass man Unzurechnungsfähigkeit ins Feld führte, um Prozesse abzuwehren, das war eine Sache, doch schlicht zu leugnen, dass Ungerechtigkeiten begangen worden waren, eine ganz andere. Diese Erklärung war ein Schuldeingeständnis, aber wegen ihrer geistigen Verwirrtheit wurde die Generaloberin für unschuldig erachtet und niemand durfte sich Kritik erlauben. Es gab nicht die leiseste Entschuldigung, Entschädigung oder das Angebot einer Beratung für die armen Nonnen, die unter ihren Verrücktheiten gelitten hatten. Diese Neuigkeit löste ein Gefühlschaos in mir aus – Triumph, Zorn, Enttäuschung und auch blanke Verachtung.

Und schon folgte, wie ein Donnerschlag, die nächste Eröffnung.

Mutter Clare hielt verhängnisvolle Diskussionspapiere vom Bischof unserer Diözese in der Hand, die er von seinen Oberen in Melbourne und diese wiederum aus Rom bekommen hatten. Es waren verspätet eingetroffene Papiere, basierend auf dem im Jahr 1965 verkündeten Dekret über die zeitgemäße Erneuerung des Ordenslebens *(Perfectae Caritatis)*.

Kurz zuvor hatte es in Broadstairs ein »Gipfeltreffen« gegeben. Der Orden der Faithful Companions of Jesus, der sich anfangs in Sachen Erneuerung so mutig gezeigt hatte, hatte inzwischen angesichts des Widerstands von Seiten der Schwestern größtenteils resigniert. Schließlich hatten sie in allen FCJ-Klöstern gelernt, zu schweigen statt zu reden. Nach langen Beratungen kam das Generalkapitel, bei dem die Oberinnen aller Klöster weltweit vertreten waren, zu einer Entscheidung, nämlich die Empfehlungen des Zweiten Vatikanischen Konzils die Frauenklöster betreffend so zurückhaltend wie möglich umzusetzen – was in der Praxis bedeutete, so gut wie gar nichts zu ändern. Die Kirche war davon ausgegangen, dass ihre weiblichen Ordensmitglieder die Reife besaßen, vernünftige Veränderungen einzuleiten, um den Ordensgemeinschaften eine größere Relevanz in der Welt zu verleihen, sie menschlicher zu machen, doch das war nicht der Fall.

Wir im abgelegenen Australien wussten nicht einmal etwas von den empfohlenen Neuerungen. Die örtliche Kirchenführung, verantwortlich für die Verbreitung derartiger Botschaften, war alles andere als begeistert davon und hatte uns im Dunkeln gelassen. Doch nun waren die Oberen gezwungen, ihrer jeweiligen Gemeinschaft mitzuteilen, dass Veränderungen stattfinden mussten und in jedem Konvent *die gesamte Gemeinschaft* sich äußern sollte, wie *sie* diese Veränderungen umsetzen wollte.

»Wir wurden gebeten, gründlich darüber nachzudenken und zu diskutieren«, sagte Mutter Clare, die ihre Stimme kaum noch in der Gewalt hatte. »Wir werden uns im Geiste der Erneuerung fragen, welches der Sinn unseres religiösen Lebens ist. Und wir werden unsere drei Gelübde neu bewerten, insbesondere das Gelübde des Gehorsams.« Sie hielt einen Augenblick inne, um uns Zeit zu geben, ihre Aussagen zu verdauen. »Jede von Ihnen wird sich daran beteiligen. Jede wird sich gleichberechtigt äußern können.«

Eine geradezu revolutionäre Veränderung! Doch Mutter Clare war noch nicht zu Ende. Offenbar wollte sie an jenem Tag auch den letzten Rest von Normalität tilgen.

»Wir, der Orden der Faithful Companions of Jesus, haben uns bislang gegen die vom Zweiten Vaticanum empfohlenen Neuerungen gesträubt. Damit muss nun Schluss sein. Diese Neuerungen werden nicht mehr nur in Betracht gezogen, sondern durchgeführt, andernfalls wird unser Orden aufgelöst oder einem anderen angegliedert.«

Aufgelöst! Einem anderen Orden angegliedert! Die um den Tisch versammelten zwölf Nonnen erfasste ein Schaudern. Die meisten waren überzeugt gewesen, dass die Neuerungen, von denen man gehört hatte, lediglich als Zugeständnisse an die menschliche Schwachheit gedacht waren und es ihre Sache war, ihre religiösen Ideale und Konventionen treu zu bewahren. Für sie war Unkenntnis der Welt gleichbedeutend mit Weisheit. Nachrichten aus der großen weiten Welt drangen nur zu ihnen durch, wenn Schulkinder etwas erzählten oder wenn etwas so wichtig war, dass es offiziell im Gemeinschaftsraum bekannt gegeben wurde. Ich erinnere mich noch gut an den Tag, als John F. Kennedy ermordet wurde. Ich war damals noch in Stella Maris und erfuhr von seiner Ermordung, weil ich mich zufällig gerade im Gemeinschaftsraum aufhielt. Es wurde damit nicht wie üblich bis zur Lesung gewartet, damit wir sofort für die Seele des toten Präsidenten beten konnten. Klar, Kennedy war schließlich katholisch.

Erst einen Monat vor Mutter Clares schockierenden Erklärungen hatte Schwester Patricia, eine herrische Nonne mittleren Alters und Leiterin der Grundschule, uns von einem Schüler erzählt, der am Freitag ein mit Wurst belegtes Pausenbrot mitgebracht hatte. »Ich sagte ihm, dass es eine Todsünde sei, am Freitag Fleisch zu essen«, erzählte sie – was nach dem Zweiten Vatikanischen Konzil gar nicht mehr stimmte –, »und er fing vor lauter Angst an zu zittern, weil er schon abgebissen hatte.« Sie fand das schrecklich lustig.

Eines der größten Opfer, die wir in der Vergangenheit gebracht hatten, war der Verzicht auf jegliche Art von Urteil, ja sogar Meinung – ein wesentlicher Nebeneffekt des kindlichen Gehorsams. Ich hatte mich mit dem Instinkt eines Märtyrers daran gehalten. Was für die Jesuiten gut genug sei, müsse auch für uns gut genug sein, wurde uns gesagt. Allerdings wurden die Jesuiten auch dazu angehalten, ihren Verstand zu gebrauchen, trotz allen Gehorsams.

Dieses »Urteile nicht!« ließ mich darüber hinwegsehen, dass viele der älteren Nonnen sich nicht immer an die Regeln hielten, die sie den jüngeren aufzwangen. Sie steckten die Köpfe zusammen, sobald sie sich unbeobachtet glaubten, und brachen damit das Schweigegebot. Sie pflegten jene »besonderen Freundschaften«, die in unserem Regelbuch als Fluch des Klosterlebens bezeichnet wurden. Doch ich urteilte nicht über sie, obwohl es mir oft sehr schwer fiel, diese Regel einzuhalten. Sie lasen Zeitschriften und Bücher, zu denen wir keinen Zugang hatten. Sie tranken Tee, wann immer sie Lust hatten, und bedienten sich in der Küche, ohne die Laienschwester dort zur Kenntnis zu nehmen, die sich ebenfalls kein Urteil anmaßen durfte.

Als das Schweigegebot schließlich etwas gelockert wurde, nahm ich mir die Freiheit, dies noch etwas lockerer auszulegen, und lachte mit Schwester Antoinette oft über diese Dinge.

Schwester Antoinette war mir ein großer Trost, eine ebenso wirksame Medizin für meine Seele wie ihre Salbe für die Bettler, die zum Hintereingang kamen und über Hämorrhoiden klagten. Sie regte sich sehr auf, als es hieß, dass sie den Bettlern nicht mehr helfen dürfte: »Wir sind ein Orden, der sich der Erziehung widmet, keine karitative Institution, Schwester. Außerdem könnten diese Bettler eine Gefahr für Interne und Schüler sein!«

Doch Schwester Antoinette war nicht auf den Kopf gefallen. Ihr war durchaus bewusst, dass das Kommen und Gehen der Bettler an der Hintertür dem kostbaren Image des Konvents schaden konnte. Doch sie kannte diese Bettler gut, sie kamen schon seit Jahren zu ihr und manche legten weite Strecken zurück. Zum Dank für Nahrung, Kleidung und Medizin schüttelten sie oft schwere Matten aus, die Schwester Antoinette selbst nicht heben konnte, oder kehrten die Kamine. Sie half ihnen weiterhin, wenn auch heimlich, und schickte sie dann schnell wieder fort.

»Blinder Gehorsam« – das heißt, wenn eine Schwester in ihrem Bemühen, den Willen Gottes zu erfüllen, keine Verantwortung für ihr eigenes Tun übernahm, sondern einfach Anweisungen folgte – war nach dem Geist der Reform nicht mehr zulässig. »Ich habe nur meine Aufgabe erledigt« wurde nicht mehr als Rechtfertigung für unsinniges oder unmoralisches Verhalten betrachtet. Für autoritätsgläubige Nonnen wie mich war das eine Herausforderung, endlich den Schritt vom Kind zum Jugendlichen zu machen – ein schmerzhafter Wachstumsprozess. Manche schafften diese Entwicklung überhaupt nicht. Sie wollten Kinder sein, nichts anderes. Ihre inneren Kämpfe waren Mitleid erregend, konnten jedoch vom Konvent, in dem sie schon so lange lebten, aufgefangen werden. Es waren die rebellischen »Jugendlichen«, die sich lautstark zu Wort meldeten und die meisten Probleme machten.

Und so begann die Zeit der großen Eingriffe in das konservative Denken und den Status quo. Als ich die Sätze las, die wir zum Studium bekommen hatten – auf rosafarbenem, grünem und blauem Papier, für jedes Gelübde eine andere Farbe –, überkam mich das unangenehme Gefühl, auf der ganzen Linie betrogen worden zu sein. Aber *wer* hatte denn alle Verantwortung für sich selbst abgegeben? Ich allein, und zwar äußerst bereitwillig und mit großer Erleichterung!

Nach diesem denkwürdigen Tag der Verkündung bevorstehender Neuerungen wurde täglich die aktuelle Zeitung auf dem Tisch im Gemeinschaftsraum ausgelegt und in dem kleinen Zimmer nebenan wurde ein Fernsehgerät installiert. Wir seien jetzt zwar verpflichtet, diese Dinge im Haus zu haben, wurde uns gesagt, aber es sei dennoch besser, sie nicht anzurühren.

Natürlich las ich die Zeitung vor aller Augen und ich spürte die stumme Missbilligung der Mitschwestern, die mich dabei sahen. Ich achtete mehr auf ihre Reaktion als auf die Worte, die ich las, und wenn ich den Inhalt einer Nachricht wirklich erfasste und zutiefst schockiert von den schrecklichen Dingen war, die Menschen überall auf der Welt zustießen, musste ich meine Betroffenheit verbergen.

Und ich sah fern. Anfangs wählte ich recht harmlose Sendungen, beispielsweise die Gottesdienste anderer Konfessionen, die sonntags gesendet wurden. Wirklich unproblematisch, möchte man meinen. Doch trotz des nach dem Zweiten Vatikanischen Konzil viel gepriesenen Ökumenismus (zur religiösen Einigung aller Christen) meinten einige Nonnen, diese Sendungen würden unseren katholischen Glauben untergraben. In der folgenden Woche machte eine der älteren Nonnen ihren mäßigenden Einfluss geltend und erklärte, es wäre doch eine gute Sache, wenn wir unsere protestantischen Brüder und Schwestern zu verstehen versuchten und Gemeinsamkeiten entdeckten – vielleicht wollte sie auch verhindern, dass ihre abenteuerlustige Mitschwester vollends ins Abseits geriet –, und von da an fanden sich mehrere Sonntage hintereinander einige Zuschauerinnen mehr ein. Ich fühlte mich ein Stück weit rehabilitiert.

Filme waren eine andere Sache. Selbst Anna machte da nicht mit. Ich konnte mich darauf verlassen, dass sie sich einem Gespräch nicht verweigerte, dass sie mir half, meine Röcke zu kürzen, ja sogar den ganzen Habit neu zu gestalten, aber nachts Horrorfilme mit mir anzuschauen, das ging ihr doch zu weit. Also sah ich sie allein an. Bei dem allerersten Film, den ich im Fernsehen sah, ging es um einen Mord in einem schaurigen

Keller, dessen steinerne Wände sich unerbittlich auf das Opfer zu bewegten.

Um zehn Uhr abends gingen die Lichter aus, doch ich blieb wie gebannt vor dem Fernseher sitzen. Mitternacht war schon vorbei, als ich mich auf den Weg zu meinem Bett machte. Auf dem Korridor war es stockdunkel, ich konnte überhaupt nichts sehen. Unter meinen Füßen knackten, trotz aller Vorsicht, laut die Bodendielen. Über die Außentreppe konnte ich um diese Zeit nicht nach oben gehen, also tastete ich mich an der Wand entlang zur Haupttreppe. Auch die Treppenstufen knackten bei jedem Schritt, aber niemand kam nachsehen, wer da im Dunkeln herumschlich, falls überhaupt jemand etwas gehört hatte. Endlich erreichte ich den oberen Flur und jetzt war es nicht mehr schwierig, zum Schlafsaal zu finden. Nach dem schrecklich spannenden Film und dem aufregenden Rückweg zu meinem Bett floss so viel Adrenalin durch meine Adern, dass ich stundenlang nicht einschlafen konnte. Doch das war mir dieses Abenteuer wert. Am nächsten Tag hatte ich durch den Schlafmangel einen schweren Kopf, empfand aber eine lächerliche Überlegenheit. Niemand fragte mich, ob mir der Film gefallen hätte, und so musste ich meinen vermeintlichen Sieg allein genießen. Es wäre ein größerer Sieg gewesen, wenn ich etwas Sinnvolles angeschaut hätte, etwa eine Sendung über aktuelle Themen oder die Nachrichten.

Der Rock unseres Habits war derart stoffreich, dass es geradezu eine Kunst war, sich darin fortzubewegen, ohne dass er sich einem ständig um die baumwollbestrumpften Beine wickelte – eine Kunst, die einige besser beherrschten als andere. Ich hatte sie dermaßen perfektioniert, dass ich auf Rädern statt auf Beinen zu laufen schien.

Eines Morgens ging ich nach dem Gebet in der Kapelle

durch die Vorhalle, als sich unsere Oberin gerade von dem Priester verabschiedete, der die Messe für uns gelesen hatte. Ich sah weder nach rechts noch nach links, aber ich bemerkte natürlich, dass sie plötzlich zu reden aufhörten. Und dann vernahm ich deutlich hörbar die erstaunte Frage des Priesters: »Ist *das* menschlich?«

Schockierende Worte. Als Kompliment für mein kunstvolles Dahingleiten waren sie wohl nicht gemeint.

Manchmal hielt ich im Gehen inne, weil mir eine Verszeile in den Sinn kam, die ich als Schulmädchen gehört hatte: »Der unvergleichliche Pomp der Leichtigkeit«. Dann atmete ich tief durch, ließ die Zeile auf mich wirken und versuchte in mir wieder ein Gefühl von Leichtigkeit wachzurufen. Anschließend übte ich meinen neuen, lockereren Gang, schwenkte vielleicht sogar ein wenig die Hüften und fühlte mich wie eine Königin.

Nach den neuen Regeln durften, wenn mindestens zwei Nonnen sich auf ein Design einigten, die »Erfinderinnen« den neuen Habit tragen. Anna und ich beschäftigten uns in jeder freien Minute damit, einen neuen Habit zu entwerfen und zu nähen. Sie konnte besser nähen als ich und wusste, wie man Sachen umändert. Also folgte ich strikt ihren Anweisungen und war sehr dankbar, dass sie mitmachte, denn sie riskierte damit die Kritik einiger Nonnen, die das, was wir vorhatten, als Komplott verstanden. Ein Komplott gegen *sie*.

Anna meinte, es wäre klüger, erst einmal einen Entwurf zu machen und dann die Meinung anderer einzuholen. Sie zeichnete einen schmaleren Rock, weder lang noch kurz, sondern irgendwo dazwischen, und darüber eine knapp taillenlange gerade Jacke. Anstelle der Haube wählten wir einen Schleier mit einem steifen weißen Band. Eigentlich war eine solche erneuerte Ordenstracht schon längst vorgesehen, aber niemand hatte sie übernehmen wollen.

Da niemand an unserem Entwurf Interesse zeigte und keine Vorschläge für Verbesserungen kamen, machten wir uns einfach ans Werk und nähten für uns beide aus dem Sommerstoff in gebrochenem Weiß einen neuen Habit.

Zum ersten Mal trug ich meinen neuen Habit bei der Hochzeit meiner jüngsten Schwester. Damals waren meine Haare auch schon wieder zu fransigen Zotteln herangewachsen. Nachdem ich mir jahrelang jede Woche den Kopf hatte rasieren lassen, kam es mir nun seltsam vor, meine Haare wieder wachsen zu lassen. Ob sie wieder blond sein würden? Um meine Kopfhaut zu aktivieren, setzte ich sie heimlich der Sonne aus, und zwar auf dem kleinen Balkon am Ende unseres Schlafsaals im oberen Stockwerk, der auf die Auffahrt zum Kloster zeigte. Ich musste mich zusammenkauern, damit mich niemand sah (der Balkon war von der Straße einzusehen und die Balustrade ziemlich niedrig), und wählte eine Zeit, zu der sich niemand im Schlafsaal aufhielt. Ich zog mich bald aus der brennenden Sonne zurück, weil mir der Schweiß herunterlief, aber es war ein geradezu lasterhaft sinnliches Gefühl gewesen, die frische Luft auf meiner Kopfhaut zu spüren.

Ohne meine Rüstung aus bauschigen Stofffalten fühlte ich mich sehr ungeschützt auf der Hochzeit meiner Schwester.

Anna und ich trugen unseren neuen Habit außerdem bei einer Beisetzung in der Kapelle. Es waren auch mehrere Jesuiten gekommen, um ihre aus langer Verbundenheit erwachsene Solidarität mit den Faithful Companions of Jesus zu zeigen. Man brachte sich seit Jahrzehnten große Bewunderung entgegen. Dass wir uns im Hintergrund hielten, um weniger aufzufallen, war keine so gute Idee, denn dort waren wir für diejenigen, die in der hintersten Bank saßen oder nur einen Stehplatz hatten, besonders gut sichtbar.

»Woher kommen diese beiden?«, hörte ich einen Jesuiten

unsere Oberin ungnädig fragen. Ich warf ihm verstohlen einen Blick zu, und auch die verdrießliche Antwort unserer Mutter Oberin entging mir nicht.

»Das ist der neue Habit«, erklärte sie ihm flüsternd und kehrte uns dabei den Rücken zu, um deutlich zu machen, dass sie mit solchen Absurditäten nichts zu schaffen hatte, und in der Hoffnung, dass der Priester mit der nörgelnden Stimme verstand, dass es keinesfalls *ihre* Idee gewesen war.

Es gab lebhafte Diskussionen über die Erneuerung. Ich fühlte mich wie eine Visionärin und ließ meiner Fantasie freien Lauf: Ich sah, wie wir, von überflüssigen Fesseln befreit, in die Zukunft gingen. Aber ich war auch eine Idealistin, die Themen und Vorstellungen aufgriff, ohne auf die Gefühle anderer Rücksicht zu nehmen, ohne zu respektieren, dass nicht all meine Mitschwestern wie ich waren und einfach viel mehr Zeit brauchten, um sich zu ändern.

Meinen Übereifer beantworteten sie mit teilweise offenem, teilweise verstecktem Widerstand. Seit das Schweigegebot gelockert war, fanden sich auch leichter Gruppen zusammen. Eine Einzelperson innerhalb einer Gemeinschaft zu isolieren, ist überhaupt nicht schwer: Man redet einfach nicht mehr mit ihr. Wenn sie einen anspricht, schützt man Eile vor. Wenn etwas geplant wird, von dem sie nichts wissen soll, beredet man es eben, wenn sie nicht da ist, und so weiter. Mit der Zeit wurde ich immer mehr geschnitten.

Bei einer Zusammenkunft warf ich meinen Mitschwestern vor, dass sie mich nicht akzeptierten. Sie hätten mich am liebsten gelyncht, auf psychologische Weise, was die Oberin jedoch verhindern konnte. Der Sturm der Entrüstung, der über mir niederging, bestätigte nur meine Vermutung.

Mehrere Oberinnen, die mich von früher kannten, schickten

mir Briefe, die alle den gleichen Tenor hatten: »Seien Sie geduldig, Schwester, und konziliant.« Doch mein Herz hatte sich verhärtet. Ich schrieb in aller Deutlichkeit zurück: »Niemand will mir zuhören und Sie wollen auch nichts anderes, als mich mit süßen Worten dazu zu bringen, ein ›braves Mädchen‹ zu sein, schön den Mund zu halten und den anderen nicht mehr auf die Nerven zu gehen.« Das kam gar nicht gut an. Das war nicht der Geist der Faithful Companions of Jesus, in dem ich erzogen worden war.

Ich lebte in einer Gruppe von Menschen, die psychisch stabiler waren als ich, aber nicht unbedingt reifer. Sie konnten sich für das Gemeinwohl opfern und die Stürme überstehen, während sie den anderen, die etwas bewegen wollten, ihr Vorhaben übel nahmen.

Zu den Neuerungen gehörte auch, dass sich Nonnen selbst einen Priester zum Beichtvater und Mentor wählen konnten – das heißt, sie waren hinsichtlich Beichte und geistlicher Führung nicht mehr auf ihren Gemeindepfarrer mit seinen persönlichen Einstellungen angewiesen und auch weniger abhängig von ihrer Mutter Oberin.

Mein Mentor wurde Father Doherty, der in jenem Jahr unsere siebentägigen Exerzitien geleitet hatte. Ich mochte ihn wegen seiner Bewunderung für Teilhard de Chardin, den exkommunizierten Häretiker mit einer wissenschaftlichen und lyrischen Passion für Gott. Father Doherty lebte und arbeitete in Melbourne, deshalb konnten wir uns nur brieflich austauschen. Ich schrieb mir regelmäßig meine ganze Frustration von der Seele und er antwortete mit besänftigenden Briefen voller Verständnis und objektiven guten Ratschlägen.

»Bedenken Sie bitte«, schrieb er, »dass erst die Geduld von Männern wie Congar, de Lubac und Karl Rahner das große

Werk des Zweiten Vaticanums möglich machte.« Ach, wie gering, wie unwichtig fühlte ich mich da! Ich war kein großes Licht im Vergleich zu diesen berühmten Theologen, und Father Doherty wies mich sanft darauf hin, dass ich nur eine (nicht übermäßig gut informierte) Nonne war und mir nicht zu viel Verantwortung für irgendwelche Veränderungen aufladen sollte. »Versuchen Sie Geduld zu haben, Schwester. Versuchen Sie auch den Standpunkt der anderen zu verstehen. Vorwärts kommt man nur Schritt für Schritt, und diese Schritte müssen wir gemeinsam tun, in gegenseitigem Respekt und christlicher Nächstenliebe.«

Ich versuchte es, wirklich. Doch ich war Feuer und Flamme für die Neuerungen und begriff nicht, warum meine Mitschwestern zögerten. »Father«, schrieb ich zurück, »meine Mitschwestern blockieren bewusst jede Veränderung und sie tun das, um *mir* Schwierigkeiten zu machen!« Auf diese Klage ging er gar nicht ein. Was soll man einer jungen Nonne, die erste Anzeichen von Paranoia entwickelt, schon sagen?

Ich war nicht die Einzige im Orden, die Probleme machte. Ich wollte zu schnell etwas verändern, manche wollten sich überhaupt nicht bewegen. Einige der älteren, dem Orden besonders ergebenen Schwestern litten sehr unter der Situation. Für sie zerbröckelte innerlich jegliche Voraussetzung für ein »heiliges Leben«. Die jüngsten Veränderungen »bewiesen«, dass das Fundament unserer Regeln seit langem schon wackelte – ebenso wie zum Beispiel die katholische Lehre von der Vorhölle. Sie hatten sich für das in ihren Augen einzig Seligmachende hingegeben und wurden nun damit konfrontiert, dass sie sich geirrt hatten. Hatten sie in törichter Verblendung gelebt, statt sich auf dem Weg zu höchster Vollkommenheit zu befinden?

Manche wurden angesichts dieses Verlusts ihrer inneren

Sicherheit verwirrt und senil. Eine dieser Nonnen verbrachte ihr ganzes restliches Leben in der Wäschekammer im obersten Stock ihres Konvents und trug unaufhörlich Stapel von Tisch- und Bettwäsche von einer Ecke in die andere. Mit ihrem sehr fein geschnittenen Gesicht, den großen starr blickenden Augen und dem fest zusammengepressten Mund wurde sie zum lebenden Gespenst des Klosters.

Nach den neuen Regeln durften Nonnen sich auch außerhalb des Klosters aufhalten und wieder ihre Familie besuchen. Früher hatte man uns immer wieder eingeschärft, für eine Nonne gelte: »Verlasse Vater und Mutter und Brüder und Schwestern und folge mir nach« – Worte, die Jesus zugeschrieben werden. Nun durften wir unsere Angehörigen wieder besuchen und sogar einige Tage bei ihnen verbringen.

Unsere Familien waren erfreut und ein wenig verlegen, auf jeden Fall meine Eltern. Die einst so weit entfernte Tochter war plötzlich wieder mitten unter ihnen!

Wir gingen zusammen ins Kino, meine Mutter, meine Schwester Liesbet und ich, und schauten uns *Far From the Madding Crowd* und *The Sound of Music* an.

Wir Nonnen waren immer noch strengstens angehalten, aus Loyalität zum Orden und zu unserer Klostergemeinschaft nicht über »interne Angelegenheiten« zu sprechen. Ich äußerte gegenüber meiner Familie nie ein Wort der Klage oder Vorwürfe, ich war absolut loyal. Vielmehr bestärkte ich sie in ihrer Vorstellung, dass ich im Kloster glücklich war; so kannten sie es auch aus den Briefen, die ich ihnen regelmäßig schrieb. Und meine Eltern ihrerseits erzählten nichts von ihren Sorgen, weil sie es für ihre Pflicht hielten, mir möglichst schöne Tage zu bereiten.

Das neue Denken inspirierte bald wieder zu neuen Ideen. Ich bat nämlich darum, Klavier spielen lernen zu dürfen. Klavier hatte mir schon immer gefallen, aber wir hatten keines zu Hause, und als die Billings von gegenüber mir anboten, auf ihrem zu spielen, meinte die Musiklehrerin vom Vaucluse College, ich wäre mit meinen sechzehn Jahren zu alt, um es zu lernen.

Und nun, mit achtundzwanzig, verspürte ich wieder das Bedürfnis, meine langen Finger über die Klaviertasten tanzen zu lassen. Neben dem Stuhl meiner Oberin kniend brachte ich meine Bitte vor. Sie blätterte durch einen Stapel Papiere, während sie darüber nachdachte, und schien nicht unbedingt abgeneigt, mir die Erlaubnis zu geben, aber auch nicht sonderlich begeistert von der Idee. Dann machte sie mir einen Vorschlag: »Ich werde Schwester Cecilia bitten, Sie einmal vorspielen zu lassen, damit sie sieht, wie Sie sich anstellen.«

Ich war zufrieden mit dieser Antwort und zuversichtlich, dass es klappen würde, denn eines wusste ich: Ich hatte Rhythmusgefühl und ein gutes Gehör; ich konnte Alt und Sopran singen. Dann kam der große Tag und Schwester Cecilia, die irgendwann in ihrem Leben den ersten Preis für perfektes Zähneputzen bekommen hatte, gab mir ein paar Phrasen vor, die ich nachspielen sollte, dann noch einmal welche und noch einmal. Sie entließ mich, ohne ein Wort zu sagen. Erst als ich mich etwa eine Woche später bei meiner Oberin erkundigte, erfuhr ich ihr Urteil.

»Sie haben überhaupt kein musikalisches Talent, so Leid es mir tut«, lautete die kühle Antwort. »Schwester Cecilia bedauert es sehr, aber ihrer Meinung nach ist es so. Ich kann es mir nicht leisten, jemandem Klavierstunden geben zu lassen, der keine Begabung hat, Schwester.«

Meine Seele wollte dieses Urteil nicht akzeptieren. Dass einem etwas verweigert wurde, war eine Sache, aber gesagt zu bekommen, dass man nicht das geringste musikalische Talent hätte, eine ganz andere. Es stimmte einfach nicht, aber gegen diesen Urteilsspruch kam ich nicht an. Und schon tropfte die heimtückische Schlange des Zorns wieder einige Tropfen ihres Gifts in meine Seele.

Bald darauf hatte ich eine neue Idee: Dieses Mal wollte ich Auto fahren lernen. Unser Konvent hatte nach der Reform einen Wagen gekauft und die Nonnen konnten jetzt von sich aus einen Arzt aufsuchen, anstatt ihn zum Kloster zu bemühen. Er wurde auch zum Einkaufen und für Ausflüge benutzt. Allerdings konnte keine von uns Auto fahren. Bisher hatte uns immer ein Laienlehrer oder ein Freund des Konvents chauffiert. Es wurde als Vergünstigung angesehen, wenn man Auto fahren lernen und so der Gemeinschaft dienen durfte. Ich bot mich voller Begeisterung an, doch mein Angebot wurde schnöde zurückgewiesen, ohne ein Wort des Dankes, ohne mich eines Blickes zu würdigen.

Die Oberen konnten zwar nicht kontrollieren, wie ich mich zu unseren Gelübden und dem Klosterleben äußerte, aber es stand zweifellos in ihrer Macht, meine Wünsche zu boykottieren – den Wunsch, mich weiterzuentwickeln und ein nützlicherer Mensch zu werden, oder wenn ich um etwas nicht Alltägliches bat. Ich war fürchterlich enttäuscht, aber mit welchem Recht erwartete ich eigentlich, Auto fahren zu dürfen? Ich wollte so gern meine Flügel ausbreiten, aber vielleicht konnten andere es besser.

Ungefähr eine Woche später sah ich Schwester Madeleine den Arm in der Schlinge tragen. »Mein Arm hat sich im Lenkrad verfangen«, gestand sie in aller Ehrlichkeit, worauf ich ironisch lächelte. Mir wäre das nicht passiert, dachte ich. Der Ärger darüber, dass man mich schnöde zurückgewiesen hatte, nagte immer noch an mir, aber ich fand es witzig, dass die von meiner Oberin Auserwählte mit einem gebrochenen Arm herumlief. Aber selbst wenn sämtliche Nonnen im Kloster sich den Arm brechen würden – ich würde doch nicht auserkoren, das wusste ich.

Wenn ich schon nicht Klavier spielen durfte, so durfte ich nach den neuen Regeln während der Rekreation immerhin Schallplatten abspielen. Ich stand auf, damit jede hörte, was ich zu sagen hatte: »Will jemand mit mir zum Musikhören und Tanzen in den Konzertsaal kommen?«

Ich wartete schweigend auf Antwort, damit alle Zeit hatten, über meinen Vorschlag nachzudenken, aber niemand wollte sich mir anschließen. Eigentlich hatte ich auch nichts anderes erwartet. Walzer, Menuette und Ballettmusik – ich tanzte alles, fabelhaft und vollkommen allein, und die Musik hatte ich so laut gestellt, dass auch meine Mitschwestern im Gemeinschaftsraum sie gehört haben müssen. Ich dachte, die Musik würde sie vielleicht zum Mitmachen animieren, aber dem war offenbar nicht so und ich empfand meinen einsamen Tanz von Woche zu Woche als quälender. Ich war nahe daran, in Selbstmitleid zu versinken. Im tiefsten Inneren verborgene Gefühle begannen sich zu regen, die Büchse der Pandora öffnete sich.

Als ich das nächste Mal zur wöchentlichen persönlichen Aussprache mit der Mutter Oberin ging, fragte ich sie, ob sie mir für ein Weilchen eine Mutter sein wolle. Was ich mir darunter vorstellte, fragte sie mich kühl, doch ihre Wangen färbten sich dunkler und ihre Augen glitzerten verdächtig, während sie sich bemühte, mich nicht allzu scharf anzusehen.

»Ich möchte, dass Sie mich festhalten«, sagte ich, »wie eine Mutter.« Und sie tat es, Gott segne sie für ihre Güte, während ich hilflos zu weinen begann.

Mein Schluchzen rührte an Mutter Clares Herz und sie hielt

mich geduldig an ihren weichen Busen gedrückt, so dass ich die besondere Seife riechen konnte, die sie benützte. Weder sie noch ich hatten eine Ahnung, worüber ich so viele Tränen vergoss, doch sie schienen kein Ende zu nehmen. Vielmehr wurde mein Bedürfnis nach Zuwendung immer größer. Manchmal war ich erst in der Lage, meinen Pflichten nachzukommen, wenn sie mich, die ich neben ihrem Stuhl kniete, ihren Schleier mit meinen Tränen durchnässte und ihre kostbare Zeit stahl, eine Weile wie ein Kind festgehalten hatte.

Meine Schüler wurden mit der Tatsache konfrontiert, dass ihre Lehrerin, die Nonne, auch nur ein Mensch war: Sie kam mit verquollenen Augen und roter Nase ins Klassenzimmer. Vielleicht redeten sie unter sich darüber, aber ansonsten schenkten sie meinem Zustand keine Beachtung. Für sie war ich mehr Funktionsträgerin als Person, und was sie nicht verstanden, wurde schnell uninteressant. Außerdem sollten Nonnen ja leiden.

Die Bußübungen waren durch die Reform nicht abgeschafft worden, sie waren immer noch sehr *en vogue*. Diesen Bereich des Klosterlebens stellte ich nicht in Frage. Vielmehr wählte ich eine neue Buße, die für mich besonders schmerzhaft war, nämlich im Stehen zu unterrichten, wenn meine Beine schon müde waren, und zwar so lange, bis ich mich kaum mehr aufrecht halten konnte. Ich hatte Krampfadern und die taten sehr weh.

Noch schmerzhafter – und ungeplant – waren die prämenstruellen Krämpfe, die mich neuerdings heimsuchten, manchmal mitten im Unterricht. Dann sackte plötzlich alles Blut vom Kopf nach unten, ich wurde totenblass und konnte mich kaum mehr auf den Füßen halten. Als ich einmal schwankend aus dem Klassenzimmer ging, bat ich ein Mädchen, schnell zur Rektorin zu laufen und ihr Bescheid zu sagen. Ich wusste nicht, dass es prämenstruelle Beschwerden waren; ich dachte, ich hätte einfach schlimme Bauchschmerzen. Die Infirmarin gab mir klugerweise eine Wärmflasche, die ich an den Bauch presste, als ich zusammengerollt auf meinem Bett lag.

In jenem Jahr drängten alle möglichen Energien – verbotene, gefährliche – in mir an die Oberfläche. Ich versuchte sie mit aller Macht zu unterdrücken, um weiter zu funktionieren, aber die Vulkane in meinem Inneren brodelten immer stärker. Ich wurde immer verwirrter und hätte mich am liebsten am Busen meiner Oberin zu Tode geweint.

Einmal sprach mich eine der älteren Nonnen an und sagte, sie machte sich Sorgen wegen Mutter Clare. »Sie beanspruchen zu viel von ihrer Zeit«, meinte sie, »und Ihr Verhalten beunruhigt sie. Ich bitte Sie, etwas mehr Rücksicht zu nehmen.«

Schwester Antoinette gelang es, mich mit tröstlichen Worten aus ihrem hasenschartigen Mund wieder aufzuheitern. Da der Erneuerungsprozess sie praktisch nicht betraf – als Laienschwester zählte sie kaum –, hatte sie viel Zeit zum Nachdenken und konnte besser beurteilen als die meisten, was vor sich ging.

»Kümmern Sie sich nicht um sie«, sagte sie mit ihrem niedlichen kleinen Hasenlächeln. »Sie können Ihnen nicht wehtun, wenn Sie ihnen keine Beachtung schenken.« Was für schlichte, kluge Worte! Genau so verhielt sich nämlich Schwester Antoinette – sie ließ einfach alles Neue an sich abprallen. Sie wusste, dass es wichtig war, Gott zu lieben und seinen Mund zu halten, aber insgeheim bewunderte sie mich dafür, dass ich offen meine Meinung sagte. Sie teilte meine Ansichten, kannte aber klugerweise ihre Grenzen.

Eines Tages rief mich Mutter Clare wieder einmal zu sich. »Schwester Mary Carla«, sagte sie, »Sie dürfen Ihrer Schwester in Genazzano nicht mehr schreiben. Ich habe von Ihrer Oberin erfahren, dass Sie sie in der falschen Weise beeinflussen. Das ist eine Weisung und ich erwarte von Ihnen, dass Sie sie befolgen.«

Dieses Verbot traf mich schwer, denn es war eine Art Katharsis für mich, meiner Schwester zu schreiben. Ich bemühte mich zu gehorchen, doch *irgendjemandem* musste ich mein Herz ausschütten können. Damit niemand es mitbekam, schrieb ich ihr fortan auf Toilettenpapier, während ich auf der Toilette saß. Ich stahl ein Kuvert und eine Briefmarke aus dem Schreibtisch meiner Oberin und beobachtete, was mit den Briefen geschah, die in der Eingangshalle zur Abholung deponiert wurden. Ich bekam heraus, wann sie abgeholt wurden, und schmuggelte kurz vorher meinen Brief dazwischen. Genazzano war ein großes Kloster. Meine Briefe gelangten tatsächlich in die Hände meiner Schwester und niemand bemerkte, dass sie aus Benalla kamen.

Seit der Reform durften auch die Internatsschülerinnen sich öfter aus dem Kloster entfernen. Eines Tages besuchten die älteren Mädchen ein Konzert in der nahen Stadthalle. Eine Gruppe von Sängerinnen aus Deutschland, unterstützt vom Victorian Arts Council, machte gerade eine Tournee durch Australien, um ihre Lieder, nur begleitet von einem Klavier, vorzustellen.

Diese Musik besaß eine Intensität, auf die ich nicht vorbereitet war. Es waren Lieder voller Leidenschaft und Hingabe, an den Geliebten, von unerfüllter Liebe. Die reine Energie der Musik ging mir derart zu Herzen, dass ich kaum mehr zu atmen wagte, und bald liefen mir unaufhaltsam Tränen über die Wangen. Ich konnte nicht aufhören zu weinen und eigentlich wollte ich es auch gar nicht.

Trotz des Einsatzes sämtlicher großformatiger Baumwolltaschentücher, die ich aus den Tiefen meines Habit hervorholte, war das gestärkte Leinenband unter meinem Kinn bald durchnässt, so dass die Tränen mir ungehindert in den Kragen liefen. Alle schwiegen bewegt, als wir nach dem Konzert durch die Reihen von Holzstühlen zum Ausgang strebten und auf die abendliche Straße traten. Zu mir sagte niemand ein Wort, weder damals noch später.

Es muss schon ein ungewöhnlicher Anblick gewesen sein: eine Nonne, der Liebeslieder so sehr zu Herzen gehen. Was konnte eine solche Reaktion auslösen, wenn nicht das Gefühl, etwas zu verpassen, eine verzweifelte Sehnsucht danach, die Liebe selbst zu erleben, eine Sehnsucht nach vertrauensvoller, inniger, zärtlicher Umarmung voller Zuneigung und Hingabe und gegenseitiger Wertschätzung? Niemals zuvor hatte ich mir etwas Derartiges vorstellen können, nicht einmal wenn ich Jane Austen las oder mich in die Romane der Brontë-Schwestern vertiefte. In diese Musik jedoch hatte der Komponist all seine Liebe einfließen lassen, und an diesem Tag spürte ich ihre Kraft zum allerersten Mal.

War es diese reine Liebe eines Mannes zu einer Frau, einer Frau zu einem Mann, die ich Gott geopfert hatte? Ein solches Opfer schien der pure Wahnsinn. *Was* genau hatte ich für Gott aufgegeben und *warum?* In meinem bisherigen Leben hatte ich nur die Art von Liebe erfahren, ohne die man leicht auskommen kann. Alles, was darüber hinausgeht, hatte ich mir gesagt, ist nichts als Fantasie. Aber wie konnte ich jetzt noch sicher sein, dass ein gottgeweihtes Leben in einem Kloster wirklich die höchste Form der Liebe war?

Die Würfel sind gefallen

Es gab ein Ereignis, den berühmten letzten Tropfen, der das Fass zum Überlaufen brachte – obwohl es mir damals nicht bewusst war. Doch ab diesem Punkt gab es für mich kein Zurück mehr.

Ich wurde zur Stirnseite des großen polierten Tisches im Gemeinschaftsraum zitiert, wo die Oberin sich manchmal niederließ, um ihre Post zu lesen und wo sie sich für Fragen und sonstige Anliegen zur Verfügung hielt. Es war kurz vor der Sechs-Uhr-Lesung, zu der wir uns alle um den Tisch versammelten und uns nebenbei mit unseren Handarbeiten beschäftigten. Ich war früher gekommen, um schon vorher zu beginnen, als die Ehrwürdige Mutter Clare mich zu sich rief. Ich ging zu ihr und kniete neben ihrem Stuhl nieder.

»Ich entbinde Sie vom Kunstunterricht, Schwester Mary Carla«, sagte sie gelassen. »Ich habe gehört, dass Sie gestern nach der Stunde mit den Schülerinnen über Religion diskutiert haben. Ich möchte sichergehen, dass die Schülerinnen in *Kunst* unterrichtet werden, wenn sie etwas über Kunst lernen sollen, und *nicht* in Religion.«

Sie beschäftigte sich weiter mit der Post, während sie sprach, ihr Ton lag irgendwo zwischen verärgert und selbstgerecht und sie vermied es, mich anzuschauen.

Mich packte der Zorn. Ja, es stimmte: Nach der Stunde waren drei Schülerinnen, angeregt durch die Besprechung eines klassischen Gemäldes von Adam und Eva, mit Fragen zu mir gekommen. Ich hatte aus einem Werk von Teilhard de Chardin vorgelesen und seine Gedanken im Unterricht als alternative Interpretation zur offiziellen Schöpfungsgeschichte vorgestellt. Die Mädchen hatten von Teilhard de Chardin, dem exkommunizierten Dichter-Priester und Philosophen, bereits gehört und wollten sich unbedingt intensiver mit derartigen freigeistigen Ideen auseinander setzen. Außerdem wollten sie wissen – erste feministische Regungen –, was ich davon hielt, dass Frauen eine Kirche nur mit bedecktem Kopf betreten dürften. Ich erklärte ihnen, dass es sich wahrscheinlich um einen vom Apostel Paulus eingeführten Brauch handelte, der auf Frauen herabsah, wie ich gelesen hatte. Wir hatten uns etwa eine halbe Stunde in aller Freundschaft miteinander unterhalten. Entweder hatte jemand anders mitgehört oder eines der Mädchen hatte mich verpetzt. Nach den neuen Regeln durfte ich mich frei äußern, aber offenbar nicht über religiöse Fragen! Mein ohnmächtiger Zorn gab mir schlagartig Mut.

»Gut«, sagte ich mit belegter Stimme. »Wenn Sie sichergehen möchten, dass die Schülerinnen lernen, was sie lernen sollen, dann sollten Sie sich wohl besser eine andere Lehrerin suchen. Ich verzichte!«

Ich nahm gerade noch das vollkommen überraschte Gesicht der Oberin und die verblüfften Reaktionen der Nonnen wahr, die nacheinander hereingekommen waren, ehe ich den Raum verließ, um mich nach oben in mein Bett zurückzuziehen. Und dort blieb ich.

Zu den Mahlzeiten ging ich hinunter, nicht ohne Schwester Antoinette informiert zu haben, dass ich kommen würde, damit meine Mitschwestern nicht so tun konnten, als wüssten sie nichts davon, und ich keinen Platz am Tisch bekam. Ich ging zur Meditation hinunter und zur Messe am nächsten Morgen, frühstückte anschließend und ging dann wieder in mein Zimmer – fest entschlossen, so lange zu streiken, bis die Entscheidung, mich vom Kunstunterricht zu entbinden, rückgängig gemacht wurde.

Ich wusste, dass mein plötzlicher Ausfall ernsthafte Probleme verursachen würde, denn ich hatte einen vollen Stundenplan und meine Mitschwestern würden sich schwer tun, meine Arbeit zu übernehmen oder einen Ersatz für mich zu finden. Mein Zorn gab mir Kraft bis zum dritten Tag, als sie Schwester Madeleine – die kleine schüchterne Schwester und gewissermaßen Freund, weil sie nicht mein Feind sein konnte – zu Verhandlungen in mein Zimmer schickten. Man bat mich, hinunterzukommen und mitzuhelfen, weil alle überarbeitet seien; kein Wort davon, mich wieder als Kunsterzieherin einzusetzen. Ich schickte sie mit einigen Worten des Bedauerns und der Botschaft zurück, dass ich mich wieder an die Arbeit begeben würde, sobald man mich wieder unterrichten ließ.

Schwester Madeleine kam noch mehrmals herauf, um mir zuzureden, und schließlich gab ich nach. Labil, wie ich damals war, hielt ich es für besser, mich gegenüber meinen Mitschwestern, die schon genug gelitten hatten, anständig zu verhalten. Um ihrer zweifelhaften Anerkennung willen bereitete ich mir selbst eine herbe Enttäuschung, denn ich durfte nicht wieder unterrichten. »Macht nichts«, dachte ich mir, »dann habe ich ab jetzt mehr freie Zeit«, und machte mich daran, ein neues Design für meinen Habit zu entwerfen. Doch meine Seele war in einer Weise beleidigt und bloßgestellt worden, dass die Wunden niemals heilen würden.

Es dauerte nicht lange, und Briefe meiner früheren Oberen in Australien, England und Brüssel und sogar von unserem Bischof landeten auf meinem Schreibtisch. Man war während meines Streiks nicht untätig geblieben.

»Ich bin außerordentlich enttäuscht, zu hören, dass Sie in letzter Zeit einige Male nicht zu Ihren Stunden mit den Kindern erschienen sind und dass Sie nicht immer dort sind, wohin die Pflicht Sie ruft«, begann der Brief meiner ehemaligen Geografiedozentin in Sedgley Park, Schwester Gertrude, die einmal so stolz darauf gewesen war, dass ich in der Abschlussprüfung die besten Noten bekommen hatte. »Schwester, das ist überaus unprofessionell von Ihnen und eine bittere Enttäuschung für Sedgley! Schwester, was ist in Sie gefahren, dass es Ihnen so schwer zu fallen scheint, sich wie alle anderen zu verhalten? Vielleicht sollten Sie einen Psychiater aufsuchen, wenn Sie das Leben als derartige Belastung empfinden?« Und: »Sie müssen an Ihre Gemeinschaft denken, Schwester. Es ist äußerst schwierig für Ihre Mitschwestern, mit Ihnen zu leben, wenn Sie sich nicht an unsere Art zu leben halten.«

Und am Ende ihres Briefes stellte die ehrenwerte Gertrude die Frage, ob es nicht vielleicht besser wäre, um Entlassung zu bitten. *Das Kloster verlassen!* Dieses Ansinnen, ebenso wie alles andere, was sie und die anderen sagten, machte mich nur noch zorniger. Sie stellten sich gegen mich, obwohl sie von der konkreten Situation überhaupt nichts wussten. Ihre Einschüchterungsversuche ließen mich kalt.

Mich reumütig zu entschuldigen kam gar nicht in Frage; ich wollte rehabilitiert werden, irgendwie. Ich schrieb meinem Mentor einen Brief – er las sich ein wenig wie ein Polizeibericht –, in dem ich mein Gespräch mit den drei Schülerinnen Wort für Wort wiederholte. Ich war nicht nur zornig, ich war in höchstem Maß empört. Ich wollte deutlich machen, wie Autorität dazu missbraucht wurde, unschuldige Menschen wie mich schlecht zu machen. Ich schlug vor, eine Art Tribunal einzurichten, das sich mit Ungerechtigkeiten befassen sollte. Meine Argumentation klang ganz vernünftig und es hätte auch funktionieren können – nur dass es sich um ein *Kloster* handelte, nicht um eine politische Partei, ein Kriegsgebiet oder einen Haufen Kriegsverbrecher, die wegen ihrer Verbrechen gegen die Menschlichkeit zur Verantwortung gezogen wurden. Leider konnte ich mit Demut und Duldsamkeit, den traditionellen

Heilmitteln für eine verwundete Seele, inzwischen überhaupt nichts mehr anfangen.

Der schlimmste Brief, drei Seiten lang, kam von jemandem in meiner Gemeinschaft, den ich auf meiner Seite gewähnt hatte: Schwester Albion – eine kleine nervöse Nonne mit einnehmendem Lächeln, einem eindrucksvollen Gesicht und sehr dunklen Augenbrauen. Schwester Albion hatte ihre rhetorischen Fähigkeiten an uns ausprobiert: Reden halten, Anträge stellen und imaginäre Fragen beantworten – alles, was man braucht, um auf der politischen Bühne zu bestehen. Wollte sie ins Parlament einziehen? Nicht ganz, aber sie wurde meine nächste Oberin und die zuvor unsichere, schüchterne Nonne gab es nicht mehr. Es kam eine unbeugsame Persönlichkeit zum Vorschein, die kompromisslos ihre Ziele verfolgte.

Sie schrieb mir aus dem Urlaub, wo sie inoffiziell auf ihre neue Rolle vorbereitet wurde. Der Ton ihres Briefes war freundlich und schloss die Bitte ein, mich mehr an der Gemeinschaft zu beteiligen und nicht so viel für mich allein zu sein. Ein vernünftiger Rat, den ich jedoch nicht annehmen konnte, denn auf meine Klagen ging sie überhaupt nicht ein.

In jenem Jahr hängte ich die Weihnachtsdekoration auf und es machte mir so großen Spaß, dass ich für eine Weile alles um mich herum vergaß. Es gehörte auch zu meinen Aufgaben, ein paar Wochen später alles abzunehmen und in Kartons zu verstauen, die dann auf dem Dachboden gelagert wurden. Mutter Albion, seit Anfang Januar unsere neue Oberin, kam nachsehen, wie ich mit der Arbeit vorankam. Sie inspizierte die Kartons, leerte dann ungeniert einen nach dem anderen aus und begann alles selbst wieder hineinzupacken, wobei sie darauf bestand, dass ich zusah. Ich stand vollkommen verdattert und mit Tränen in den Augen daneben, aber das schien sie gar nicht zu bemerken. Offensichtlich hatte sie eine Menge Zeit, denn sie plauderte zwischendurch mit den Schwestern, die wegen der einen oder anderen Sache zu ihr kamen. Anschließend musste ich die vollen Kartons auf den Dachboden bringen. Ihre frisch verliehene Macht als Oberin hatte ihre früher zögerliche, unsichere Art mit einem Schlag verschwinden lassen.

In den folgenden Jahren gewann Mutter Albion immer mehr an Einfluss, denn sie wurde von Kloster zu Kloster geschickt, um im Laufe einer Amtszeit überall ihr strenges Management einzuführen. Ihrem Einsatz hat es der Orden zu verdanken, dass er nach schwierigen Jahren schließlich wieder über ein ähnliches Vermögen verfügte wie in jenen Tagen, als viele Frauen dem Ruf Gottes folgten. Mutter Albion übernahm ihr Amt in einer Zeit, als die Zahl derer, die ins Kloster eintreten wollten, stark rückläufig war, weshalb immer mehr Laienlehrerinnen eingestellt werden mussten. Sie wusste, dass es unabdingbar war, nur die Besten zu nehmen – zumindest für den so wichtigen Konvent von Genazzano –, um die besten Studenten (das heißt diejenigen, die am besten zahlten) für sich zu gewinnen und dadurch das Wohlergehen des Ordens der Faithful Companions of Jesus in Australien auch in Zukunft zu sichern. Eine Weile funktionierte diese Strategie auch sehr gut. Irgendwann wollten sich die Laienlehrerinnen jedoch nicht mehr damit abfinden, unter weniger qualifizierten Nonnen zu arbeiten, so dass die Schulleitung größtenteils von einer Laienrektorin und einem Verwaltungsrat übernommen wurde.

Mein Vater hasste Mutter Albion aus tiefstem Herzen, denn er war überzeugt, dass sie für alles verantwortlich war, was der Verwaltungsrat von Genazzano ihm antat.

Die Mitglieder des Verwaltungsrats wussten überhaupt nicht zu schätzen, wie viel Hingabe und Mühe mein Vater in den vergangenen vierzig Jahren investiert hatte, um auf dem einst vernachlässigten Klostergelände prächtige Gärten anzulegen und sie in ihrer Schönheit zu erhalten. Und sie ließen mir nichts, dir nichts seine Garage und den Schuppen für seine Gerätschaften abreißen, als sie den Platz für einen Swimmingpool von olympischen Ausmaßen brauchten.

Mein Vater war ein einfacher Mann. Als er sah, wie von ihm selbst vor dreißig Jahren gepflanzte Bäume einem schnurgeraden Gehweg weichen mussten, gab er Mutter Albion die Schuld, die zu jener Zeit Provinzialin war. Vermutlich hatte sie damals gar kein Vetorecht mehr im Verwaltungsrat, aber meinem Vater wollte das nicht in den Kopf. Seine Kiefer mahlten, die Augen verengten sich vor Zorn zu schmalen Schlitzen, seine Arme und Hände – muskulös und mit hervortretenden Adern nach all den Jahren harter Arbeit – waren in schrecklicher Ohnmacht wie gelähmt.

Meine Schwester und ich lebten in den fünf Jahren ihrer Erprobungszeit nie im selben Kloster. Ihre Busenfreundin in Genazzano war Schwester Anna, zwar ebenso rebellisch wie sie, aber eher intellektuell und zurückhaltend und deshalb auch diplomatischer. Anna konnte sich auch herrlich über manche Dinge lustig machen. Meine Schwester hingegen setzte ihre Ideen in die Tat um, und zwar auf der Stelle. Wegen mir hieß es, sie schaffe »böses Blut«, und deshalb durfte sie trotz des Nachwuchsmangels nicht im Kloster bleiben.

Im Herbst 1968 hielt sie sich jedoch in Genazzano auf und ich wollte in der Nähe eines Menschen sein, der mich verstand und zum Lachen brachte. Ostern war nicht mehr weit. Also suchte ich ohne viel Hoffnung Mutter Albion auf, um zu fragen, ob ich die Feiertage bei meiner Schwester verbringen könnte. Diese unerhörte Bitte wurde mir erwartungsgemäß abgeschlagen und so beschloss ich, die Sache selbst in die Hand zu nehmen.

Am Gründonnerstag packte ich Waschzeug und etwas Unterwäsche in meinen kleinen braunen Koffer und machte mich auf den Weg zur Landstraße, die unweit vom Kloster vorbeiführte. Niemand sah mich gehen, denn alle waren beim Gebet; ich hatte die Kapelle verlassen, um angeblich auf die Toilette zu gehen. Meiner Oberin hinterließ ich auf dem Frühstücksteller eine kurze Nachricht, von der sie hoffentlich – oder vielleicht doch lieber nicht – Verstopfung bekommen würde. »Ich bin meine Schwester in Genazzano besuchen gegangen«, konnte sie später ungläubig lesen. »Machen Sie sich keine Sorgen, ich reise mit Freunden. Schwester Mary Carla.«

Mit »Freunde« meinte ich wen auch immer, der mich in Richtung Süden mitnehmen würde. Gott würde mir sicher freundliche Menschen schicken, die sich meiner annahmen; darauf vertraute ich einfach.

Der Himmel war grau, es nieselte und ich suchte Schutz unter dem Laubdach eines Baums. Ich blickte die asphaltierte Straße entlang, die einzige Fernverkehrsstraße, die nach Süden führte, und mein Herz begann aufgeregt zu pochen, als ich einen glänzenden schwarzen Wagen näher kommen sah. Sobald er in Sichtweite kam, streckte ich meinen rechten Daumen hoch, als wäre es das Normalste von der Welt. Mit meinem weißen Habit war ich weithin zu sehen, selbst unter dunklem Laub an einem trüben Tag.

Der Wagen wurde langsamer und hielt wenige Schritte von mir entfernt am Straßenrand. Es saßen drei Männer darin und der Fahrer schien Italiener zu sein – was mich sofort für ihn einnahm, weil ich gleich an die warmherzigen italienischen Freundinnen meiner Jugendjahre denken musste. Mein Instinkt sagte mir – und er sollte mich später noch in vielen Situationen sicher leiten –, dass ich von diesen Männern nichts zu befürchten hatte. Die hintere Tür schwang auf – eine Einladung, neben einem australischen Farmer Platz zu nehmen, einem Schwergewicht mit dickem Bauch und ebensolchen Schenkeln, dem vor Staunen der Mund offen stand.

Wir waren schon eine Weile gefahren, als sie fragten: »Wo soll's hingehen, Schwester?« – »Nach Melbourne«, erwiderte ich. »Ist das in Ordnung?« – »Kein Problem für uns«, sagte der Fahrer in festem Ton und bog damit alle Fragen der anderen vorerst ab.

Sie fuhren nach Melbourne, aber nicht unbedingt nach Kew, wo Genazzano sich befand. Ich kam gar nicht auf die Idee, dass sie in dieser Riesenstadt ein anderes Ziel haben könnten. Ich dankte ihnen von ganzem Herzen für ihre Freundlichkeit und trug eine, wie ich hoffte, überzeugende Gelassenheit zur Schau.

Die Männer sagten, sie seien katholisch, damit ich mich besser fühlte. Sie müssen geahnt haben, dass diese hoch gewachsene blasse Nonne, die bei ihnen mitfuhr, irgendwie Probleme hatte. Sonst hätte das Kloster doch sicher dafür gesorgt, dass sie mit dem Bus fuhr – und sie gewiss nicht allein reisen lassen.

»Wohin in Melbourne wollen Sie, Schwester?«, fragte der Fahrer nach einer Weile. Ich erklärte ihm, dass ich zu dem Kloster oben in Kew müsste, und einer von ihnen erinnerte sich an die vielen Zypressen entlang der Cotham Road. »Ich besuche meine Schwester«, fügte ich hinzu, als wäre das eine absolut überzeugende Erklärung.

Man konsultierte eine Straßenkarte und als man sich auf den richtigen Weg geeinigt hatte, wurde es wieder still. Aus Rücksicht auf mich wurde ohnehin nicht über weltliche Dinge gesprochen, denn ich hätte nicht mitreden können. Die Männer hingen ihren Gedanken nach und warfen nur gelegentlich einen Blick auf die Nonne hinten auf dem Rücksitz, die halb schlafend gegen die Tür lehnte, und daneben, wie eine Mauer zwischen ihr und dem dicken Mann, ihr kleiner brauner Koffer. Bis auf eine belanglose Bemerkung hin und wieder fiel kein einziges Wort, als hätten wir uns spontan zu innerer Einkehr verabredet.

Es war eine ziemlich lange Fahrt – etwa 180 Kilometer –, aber wir hielten unterwegs nicht an. Der Mann hinter dem Steuer war offenbar entschlossen, mich mit Gottes Hilfe so bald wie möglich abzuliefern. Als wir die Vororte von Melbourne erreichten, nahm der Verkehr stark zu. Der Fahrer wusste genau, wie er fahren musste. Ich bot zwar an, mit der Straßenbahn zu fahren, als ich eine mir vertraute Linie erspähte, doch davon wollten sie nichts wissen. Als das prächtige Eingangstor des Klosters an der Cotham Road in Sicht kam, bot ich an, zu Fuß die Auffahrt hinaufzugehen, die die herrlichen von meinem Vater angelegten Blumenbeete säumten, aber sie wollten es offenbar nicht riskieren, dass ihr Fahrgast so kurz vor dem Ziel womöglich doch noch abhanden kam. Der schwarze Wagen fuhr die Auffahrt entlang, um das Oval mit seinen stattlichen Bäumen herum und hielt vor dem Eingang mit der schweren Eichentür. Die Männer warteten noch, bis ich geklingelt hatte, und als sich die schwere Tür öffnete, riefen sie mir einen Abschiedsgruß zu und fuhren davon, diese Männer, die sich als wahre Freunde erwiesen hatten.

Die Schwester Pförtnerin wirkte geschockt, dass ich so plötzlich vor der Tür stand, und rief die Mutter Oberin, die zwar vorgewarnt worden war, jedoch nicht so bald mit mir gerechnet hatte. In ihrem kleinen Arbeitszimmer – ich erinnerte mich aus meiner Zeit als Postulantin und Novizin noch daran – erklärte ich ihr den Grund für mein Kommen und fragte, ob ich ein paar Tage bleiben könne. Wie ich so schnell nach Genazzano gekommen war, war hinlänglich bekannt. Die Oberin schien zwar deutlich irritiert von der ganzen Sache, beschloss aber, mir meinen Willen zu lassen, und reagierte sehr freundlich. Sie ließ meine Schwester rufen, bat sie, Tee zu machen und sich um mich zu kümmern.

Meine Schwester war hellauf begeistert von meinem Blitzbesuch. Wir setzten uns auf die Küchenbank und ich berichtete ihr von meiner Reise – und all den anderen Ereignissen – und sie sagte nur immer wieder »Mannomann!« und »du lieber Himmel!«. Ich konnte mich wirklich darauf verlassen, dass sie auf meiner Seite stand. Sie machte Tee, plünderte die Keksdosen, entdeckte sogar noch ein Stück Kuchen im Kühlschrank, und ich schlang alles mit großem Appetit hinunter, obwohl jetzt – kurz vor Ostern – strenges Fasten angeordnet war. Ich hatte noch nicht gefrühstückt, und inzwischen war später Vormittag.

Am Karfreitag widmete ich mich wieder meiner altvertrauten Aufgabe, die Korridore zu fegen. Ich streute feuchte Teeblätter über die ganze Breite, die allen Staub aufnahmen, ehe ich sie systematisch zusammenkehrte. Ich musste an die Kilometer von Korridoren denken, die ich schon gefegt hatte, und an die schrecklichen Albträume, dass ich vergessen hatte, die Böden zu wischen, und wie sich der Staub zu flaumig-weichen Bällchen sammelte.

Nach Ostern kehrte ich mit vier Nonnen aus Genazzano, die bei uns einige Zeit verbringen sollten, im Auto nach Benalla zurück. Ich fühlte mich unendlich viel besser nach diesen paar Tagen mit meiner Schwester, denn endlich einmal hatte jemand ein offenes Ohr für mich gehabt.

Niemand sagte etwas zu mir, nachdem ich wieder zu Hause war. Der einzige Mensch, der meine Geschichte zu hören bekam, war Schwester Antoinette, die mein Abenteuer unterhaltsam fand, aber eine gewisse Besorgnis nicht verhehlen konnte. Sie wusste, dass es so nicht weitergehen konnte. Mutter Albions engste Vertraute hatten ihr inzwischen geraten, mich zur Begutachtung zu einem Psychiater zu schicken.

Es gab einen sehr angesehenen Psychiater namens Dr. Brown, der enge Beziehungen zu Genazzano hatte und mittlerweile im Ruhestand war. Er lebte in Melbourne, man konnte vom Kloster aus zu Fuß zu ihm gehen. Es wurde ein Termin mit ihm vereinbart und ich reiste wieder in Richtung Süden, begleitet von denselben vier schweigenden Nonnen, mit denen ich nach Benalla zurückgekehrt war.

Ich wurde in das Arbeitszimmer des ehrwürdigen alten Mannes geführt, begleitet von der Mutter Provinzialin, die ein grimmiges und vorwurfsvolles Gesicht machte. Sie sagte nichts, aber ihre gewöhnlich glanzlosen braunen Augen blickten wachsam. Ebenfalls anwesend war, als so genannte neutrale Person, eine mir unbekannte Nonne, die nach Genazzano kam, während ich in Europa war. Eigentlich wollten aber beide nur ihre Meinung bestätigt bekommen.

Dr. Brown war ein gütiger Mann, der all den Ausprägungen psychischen Leids, die er bei seinen vielen Patienten erlebt hatte, größten Respekt entgegenbrachte. Weißhaarig, mit fast lautlosem Gang und leicht gebeugt, strahlte er dennoch eine große Würde aus. »Schwester Mary Carla«, begann er, nachdem er sich gesetzt hatte, »sagen Sie mir, was Ihnen auf der Seele liegt.« Er vermittelte mir den Eindruck, dass er mir mit höchster Aufmerksamkeit zuhören würde.

»Schon bevor ich nach Benalla kam, wurde mein Ruf systematisch beschädigt«, setzte ich mit einem Seitenblick auf meine Begleiterinnen an. Was sie wohl von alledem wussten? Sie gehörten ja nicht einmal zu meiner Klostergemeinschaft! Dr. Brown bat mich, das näher zu erläutern, und ich antwortete aufrichtig und ohne jedes Zögern, im Beisein meiner beiden Zeuginnen. Ich erzählte ihm, wie ungerecht ich behandelt wurde und dass man seit Jahren auf mir herumhackte. Endlich konnte ich jemandem mit einer gewissen Autorität, dessen Beruf es war, zuzuhören, frei von der Leber weg alles erzählen.

Meine Begleiterinnen versuchten mehrmals entrüstet Einspruch zu erheben, doch Dr. Brown bat sie, zu schweigen. Schließlich fragte er mich: »Was möchten Sie, Schwester? Wie, glauben Sie, könnte die Lösung Ihrer Probleme aussehen?«

Er hatte die Frage kaum ausgesprochen, da wusste ich schon die Antwort. »Ich möchte in ein anderes Kloster geschickt werden, fort von Mutter Albion, am liebsten nach Genazzano, zu meiner Schwester.« Mir war sofort klar, dass mir das nicht erlaubt würde, deshalb fügte ich hinzu: »Ich möchte einen neuen Anfang machen mit Menschen, die mich nicht kennen.«

Dann sprach Dr. Brown mit meinen beiden Begleiterinnen und teilte ihnen wohl seine Einschätzung mit.

Ich hatte keine Ahnung, dass er gebeten worden war, sich dahingehend zu äußern, dass ich für das Klosterleben nicht geeignet sei und aus dem Orden ausgeschlossen werden sollte. Es war äußerst schwierig, eine Nonne, die bereits die ewigen Gelübde abgelegt hatte, zum Verlassen des Ordens zu zwingen – eigentlich unmöglich, sofern nicht jemand mit den richtigen Referenzen bereit war, mich für psychisch ungeeignet zu erklären. Doch Dr. Brown tat nichts dergleichen.

Er erklärte den beiden Nonnen in meiner Gegenwart, dass ich Symptome von Paranoia zeige. Als sie widersprachen und ihm erzählten, was sie für die reale Version der Ereignisse hielten (obwohl keine von beiden in meinem Kloster lebte), entgegnete er, dies beweise doch, dass meine Interpretationen der Realität paranoid seien. Gleichzeitig merkte er an, dass ich mich von ganzem Herzen dem religiösen Leben hingeben wollte und meine Intelligenz mit einem hohen Maß an Integrität und Idealismus gepaart sei. Er verfasste an Ort und Stelle eine Beurteilung – die er mir zeigte, bevor er sie der Mutter Provinzialin gab – mit der Empfehlung, mich in das neue kleine Kloster in Frankston zu schicken, wo niemand mich kannte und ich, wie ich es mir wünschte, einen neuen Anfang machen könnte.

Ein vernünftiger Rat und gangbarer Weg – waren meine beiden Begleiterinnen nicht deswegen gekommen? Doch ihre säuerliche Miene zeigte, wie enttäuscht sie waren. Und so überraschte es mich nicht sonderlich, als ich bei meiner Rückkehr nach Benalla die Entscheidung meiner Oberen mitgeteilt bekam: Nichts würde unternommen werden. Ich hatte zu bleiben, wo ich war.

Ende April, ein ganzes Jahr, nachdem ich per Anhalter nach Melbourne gefahren war, wurden meine Gebete endlich erhört – und vermutlich auch die meiner Klostergemeinschaft. Mein Mantra in all diesen Tagen, Monaten und Jahren war ein verzweifeltes *Herr, mach mich sehend* gewesen, denn ich hatte lange Zeit das Gefühl, blind zu sein.

Ich war wie üblich morgens um sechs in der Kapelle und bereitete mich auf die Meditation vor, als vor meinem geistigen Auge plötzlich die ganze Klostergemeinschaft erschien, als würde ich von oben auf sie hinunterschauen. Ich sah meine Mitschwestern fleißig arbeiten und fleißig beten und spürte die Verbundenheit unter ihnen, ich hingegen war vollkommen isoliert. Ich spürte intensiv ihre Zufriedenheit – ihr Normalzustand, der einst auch meiner gewesen war – und wie viel Kummer ihnen die ständigen Störungen bereiteten, die ich verursachte. Ich begriff mit einem Mal, dass ich umso mehr isoliert werden würde, je mehr ich um Erneuerung kämpfte. Es gab keinen Weg zurück. Mich einfach einzufügen und Ruhe zu geben, das war nicht länger möglich. Ich spürte ein unbändiges

Verlangen in mir, Neues zu entdecken, mich in unbekannte Gefilde vorzuwagen. Das war mir wichtiger, als zu versuchen mich anzupassen oder mit dem Gegebenen einfach zufrieden zu sein. Und ich sah auch, dass niemand diesen Weg mit mir gehen würde.

Es war keineswegs eine düstere Vision, vielmehr in ein wundervolles Licht getaucht, aufregend und spannend. Ich wusste im selben Augenblick, dass ich gehen sollte, dass meine Seele und mein Geist sich danach sehnten. Das Problem war nicht nur, dass ich mich nicht mehr ins Klosterleben einfügen konnte, obwohl mir das damals nicht bewusst war. Es gab Wunden zu heilen, die ihren Ursprung in meiner Kindheit hatten, und dafür war das Kloster nicht der richtige Ort. Es war lediglich der Ort, wo sie dank des *Aggiornamento* wieder aufgebrochen waren.

Ich verließ die Kapelle, suchte Schreibpapier, ein Kuvert und eine Briefmarke und informierte den Bischof sofort von meiner Absicht. Den Brief legte ich auf den kleinen *escritoire*, auf dem die Morgenpost gesammelt wurde. Noch vor dem Frühstück war er fort und erst danach sagte ich es der Ehrwürdigen Mutter Oberin. Sie schien ziemlich verärgert, dass ich nicht vorher mit ihr gesprochen hatte, dabei hatte ich gedacht, sie wäre erleichtert! Das war sie auch, nach einer kleinen Weile, und bald machte die Neuigkeit im Kloster die Runde.

Nur Schwester Antoinette und die Schwestern Imelda, Madeleine und Anna kamen zu mir, um mir alles Gute zu wünschen. Die anderen werden erleichtert, aber auch enttäuscht gewesen sein: all ihre Bemühungen, mit meinen Neurosen klarzukommen, all die viele Zeit meiner Oberin, die ich für mich beansprucht hatte – alles umsonst. Außerdem würden sie meine Aufgaben als Lehrerin und sonstigen Pflichten unter sich aufteilen müssen, da ich mitten im Schuljahr fortging.

Der Bischof schickte seine Antwort an Mutter Albion und empfahl, den Heiligen Stuhl schriftlich um Dispens zu bitten, der nächste Schritt. Außerdem sollte ich der Ehrwürdigen Mutter Generaloberin offiziell schreiben, was ich unverzüglich tat. Auch Father Doherty wurde die Neuigkeit berichtet und er kam mich besuchen, um mir Tipps zu geben, wie ich den Brief an den Vatikan abfassen sollte.

»Ein Dispens wird nicht immer gewährt, Schwester«, sagte er, »aber wenn Sie Ihr *Ungeeignetsein* für das Leben als Ordensschwester herausstreichen könnten, hätten Sie gute Chancen.« Mir entging nicht, worauf er besonderen Wert legte, und ich war in politischen Dingen inzwischen versiert genug, um zu erkennen, worum es ihm ging: Er wollte verhindern, dass ich in meinem Brief irgendwie meine Ansicht deutlich machte, dass mein Orden sich gegen die angeordneten Neuerungen sperrte, was für die Faithful Companions of Jesus unnötige Schwierigkeiten bedeutet hätte.

Also bemühte ich mich, mein Schreiben so zu formulieren, als ob die Gründe für meinen Fortgang ausschließlich bei mir lägen. »Mir war nie klar, aus welchen Motiven ich ins Kloster eintrat«, schrieb ich. »Ich habe entdeckt, dass es nicht allein der Wunsch war, Gott zu dienen, sondern dass meine Motive auf Unsicherheit und einer falschen Vorstellung davon gründeten, was es bedeutet, Gottes Willen zu erfüllen. Bei meinem Eintritt hatte ich keine klare Vorstellung davon, warum ich Nonne werden wollte.«

Ich schrieb noch einige Sätze dieser Art, aber dann schien es mir so doch nicht ganz richtig und ich fügte noch hinzu: »Heiliger Vater, infolge meines Wunsches, eine Erneuerung herbeizuführen, sind die Spannungen mit meiner Klostergemeinschaft unerträglich geworden. Ich wäre nicht glücklich, wenn ich bleiben würde, und meine Gemeinschaft wäre es ebenso wenig.«

Der Brief wurde genehmigt und abgeschickt und damit war mein Schicksal in den Augen aller Betroffenen besiegelt. Nach einer äußerst knappen Verabschiedung wurde ich vom Ort des Geschehens verbannt – meine weitere Anwesenheit hätte meine Mitschwestern doch nur in Aufruhr versetzt – und nach Vaucluse geschickt, in das Kloster, dessen College ich besucht hatte.

Es wurde ein angenehmer Aufenthalt. Ich fand mich in einer neuen Gemeinschaft wieder, obwohl mir viele der Gesichter und Namen noch aus meiner Schulzeit vertraut waren. Vaucluse hatte eine ganz eigene Atmosphäre. Sogar die Toiletten waren etwas ganz Besonderes; sie hatten mit Päonien und Rosen bemalte Becken, wie ich es in England gesehen hatte.

»Ich möchte Schwester Mary Carla willkommen heißen, sie wird für einige Wochen unser Gast sein«, verkündete die hoch gewachsene, schon sehr betagte Mutter Oberin. Sie hatte einen klugen, aber müden Blick und betupfte sich den Mund mit einem Taschentuch, bevor sie sprach. »Schwester Mary Carla ist in Ferien und deshalb nicht verpflichtet, sich an den Tagesablauf zu halten.«

Es gab ein allgemeines Gemurmel, als mich die Mitschwestern begrüßten. Manch eine mochte neugierig sein, warum ich mitten im Schuljahr »in Ferien« war, aber keine fragte nach. Den wahren Grund für meinen Aufenthalt, nämlich auf die Antwort des Heiligen Stuhls zu warten, dürften nur wenige geahnt haben.

Niemand wusste, wie lange das dauern konnte, und ich wäre nie auf die Idee gekommen, ohne offizielle Erlaubnis zu gehen. Trotz meiner rebellischen Haltung gegenüber jeder Autorität war ich doch überaus gehorsam und wollte den Willen Gottes erfüllen.

Und so vertrieb ich mir die Zeit mit Nichtstun. Manchmal

half ich beim Abwasch, aber ich bekam keine feste Aufgabe übertragen, die ich sofort würde aufgeben müssen, wenn ich das Kloster verließ. Ich durfte ein leeres Zimmer nutzen, das ich mit einem Tisch und einem Stuhl, einer geliehenen Nähmaschine und einem Plattenspieler ausstattete. Dann beschaffte ich mir das notwendige Zubehör, um Clowns anzufertigen. Meistens saß ich umgeben von farbenfrohen Resten aller möglichen Materialien auf dem Boden, nähte Clowns und hörte dabei Platten mit spanischer Musik, die mir meine Schwester Liesbet vor kurzem geschickt hatte.

Die Klänge von *La Paloma* erfüllten den Raum und entzückten mein Herz. Ich war glücklich, viel glücklicher, als ich einige Wochen später sein würde, draußen im kalten Melbourner Winter, als ich mich wie eine Waise fühlte. Ich machte die Clowns für die Gemeinschaft von Vaucluse, zum Verkauf beim nächsten Schulfest, und einen behielt ich als Geschenk für meine Mutter. Er hatte eine goldfarbene Jacke mit Rüschen an den Ärmeln. Meine Mutter hütete ihn wie ihren Augapfel; er saß bei ihr im Wohnzimmer und schien sich fröhlich mit unsichtbaren Besuchern zu unterhalten. Nach ihrem Tod wurde ich gefragt, ob ich ihn haben wollte, aber ich wollte ihn nicht, und nun besitzt meine Schwester Liesbet einen der seltsamsten Clowns der Welt. Er hat spanisches Blut, sagte ich zu ihr, und deshalb mag sie ihn sehr.

Es stellte sich das Problem, was ich anziehen sollte, wenn ich in die Welt hinausging. Erst einmal zuvor hatte eine Schwester den Orden verlassen, 1965, vor vier Jahren. Allerdings hatte wegen des Schweigegebots niemand über dieses Ereignis geredet. Die Schwester, ehemals Rektorin in Genazzano, hatte sich nach heftigen Kontroversen über ihren Umgang mit den Schülern zum Austritt entschlossen. Mein Fortgang jedoch sollte eine Menge Gesprächsstoff liefern – und einen wahren Exodus auslösen. Vor Ablauf des Jahres verließen noch weitere sechs Schwestern das Kloster.

Die Vikarin von Genazzano hatte zweihundert Dollar für meine neue Garderobe bewilligt und meine Mutter wurde gebeten, mit mir einkaufen zu gehen.

Es war nicht leicht für meine Mutter, denn sie konnte nicht Auto fahren, aber es war ihr nicht möglich, ihrem Mann die Neuigkeit mitzuteilen, dass seine Tochter wieder nach Hause kam. Mein Vater würde Fragen stellen, auf die sie noch keine Antwort wusste, und sich schrecklich aufregen, weil der Heiligenschein fort war, den er über meinem Kopf hatte schweben sehen. Diese Szenen fürchtete sie, deshalb nahm sie auf eigene Kosten ein Taxi. Ich war überglücklich, sie zu sehen und dass sie sich freute, mich zu sehen. Sie schien tatsächlich eher erfreut als betrübt über meinen unmittelbar bevorstehenden Abschied vom Leben als Ordensschwester. Es war Mai und sehr kalt. Ich brauchte einen Mantel, der fünfundvierzig Dollar kostete. Das Geld reichte noch für ein Kleid, einen Hut, Handschuhe, Schuhe und Unterwäsche.

Meine Familie wohnte in Kew, also gingen wir dort einkaufen – nicht gerade die billigste Gegend, aber woher sollte ich das wissen? Vermutlich dachte meine Mutter, ein Kaufhaus oder Secondhandladen sei kein Ort für eine Nonne, um ihren Habit und Schleier abzulegen und Kleider anzuprobieren. Anstatt das gemeine Volk zu schockieren, provozierten wir Nervenanfälle bei den Boutiquenbesitzern, wenn unter dem heiligen Schwarz mein bleicher Körper und das Stoppelhaar zum Vorschein kamen, und taten so, als würden wir jeden Tag shoppen gehen.

Ich entschied mich für ein himmelblaues Kleid mit weißem Kragen und Gürtel und wählte damit unbewusst die Farben der

Marienkinder, zu denen ich als kleines Mädchen gehört hatte. Es war aus einem dicken, ziemlich steifen Polyesterstoff und der Saum ging gerade über mein Knie.

In Genazzano verlangte die Vikarin unsere Einkäufe mitsamt den Kassenzetteln zu sehen. Dann schimpfte sie uns mit säuerlicher Miene aus, weil wir so viel Geld für ein einziges Kleidungsstück, den Mantel, ausgegeben hatten, wobei sie keinen Unterschied zwischen meiner Mutter und mir machte. Gleichzeitig stellte sie klar, dass wir keinerlei weitere finanzielle Unterstützung für Kleider oder was auch immer zu erwarten hätten. »Bitte bedanken Sie sich, Carla, und gehen Sie mir aus den Augen, denn Sie haben meinen Glauben daran zerstört, dass so etwas niemals passieren kann. Auf Wiedersehen, Mrs van Raay, leben Sie wohl.«

Im Brief des Vatikan stand: »Gehen Sie, Carla, gehen Sie!« Er traf sechs Wochen, nachdem ich meinen abgeschickt hatte, ein und war in Latein, das ich bis heute nicht gelernt habe. Ich wurde nach oben in mein Zimmer geschickt, um den Habit abzulegen. Bis auf ein paar Toilettenartikel und Gebetbücher ließ ich alles im Kloster zurück.

Es bewegte mich unerwartet stark, den Habit abzulegen. Zum letzten Mal nahm ich den Schleier ab. Meine Haare waren nachgewachsen, aber noch knabenhaft kurz. Ich packte mein Gebetbuch ein und – einem spontanen Impuls folgend – auch die robuste treue Geißel, die bereits Spuren der Abnutzung aufwies. Ich hatte zwar nicht die Absicht, sie weiter zu benützen, aber es wollte sie ohnehin niemand haben.

Als ich, in Zivil und mit meinem kleinen braunen Koffer in der Hand, die breite geschwungene Treppe hinabging, die sonst für die VIPs des Klosters reserviert war, hatten sich alle Nonnen von Vaucluse in der Halle aufgestellt, um mir Auf Wiedersehen zu sagen. Eine denkwürdige Szene: Alle Gesichter wandten sich mir zu in der Hoffnung, als die Engel erkannt zu werden, die sie waren. Dass sie mich mit offenem Herzen verabschieden wollten, obwohl ich nicht zu ihrem Kloster gehörte, berührte mich sehr. Jede drückte mir freundlich die Hand und brachte mir ein paar ermutigende Worte entgegen. Nur Schwester Anthony, meine ehemalige Mathematiklehrerin, konnte nicht an sich halten. »Möge Gott dir verzeihen!«, platzte sie heraus. »Da siehst du, wohin Ungehorsam führt!«

Einige kommentierten diesen Ausbruch mit missbilligendem Gemurmel und meinten: »Machen Sie sich nichts daraus, Carla!«

Für mich waren die Gefühle, die mir entgegengebracht wurden, völlig überraschend. Ich war nicht gewöhnt, der Mittelpunkt solch freundlicher Aufmerksamkeit zu sein. Der warmherzige Abschied, den die Nonnen mir an jenem Tag bereiteten, war wie ein Segen, den ich bitter nötig hatte, denn sonst wäre mein Herz nur voller Kummer angesichts der Zurückweisung gewesen.

Dritter Teil

Frei!

Endlich frei! Ich saß entspannt zurückgelehnt im alten Chevy meines Vaters und hätte am liebsten irgendein albernes Liedchen geträllert, wenn nur mein Vater und meine Mutter nicht so ernste Gesichter gemacht hätten. Wir waren auf dem Weg zu meinem alten Zuhause, dem Haus meiner Eltern. Es war der 1. Juni 1969 und der sechsundfünfzigste Geburtstag meiner Mutter, schmerzlich und schön zugleich.

Meine armen Eltern! Meine Mutter war bei unserem Einkaufsbummel so zuversichtlich gewesen, doch offenbar hatten sie die lautstark geäußerten Kommentare meines Vaters, der ob der Neuigkeit aus allen Wolken fiel, unsanft auf den Boden der Tatsachen zurückgeholt. Ich erinnerte mich an einen seiner äußerst seltenen Briefe, in einem Anfall von Stolz verfasst: *»Wir fühlen uns glücklich und geborgen, wenn wir daran denken, dass unsere älteste Tochter für uns betet«*, hatte er geschrieben. Für ihn hatten meine Gebete größeren Einfluss als seine. Ich war eine Art Versicherung bei Gott gewesen, leider vorzeitig – viel zu früh – und deshalb mit großem Verlust zurückgekauft. Aber irgendwann musste ihr Traum wie eine Seifenblase platzen, und jetzt war es so weit. Sie mussten sich damit abfinden, dass ihre hochheilige Tochter mehr versprochen als gehalten hatte. Ich sah ihnen an, dass es sie schmerzte, dass sie sich betrogen fühlten.

Mein Vater litt offensichtlich nicht nur darunter, dass man ihn über meinen bevorstehenden Austritt im Dunkeln gelassen hatte, er war auch ziemlich verärgert. »Kannst du mir vielleicht erklären, was passiert ist?«, begann er in seiner typischen direkten und ungeduldigen Art, kaum dass wir zu Hause den Fuß in der Tür hatten. »Was ist mit dir los, dass du nicht dort bleiben konntest? Was hat dir dort nicht gepasst?«

Das war mein Stichwort. Zum allerersten Mal machte ich die mir fremde, wunderbare und reinigende Erfahrung, dass ich ehrlich sagen konnte, wie es mir in all den Jahren ergangen war. »Ich habe mich so elend gefühlt, so unausgefüllt, dass ich am liebsten gestorben wäre.«

Sie starrten mich mit offenem Mund an, ungläubig und vollkommen perplex.

»Was redest du da?«, fragte mein Vater, die Fäuste in die Seiten gestemmt. »Du hast kein Wort davon gesagt, als wir dich im Kloster besuchten, und auch nicht, als du ein paar Tage bei uns warst. Du hast uns angelogen!«

Sein Gesichtsausdruck schwankte zwischen verächtlichem Vorwurf und echter Verwirrung. Er sah aus, als wüsste er nicht, ob er lachen oder weinen sollte. Ich sah meine Mutter an. Ihr Gesichtsausdruck war schwer zu deuten. Sie atmete ganz flach und bemühte sich offenbar, mich zu verstehen. Dann spürte ich plötzlich ihren Schmerz, und es brach mir schier das Herz. Ich musste schrecklich weinen, weil ich ihnen so viel Kummer bereitete. Als ich mich ein wenig beruhigt hatte, setzten wir uns endlich alle hin.

Mein Vater hatte Recht. Es war wirklich empörend, dass ich mich ihnen nie anvertraut hatte. Ich musste mein Verhalten zu erklären versuchen, auch wenn es nicht nachvollziehbar war. »Dad, du hast von mir nie ein Wort der Klage gehört, weil ich dem Orden gegenüber loyal sein musste«, sagte ich mit stockender Stimme. Aber wo war meine Loyalität zu *ihnen* geblieben? Oder zur Wahrheit? »Das gehörte zu den Regeln, an die wir uns halten mussten.«

Loyalität war das alleroberste Gebot des Ordensclans, ein ungeschriebenes zwar, aber ironischerweise hatte ich es schon als Kind gelernt: Du darfst niemals anderen erzählen, was wirklich los ist, sonst verrätst du deine Familie. Wasche niemals deine schmutzige Wäsche vor Leuten, die nicht zum Clan gehören. Mir war meine Klostergemeinschaft zum Clan geworden, auf Kosten meiner richtigen Familie.

Ich erzählte ihnen, dass ich etwas hatte verändern wollen und mir dadurch den Unmut meiner Mitschwestern zugezogen hatte, und wie frustrierend das alles für mich gewesen war. Es war, als würde sich eine Schleuse öffnen, hinter der sich jahrelang Unmengen von Wasser gestaut hatten. Verkrampfte Gesichtsmuskeln, die sich so angestrengt hatten, meinen Mund verschlossen zu halten, durften sich nun lockern und loslassen. Frische, saubere Energie durchströmte meinen Körper, als ich nun zu beichten begann.

Meine Eltern hörten konzentriert zu. Mein Vater fluchte, stieß ab und zu ein missbilligendes »Ts, ts, ts!« aus oder auch ein ungläubiges Lachen. Meine Mutter atmete jetzt schnell und flach und gab hin und wieder zustimmende Laute von sich, die ineinander verschränkten Hände erschrocken an die Brust gepresst.

»Ich wusste, dass etwas nicht stimmte, als wir lange Zeit keinen Brief von dir bekamen, und dann hast du nur geschrieben, wie schön die Umgebung von diesem Kloster in England ist«, sagte sie schließlich.

Ich sah ihren mitleidigen Blick – den liebevollen, kummervollen Blick einer Mutter, die ihrer geliebten Tochter nicht hatte helfen können und deren positive Vorstellung vom Klosterleben und religiöse Überzeugungen nun durch den Bericht ihrer Tochter auf den Kopf gestellt wurden.

Ihr Gespür hatte sie nicht getrogen, besonders als sie mich in Brüssel besuchte. Ich hatte sie angelogen, als sie mich nach meinem Leben im Kloster fragte. Es war mir damals als die beste Lösung erschienen. Jetzt konnte ich ihr erklären, dass der Konvent absolute Loyalität von mir gefordert hatte, und sie schien mich trotz aller Gekränktheit zu verstehen. Als ich vom Gelübde der Armut erzählte und dass ich alle Geschenke von ihnen hatte weggeben müssen, drehte ich gewissermaßen das Messer noch einmal in der Wunde um.

Meine Mutter erinnerte mich an ein besonders wertvolles Geschenk – eine unersetzliche Sonderausgabe von Schallplatten mit klassischer Musik, die sie mir während meines dritten Jahrs in Benalla geschickt hatte. »Was ist damit geschehen, Carla?«

»Das Problem war, dass wir Geschenke manchmal behalten durften, manchmal aber auch nicht. Wir wussten es nicht im Voraus«, erwiderte ich. Mir ging es damals so elend, dass ich meinen Eltern nichts hatte sagen wollen. »Es tut mir Leid, Mum.«

Meine arme Mutter wäre fast in Tränen ausgebrochen. Sie hatte diese Schallplatten mit Geld aus ihren persönlichen Ersparnissen gekauft und die Aufnahmen waren nicht mehr erhältlich.

Nach meiner großen Beichte waren meine Eltern dermaßen desillusioniert, was die Klosterschwestern und die Religion betraf, für die sie standen, dass sie eine Zeit lang nicht mehr in die Kirche gingen. Mein Vater lenkte als Erster wieder ein. Er hatte nichts Besseres in seinem Leben und sagte sich, dass Gott nicht unbedingt schlecht sein müsse, nur weil die Nonnen es waren.

Meine Mutter jedoch gewann ihr Vertrauen in die Religion nie mehr ganz zurück. Sie konnte sich nicht überwinden, in die Kirche zu gehen, und die sonst nur ausnahmsweise vorgebrachte Entschuldigung, dass sie ihren Mann nicht begleiten könne, weil sie sich um die Kinder kümmern müsse, musste immer häufiger als Ausrede herhalten. Sie ging auch nicht mehr zur Beichte, und als sie von den Entgleisungen des Gemeindepfarrers erfuhr – eines scheinheiligen, kurz geratenen Mannes, der ihrer Freundin die Hand auf den Oberschenkel gelegt hatte, als sie sich bei ihm Rat holen wollte –, platzte ihr endgültig der Kragen.

Es gab jedoch auch etwas, das meine Mutter *mir* verheimlicht hatte, von dem ich erst viele Jahre später erfuhr. Meine Eltern und meine Schwester Liesbet hatten dem Kloster in den achteinhalb Jahren, bis ich meine ewigen Gelübde ablegte, regelmäßig Geld geschickt, nachdem ihnen die Nonnen eine Liste von »Ausgaben« zur Zahlung präsentiert hatten. In all dieser Zeit, während ich nicht nur tagtäglich putzte und alle möglichen Arbeiten erledigte, sondern auch Berge feinster Stickereien anfertigte, hatte man ihnen für meinen Unterhalt Geld aus der Tasche gezogen. Meine Schwester regte sich nicht besonders darüber auf, meine Brüder jedoch waren ziemlich nachtragend – und ließen es mich deutlich spüren, als ich nach Hause kam.

Ich war also entlassen – mit einem einzigen Kleid, das mir gehörte. Dieses merkwürdige himmelblaue Teil trug ich natürlich auch beim Familientreffen mit meinen Brüdern und Schwestern und ihren neugierigen Ehegesponsen. Ich muss ein Bild für die Götter gewesen sein. Ich saß da wie Grace Kelly – die Beine schräg und eng übereinander geschlagen, so dass sie sich an den Fußknöcheln berührten, die Hände im Schoß gefaltet, den Nacken gerade – und wurde von allen interessiert beäugt. Allerdings bot ich ihnen keine pikanten Geschichten aus dem Kloster, die sie sicher gern gehört hätten, sondern überließ das Reden meiner Mutter und war vermutlich nicht interessanter als eine Puppe im Schaukasten. Zum Glück waren meine Verwandten einfühlsam genug, um wenigstens ansatzweise zu ahnen, welchen Kulturschock ich gerade erlebte. Ich war zwar fürchterlich aufgeregt, bemühte mich aber, nach außen hin ganz gelassen zu erscheinen.

Die Nonnen hatten sich zweifellos darauf verlassen, dass meine Mutter mir als Schneiderin Kleider, Blusen und Röcke nähen würde. Das tat sie auch, aber eben nach *ihrem* Geschmack. Ich hatte keine Ahnung, was modern war. Meine Gelübde waren mir noch sehr gegenwärtig, Bescheidenheit und Armut deshalb meine einzige Richtschnur. Meine herzensgute Schwester Liesbet wollte mir einen Pelzmantel schenken – kein echter Pelz, aber echt warm –, den ich wahnsinnig schick fand, doch mein Armutsgelübde hinderte mich daran, ihn anzunehmen. Meine selbstgerechte Tugendhaftigkeit wärmte mich so sehr, dass sie mich beinahe für das wochenlange Zähneklappern im kalten Melbourner Winter entschädigte. Und meiner armen Schwester wollte nicht in den Kopf, dass ich ihr Angebot ausschlug.

Mein himmelblaues Kleid verschaffte mir auch meine erste Erfahrung als Objekt männlicher Sexualfantasie. Als ich zum allerersten Mal in Zivil einen Einkaufsbummel im nahen Camberwell machte – es war ein sonniger und milder Wintertag –, schnappte mein psychischer Sexsinn den halblaut gemurmelten Kommentar zweier etwa sechzehnjähriger Jünglinge auf, die sich neben einem Laden an der gegenüberliegenden Straßenecke lässig gegen die Hausmauer lehnten. »Schau mal, die da!«, sagte der schlaksige Kerl, die Hände in den Hosentaschen, mit einem Nicken in meine Richtung zu dem Kleineren. »An die kommst du echt schnell ran«, was sich auf mein Kleid bezog. »Keine Knöpfe auf dem Rücken, aber vorn ein langer Reißverschluss von oben bis unten!«, bemerkte er mit einer entsprechenden Bewegung.

Es war meine erste Erfahrung dieser Art und ich registrierte lächelnd, dass dieses Begutachtetwerden ein angenehmes Kribbeln in mir auslöste. Eine warme, menschliche Empfindung, die mir half, mich auf dieser Welt ein wenig heimischer zu fühlen.

In den ersten Wochen gab ich mich noch der Illusion hin, dass ich nach einem halben Jahr vielleicht ins Kloster würde zurückgehen wollen, und deshalb behielt ich das Morgen- und Abendgebet bei. Da ich mich nicht mehr auf das Tempo anderer Nonnen einstellen musste, die die Gebete mit monotoner Stimme hersagten, ratterte ich sie allerdings ziemlich schnell herunter.

Nach ein paar Tagen wurde mir bewusst, wie idiotisch das war – ein Lippenbekenntnis im wahrsten Sinn des Wortes. Irgendwie funktionierten diese Gebete nur durch die Hingabe der ganzen Gruppe, nicht bei einem Menschen allein – und bestimmt nicht bei jemandem wie mir. Vielleicht war ich nie fromm genug gewesen, vielleicht hatte es auch jede ihren Mitschwestern überlassen, diese trockenen, sich ewig wiederholenden Gebete mit Energie und Sinn zu füllen. Vielleicht ergaben viele kleine schwache Lichtlein, wie ich eines war, zusammen ein großes helles Licht. Jedenfalls begann meine winzig kleine Flamme zu flackern, sobald ich mein Gebetbuch aufschlug, dann erlosch sie und sollte nie wieder zum Leben erwachen.

Vierzehn Tage nachdem ich das Kloster verlassen hatte, verließ ich auch mein Elternhaus. Ich mietete mir mit Geld, das ich von meiner Schwester geliehen hatte, ein Zimmer in einem großen herrschaftlichen Haus, das man in einzelne Wohnungen aufgeteilt hatte. Niemand wusste, wie viele Nerven es mich kostete, diesen Schritt in die anonyme säkulare Welt zu tun, aber ich musste einfach ins kalte Wasser springen. Am Tag nach meinem Einzug in mein Domizil begann ich an der Templestowe High, einer der verrufensten und völlig überfüllten High Schools von Melbourne, Französisch zu unterrichten.

Mein Leben als »normaler« Mensch hatte begonnen, was immer man darunter verstehen mag. Ich fühle mich heute noch nicht normal, im üblichen Sinn des Wortes, aber damals, im zarten Alter von einunddreißig Jahren, wusste ich nicht einmal genau, wozu ein Postamt gut war.

Der Rektor der Schule bat mich in sein Büro. »Sie brauchen nur zu fragen, Carla, wenn Sie etwas wissen wollen oder Hilfe brauchen.« Er war ein wirklich netter Mann. Und ich brauchte tatsächlich Hilfe. Mir schwirrte oft der Kopf von all den neuen Dingen, mit denen ich von einem Augenblick zum anderen zurechtkommen musste, meine Nackenmuskeln verspannten sich und ich hatte immer wieder kurze Aussetzer, weil ich mich so sehr unter Druck fühlte.

Ich wusste nicht, wie moderne Erwachsene miteinander umgehen, deshalb beobachtete ich die Leute um mich herum und hörte ihren Unterhaltungen zu. Selbst die Sprache hatte sich inzwischen verändert und man benützte Wörter, die ich überhaupt nicht kannte! Es wäre gut gewesen, wenn ich mich meinem Rektor hätte anvertrauen können, aber es war mir unangenehm, dass er von meinem Austritt aus dem Orden wusste. Die Schatten meines vermeintlichen Neubeginns in Benalla. Ich hatte einen Mentor bitter nötig, doch stattdessen schluckte ich Valium, ehe ich in die Schule ging.

Sechs Wochen lang lebte ich in einer Art Dämmerzustand, bis ich das Valium in den Mülleimer warf und mich mit eisernem Willen auf die Gepflogenheiten einer säkularen High School einstellte. Es waren mein untadeliges Französisch und meine Liebe zu dem Fach, die mir den Respekt der Schüler eintrugen und mich weiterkämpfen ließen.

Die Schüler nannten mich in jenem ersten Winter »Frosch«, wegen des eng anliegenden grünen Strickkostüms, das ich mir von meinem ersten Gehalt kaufte. Ein passendes Kompliment für eine Französischlehrerin. Einen Monat später bekam ich einen neuen Namen: die fliegende Nonne. Irgendwie hatten inzwischen alle Schüler erfahren, dass ich einmal im Kloster gewesen war. Vielleicht war es wegen der Art, wie ich mich bewegte – schnell, eher dahingleitend als gehend. Zu jener Zeit schwebte Sally Field als »fliegende Nonne« über die Bildschirme, und ich schwebte über den Schulhof und durch die Gänge wie ihr reales Gegenstück, nur eben ohne den Nonnenschleier.

Ich hatte einen Kollegen namens Ron, schnurrbärtig und meistens mit einem frechen Grinsen im Gesicht, der nichts lieber tat, als mich verlegen zu machen – was nicht weiter schwierig war. Wir teilten uns mit vier anderen Kollegen eine zum Lehrerzimmer umfunktionierte Besenkammer. Er vergaß nie, mich morgens zu fragen, wie es mir ging, und war buchstäblich mein Rettungsanker: verheiratet, deshalb keine Gefahr als potenzieller Freund, mit Witz und Humor. Eines Tages, als wir in dem winzigen Lehrerzimmer saßen, kam Ron mit einem Limerick für mich an, den er entdeckt hatte. Mir gegenüber hatte nie jemand meine Vorgeschichte erwähnt, weder er noch jemand anders. Als er nun den Vers rezitierte, bestand kein Zweifel mehr, dass er Bescheid wusste:

Es war mal ein Mönch in Aberdeen,
Der wollt' nicht mehr trostlos durchs Leben zieh'n.
Er fand eine Nonne,
Sie taten's mit Wonne,
Und er – erhob sie zur Oberin!

Es bereitete ihm große Befriedigung, dass ich bis über beide Ohren rot wurde.

Meine Kollegen hatten mich bereits vor den »schmierigen Kerlen« gewarnt – für das Ministerium für Erziehung und Unterricht tätige Ärzte, die neue Lehrkräfte untersuchten und das erforderliche Gesundheitszeugnis ausstellten.

Das Sprechzimmer war groß – altmodisch eingerichtet, aber technisch gut ausgestattet – und der Arzt ein fit aussehender Mann um die vierzig mit weißem Kittel. Die neue Priesterschaft, dachte ich, in Weiß statt in Schwarz. Da ich vorgewarnt war, gab ich mich betont kühl – ein Auftreten, das ich lange genug geübt hatte. Gleichzeitig war ich jedoch naiv und hatte keine Ahnung, wie eine Untersuchung bei einem Allgemeinmediziner abläuft. Zudem kannte dieser Arzt wahrscheinlich meine Vorgeschichte.

»Bitte ziehen Sie sich aus und legen Sie sich auf den Untersuchungstisch. Ihre Kleider können Sie dort drüben auf dem Stuhl ablegen«, sagte er lässig. Das verlange ich von allen Patienten, hörte ich zwischen den Zeilen. Ich zögerte. Sollte ich mich ganz ausziehen oder lieber noch einmal nachfragen, wie er es meinte? Er sah mein Zögern und wiederholte seine Aufforderung zur Sicherheit in einem eher gebieterischen Ton: »Bitte ziehen Sie sich aus und legen Sie sich auf den Untersuchungstisch, Miss van Raay.«

Es gab keinen Wandschirm, aber immerhin kehrte er mir den Rücken zu, während ich ein Kleidungsstück nach dem anderen auf den breiten Stuhl legte, dann splitterfasernackt zu dem weißen, an die Wand gerückten Tisch ging und mich hinlegte. Er machte sich nicht die Mühe, mich zumindest notdürftig zu bedecken, sondern begann gleich mit der Untersuchung, hörte mich mit dem Stethoskop ab, klopfte mit den Fingern hierhin und dorthin und so weiter. Ich musste mich aufsetzen, damit er meine Kniereflexe prüfen konnte, und wieder hinlegen, diesmal auf den Bauch, und dann strich er mir mit einer Feder über den ganzen Rücken und den Hintern und erklärte, auch dies sei ein Test meiner Reflexe.

Die Feder wanderte über meine sehr weiße, jungfräuliche Haut und ich spürte, wie in meinem Kopf alles durcheinander ging, wie ich nicht mehr klar denken konnte. Einerseits war ich mit medizinischen Dingen nicht vertraut, andererseits schüchterte mich seine Autorität als Halbgott in Weiß ein – ganz wie früher die Mutter Oberin. Doch ich wollte auf keinen Fall die Neugier dieses Mannes befriedigen, deshalb riss ich mich ganz schnell zusammen.

Schließlich seufzte er und meinte, ich könne mich wieder anziehen. Er ließ mich nicht aus den Augen, als ich zum Stuhl hinüberging und mich anschickte, meinen Schlüpfer anzuziehen. Ich hatte ihn noch nicht hochgezogen, als er plötzlich mit einem Schritt bei mir war und mir mit der rechten Hand in die Leistenbeuge fasste. »Um die Lymphdrüsen zu prüfen«, sagte er. Ich hielt mitten in der Bewegung inne, um ihn seinen allerletzten »Test« durchführen zu lassen, hustete auf Verlangen gehorsam und blieb die ganze Zeit vollkommen gelassen, obwohl ich das Gefühl hatte, dass sein Verhalten definitiv nicht in Ordnung war.

Ich kam gar nicht auf die Idee, dass ich ihm eine Ohrfeige hätte geben oder ihn anzeigen können. Sexuelle Belästigung war Anfang der 1970er-Jahre kein Straftatbestand. Und ob er mir die benötigte Bescheinigung gegeben hätte, wenn ich nicht mitgemacht hätte, ist sehr fraglich. Auf jeden Fall spürte ich seine Erregung – und seine Enttäuschung: eine nackte Exnonne in seiner Praxis, die ihm kein einziges Lächeln schenkte. Nicht einmal hysterisch war sie geworden, das wäre wenigstens noch ganz interessant gewesen. Ich zog mich vor seinen Augen an und spürte deutlich seine primitive Neugier. Doch von mir bekam er nichts. Das war meine einzige Rache.

Mit der Zeit wies mein Bankkonto ein hübsches Guthaben auf. Nachdem ich mir meine schwärzlichen Schneidezähne hatte überkronen lassen – Vermächtnis einer Auseinandersetzung mit meinem Vater, als ich zehn war –, spielte ich mit dem Gedanken, mir ein Auto zu kaufen. Bislang fuhr mich eine nette Frau, die mich unglaublich unterstützte, jeden Tag zur Schule. Wenn ich ein eigenes Auto haben wollte, brauchte ich einen Führerschein, und um einen Führerschein zu bekommen, musste ich mich in den Melbourner Verkehr wagen. Hätte ich nur das Valium nicht weggeworfen, dachte ich damals, als sich die Angst zur schieren Panik auszuwachsen drohte. Es wäre vielleicht gar nicht so dramatisch gewesen, wenn nicht mein Vater mit mir gewettet hätte, dass ich bei der Prüfung durchfallen würde. Bis jetzt hatte es nämlich keiner aus unserer Familie im ersten Anlauf geschafft und es war eher unwahrscheinlich, dass ich die Erste sein würde. Es steckte also nicht unbedingt Boshaftigkeit dahinter.

Als der große Tag kam, war ich nervöser als damals bei den Wettrennen mit den anderen Kindern um den Block. Mein Prüfer bemerkte es und versuchte mir die Angst zu nehmen. Er setzte sich auf den Beifahrersitz, mein Fahrlehrer machte es sich auf der Rückbank bequem, und dann fuhr ich los, mitten hinein in den Freitagnachmittagsstoßverkehr von St. Kilda. Unter anderem musste ich eine Kreuzung mit fünf Abfahrten passieren. Es ging alles glatt, nur dass ich einmal vergaß, den Blinker abzustellen, was bei den anderen Autofahrern zu einiger Verwirrung führte. Ich dachte schon, ich hätte alles versiebt, doch dann erfuhr ich sehr überrascht und erleichtert, dass ich bestanden hatte. Ich war so glücklich, dass ich auf dem Rückweg kreuz und quer herumfuhr und mich fast verfahren hätte.

Als ich meinen Wettgewinn abholen ging, reagierte mein

Vater ziemlich gereizt; er hasste es, sich von seinem Geld zu trennen. Erst sah er mich ungläubig, dann neidisch an. Immer noch war jenes dunkle Verlangen in ihm, seine Kinder um jeden Preis zu dominieren, selbst wenn es zu ihrem Schaden war. Er wollte nicht, dass ich etwas schaffte, was ihm nicht gelungen war.

In der Schule meiner Kindheit, die zur Kirchengemeinde Unserer Lieben Frau vom Guten Rat gehörte, sprang Schwester Bartholomew mit den Schülern immer noch um wie 1950 mit den ersten Kindern der Familie van Raay. Inzwischen schrieben wir 1970 und sie hatte die Kinder meiner Schwester Liesbet in der Klasse.

Ihre älteste Tochter Beatrice kam mit roten Striemen von dem großen Lineal mit Metallkante auf Händen, Armen und Beinen nach Hause. Beatrice war zwar lebhaft, aber gut erzogen, also ging Liesbet der Sache nach.

»Beatrice ist *frech*«, rechtfertigte sich Schwester Bartholomew. »Sie *sagt* zwar nichts, aber ich sehe es in ihren Augen. *Sie hat die gleichen Augen wie Carla!*«

Mit diesem Argument brauchte sie meiner Schwester nicht zu kommen. »Frustrierte alte Schachtel!«, schrie Liesbet. »Sie sind doch nur neidisch, weil Carla jetzt draußen ist und ein normales Leben führt!« Liesbet versperrte schnell die Tür des Büros und versetzte Schwester Bartholomew mit aller Kraft, deren eine zornige Mutter fähig ist, einen heftigen Schlag gegen die Schulter. Schwester Bartholomew, robust und sportlich – sie spielte regelmäßig Tennis –, holte mit wehendem Schleier aus, um es ihr mit gleicher Münze heimzuzahlen. Doch meine Schwester fiel ihr in den Arm, bekam den Schleier zu fassen und riss ihn ihr mit einem Ruck herunter, worauf Schwester Bartholomew nur noch vollkommen fassungslos und außer sich schrie: »Lassen Sie mich los! Ich bin Nonne!« Bei diesem widersinnigen Argument verwandelte sich der Zorn meiner Schwester in belustigte Befriedigung.

Fortan verzichtete Schwester Bartholomew auf den Einsatz ihres berüchtigten Lineals bei dem Mädchen, das sie an Carla erinnerte, diese van Raay, die dem Orden durch ihren Austritt Schande und ihren Mitschwestern und Oberen so viele Schwierigkeiten bereitet hatte. Sie besaß noch die Dreistigkeit, meiner Schwester an den Kopf zu werfen, dass sie dafür sorgen würde, dass ihre Kinder nicht in Genazzano aufgenommen würden, doch das war nur eine leere Drohung.

»Wie kommen Sie nur auf die Idee, dass Ihre Mädchen hier nicht willkommen sein könnten?«, sagte die Oberin, als Liesbet sich erkundigte, und beide Töchter – Beatrice und ihre Schwester – wurden ohne Probleme in Genazzano, Melbournes angesehenster Klosterschule, aufgenommen.

Als ich dahinter kam, dass meine Familie dem Orden all die Jahre Geld für meinen Unterhalt bezahlt hatte, beschloss ich, meine Mutter zur Rede zu stellen.

Ich wollte meinen Ohren nicht trauen, als sie nun endlich ihr Schweigen brach und mir erzählte, wie es gewesen war. Das meiste Geld hatte sie selbst aufgebracht (wie hatte sie das nur geschafft? Sie weigerte sich, es mir zu sagen), aber meine Brüder Adrian, Markus und Willem und meine Schwester Liesbet hatten auch etwas beigesteuert. Es machte mich fuchsteufelswild.

Meine arme Mutter, sie hatte keine Schwierigkeiten mit den Nonnen haben wollen, denn die Familie war vollkommen von ihnen abhängig. Sie lebten nicht nur in einem Haus, das dem Kloster gehörte. Beinahe zwanzig Jahre lang war ein harmonisches Verhältnis mit den Nonnen lebenswichtig gewesen: Mein

Vater arbeitete für sie als Gärtner und Hausmeister und meine Mutter gelegentlich als Näherin.

Eine Zeit lang spielte ich mit dem Gedanken, den Orden zu verklagen. Mein Austritt hatte eine Reihe von Mitschwestern zum gleichen Schritt animiert – bis Ende 1969 gingen weitere sechs – und ich dachte, dass wir uns zusammentun könnten. Ihre Eltern waren nämlich genauso geschröpft worden wie meine. Wir hätten die Geschichte öffentlich machen und eine Entschädigung bekommen können. Es hätte nicht sein dürfen, dass man uns nach so vielen Jahren harter Arbeit mit nichts als den Kleidern am Leib vor die Tür setzte, nachdem unsere Familien jahrelang für unseren Unterhalt bezahlt hatten! Ja, wir hatten eine Lehrerausbildung bekommen, Gott sei Dank! Aber ich hatte in Brüssel als Lehrerin gearbeitet und vier Jahre in Benalla, ohne einen Cent dafür zu bekommen. Wenigstens genug für den neuen Start in der Welt der Mietwohnungen, Möbel, Autos und Kleider hätte man mir geben können. Doch wegen der heiklen Situation meiner Eltern verfolgte ich die Sache nicht weiter. Außerdem, was wusste ich schon von meinen gesetzlichen Rechten? Alles in allem schien es am besten, keine schlafenden Hunde – oder Katzen – zu wecken.

Mittlerweile sind die »Katzen« alt und grau, wenn auch nicht gerade mager und hungrig, und meine Eltern sind tot. Ihr Heim gehört nun wieder den Nonnen. Und juristisch ist die Geschichte schon längst verjährt.

Es drohte einsam zu werden, allein in meiner Wohnung. Mit der Realität kam ich gerade einmal so zurecht. Doch dann lernte ich Cheryl kennen – eine modebewusste, extrovertierte junge Frau mit einem guten Herzen – und wir beschlossen, uns gemeinsam eine Wohnung zu suchen. Sie tanzte schrecklich gern, und so kam es, dass auch ich wieder einmal die Tanzböden in den Melbourner Vororten unsicher machte. War es schon immer so gewesen, dass sich die Leute beim Scheunentanz nicht anschauten? Die Kerle schoben mich herum, als würden sie mit einem Sack Weizen tanzen. Sei's drum, die Musik und die Bewegung taten mir jedenfalls ausgesprochen gut!

Ich genoss es sehr, zu den altvertrauten Musikstücken, gespielt von einer Band, wieder das Tanzbein schwingen zu können. An diesem Abend waren fast nur Einwanderer da, viele aus Großbritannien. Einer von ihnen hatte ein so anständiges Gesicht, dass selbst eine Kratzbürste wie ich ihn nicht enttäuschen konnte. Er hatte überhaupt kein Gefühl für Rhythmus und tanzen konnte er auch nicht, vielmehr trat er mir ständig auf die Füße. Aber er roch gut nach schottischem Tweed und Heidekraut. Er war schlank und sportlich, hatte rotes welliges Haar, ein jungenhaftes Gesicht und sehr helle, mit Sommersprossen gesprenkelte Haut. Er heiße James, sagte er mit singendem Tonfall, und bat mich um den letzten Tanz. Das erschien mir nicht weiter gefährlich, deshalb willigte ich ein, und er trat mir, Entschuldigungen murmelnd, noch etliche Male auf die Zehen. Als das Stück zu Ende war und ich gehen wollte, fragte er, ob er mich wieder sehen könnte.

Ich stand da und schwankte im wahrsten Sinn des Wortes zwischen Ja und Nein. Mein Leben war vollkommen in der Schwebe. Aber haben wir wirklich eine Wahl? James besaß kein Auto, also fuhr ich ihn heim, und wir amüsierten uns köstlich – ja, so sind sie, die Australierinnen, ob er das nicht gewusst habe?

Ich nahm seine Telefonnummer, vermied aber wochenlang bewusst, ihn zu treffen. Ich fühlte mich nicht besonders zu ihm hingezogen, und trotzdem sollte ich ihn schließlich heiraten. Seine englischen Freunde rieten ihm durch die Bank ab. Ich sei sieben Jahre älter als er, ohne jede Lebenserfahrung und deshalb nicht in der Lage, eine vernünftige Entscheidung zu treffen. Sie hatten Recht, aber er war wirklich in mich verliebt. Ich in ihn nicht. Ich schätzte ihn, aber verliebt war ich nicht.

Auch meine Mutter äußerte sich dazu: »Im wahren Leben gibt es keine romantische Liebe«, vertraute sie mir an, gewissermaßen als Destillat ihrer gesamten Lebenserfahrung. »Romanzen gibt es nur im Film!«

James war nett und wollte immer bei mir sein, aber er verwöhnte mich nicht mit Geschenken – vielleicht weil er Schotte war, vielleicht aber auch, weil er wirklich romantisch war und nicht nur so tat. Da er kein Auto hatte, war immer ich es, die ihn zu unseren abendlichen Unternehmungen abholte. Ist das unromantisch? Aber seine liebe, ehrliche Art mochte ich sehr. Romanzen gab es im Film, aber nicht im richtigen Leben. Ich war nur allzu bereit, meiner Mutter zu glauben, nachdem ich gesehen hatte, wie es bei einigen anderen Paaren um die Qualität ihrer Beziehung bestellt war.

James war nicht derjenige, der mir meine Jungfräulichkeit nahm. Diese besondere Ehre fiel einem Mann aus Manchester zu, den ich kennen lernte, bevor James offiziell mein Freund wurde. Brian und ich kamen in einem dieser neumodischen Läden, »Supermarkt« genannt, ins Gespräch, als wir an der Kasse Schlange standen. Er verkörperte in seiner Person all die Männer, von denen ich in englischen Romanen gelesen hatte: wild (das heißt ein bisschen ungepflegt), dunkelhaarig und dunkeläugig – und deshalb geheimnisvoll – und humorvoll auf diese freundliche, unverblümte Art, wie ich sie während meiner Lehrerausbildung dort bei den Leuten in Manchester kennen gelernt hatte.

Allerdings wurde Brian meinen Erwartungen nicht ganz gerecht. Er war recht rücksichtsvoll, als wir auf seinem Bett lagen und der Augenblick näher rückte, in dem ich meine Jungfräulichkeit verlieren würde. Ich fühlte mich seltsam losgelöst, als wäre ich gar nicht mehr ganz in meinem Körper, als hätte sich ein Teil von mir ins Unbewusstsein zurückgezogen. Ich hatte keine Kontrolle über dieses Gefühl. Brian war auf mir, stützte sich mit den Ellenbogen ab und bemühte sich, in mich einzudringen. Sein harter Penis stieß an mein noch härteres Hymen. Er stöhnte – vor Schmerzen, wie ich annahm. War es eine solche Tortur, Sex mit mir zu haben? Er machte sich nicht die Mühe, mir mit netten oder liebevollen Worten Sicherheit zu geben. Sein Gesicht war grimmig entschlossen und konzentriert und er sah mich nicht an. Ich lag einfach da und wartete, wie es weitergehen würde, als er mit einem heftigen Stoß mein Hymen zerriss. Ein stumpfer Gegenstand hatte mich meiner Jungfräulichkeit beraubt, Schock und Schmerz überfluteten mich, so dass ich plötzlich tief Luft holen musste und in Tränen ausbrach. Ich schluchzte nicht nur wegen der körperlichen Schmerzen, sondern auch wegen der heftigen Gefühle, die dieser Akt in mir ausgelöst hatte. Ich fühlte mich allein und verlassen.

Brian wurde wütend, als ich zu weinen begann. Wahrscheinlich empfand er es als Kritik an seinen Liebhaberqualitäten. »Was ist los, Mädel?«, fragte er barsch. Das wusste ich selbst nicht genau. Es war enttäuschend gewesen, ja, und körperlich schmerzhaft, aber warum diese Woge seelischen Schmerzes?

Während er sich anzog und zwischen meinen Beinen Blut auf das Leintuch tropfte, sprudelte es aus mir heraus: »Ich hätte mir gewünscht, ein Ehemann wäre mein Erster gewesen.«

Eigentlich hatte ich gehofft, er würde mich nun besser verstehen, aber ich glaube, mein Kommentar machte alles nur noch schlimmer. Ich wünschte, es wäre *Liebe* und nicht bloß *Lust* gewesen, der ich meine Jungfräulichkeit opferte. Aber warum hatte ich dann Brian ausgesucht? Ja, warum! Als ich versuchte, ihn wieder zu treffen, war er umgezogen.

Das Leben ging weiter, nun als Exjungfrau. Trotz meines unromantischen Erlebnisses mit Brian hatte ich bei allen Männern, die ich sah, sexuelle Hintergedanken. Meine Antennen waren auf sexuelle Energie eingestellt und immer auf Empfang. Das war es, was James' Freunde spürten und wovor sie ihn zu warnen versuchten.

James und ich beschlossen, erst einmal eine Weile in einem billigen möblierten Zimmer zusammenzuleben, um zu sehen, wie es mit uns beiden klappte. Seine Sexualität war einfach, unkompliziert, nett und sauber wie er selbst. Mehr wollte ich damals nicht. Mir gefielen seine Anständigkeit und Ehrlichkeit, seine Großzügigkeit und sein weiches Herz. Dass James noch kein Geld hatte, sprach in meinen Augen für ihn – es hatte seinen Charakter noch nicht verderben können. Als er eine Stelle als elektrotechnischer Zeichner fand, ging er – mit flottem Schritt – lieber zu Fuß in die Arbeit, als sich von mir fahren zu lassen. Er strahlte eine gelassene, freundliche Heiterkeit aus. Wenn er morgens das Haus verließ, sah ich ihm vom Fenster unserer Wohnung nach und überlegte, wie viel Liebe ich für ihn empfand. Was konnte ich tun, um ihn noch mehr zu lieben? Er verdiente es so sehr, geliebt zu werden! Ob mir sein Körper mit der Zeit besser gefallen würde, wenn wir verheiratet waren? Ich dachte an sein sommersprossiges Gesicht, das rote Haar und die helle Haut, an seine Magerkeit, die schmalen Schultern und den jungenhaften Brustkorb. Körperlich gesehen passten wir nicht besonders gut zusammen. Ob das eine Rolle spielen würde? Eine Antwort auf diese Frage zu finden erübrigte sich. Wir sollten eben heiraten.

Zu unserer Hochzeit kamen auch – völlig unerwartet, denn sie wollten mich überraschen – einige Nonnen, darunter Schwester Bartholomew. Ich habe mir seither mehrmals gewünscht, sie hätten mir diese Ehre nicht erwiesen, denn es wurde zwar ein denkwürdiger Tag, aber nicht aus den üblichen Gründen.

Ungefähr ein halbes Jahr zuvor hatte ich aufgehört, mich als katholisch zu betrachten. Ich war ein letztes Mal zur Beichte gegangen, hatte dem Pfarrer von meinen wiederholten sündigen Gedanken berichtet und dann, wie immer, zur Buße zerknirscht und gehorsam den Kreuzweg gebetet. Die Figuren der einzelnen Stationen waren reliefartig dargestellt, mit grellen Farben bemalt und fielen fast aus dem Rahmen. Aus Jesus' misshandeltem Körper quoll leuchtend rote Farbe. Als ich die vertrauten Bilder ansah, erlebte ich einen dieser seltenen Momente, in denen Tragik plötzlich in Komik umschlägt. Ich begann zu lachen, wenn auch mit einer gewissen Bitterkeit. Ich lachte, weil ich auf einmal alles so lächerlich fand – die endlose Wiederholung dieser trostlosen und brutalen Geschichte, diese Kirche, die den Menschen unaufhörlich Schuldgefühle eintrichtert. Ich empfand eine derartige Verachtung, dass ich für einen Moment mit dem Gedanken spielte, auf dem Altar einen Handstand zu machen, entschied jedoch, dass es nicht der Mühe wert war. Ich lief aus der Kirche hinaus ins helle Tageslicht, in die Sonne. Danach machte ich für lange Zeit um Kirchen aller Art einen großen Bogen.

Deshalb fand unsere Hochzeit am 19. Dezember 1970 auch im Garten eines Privathauses in North Balwyn nahe Kew statt; es gehörte einer Frau namens Joan, die sich mit mir angefreundet hatte. Joan war an diesem Tag betrunken und keine Hilfe, weshalb ich alles selbst machen musste, auch das Essen für die Gäste. Erst in letzter Minute konnte ich in mein Hochzeitskleid schlüpfen. Ich hatte mich für Zitronengelb entschieden, um bewusst einen Kontrast zu dem weißen Kleid zu setzen, das ich als Braut Christi getragen hatte. Für mich war es meine zweite Hochzeit. Statt eines Schleiers trug ich einen federleichten durchsichtigen und breitrandigen Hut, mit dem ich mich auch in Ascot hätte sehen lassen können.

Der Pfarrer stand zu seinem Wort, das heißt, er blieb nur die versprochenen zehn Minuten – gerade lange genug, um die Zeremonie im Eiltempo abzuwickeln. Er zeigte sich unangenehm überrascht, als er nach unseren Adressen fragte und feststellen musste, dass es ein und dieselbe war, aber das ließ sich nun nicht mehr ändern. Diese katholische Hochzeit war eine einzige Farce. James war nicht gläubig und hatte nur die nötigsten Dinge gelernt, um heiraten zu können. Und ich hatte mich nur meinen Eltern zuliebe auf eine kirchliche Hochzeit eingelassen, damit sie den Nonnen davon erzählen konnten.

Für die musikalische Untermalung war Berta zuständig. Sie sollte den Plattenspieler starten und Händels Feuerwerksmusik erklingen lassen, während die Braut die wenigen Stufen von der Terrasse zum Garten hinunterschritt, um sich zu den dort versammelten Gästen zu gesellen. Leider drangen nur kratzende Geräusche aus den Lautsprechern, als ich oben an der kleinen Treppe erschien und Berta am Plattenspieler herumfummelte, und die Erhabenheit des denkwürdigen Augenblicks war dahin. Als ich wenige Sekunden später die letzte Stufe erreichte, war der Plattenspieler vollkommen verstummt, dann begannen die Kerzen auf dem provisorischen Altar im Wind zu flackern und gingen aus. Zu allem Überfluss war mir auch das Make-up verrutscht. Ich hatte ewig warten müssen, bis das Bad frei wurde, so dass am Ende eine Augenbraue dunkler war als die andere und mein Mund nur teilweise geschminkt.

Ich heiratete James, weil er mich liebte und weil ich dachte, dass er in entscheidenden Punkten das Gegenteil von meinem Vater sei. Er war ein gutherziger, umgänglicher Mensch, anständig, treu, freundlich, großzügig und humorvoll: kurz – ein richtiger Schatz. Doch der arme James hatte eine tickende Zeitbombe geheiratet. In mir waren dunkle Kräfte, mir noch nicht bewusste Dämonen, die nicht zulassen sollten, dass ich als normale Ehefrau ein normales Familienleben führte.

Eine Zeit lang schien alles in Ordnung. Wir beschlossen, Melbourne mit seinem Wolkenhimmel und dem unbeständigen Wetter hinter uns zu lassen und in die Sonne zu fahren, nach Perth im Westen Australiens. Es tat weh, meine Familie verlassen zu müssen, aber andererseits wollte ich auch ein wenig Abstand, um meinen eigenen nicht katholischen, unorthodoxen Lebensstil entwickeln zu können. Ich wollte nicht riskieren, sie ständig zu kränken, mich aber auch nicht dauernd rechtfertigen müssen. Mit dem Falcon-Kombi, den wir zusammen gekauft hatten, durchquerten wir gemächlich die Nullarbor-Ebene und ließen uns dafür eine ganze Woche Zeit. Es sollten unsere einzigen Flitterwochen sein.

James fand eine Stelle als elektrotechnischer Zeichner und ich begann an einer Grundschule zu unterrichten. Wenige Wochen vor Weihnachten 1971 – ich war im sechsten Monat schwanger – geschah etwas, das unser Leben einschneidend verändern sollte. Eigentlich war es meiner mangelnden Lebenserfahrung und Menschenkenntnis zuzuschreiben, die mich zu einer leichten Beute für skrupellose Betrüger machten.

Eine Holländerin hatte mich für eine dubiose Vertriebsfirma angeworben – Golden Products –, die bald unrühmliche Bekanntheit erlangen sollte. Sie war wie eine Mutter zu mir, interessierte sich für mein Leben und verwöhnte mich mit neuen Kreationen aus ihrer Küche. Ich hatte nicht den geringsten Zweifel an ihrer Vertrauenswürdigkeit, nicht einmal als sie mich und James einmal mitten in der Nacht wegen einer Vertragsunterschrift – »Ich habe nämlich erst jetzt bemerkt, dass er morgen früh vorliegen muss, tut mir Leid« – aus dem Bett klingelte. James murrte zwar, wollte mir aber keine Steine in den Weg legen. Wenig später hatten wir eine Tonne von Flüssigseifen auf Lager, die wir schließlich einem Kloster schenkten, weil wir sie nicht verkaufen konnten.

James war mit seiner Rolle als Ehemann überfordert. Er hatte zwar viele gute Eigenschaften, aber ein »richtiger Mann« war er noch nicht. Er war viel zu nett und nachgiebig, um nur ja nicht als Macho dazustehen, ließ sich leicht beeinflussen und überließ mir die Entscheidungen. Das war ein großer Fehler.

James und ich verloren unsere ganzen Ersparnisse bei der Sache mit Golden Products, und deshalb beschloss er, in den Norden Australiens zu gehen und dort für gutes Geld als Elektroingenieur zu arbeiten. Ich nahm in Perth vorübergehend eine Stelle als Haushälterin an, bis das Baby kommen sollte. Unsere Habseligkeiten stellten wir bei einem Freund unter.

Plötzlich stand ich ohne Ehemann und ohne eigene Wohnung da. Tagsüber besorgte ich einem Farmer den Haushalt und bemühte mich, für ihn und seinen Sohn australische Gerichte auf den Tisch zu bringen. Doch es war hoffnungslos und der Farmer beschwerte sich am laufenden Band über das Essen. Ich weinte, sobald mich niemand beobachtete, und fühlte mich entsetzlich allein und verlassen. Als der Geburtstermin näher rückte, hatte ich nur noch einen Wunsch: Ich wollte bei meiner Mutter sein, wenn das Baby kam.

Die Sache war schnell geplant. Auf meine Suchanzeige für eine Nonstopfahrt nach Melbourne meldeten sich zwei Mitfahrer und wir fuhren mit meinem Ford Kombi sofort los. Der eine war ein routinierter Autofahrer, die andere eine junge Amerikanerin, die den Linksverkehr eigentlich nicht gewöhnt war, aber es würde schon gehen. Einer sollte sich mit dem Fahrer – oder der Fahrerin – unterhalten, damit er oder sie wach blieb, während der Dritte hinten im Kombi schlief. Dieser Dritte war meistens ich, auf Drängen des männlichen Mitfahrers, der mich heil bei meinen Eltern abliefern wollte. Wir schafften die Strecke in fünfundvierzig Stunden und hielten nur für Essen, Benzin und Toilettengänge an.

Meine Eltern freuten sich über mein Kommen, konnten aber nicht verstehen, was mich dazu veranlasst hatte. Und sie bereiteten mich mit keinem Wort auf das vor, was mich erwartete, als wüssten sie nicht, dass all diese Dinge vollkommen neu für mich waren und die Entbindung für mich als Erstgebärende mit meinen dreiunddreißig Jahren ziemlich mühselig werden würde. Bald setzten die Wehen ein. Mein Vater fuhr mich ins Box-Hill-Krankenhaus, wo sie mich mit gespreizten Beinen festbanden und mich aufschnitten, damit das Baby herauskonnte. Am 27. März 1972, morgens, wurde meine wunderschöne Tochter geboren. Unmittelbar danach brachten sie sie fort, ich lag allein im Operationssaal und kämpfte erfolglos mit dem Drang, mich zu übergeben. Als jemand kam, um die Schweinerei aufzuwischen, war ich ohnmächtig geworden: die Nachwirkungen der Narkose – wieder einmal, wie damals in Benalla, als meine Warzen entfernt wurden.

Ich sah meine Kleine zum ersten Mal um vier Uhr nachmittags, als ich endlich aufwachte, und hatte schreckliche Gewissensbisse, weil sie so lange auf ihre Mutter hatte verzichten müssen. Wahrscheinlich wird sie ihr Leben lang darunter leiden, dachte ich, und zitterte vor lauter Sorge und Schuldgefühlen, als ich sie zum ersten Mal anlegte. Was für ein angenehmes und entspannendes Gefühl, wenn mein Baby an meinen Brustwarzen saugte! Es entstand eine Bindung, das spürte ich.

Noch ziemlich schlapp kehrte ich zwei Tage später zu meinen Eltern zurück; die Naht war noch längst nicht geheilt.

James flog nach Melbourne, um mit mir und der kleinen Caroline zusammen zu sein. Es war schrecklich für ihn, dass er erst drei Tage nach der Geburt kommen konnte. Als ich wieder auf den Beinen war, nahmen wir erneut Abschied, packten unsere Habseligkeiten in und auf unseren Kombi und durchquerten den riesigen Kontinent ein weiteres Mal. Unser Ziel war eine Stadt ein gutes Stück nördlich von Perth, wo uns ein gutes Einkommen erwartete.

James hatte eine Stelle als Elektroingenieur und ich arbeitete in der Kantine der Firma – die einzige Frau unter Scharen von Männern mit hungrigem Blick. Um die kleine Caroline kümmerte sich die nette Frau des Personalchefs. Während ich die Teller abräumte und die Tische wischte, machte ich lange Ohren, um zu hören, was über mich geredet wurde. Drei Tische weiter unterhielten sich die Männer über meinen Busen und rätselten, ob wohl alles echt sei. Seit ich stillte, waren meine Brüste größer als je zuvor, aber vermutlich immer noch kleine Äpfelchen im Vergleich zu denen, die auf den Postern in ihren Zimmern prangten. Es interessierte sie weniger die Größe als die Frage, ob sie echt oder nachgebessert waren. Das störte mich. Ohne zu den Männern hinzusehen, machte ich eine heftige Bewegung und mein Busen einen Hüpfer.

»Mann!«, stieß einer von ihnen mit gedämpfter Stimme hervor – ich sollte nicht mitbekommen, dass sie über mich sprachen. »Gerade als wir über sie reden, lässt sie ihn hüpfen!« – »Die sind echt, stimmt!«, bemerkte ein anderer, aber positive Kommentare zur Größe kamen nicht. Ach ja.

Der Kantinenchef hieß Kev – klein gewachsen, rundlich und sympathisch –, sein Assistent Ross. Kev war Ire und hatte einen herrlichen Humor. Ich mochte ihn wirklich gern und spürte, dass es ihm sehr gefiel, dass er so gut bei mir ankam. Damit hatte es sich aber auch schon, wie ich dachte – bis Kev eines

Tages ins Krankenhaus musste, um sich eine Zyste entfernen zu lassen.

Als ich am nächsten Tag zur Arbeit kam, sah ich mich plötzlich Kevs stämmiger Frau Janice gegenüber, die mir drohend mit einem großen Spülbesen vor der Nase herumwedelte und hysterisch kreischte: »Lass die Finger von meinem Mann!«

Ich war völlig verdattert, aber Ross klärte mich auf. Kev hatte unter Narkose, in seinem unbewussten Zustand, alle möglichen Dinge über mich erzählt – für seine bestürzte Frau der Beweis, dass er mit der »großen superschlanken Blonden« eine Affäre hatte.

Als Kev zurückkam, war unser Verhältnis nicht mehr wie zuvor. Er vermied es, mich anzusehen und behauptete, ich hätte ein Hühnchen mitgehen lassen, als in der Gefriertruhe eines fehlte. Die Atmosphäre war so fürchterlich, dass ich vorhatte, zum Ende der Woche zu kündigen.

Doch Ross war noch nicht fertig mit mir. Er glaubte Janices Geschichte, dass ich etwas mit ihrem Mann gehabt hätte, und wollte nicht zurückstehen. Seine Frau erwartete ein Baby und war für sexuelle Unternehmungen nicht mehr zu haben. Ich war entsetzt, als er mir unverblümt sagte, dass er zu mir nach Hause kommen wollte, und lehnte sein Ansinnen rundweg ab – nicht nur weil ich mit James verheiratet war und nicht die Absicht hatte, ihn zu betrügen, sondern auch weil ich mich zu Ross in keiner Weise hingezogen fühlte.

Er tauchte trotzdem bei mir auf und ein Nein als Antwort akzeptierte er nicht. Plötzlich stand er in meinem Wohnzimmer, gierig auf Sex, wie von Sinnen. Warum hatte ich die Tür nicht versperrt? Ich wusste, dass ich schnell reagieren, mir etwas einfallen lassen musste, damit er die Finger von mir ließ, doch nicht nur mein Hirn, mein ganzer Körper war wie betäubt. Ich wich zurück, als er auf mich zukam – was mir aber nichts nützte, denn er hatte mich bald an die Wand gedrängt und fing an, mich mit groben Händen gierig zu befummeln. Dann fiel sein Blick ins Schlafzimmer und dort hinein stieß und schob er mich. Mir zitterten die Beine vor Angst und Abscheu, aber gleichzeitig war mir dumpf bewusst, dass er zu noch Schlimmerem imstande war, wenn ich mich wehrte.

Er warf mich auf das Bett und zog mir den Slip herunter. »Zieh den aus!«, brüllte er mit hochrotem, verzerrtem Gesicht und tierisch erregt. Ich tat, was er sagte, und er drang mit einem heftigen Stoß in mich ein; es war widerlich. Er stieß noch ein paarmal nach, doch im nächsten Moment war alles vorbei und er erschlaffte. Seine animalische Gier war befriedigt.

Zitternd stand ich auf und machte mich sauber. Mir war nicht klar, dass ich vergewaltigt worden war. Ich zitterte immer noch, als James nach Hause kam, sagte jedoch nichts, weil ich nicht wollte, dass er sich aufregte oder Ross wegen seines Ausrasters Probleme bekam. Natürlich hatte Ross mich gebeten, nichts zu erzählen, als er seine Hose zugemacht hatte und wieder einigermaßen bei Verstand war. War Ross nicht wie mein Vater, nur dass *er* mein Schweigen mit Gewalt erzwungen hatte?

Ich wiederholte unbewusst das alte Muster meiner Kindheit, mich dem zu fügen, was mir angetan wurde, und zu schweigen. Ross hatte Glück, dass er sich eine Frau als Opfer gesucht hatte, die zu ihrem Wort stand. Ich kündigte den Job in der Kantine und blieb zu Hause bei meiner kleinen Tochter Caroline.

Der nichtigste Anlass kann das Leben auf den Kopf stellen. Meine Eltern kündigten an, dass sie nach Westaustralien kommen wollten, um Weihnachten und Neujahr mit ihren beiden Töchtern zu verbringen. Sie würden sich bei Berta einquartieren, die inzwischen in Perth lebte.

Ich beschloss, die zehn Monate alte Caroline bei einem befreundeten Ehepaar zu lassen und mit dem Wagen in den Süden zu fahren. Auf meine Suchanzeige wegen eines Mitfahrers meldete sich Aaron, der im abgelegenen Pannawonica in einer Eisenerzmine arbeitete und in Perth zu Hause war, wo er mit seinen Freunden von der Universität, die jetzt Sommerferien hatten, einige Zeit verbringen wollte. Für die Hinfahrt kam Aaron in die Stadt, in der ich lebte. Auf der Rückfahrt von Perth, so vereinbarten wir, würde ich ihn in Pannawonica absetzen und allein weiterfahren.

Er war neunzehn, groß und schlank, mit blonden welligen Haaren bis zur Schulter. Als ich ihm zeigte, wie man beim Ford schaltete, berührten sich unsere Hände und es gab so etwas wie einen elektrischen Schlag, der uns beide überrascht zusammenzucken ließ.

Wäre ich eine innerlich reife Frau gewesen, hätte ich diesen sexuell aufgeladenen Stromkreis sofort unterbrochen. Doch ich war kein reifer Mensch. Ich hatte kein normales Teenagerleben gehabt, nicht einmal ansatzweise, und nur minimale Erfahrung mit männlichen Partnern gesammelt. Allein das machte die Sache schon schwierig, aber es kam noch dazu, dass ich ein ungeheures Verlangen verspürte, meine Sexualität zu erforschen, hinter ihr Geheimnis zu kommen. Ich dachte an James und wie sehr ich ihn liebte, doch seine Freunde sollten Recht behalten: Ich konnte diesem fantastischen Energiestrom, diesem neuen Aspekt des Erwachsenenlebens, nicht widerstehen. Ich verbrachte zwar einige Zeit mit meinen Eltern in Perth – vor allem Silvester, als ich jedoch aus schierer Langeweile weit vor Mitternacht einschlief –, aber meine ganze Aufmerksamkeit galt Aaron.

Er studierte Architektur und hatte das Studium für ein halbes Jahr unterbrochen, um im Norden etwas Geld zu verdienen.

Wir trafen uns meistens im Haus seiner Eltern, die in Urlaub gefahren waren. Wir gingen zusammen ins Kino – *Clockwork Orange* war damals ein Muss, ein Film, der mich vor lauter sexueller Energie ganz heiß machte und mir das befriedigende Gefühl gab, endlich eine moderne Frau zu sein. Ein seltsamer Gedanke, denn immerhin war ich schon vierunddreißig. Oft kamen Freunde von Aaron vorbei und dann schwammen wir im Pool, feierten Partys und tanzten zu seiner Musik – neue und wunderbare Erfahrungen für mich, voll im Rhythmus des Lebens. Aaron und ich verbrachten viele Stunden in zärtlicher Umarmung, die so natürlich, so schön und voller Leben war, dass ich mein anderes Dasein vollkommen vergaß.

Als es schließlich Zeit wurde, wieder aufzubrechen, packten Aaron und ich unsere Sachen in den Wagen. Ich verabschiedete mich von meinen Eltern, die ich sträflich vernachlässigt hatte, und hoffte, dass meine Schwester sie für meine häufige Abwesenheit entschädigt hatte.

Weder Aaron noch ich waren richtig wach, als wir losfuhren. Am Abend zuvor hatten wir noch eine letzte Party veranstaltet, dann kam unsere letzte gemeinsame Nacht. Einmal hielten wir noch unterwegs, um uns im Schutz einer Brücke in die Arme zu fallen – was unserer Aufmerksamkeit auch nicht gerade förderlich war. Wir bemerkten jedoch, dass die Regenzeit begonnen hatte, als Aaron von der Überlandstraße auf die Erdpiste einbog, die nach Pannawonica führte. Das hieß, erklärte Aaron, dass wir es nicht mehr riskieren konnten, zwischendurch noch einmal anzuhalten. Wir würden durchfahren müssen, um nicht im Schlamm stecken zu bleiben, denn das konnte draußen im Busch den Tod bedeuten. Nur wenige Leute waren so verrückt, in der Regenzeit lange Strecken mit dem Auto zu fahren, und wenn wir liegen blieben, würden wir mit unseren knappen Vorräten nicht lange durchhalten.

Stunde um Stunde steuerte Aaron den getreuen silbernen Falcon mit seinem starken Motor über das Land. Plötzlich scherte der Wagen aus, fuhr auf das Bankett, dann auf die angrenzende Koppel, und von all dem Geschüttle und Gerüttle wurde Aaron wach. Er war am Steuer eingeschlafen.

Nun war ich an der Reihe. Das Steuer festhaltend, einen Fuß immer auf dem Gaspedal, tauschten wir bei laufendem Motor die Plätze. Wir wollten uns gegenseitig wach halten, aber es funktionierte nicht. Nach einer Weile schlief auch ich ein und es war pures Glück, dass es keinen Straßengraben gab, der unsere verrückte Fahrt stoppte, keine Kängurus, keine Schafe und keine Felsblöcke. Die Piste war richtiggehend aufgeweicht, streckenweise auch mit feinem Schotter bedeckt. Manchmal hatten wir festen Boden unter den Rädern, dann kamen wir urplötzlich wieder ins Schlingern. Schließlich fuhren wir halb auf dem grasbestandenen Mittelstreifen, damit wenigstens zwei Räder richtig griffen.

Wir waren unbeschreiblich erschöpft, als wir unser Ziel endlich erreichten, aber auch erleichtert. Der für das Arbeitercamp zuständige Officer kam aus seinem Büro geeilt, als wir vorfuhren. Plötzlich mussten wir voneinander Abschied nehmen. Aaron ging schnell davon, so schnell, dass ich den Schmerz in meinem übermüdeten Zustand kaum spürte.

Der Officer sah, wie fertig ich war, setzte mich in sein Büro und ging los, um mir etwas zu Essen zu holen. Als er zurückkam, fand er mich kerzengerade auf seinem harten Holzstuhl vor, so tief schlafend, dass er dachte, ich sei tot. Ich wachte auf und aß ein wenig, aber der Wagen – das arme geschundene Gefährt – war derart beansprucht worden, dass er ein paar Stunden später nicht mehr anspringen wollte. Ich war nicht traurig, dass ich über Nacht bleiben musste. Am nächsten Morgen flog ich in aller Frühe mit dem Postflugzeug, einer Cessna, nach Hause.

James hatte etwas Besseres verdient, aber er hatte mich zur Frau haben wollen. Es war schwer, ihn leiden zu sehen, weil ich nicht mehr mit ihm zusammen sein wollte, also wandte ich mich anderen Dingen zu. Ich wollte ihm nicht wehtun, aber wie sonst hätte er mein Verhalten interpretieren sollen? Ich wusste ja selbst nicht, was mich dazu trieb, dass ich unser gemeinsames Leben zerstörte. Aber ich wurde immer ruheloser, der Drang, zu gehen, immer stärker.

Zu einem Gespräch über konkrete Einzelheiten unserer Trennung war James nicht in der Lage. Ich hatte eigenes Geld und wollte mir damit in Perth ein Haus mieten. Da wir keinen Wagen mehr hatten, flogen wir nach Perth, wo James ein Flugzeug nach Sydney nahm, weil er Zeit und Abstand brauchte, um über die Trennung hinwegzukommen. Aus seinen Briefen an meine Schwester Liesbet, auf deren Mitgefühl er sich verlassen konnte, sprachen Trauer und – kurz – auch Zorn. Ich bedaure noch heute, dass ich ihn so sehr verletzt habe, denn er war wirklich ein guter Kerl.

Unsere Ehe war beendet. Auch Aaron, der Katalysator meines eben erwachten Sexualtriebs, war fort, aber ich war jetzt offen für eine leidenschaftliche Beziehung anderer Art. Der Blick in den Spiegel zeigte mir, dass ich schön war. Meine langen blonden Haare rahmten anmutig ein Gesicht mit weicher heller Haut und klaren graublauen Augen. Ich hatte einen gelenkigen, geschmeidigen Körper und lange wohlgeformte Beine. Ich stand mit meinen vierunddreißig in der Blüte meiner Jahre und fühlte mich unschlagbar.

Kauf mich!

Inzwischen schrieben wir das Jahr 1973, der Frühling begann. Ich dachte keine Sekunde daran, von James Unterhalt für Caroline und mich zu verlangen, und Sozialhilfe – nun, es sollte noch einige Zeit dauern, bis ich mitbekam, dass es so etwas gab. Doch dann war ich überaus dankbar für ein solch großzügiges Fürsorgesystem. Ich griff darauf zurück, wenn es nicht anders ging, aber mit Sozialhilfe ein anständiges Leben führen konnte man nicht, wie ich fand. Also begann ich in den Lokalzeitungen nach Arbeit zu suchen. Die Alternative, wieder zu unterrichten, erschien mir nicht gerade aufregend, und als ich die Anzeige einer Fabrik in Balcatta sah, die ungelernte Arbeiterinnen zur Herstellung von Regenbekleidung aus Plastik suchte, ging ich hin, um Näheres zu erfahren. Wie das wohl wäre, mir das Leben mit meiner Hände Arbeit zu verdienen? Meine Mutter war Schneiderin – vielleicht steckte ein wenig von ihrem Talent auch in mir?

Die Geschäftsführerin sah mich misstrauisch an, führte mich dann jedoch in die große Halle, die die Fabrik darstellte. Es roch penetrant nach Plastik und dem Öl, das die Näherinnen verwendeten, um das schlüpfrige Material besser verarbeiten zu können. Die Luft war erfüllt vom unaufhörlichen Surren der in langen Reihen aufgestellten Nähmaschinen, an denen ausschließlich Frauen saßen und mit gebeugtem Rücken schufteten – hauptsächlich Italienerinnen und Griechinnen, wie es schien. Die Fabrik kam mir vor wie ein richtiger Ausbeuterbetrieb.

»Was zahlen Sie in der Stunde?«, fragte ich. Natürlich musste die Geschäftsführerin darauf antworten, aber wie konnte sie unverfroren »zwei Dollar fünfzig« sagen, wenn der Durchschnittsstundenlohn bei etwa acht Dollar lag? »Brutto?«, fragte ich überrascht. »Ja, brutto«, erwiderte sie und sah mich forschend an. Überlegte sie, ob ich ihren Betrieb bei der Gewerkschaft wegen Ausbeutung von Frauen anzeigen würde, die nicht genug Englisch sprachen, um ihre Rechte zu kennen?

Diese Frauen prostituieren sich als Arbeitskraft für ein Butterbrot, dachte ich. *Prostitution!* Kaum war dieses Wort in meinem Kopf, folgte auch schon der nächste Gedankengang.

Ich werde es besser machen, sagte ich mir. Ich werde meinen Körper für gutes Geld verkaufen und dabei noch Spaß haben.

Solange es mir Spaß macht, räsonierte mein jugendlicher, unerfahrener und nur scheinbar gesunder Verstand weiter, prostituiere ich mich nicht annähernd so sehr wie diese armen Frauen an den Nähmaschinen. Oder alle anderen, die nur wegen des Geldes arbeiteten – was ich auch hätte tun können, als Lehrerin, aber da war ich nicht mit dem Herzen dabei.

Als Erstes suchte ich eine Mitbewohnerin für mein Haus. Sie hieß Kelly und zögerte zwar ein wenig, als ich ihr von meinem Plan erzählte, erklärte sich dann aber bereit, als Babysitter zu fungieren. Jetzt hatte Caroline einen kleinen Spielkameraden, Kellys Sohn Jimmy. Die Wohnung mit jemandem zu teilen war für mich kein Problem, schließlich hatte ich lange genug in einer Gemeinschaft gelebt, und außerdem war es mit Kelly und ihrem Sohn nicht so einsam.

Ich kannte keinen Menschen in der Sexbranche und fragte – typisch für mich – auch niemanden um Rat, sondern begann die Möglichkeiten für diese so ganz andere, gewagte Karriere zu sondieren, indem ich die einschlägigen Rubriken in der Tageszeitung durchforstete. Mein Blick blieb an *Hostessen zur Begleitung von Herren gesucht. Zur Bewerbung bei Stella's anrufen* hängen.

»Stellas Begleitagentur. Was kann ich für Sie tun?« Am Telefon meldete sich eine rauchige, fast männliche, aber angenehme Stimme.

»Ich habe Ihre Anzeige wegen Hostessen gesehen«, sagte ich mit klopfendem Herzen. »Äh … Ich rufe an, weil ich Arbeit brauche.«

Stella – sofern es wirklich Stella war – gab sich sehr locker und vermittelte mir das Gefühl, dass ich bei ihr herzlich willkommen wäre. Sie stellte keine einzige Frage – wie ich aussah, ob ich Erfahrung mitbrachte oder wie alt ich war –, zum Glück. Ich hatte eine helle, melodische Stimme, die immer viel jünger klang, als ich tatsächlich war. Und was die innere Reife betraf, ging ich auf die achtzehn zu, auch wenn ich bereits vierunddreißig war. Diese kurze Unterhaltung war das einzige Vorstellungsgespräch.

Ich ging die Treppe in dem älteren Haus in Leederville hinauf. Eigentlich war ich an diesem ersten »Arbeitstag« nicht richtig angezogen, denn ich hatte ein schickes, aber unauffälliges Kleid an, mit dem ich ebenso gut ins Büro hätte gehen können.

Ich trat in den Vorraum und der Widerhall meiner Schritte auf dem Holzboden erinnerte mich unpassenderweise sofort ans Kloster. Das Vestibül war mit einem Schreibtisch und zwei Stühlen an der hinteren Wand in ein kleines Büro verwandelt worden. Zwei weitere Stühle an der gegenüberliegenden Wand vervollständigten das Mobiliar.

Ich sprach kurz mit der Frau am Schreibtisch, und ihre raue Raucherstimme, die ich vom Telefonat am Vortag kannte, verriet mir, dass es sich um Stella handelte. Sie begrüßte mich, musterte mich mit schnellem Blick von Kopf bis Fuß und deutete dann auf den Warteraum nebenan. Gut. Ich erschien ihr also nicht vollkommen ungeeignet.

Ich betrat den Salon, in dem die Mädchen warteten, mit dem

gleichen unheilvollen Gefühl wie damals in Box Hill, als ich im letzten Sommer vor meinem Eintritt ins Kloster in einen trüben Teich gesprungen und dann sehr schnell immer tiefer gesunken war, bis mich nur noch dunkles stilles Wasser umgab. Der Druck des Wassers war so groß gewesen, erinnerte ich mich, dass die Träger meines Badeanzugs heruntergerutscht waren.

Im Salon herrschte dämmriges Halbdunkel und es roch nach Staub. Ein alter dunkelroter Teppich mit pinkfarbenen Rosen lag über einem anderen, noch älteren Teppich, und die verfärbten Wände, die sich schon längst nicht mehr darum kümmerten, was an ihnen hing, schmückten unscheinbare Stillleben und Pferdebilder. Der muffige Geruch erinnerte mich stark an das Haus meiner Großeltern väterlicherseits. Die Vorhänge an den Fenstern waren zugezogen, nur eine Lampe an der Decke spendete schwaches Licht. Der Raum war mit einer ganzen Reihe von Sesseln voll gestopft, in denen sich gut warten ließ, und das taten wir.

In mir tobten die widersprüchlichsten Gefühle. Das Etablissement war schäbig und wenig anregend, und ich *hasste* es, wenn ich nicht mit Begeisterung bei der Sache sein konnte. Ich fühlte mich wie ein Fisch auf dem Trockenen, doch am allerwichtigsten war für mich, einen Einblick zu bekommen, wie dieses Geschäft ablief. Es gab keine Unterhaltung, während wir warteten. Manche Mädchen lasen trotz des schlechten Lichts Zeitschriften, manche kauten Kaugummi, die meisten saßen in Gedanken versunken da. Nervös schien keine zu sein, zumindest zeigte es niemand. Falls jemand in mir eine Neue vermutete, war es belanglos. Es herrschte Schweigen. In diesem Raum waren wir schlicht Konkurrentinnen.

Die Mädchen rauchten auf der hinteren Terrasse und sogar in der Küche, aber niemals im Salon. Es ging keineswegs darum, unsere Gesundheit zu schützen – die Gefahren des Rauchens waren Anfang der 1970er-Jahre noch kein Thema –, vielmehr sollten unsere Haare und Kleider nicht nach Rauch riechen. Stella stellte durchaus Anforderungen, wenn auch minimale.

In die abgestandene Luft kam Bewegung, als der erste Kunde eintrat. Mein Herz machte einen Salto. Würde ich ihm auffallen? Nein, wie sich gleich herausstellte, was mir aber die Möglichkeit verschaffte, die anderen zu beobachten. Eine blitzschnelle Einschätzung seiner Brieftasche entschied, wie das Spiel weiterging: ob die Mädchen um ihn konkurrierten, indem sie einladend lächelten oder einen Schmollmund machten, ihre schwarz bestrumpften Beine zeigten, ihr Spitzenhöschen unter dem kurzen Rock aufblitzen ließen oder aufreizend die halb nackten Brüste zur Schau stellten. Eines der Mädchen stand auf, nur noch auf sein Nicken wartend. Sein Blick ruhte kurz auf mir, doch er schien das Mädchen zu kennen, das bereits stand, und sie gingen ohne ein Wort miteinander fort.

Meine schweigsamen Kolleginnen waren vom Typ her sehr unterschiedlich, aber durch die Bank auffälliger zurechtgemacht als ich, und sie geizten nicht mit ihren Reizen. Sie taten ihr Bestes, um ihre Brüste – echte oder nachgebesserte, in jedem Fall ein Pluspunkt in diesem Gewerbe – möglichst gut zur Geltung zu bringen, und hatten blutrot lackierte Nägel, deren Farbton genau zu dem ihrer einladenden, glänzenden Lippen passte.

Ich entsprach diesem klischeehaften Bild nicht, da ich mich nicht so aufreizend sexy gab. Ich setzte mehr darauf, durch mein Anderssein aufzufallen, was wahrscheinlich der Grund dafür ist, dass ich bei diesem Job nicht reich wurde. Ich hatte einen hübschen, wenn auch eher kleinen Busen. Ich hasste Nagellack und knallige Farben. Ich wusste nicht, wie man einen

Schmollmund macht, verführerisch mit den Wimpern klimpert oder sich beim Gehen aufreizend in den Hüften wiegt. Mein Reiz beruhte auf Understatement, und was die Männer erregte, war eher das, was ich ahnen ließ, und nicht, was ich zur Schau stellte. Pluspunkte waren natürlich meine elegante Schlankheit, mein holländisch blondes Haar und meine »herrlich langen Beine«, wie ein Freund einmal sagte, trotz einiger Krampfadern. Mein größtes Plus war vielleicht mein Hintern, von dem ich aus den Reaktionen einiger Bewunderer wusste, dass er »niedlich« war. Meine Knie waren durch die vielen Stunden, die ich betend in der Kapelle gekniet hatte, etwas knubbelig, aber es war nicht allzu schlimm. Außerdem konnte ich sehr witzig und unterhaltsam sein, wenn ich im Mittelpunkt stand. Und ich besaß eine unschuldige Freundlichkeit, denn ich hatte noch keine Zeit gehabt, zynisch zu werden, misstrauisch oder hart, nahm keine Drogen oder Medikamente außer der Pille und hatte keines der versteckten Motive, die viele der Mädchen antrieben.

Ich verbrachte den ganzen Nachmittag mit Beobachten und Warten, aber es tauchten keine anderen Kunden mehr auf. Doch Stella wusste jetzt, dass sie sich auf mein Kommen verlassen konnte. »Ich werde eine neue Anzeige in die Zeitung von morgen setzen, nur mit dir«, versprach sie. Damit gab sie mir zu verstehen, dass sie mich in ihrem Hostessenteam haben wollte.

Am nächsten Tag erschien ich in einem kurzen pinkfarbenen Samtrock und weißem Spitzentop sowie einer weißen Strumpfhose, ebenfalls mit Spitzenmuster, und trug trotz meiner Größe hochhackige Schuhe. Mit Schuhen hatte ich schon immer Probleme: Ich brauche Größe 43, was die Auswahl erheblich einschränkt. Ich musste mich mit einem Paar glänzender schwarzer Pumps zufrieden geben, die ich ganz hinten im Schrank weggepackt hatte. Farblich passten sie zwar nicht, aber sie waren hübsch und ich fand meine Füße überraschenderweise ziemlich sexy, nicht zu vergessen die langen schlanken, wohlgeformten Beine. Ich entdeckte noch tropfenförmige Perlenohrringe mit Goldfassung – Talmi, aber hübsch – und die passende Halskette dazu und trug helleren, pinkfarbenen Lippenstift auf. Zum Schluss überprüfte ich mein Erscheinungsbild im Spiegel: Es war ungewohnt, nicht ganz ich, aber alles in allem in Ordnung.

Als Stella im Salon erschien, im Schlepptau den Kunden, der nach dem neuen Mädchen aus der Anzeige gefragt hatte – »Monica, langbeinig, blond, angenehme Gesprächspartnerin« –, erhob ich mich auf meinen hochhackigen Schuhen und kam mir so groß vor, dass mir vor Angst, meine Größe würde ihn abschrecken, fast schwindelig wurde. Doch es schien ihm nichts auszumachen, ihn interessierte nur, dass ich neu war. Er bezahlte bei Stella und wir fuhren zu seinem Motel.

Ich stieg möglichst lässig und graziös hinter Tony die Treppe hinunter und wir fuhren in seinem blitzenden, ziemlich neuen Wagen zu einem Motel, das Zimmer stundenweise vermietete, mit eigener Garage – sehr praktisch, dachte ich.

Tony war sehr direkt und geschäftsmäßig. Er brachte mich in das Zimmer, versperrte die Tür, zog sich ohne Umschweife aus, legte sich auf das Bett und schien startklar. Trotzdem flüsterte er »Nicht so schnell«, als ich mit katzenhaften Bewegungen zu ihm aufs Bett kroch. Ich hatte mir bewusst Zeit gelassen, während ich mich mit klopfendem Herzen auszog und fieberhaft überlegte, was er wohl von mir erwartete. Ich hatte keine rechte Vorstellung davon und beschloss, mich einfach auf ihn einzustellen – was er empfand, was er dachte – und die Dinge ansonsten auf mich zukommen zu lassen.

Ich berührte seinen nackten Körper und spürte, wie ihn das erregte. Meine Hände besaßen ein besonderes Gefühl und ich war mir dessen nicht einmal bewusst. Da ich mich willkommen und begehrt fühlte, wollten meine Hände mutiger werden, doch da übernahm er die Führung, streichelte mich überall und drang in mich ein, nachdem er sich auf mich gerollt hatte. Ein paar heftige Stöße, und schon kam er. War das alles? Nein. Als ich aufstehen wollte, hielt Tony mich zurück: »Bitte bleib noch ein bisschen.« Warum nicht, dachte ich, und streckte mich entspannt neben ihm aus.

Tony zündete sich mit etwas unsicheren Händen eine Zigarette an und betrachtete gegen die Kissen gelehnt den Körper, den er gemietet hatte, mit etwas mehr Aufmerksamkeit als zuvor. Er sah mir zu, als ich mich umdrehte, das Radio einschaltete und nach Musik suchte. Aus dem Augenwinkel bemerkte ich, wie sein Penis sich wieder zu regen begann. Er ließ sich mit der fast fertig gerauchten Zigarette in der Hand wieder auf das Bett gleiten, ich drehte mich zu ihm und legte ihm freundschaftlich den Arm um die Taille. Er nahm meine Hand und gab mir wortlos zu verstehen, wo er gestreichelt werden wollte. Also streichelte ich seine Schenkel, seinen Bauch, berührte leicht seine Hoden und den inzwischen voll aufgerichteten Penis und murmelte dabei, was für einen schönen Körper er habe. Tony warf die Zigarettenkippe in den Abfallbehälter neben dem Bett und hob mich dann zu meiner Überraschung mit einem kraftvollen Schwung empor, so dass ich auf seinem Penis zu sitzen kam.

In dieser Position schien es für ihn noch befriedigender zu sein. Mir gefiel es nach dem ersten Schock auch ziemlich gut. Tony war sehr anständig und bezahlte mir noch etwas extra. Ich duschte und ging, während er noch eine Zigarette rauchte. Es war zum Glück alles wunderbar einfach gewesen.

Das war also mein Einstand als »Hostess«, wie wir in den Anzeigen genannt wurden. Zuerst dachte ich, ich sollte als eine

Art Geisha arbeiten, als Gesellschafterin für Männer, ohne Sex. »Ach ja«, sagten die anderen Mädchen, als ich sie fragte, »das kommt schon ab und zu einmal vor, aber daran sind wir nicht interessiert.« Wie es der Zufall wollte, rief kurz darauf ein junger Mann bei Stella's an, der eine Begleiterin zu einer Hochzeit haben wollte. Da ich neu war, bot Stella mir den Job an, und sie war sehr erleichtert, als ich annahm.

Zwei Gründe bewogen mich, den Job zu übernehmen: Erstens war ich noch nie als Gast bei einer richtigen kirchlichen Trauung gewesen und zweitens musste ich so tun, als wäre ich seine Freundin, und dieses Spiel versprach Spaß. Alles ging gut, obwohl mein Kunde fürchterlich nervös war, besonders als er mich seiner Familie vorstellte und ihm dann plötzlich bewusst wurde, dass er nach den zwei Stunden, für die er bezahlt hatte, ohne mich würde klarkommen müssen. Er griff in die Innentasche seines Jacketts und bezahlte mich auf der Stelle für weitere zwei Stunden. Aus irgendeinem Grund war es ihm wahnsinnig wichtig, den Eindruck zu erwecken, er sei in festen Händen. Wir zogen das Täuschungsmanöver mit Bravour bis zum anschließenden Empfang durch und seine Dankbarkeit war nicht gespielt, als ich ging. Stella ließ mich das Honorar behalten, da dieses Mal kein Profit zu machen war. Sie musste die Fassade einer Begleitagentur aufrechterhalten, denn andernfalls riskierte sie, dass die Polizei, die ohnehin wusste, was vor sich ging, sie auffliegen ließ.

Die meisten Männer setzten damals ihre Gesundheit aufs Spiel, wenn sie zu Huren gingen. Sie dachten nur selten daran, ein Kondom zu benutzen, und ich ebenso wenig. Stella hatte nur einmal beiläufig erwähnt, dass Kondome vor Geschlechtskrankheiten schützen. Sie wusste natürlich, dass den Männern Sex ohne Kondom lieber war, und es war umso besser fürs Geschäft, wenn ihre Mädchen nicht darauf bestanden.

Warum ging ich bloß ein derartiges Risiko ein? Es war mir nämlich durchaus bewusst. Ich verließ mich auf zwei Dinge: erstens auf meinen Instinkt, der mir sagte, ob ich jemandem vertrauen konnte, auch wenn ich nur die Stimme am Telefon hörte, und der sich mit der Zeit durch die Erfahrung noch verbesserte; und zweitens ging ich jede Woche einmal zum Arzt, der mich untersuchte und Blut abnahm.

Doktor Dayton, ein Allgemeinarzt ganz in der Nähe, hatte eine Schwäche für uns Mädchen und behandelte uns besonders fürsorglich. Außerdem war er Spezialist für Geschlechtskrankheiten.

Eines Tages rief mich Dr. Dayton an und bat mich, sofort in seine Praxis zu kommen und mir eine Penizillinspritze geben zu lassen. Wenn eines »seiner Mädchen« ins Wartezimmer kam, kümmerte er sich normalerweise sofort um sie, das gehörte zu seinem zuvorkommenden Umgang mit uns. Bei diesem Besuch musste ich zum ersten Mal warten. Als ich ankam, sah ich einen international bekannten Rockstar, der sehr nervös wirkte, mit seinem Chauffeur und Leibwächter im Wartezimmer sitzen. Sie wurden vor mir ins Sprechzimmer gebeten, und da war mir sofort klar, worum es ging. Dr. Dayton muss wirklich eine Koryphäe auf seinem Gebiet sein, wenn ihn sogar die Reichen und Berühmten kennen, dachte ich schmunzelnd, bis mir einfiel, warum ich hier saß – bei mir war ein Tripper im Anfangsstadium diagnostiziert worden.

Ich habe fürchterlichen Bammel vor Spritzen, schon wenn ich eine im Fernsehen sehe, falle ich fast in Ohnmacht, aber Dr. Dayton stach so sicher und sanft, als wäre ich seine eigene Tochter, und murmelte währenddessen beruhigende Worte, so dass ich den Piks im Hintern kaum spürte. Er war ein echter Schatz, unser Dr. Dayton.

Ich entdeckte Marinette, die mit ihrer französischen Herkunft Reklame machte. Sie betrieb das Geschäft in etwas anderer Weise, denn die Männer kamen offenbar nie zu ihr. Wenn sie mit einem Kunden am Telefon gesprochen hatte, warteten wir gemeinsam unter einer Straßenlaterne, bis er auftauchte, und dann wurde das Geschäft an Ort und Stelle abgewickelt. Ihre auf Anonymität bedachte, aber vorsichtige Art gab mir ein Gefühl der Sicherheit. Für mich war sie eine Art frivole Mutterfigur, die mit mir freimütig über die Kunst der körperlichen Liebe sprach, wozu meine richtige Mutter nie den Mut gehabt hatte. Das bewunderte ich an Marinette, und außerdem erfuhr ich von ihr eine Menge nützlicher Dinge.

»Die Missionarsstellung ist etwas für katholische Missionare«, spottete sie mit ihrem niedlichen französischen Akzent. »Überlasse sie anderen. Es ist schreeecklich langweilig.« Sie tat, als würde sie das Kamasutra auswendig kennen. Ich war zwar gelenkig, aber kein Yogi und ganz zufrieden, wenn Experimente im Rahmen dessen blieben, was meine Kunden erwarteten. Schließlich waren auch sie keine Yogis.

Marinette musste früher eine Schönheit gewesen sein. Ihr Erkennungszeichen waren die glänzenden schwarzen Haare, die sie zu einem eleganten Knoten geschlungen trug. Ich mochte sie und vertraute ihr, bis sie mich eines Tages schwer enttäuschte, als sie mich zu einem ihr wohlbekannten Kunden mit einem Penis schickte, um den ihn König David beneidet hätte. Meine nach einem halben Leben unberührter Jungfräulichkeit sehr enge Scheide hatte Mühe, ihn aufzunehmen, und es tat weh. Immerhin hatte sie so viel Anstand, rot zu werden, als ich mich beklagte, doch bald darauf wechselte ich zu einem Zuhälter namens Rick, den eines von Stellas Mädchen einmal erwähnt hatte. Eigentlich trieb mich nur die pure Neugier dazu, für einen Mann statt für eine Frau zu arbeiten.

Rick war ein ziemlich mickriger Kerl, mittelgroß und mittelalt, der schon ein paarmal im Gefängnis gesessen hatte, weil er seinen Lebensunterhalt aus den Einkünften von Prostituierten finanzierte. Aber er hatte bei Frauen einen Stein im Brett, weil er als echter Aussie rüberkam: harte Schale und weiches Herz. Mit anderen Worten: Er war ein typischer Vaterersatz.

Rick führte seine Geschäfte von zu Hause aus – einem windschiefen Holzhaus mit Linoleumboden in der Küche und drei Enten im Formationsflug auf der Wand im Wohnzimmer. Vermutlich hatte früher seine Mutter in dem Haus gelebt und er war zu faul gewesen, irgendetwas zu verändern; selbst die baumwollenen Vorhänge waren uralt und verschossen. Seine Mädchen hingen bei ihm herum, bis sie zu einem Rendezvous geschickt wurden, machten sich Tee und Toast, wann immer sie wollten, und putzten sogar hin und wieder.

Ich arbeitete erst seit drei Wochen für Rick, als ich ihn total betrunken und sich in Selbstmitleid suhlend antraf, weil er gerade entdeckt hatte, dass seine Cornflakes-Schachtel, in der er naiverweise sein Bargeld aufbewahrte, vollkommen leer war. Wahrscheinlich hatte eines seiner Mädchen die dort gebunkerten Scheine entdeckt, als sie nach etwas Essbarem suchte, und das Geld mitgehen lassen. Zu meiner Überraschung waren alle Mädchen verschwunden. Rick ließ sich in einen Sessel sinken und befahl mich herrisch zu sich; ihm sei nach einer kurzen Nummer. »Setz dich auf mich«, knurrte er, öffnete den Hosenschlitz und legte selbst kurz Hand an. Ein paar kräftige massierende Bewegungen und sein Penis stand wie eine Eins. Ich gehorchte ihm nur äußerst widerwillig und nur, weil ich Angst hatte, dass er es mich schwer büßen lassen würde, wenn ich mich weigerte. Nachdem er sich grunzend in mir entladen hatte, meinte er spöttisch: »So, jetzt wirst du den Rest deines Lebens mit einer Blasenentzündung herumlaufen.« Ricks Penis war hochrot entzündet und er hatte mir aus Ärger darüber, dass er bestohlen worden war, die Krankheit anhängen wollen.

Da ich nicht wusste, dass Blasenentzündung keine ansteckende Krankheit ist, lief ich sofort zu Dr. Dayton, der mir riet, erst einmal in aller Ruhe abzuwarten, ob sich irgendwelche Symptome zeigten. Dem war nicht so, aber ich traute mich zwei Wochen lang nicht zu arbeiten, falls ich doch eine ansteckende Krankheit hatte. Ich nutzte die Zeit, um die nächste Stufe meiner Karriere zu planen. Ich wollte auf eigene Rechnung arbeiten, denn das musste nach meinen bisherigen Erfahrungen wesentlich mehr bringen. Mir war zu Ohren gekommen, dass Rick wieder einmal wegen Zuhälterei im Gefängnis gelandet war. Bestimmt hatten die Mädchen an jenem Tag gewusst, dass etwas im Busch war, und sich rechtzeitig aus dem Staub gemacht, ehe die Polizei auftauchte.

Ich musste noch eine ganze Menge über die Gepflogenheiten in diesem Gewerbe lernen, und wahrscheinlich verpasste ich auch die eine oder andere gute Gelegenheit, doch nach drei Monaten war ich so weit, dass ich mich selbstständig machen konnte. Ich wollte endlich selbst bestimmen, wann und wie ich arbeitete. Das war zwar nicht gerade üblich, aber zum Glück hatte ich für einen Zuhälter gearbeitet, der eingelocht worden war, deshalb würde man mir wahrscheinlich keine Schwierigkeiten machen. Die Konkurrenz in diesem Geschäft war hart. Selbst ein Mädchen, das auf eigene Rechnung arbeitete, wurde als Bedrohung angesehen, wie ich einige Zeit später feststellen sollte.

Kelly und ich besprachen, wie es wäre, wenn ich zu Hause arbeiten würde. Unser Haus in Floreat Park eignete sich sehr gut dafür: Es hatte ein Schlafzimmer mit einem separaten Eingang auf der Rückseite, und man gelangte ins Bad, ohne den

Wohnbereich betreten zu müssen. Ich bot Kelly an, dass sie mit ihrem Sohn mitfrei bei mir wohnen könnte. Sie willigte ein und kümmerte sich weiterhin um die kleine Caroline, wenn ich beschäftigt war. Caroline und Jimmy kamen gut miteinander aus und mir war Kelly eine gute Freundin geworden.

Für Kelly bedeutete es ein Risiko, bei mir zu wohnen, denn sie hätte wegen Kuppelei belangt werden können. Ein Mädchen konnte zwar auf eigene Rechnung arbeiten, das war vom Gesetz her kein Problem, aber wenn sie eine Hilfe im Haus hatte, wurde das als Betreiben eines Bordells angesehen – zumindest sagte mir das ein Kunde, der mich ganz schön ins Schwitzen brachte, als er sich als Polizist zu erkennen gab. »Keine Sorge«, meinte er väterlich zu mir. »Ich hänge dich nicht hin. Aber sei vorsichtig.« Danach war Kelly noch nervöser, aber sie war ohnehin ein ziemlicher Angsthase.

Ich setzte eine kleine Anzeige in den *West Australian*, die zwischen wesentlich auffälligeren Inseraten von Agenturen platziert wurde, und wartete mit klopfendem Herzen auf Reaktionen. Ob mich als Einzelkämpferin überhaupt jemand wahrnehmen würde? Wenn das Telefon läutete, zuckte ich jedes Mal zusammen. Wann würde mein erster potenzieller Kunde anrufen?

Als ich eines Tages wieder das Telefon abhob, hörte ich das charakteristische Piep-Piep eines Ferngesprächs. Am anderen Ende war ein Mann, der sagte, er rufe aus Sydney an. »Hallo, Carla. Deine Anzeige hat mir gefallen. Ich heiße Michael.« (Dass das nicht unbedingt stimmen musste, war mir klar.) Ich lauschte seiner Stimme und wusste, dass er das Gleiche tat. Ein Telefongespräch, um zu entscheiden, ob wir uns treffen würden oder nicht! Ich spürte, wie erregend diese unorthodoxe, potenziell gefährliche Kontaktaufnahme war; darin lag der Reiz dieses Spiels.

»Magst du Schokolade? Und Rosen?«

Ich musste lachen. Genau die richtigen Fragen an eine Frau, die sich vielleicht doch ein wenig genierte, wenn ein Fremder sie für ein sexuelles Zwischenspiel gewinnen wollte! Michael würde drei Tage später nach Perth kommen und wollte zwischen seinen Geschäftsterminen für Entspannung sorgen.

»Ich habe zwei Reihen Stammrosen zu Hause, rote und weiße«, erklärte er mir, als wir uns gegenüberstanden und er mir sein Mitbringsel überreichte – Schweizer Schokolade, zartbitter, meine Lieblingssorte.

Rosen waren offenbar seine Leidenschaft und er genoss es, mit mir darüber zu reden. Sein Anzug bewies einen ausgezeichneten Geschmack und er vermittelte den Eindruck, jede Situation unter Kontrolle zu haben, doch im Grunde wollte er den anderen immer alles recht machen. Ich tat den ersten Schritt, während wir uns unterhielten, und lockerte seine teure Krawatte. Er lächelte. Ja, wir waren für diese Art der Begegnung wie geschaffen. Dieser erste kleine Erfolg, das Gefühl, dass sich ein Wagnis auszahlte, befriedigte mich. Wenn das lasterhaft war, dann war es eine funkelnde Lasterhaftigkeit, die die Sinnlichkeit der 1920er-Jahre heraufbeschwor. Es war absolut befriedigend, eine Mischung aus Freizeitvergnügen und erwartungsvoller Erregung. Als wir fertig waren, legte Michael Geld für mich auf den Kaminsims. Es war mehr, als ich verlangt hatte.

»Hast du viele Kunden aus anderen Städten?«, wollte er noch wissen, bevor er ging. »Du bist mein erster Kunde«, gestand ich. »Oh, dann bin ich ja etwas ganz Besonderes!«, meinte er geschmeichelt und gab mir noch einen Rat als Geschäftsmann. »Sei sehr wählerisch«, sagte er. »Geschäftsleute wie ich gehen am liebsten zu einer Frau, die nicht zu viele Kunden hat.«

Ich verstand, was er meinte, und wusste nun auch, was ich anstreben musste. Michael wollte eine Geliebte, keine Hure. Da gibt es ein paar entscheidende Unterschiede. Er wollte mich näher kennen lernen, wollte meine Zuneigung und meine Fürsorge. Und er wollte nicht dabei gesehen werden, wie er ein stadtbekanntes Etablissement betrat – eine Geliebte war da wesentlich diskreter. Sex ohne Kondom barg immer ein gewisses Risiko, das bei mir jedoch sehr viel kleiner war, weil ich sehr auf Hygiene achtete. Von da an schrieb ich »Nur Geschäftsleute« in meine Anzeigen und bevorzugte Kunden aus anderen Städten. Diese Männer kamen regelmäßig zu mir und es entwickelte sich ein Vertrauensverhältnis.

Im eigenen Haus die Geliebte zu sein, fand ich wunderbar. Ich konnte großzügig mit meiner Zeit und meiner Freundschaft sein und genoss es, Sex mit Männern zu haben, die mich kannten und respektierten und denen ich nichts vormachen musste.

Überall im Haus standen Blumen, die mir zufriedene Kunden mitbrachten. Einer von ihnen, ein gutmütiger, älterer Herr mit zerknittertem Gesicht, war Florist. Er legte frühmorgens oft einen Blumenstrauß an den Hintereingang, so dass ich den Blütenduft roch, wenn ich aufwachte – schöner kann man den Tag nicht beginnen!

Ich fühlte mich ganz *Frau*, genoss den Sex und die Komplimente und Aufmerksamkeiten der Männer – und sie zeigten sich erkenntlich, indem sie mich gut bezahlten. Für mich war das Geld eine Form von Wertschätzung, von Anerkennung und gab mir ein gewisses Selbstwertgefühl. Allerdings wusste ich gar nicht so recht, was ich mit dem Geld anfangen sollte. Ich kaufte eine mit pfauenblauer Seide bezogene Sitzgarnitur, die mich an die goldenen 1920er-Jahre erinnerte – ziemlich ungeeignet für einen Haushalt mit zwei Kleinkindern. Es kam mir gar nicht in den Sinn, mein Geld in Immobilien anzulegen, was nur vernünftig gewesen wäre. In finanziellen Dingen war ich eine Null. In Wahrheit war es mir peinlich, Geld zu haben – eine Nachwirkung des Armutsgelübdes, nach dem ich zwölf Jahre lang gelebt und von dem ich mich erst vor drei Jahren losgesagt hatte. Die Gelübde der Keuschheit und des Gehorsams zu brechen machte mir keine Probleme, aber das Armutsgelübde mit seinem Ideal der Besitzlosigkeit hing mir noch lange nach.

Hin und wieder arbeitete ich auch außer Haus. Eines Abends erhielt ich einen Anruf aus einem der nobelsten Hotels von Perth, wo ein paar Geschäftsleute einen guten Abschluss feierten. Das klang nach einer echten Herausforderung, doch ich erkannte ziemlich schnell, dass es sich nicht um »Stammkunden« handelte. Es waren nur ganz normale Typen, die es einmal richtig krachen lassen wollten. Einer meiner Kunden hatte meine Telefonnummer mit seiner Empfehlung weitergegeben, deshalb hatte ich keine Bedenken hinzugehen.

Die Herren waren zwar noch in Anzug und Krawatte, sahen aber schon ziemlich mitgenommen aus, als ich in das Zimmer kam. Es war ziemlich groß, hatte eine Sitzecke, ein Doppel- und ein Einzelbett und daneben noch einen kleineren Raum. Aus dem Hotelradio dröhnte Musik und es roch durchdringend nach Alkohol und Schweiß. Ich wurde mit unterschiedlichen Willkommensgesten begrüßt – besonders von Barrie, von dem die Idee stammte – und gefragt, was ich trinken wollte. Ich bat um Cidre. Sie hatten keinen da, aber er wurde sofort gebracht, und der Spaß konnte richtig beginnen.

Ich trug einen sehr knappen roten Rock mit einer bauschigen weißen Seidenbluse und hatte es mir kaum auf dem Doppelbett bequem gemacht, als hilfreiche Hände mir eilfertig die glänzenden roten Schuhe auszogen. Ich stürzte den süßen

Cidre hinunter. Normalerweise brauchte ich weder Alkohol noch sonstige Anregungsmittel, um in Fahrt zu kommen, aber um sechs Männer zufrieden zu stellen, war doch ein wenig Unterstützung vonnöten. Von der Musik inspiriert, begann ich auf dem Bett zu tanzen, und schon war ich von mindestens drei Kerlen umringt, die ausgelassen herumhampelten und ihre Drinks verschütteten. Dann begannen alle rhythmisch in die Hände zu klatschen und ich begriff, was sie wollten: Ich sollte einen Striptease hinlegen, bevor ich sie in den finanziellen Ruin trieb!

Die Matratze war wirklich zu weich zum Tanzen, also stellte ich mich auf die lange Frisierkommode vor den großen Spiegel und begann, meine Bluse auszuziehen. Da ich so etwas noch nie gemacht hatte, war ich mir nicht sicher, was ich als Nächstes tun sollte, aber sie quittierten jede meiner Bewegungen mit derartig begeistertem Beifall, dass jedes Gefühl von Peinlichkeit schnell verflog, selbst als ich die Strumpfhose auszog und meine Krampfadern sichtbar wurden. Meine Beine und mein Körper waren leicht gebräunt – ich legte mich in letzter Zeit regelmäßig unter die Höhensonne, damit meine blasse europäische Haut eine gesunde Farbe bekam. Ich sang, während ich mich drehte und wand, und bemühte mich, nicht von der Kommode in ihre Arme oder auf den Boden zu fallen, und sie johlten bei jedem Stück Kleidung, das ich von mir warf und nach Möglichkeit so, dass es bei irgendjemandem auf dem Kopf landete.

Mittlerweile war derart viel Alkohol durch die Kehlen geflossen, dass die ganze Gesellschaft vollkommen enthemmt war. Ich hatte inzwischen alles enthüllt – einschließlich meines Schamdreiecks mit den verführerisch blonden Haaren – und fand, das wäre genug, als mich plötzlich einer der Männer packte und erst auf den Rücken warf, dann auf den Kopf stellte und mich festhielt, bis ihm einer seiner Kumpel zu Hilfe kam. Die beiden spreizten mir die Schenkel und schütteten mir Bier zwischen die Beine und die anderen gröhlten begeistert bei diesem primitiven Vergnügen. Das Bier rann mir in den Mund und in die Haare, ich zappelte mit gespielter Verzweiflung – »Lasst mich los, ihr Neandertaler!« – und, nachdem wir alle zu lachen anfingen, gaben sie mich schließlich frei. Jetzt wäre es Zeit für den richtigen Spaß in dem kleinen Zimmer nebenan, sagte ich, als ich wieder aufrecht stand.

Besondere Finessen waren nicht mehr drin, als einer nach dem anderen hereingeschwankt kam und einen hochzukriegen versuchte – ein geradezu strapaziöses Vorhaben für die besonders stark Alkoholisierten. Am Ende waren alle zufrieden und längst nicht mehr so wild und ausgelassen wie zuvor, als ich mich nach einer Dusche auf den Heimweg machte. Das Zimmer sah aus wie ein Schweinestall: Bettwäsche und Matratze waren so durchweicht vom Bier, dass wohl nichts mehr zu retten war, und der Teppichboden hatte massenweise Flecken. Ich bekam ein großzügiges Honorar und begab mich zur wohlverdienten Erholung nach Hause. Ob sie wohl dachten, dass diese Nacht ihr Geld wert war, wenn sie die Rechnung des Hotels für den entstandenen Schaden bekamen?

Mein eigenartigstes Erlebnis in diesem ersten Jahr meiner Selbstständigkeit hatte überhaupt nichts mit der Arbeit zu tun. Es ging mir darum, einen berühmten Pianisten zu verführen, mit dem ich im Foyer eines Hotels in Perth intensive Blicke wechselte. Ich war geschäftehalber dort, aber das sollte er nicht wissen. Als er sein bravouröses Spiel für eine Pause kurz unterbrach, tauschten wir unsere Visitenkarten aus.

»Ich komme lieber zu dir, da ist es bestimmt netter«, meinte Philippe später am Telefon. Er hatte drei Flaschen Chartreuse im Arm, als ich ihm die Tür öffnete. Zuerst musterte er mich von Kopf bis Fuß, erklärte, ich sei schön, und erst dann entschied er sich einzutreten. Ich besaß kein Klavier, auf dem er hätte glänzen können, und er war keineswegs mehr so liebenswürdig wie im Hotel, aber Ruhm macht einen Menschen wahrscheinlich ebenso arrogant wie interessant, sagte ich mir.

Er forderte mich ständig auf, von dem köstlichen Likör zu trinken, doch leider gehöre ich zu den Menschen, deren Gehirnzellen beim Kontakt mit Alkohol millionenfach zugrunde gehen. Auf Konservierungsmittel in alkoholischen Getränken reagiere ich noch empfindlicher; sie scheinen meine Leber zu vergiften und meine Gesichtszüge oft in drastischer Weise zu verändern. Es ging auf Mitternacht, als ich spürte, wie meine Energie kippte. Mein fingerfertiger Maestro lag auf mir und machte gerade einen Witz über irgendetwas. Als es zwölf schlug, überkam mich eine ungeheure Müdigkeit.

Philippe brach mitten im Satz ab. Ich sah das Entsetzen in seinen Augen, als er sich auf die Ellenbogen gestützt aufrichtete und voller Abscheu ausrief: »Du bist hässlich geworden! Häss-lich!«

Seine Reaktion kam so unerwartet, dass ich trotz der Beleidigung ganz gelassen blieb, es sogar ein wenig lustig fand. Ich war erschöpft, was ich nach dem vielen Alkohol auch nicht verbergen konnte. Ich kam mir vor wie Aschenputtel in der Kutsche, die sich Schlag Mitternacht in einen Kürbis verwandelt. Bei diesem Gedanken musste ich lachen, doch Philippe war todernst. Er sprang in seine Kleider, holte eilig den restlichen Chartreuse aus dem Kühlschrank und ging, ohne sich zu verabschieden.

Keine Manieren, dieser französische Beau! Vielleicht hätte er sich um Mitternacht in eine Ratte verwandelt. Eine lustige Geschichte, doch der Abend war so anstrengend gewesen, dass ich froh war, das Licht ausschalten und schlafen zu können. Ich machte mir nicht einmal mehr die Mühe, mir die Zähne zu putzen.

Mit der Zeit kam auch meine theatralische Seite zum Vorschein. Ich begann zu allem, wozu er mir passend erschien – kniehohe Stiefel, manchmal eine Smokingjacke, Spitzenhandschuhe – einen glänzenden Zylinder zu tragen und paffte Zigarillos, obwohl ich nie im Leben geraucht hatte und gar nicht wusste, wie man inhaliert. In dieser fantastischen Aufmachung präsentierte ich mich manchen meiner Gäste zu Hause und derart ausstaffiert ging ich auch mit Freunden zu Partys.

Auf der Party meines Freundes Victor gab ich mich als Lesbe aus. Victor war mein Masseur in der Praxis, in die ich häufig ging. Er stammte aus Südafrika, war jung und muskulös, unterhaltsam und verströmte derart erotischen Charme, als hätte er ihn erfunden. An diesem Abend – es war ziemlich kalt – begrüßte ich an der Tür die jungen Frauen, bot an, ihnen die Hände zu wärmen oder einen heißen Cocktail zu holen, führte sie zum Kamin, machte ihnen Komplimente wegen ihres Make-ups oder ihrer Haare und lud sie ein, bei mir auf dem Schoß zu sitzen. Es war lustig, ihre Reaktionen zu beobachten – zuerst angenehm überrascht, wenn auch ein wenig irritiert, dann misstrauisch und schließlich, ohne jede Ausnahme, wortlos abweisend.

Mit dieser Zurückweisung hatte ich gerechnet. Es hätte mich in große Verlegenheit gebracht, wenn ich ernst genommen worden wäre! Dann gesellte ich mich mit gespielter Enttäuschung zu einer Gruppe von Schwulen, imitierte ihr Auftreten und ihr Benehmen und genoss ihre witzigen, geistreichen Wortwechsel. Allerdings, das musste ich mir eingestehen, empfand ich die Berührung weiblicher Hände – etwas, das Frauen nicht oft erleben – als sehr angenehm. Mir wurde bewusst, dass es wirklich eine lesbische Seite in mir gab, die ich durchaus ausleben konnte, wenn ich wollte.

Die Gelegenheit dazu ergab sich an einem zauberhaft schönen Tag.

»Julie ist meine Freundin«, sagte Andy, als er anrief und mich bat, zu ihnen ins Hotel zu kommen. Andy war einer meiner weniger sympathischen Kunden; aus seiner Stimme klang eine unangenehm lüsterne Gier, die mich zögern ließ. An diesem Abend wollte er einmal einen flotten Dreier ausprobieren.

Wie es der Zufall wollte, funkte es zwischen Julie und mir sofort, und Andy bekam eine erstklassige Demonstration, wie sehr zwei Frauen einander genießen können. Zwar wollte vor allem Andy seinen Spaß haben, aber wir waren uns wortlos einig, dass wir ihn vollkommen ignorieren würden. Es war ein wunderbares Gefühl, mich in Julies Arme sinken zu lassen.

Wir wälzten uns auf dem Bett und gaben jedem Impuls, uns am ganzen Körper zu berühren, zu streicheln, zu lecken und zu saugen genussvoll nach. Julie hatte lange duftende Haare und es war köstlich, ihre appetitliche Scham zu entdecken. Wir wussten beide instinktiv, wo wir gern berührt werden wollten. Jetzt konnte ich nachempfinden, wie es für einen Mann sein musste, wenn sich weiche Brüste an seinen Körper pressten. Es war wunderbar, an ihren Brustwarzen zu saugen und genau zu wissen, welche Gefühle das in ihr auslöste. Und dann fand sie die meinen, die nach einem Jahr Stillen groß und ausgeprägt waren und nun lustvoll auf die zärtliche Berührung ihres Mundes reagierten.

Wir waren schamlos in unserem Verlangen nacheinander und ließen Andy erst auf das Bett, als wir beide zum Orgasmus gekommen waren und uns wohlig-entspannt zurücksinken ließen. Eine bessere Vorstellung hätte Andy sich gar nicht wünschen können, aber er war natürlich sauer. Ich erinnerte mich dunkel, dass er immer wieder auf sich aufmerksam gemacht hatte, aber das war uns vollkommen egal gewesen. Er bekam seine Rache später, als ich Julie wieder sehen wollte und er sich weigerte, mir ihre Telefonnummer zu geben. Ich vermute, sie war gar nicht seine Freundin, sondern auch eine Professionelle. Danach gab ich Andy den Laufpass, und Julie tat es hoffentlich auch.

Gegen Ende des ersten Jahres in meinem neuen Beruf wurden meine hübschen blonden Schamhaare einer widerwärtigen Insektenbrut zur Heimstatt. Ich hatte durchaus irgendwann einmal von Filzläusen gehört, es aber nicht für möglich gehalten, dass ich mir solche Tierchen zuziehen könnte. Es juckte zwar dort unten, aber nicht in meiner Scheide, deshalb dachte ich, es wäre nichts Ernstes. Ich ignorierte den Juckreiz, so gut es ging, und kratzte mich nur hin und wieder zerstreut.

Ein Kunde, der in einem Hotel am Swan River ein Wasserbett gemietet hatte, überraschte mich mit der Bemerkung »Was hast du da unten, Süße? Also, von mir sind die bestimmt nicht!«.

Er zeigte auf meinen Schamhügel und ich musste sehr genau hinsehen, um die ekligen Krabbeltierchen zu entdecken, die mir das Blut aussaugten. Ich war so schockiert, dass ich schreiend aus dem Bett sprang und splitternackt zur Tür lief, als könnte ich vor ihnen davonlaufen. »Ist nicht so schlimm, Carla, beruhige dich!«, meinte George gut gelaunt.

Ich hörte auf zu schreien. Niemand schien etwas gehört zu haben, obwohl ich ein Mordsspektakel gemacht hatte, und wenn doch, hatte niemand davon Notiz genommen. Jedenfalls kam niemand herbeigelaufen, um nachzusehen – eigentlich ziemlich ernüchternd. »Kauf dir DDT-Salbe«, riet mir George – ein vernünftiger Rat, den ich am selben Tag noch befolgte.

Als ich einem meiner schwulen Freunde davon erzählte, erwies er mir einen ganz besonderen Liebesdienst: Er rasierte meinen Venushügel behutsam bis zum letzten Härchen ab, um das Ungeziefer mitsamt den Eiern zu entfernen. Jetzt hätte ich den französischen Look, meinte er, doch mit der anfänglich erotisierenden Wirkung war es vorbei, sobald wieder Stoppelhaare zu sprießen begannen. Und ich hatte keine Lust, mich ständig zu rasieren. Da meine Haare blond waren, rasierte ich mir nicht einmal die Beine. Die DDT-Salbe bewahrte ich noch jahrelang auf, für alle Fälle, aber sie kam nie mehr zum Einsatz.

Auf dem Riesenrad des Lebens

James zog wieder nach Perth. Er hatte seine alte Gelassenheit wiedererlangt und kam oft nach der Arbeit vorbei, um mit Caroline zu spielen, und manchmal blieb er auch zum Abendessen. Es war gut, dass wir wieder Freunde sein konnten. Über die Vergangenheit sprachen wir nicht, auch nicht über mein neues Leben. James kritisierte es nicht. Er schien sich mit unserer Trennung abgefunden zu haben, deshalb erschrak ich nicht wenig, als er eines Abends prophezeite, dass ich am Ende doch zu ihm zurückkommen würde, wie die Frau in dem Film *Ryans Tochter*. Er war so lieb und stellte überhaupt keine Ansprüche, dass mein Herz sich ihm wieder zu öffnen begann. Sollte ich zu ihm zurückkehren?

Und da trat, bei einem dieser abendlichen Besuche, wieder das Schicksal auf den Plan: James brachte Hal mit, seinen Kumpel aus der Arbeit.

Ich saß am Kopfende des ovalen Esstischs und war mit einer Näharbeit beschäftigt, als ich aufblickte und plötzlich von einem Gefühl unerklärlicher Vertrautheit überflutet wurde. Ich sah einen japanischen Kamikaze-Piloten in Gestalt eines hoch gewachsenen Mannes europäischer Herkunft vor mir, der am anderen Ende des Tisches stand und mir nun vorgestellt wurde. Was ihn verriet, war nicht seine Lederjacke, sondern die Art, wie er den einen Arm lässig auf die Lehne eines Stuhls gelegt hatte und den anderen in die Seite stemmte. Ich erkannte diese Haltung wieder, so albern es klingen mag, und auch sein unbekümmertes Grinsen war mir vertraut. Von diesem Augenblick an ging mir Hal nicht mehr aus dem Kopf – obwohl ich doch überlegte, ob ich zu James zurückgehen sollte. Er wirkte auf mich wie ein Magnet.

Ein Teil von mir wollte eine ganz normale Frau und Mutter sein, die sich nur um ihr Kind kümmerte. Mit James wäre das sicherlich möglich gewesen. Ich war jetzt seit einem Jahr als Prostituierte im Geschäft, vielleicht war es am besten, aufzuhören, solange es mir noch Spaß machte. Und so verkaufte ich in dem Bestreben, mit meinem lasterhaften Leben ein für alle Mal Schluss zu machen, an einem Wochenende all meine Möbel, zog die Telefonschnur heraus und verschwand, ohne einem einzigen meiner Kunden Bescheid zu geben – eine Unhöflichkeit, die ich heute noch bedaure, aber damals erschien mir ein klarer Schnitt notwendig. Innerhalb eines Tages verwandelte ich mich von einer viel beschäftigten Prostituierten mit gutem Kundenstamm in eine pflichtbewusste Hausfrau. Caroline und ich verabschiedeten uns traurig von Kelly und Jimmy, aber Caroline war überglücklich, dass sie ihren Daddy wiederhatte. Sie so glücklich zu sehen machte mir am allermeisten Freude.

Wahrscheinlich glaubte James, er hätte seine eigensinnige Frau endlich zurückerobert, aber leider war dem nicht so – armer Mann. Es war seltsam zwischen uns nach diesem Jahr der Trennung. Nach meiner reichen Erfahrung mit anderen Männern brauchte ich jemanden, der stärker war als ich, in jeder Hinsicht. Ich respektierte James für seine Entschlossenheit, mich wieder zurückzuholen, aber meine Motivation war, dass ich eine gute Frau und eine gute Mutter sein wollte und nicht, dass ich ihn von Herzen liebte.

Hal war hoch gewachsen und gut gebaut, ein ruhiger, aber humorvoller Mensch, dessen liebenswerte Schrullen seine Freunde amüsierten. In dem großen runden Kopf mit den seitlich gescheitelten dünnen blonden Haaren saß ein scharfer Verstand. Er war sensibel und aufgeschlossen für existenzielle Fragen. Eine Zeit lang war er bei Scientology gewesen, hatte sich dort jedoch missbraucht gefühlt und enttäuscht abgewandt.

Hal fuhr Auto, als würde er ein Flugzeug fliegen. Als Beifahrer fühlte man sich neben ihm wie im Autoscooter – er manövrierte seinen Wagen oft so haarscharf an den anderen vorbei, dass den anderen Fahrern die Haare zu Berge standen. Er lebte allein mit seiner Mutter, die im selben Jahr aus Estland nach Perth gekommen war, in dem meine Familie sich in Melbourne niedergelassen hatte. Als wir uns kennen lernten, war er noch Jungfrau.

Hal machte keine Annäherungsversuche – aus Respekt gegenüber seinem Freund James –, und so war *ich* es, die *ihn* verführte. Als ich ihn einmal besuchte, stellte ich fest, dass wir uns auch über existenzielle Fragen des Lebens unterhalten konnten. Hals scharfer Intellekt beeindruckte mich tief, mir gefielen seine Auswahl an Büchern (Science-Fiction und Philosophie) und seine Vorliebe für sanfte, entspannende Musik. Was sah er in mir? Leidenschaft, allzu schmeichelhaft, als dass eine schüchterne Jungfrau ihr widerstehen könnte?

Rückblickend glaube ich, dass wir uns ineinander verliebten, weil es noch Dinge aus früheren Leben aufzuarbeiten, Probleme zu lösen gab. Ich hatte einiges erlebt, das mich die Möglichkeit einer Wiedergeburt in Betracht ziehen ließ, wodurch sich wiederum Erkenntnisse ergeben, warum sich die Lebenswege von Menschen manchmal verbinden.

Nach wenigen Wochen war ich hoffnungslos in Hal verliebt und beichtete es James, als wir eines Morgens im Bett lagen. »Ich muss dich verlassen, ich muss mit Hal zusammen sein!« Und James in seiner typischen nachsichtigen Art machte mir keine Vorwürfe. Er konnte mich jedoch nicht mehr anschauen und ich sah, wie er schwer schluckte.

Wieder hatte ich James das Herz gebrochen. Um Carolines

willen lebten wir zwei Jahre lang in einem Haushalt zusammen. Beide, James und Hal, waren weichherzige, großzügige Menschen und es gab nie Streit. Später erfuhr ich, dass Hal mit der Situation nur schwer zurechtgekommen war und mich fast verlassen hätte, wenn ich mich nicht klar für ihn entschieden hätte.

Zu uns vieren – James, Hal, Caroline und mir – gesellte sich 1975 Baby Victoria, mein Kind von Hal. Caroline war damals drei Jahre alt. Am errechneten Geburtstermin stand ich morgens früh auf, um mich fertig zu machen. Ich packte Kleidung und Kosmetika ein und dann weckte ich Hal auf. Dieses Mal wollte ich alles für mein Baby richtig machen. Mit der Klinik war vereinbart, dass Hal bei der Geburt dabei sein und ich mein Baby bei mir behalten würde.

An beide Versprechen wollte sich die Oberschwester nicht halten, doch nach lautstarkem Protest meinerseits besann sie sich eines Besseren. Trotzdem ließ sie Victoria fortbringen, als ich schlief – warum, weiß ich nicht, denn in jener Woche wurde im Warwick Hospital kein anderes Baby geboren.

Ich war verärgert und machte mir Sorgen, konnte aber nichts tun. »Hat sie in der Nacht geweint?«, fragte ich jeden Morgen. »Nein«, antworteten sie wieder und wieder. Ob sie logen? Ich wusste es nicht. Inzwischen waren meine Brüste prall vor Milch und taten weh. Eine der Krankenschwestern – eine ganz liebe – sagte mir, ich sollte meine Brüste massieren, und zeigte mir, wie man das macht. Es war so eine Erleichterung, als der Druckschmerz unter ihren freundlichen Händen langsam nachließ! Wir zuckten beide erschrocken zusammen, als die Oberschwester mit ihrer schrillen, strengen Stimme rief: »Schwester, gehen Sie zurück an Ihre Arbeit, lassen Sie sie in Ruhe!« Die Krankenschwester eilte verstört davon.

Ich verließ diese Klinik, sobald ich konnte. Zu Hause erlebte ich ein weiteres Mal, wie schön es ist, Mutter zu sein. Mit Babys kam ich wunderbar zurecht; wenn die Kinder älter wurden und größere Ansprüche stellten, war ich nicht mehr so geduldig und aufmerksam.

Im Jahr 1976 gründeten James, Hal und ich eine Landkommune in Queensland, die heute noch als gemeinschaftlich betriebene Farm existiert. James baute ein Blockhaus für sich und Caroline und Hal zimmerte eines – er war sehr stolz auf seine Baukunst –, in dem er mit mir und Victoria lebte.

Doch unser Traum von der idealen Farmkooperative auf dem Land erwies sich als Fehlschlag, so dass wir die Kommune desillusioniert und traurig verließen. Hal, Victoria und ich zogen nach Brisbane, wo wir uns ein Haus mit einer Familie teilten, die ein kleines Mädchen in Victorias Alter hatte. James hatte in Melbourne eine Stelle angeboten bekommen. Caroline wurde gefragt, bei wem sie lieber leben wollte – bei ihrem Vater oder bei mir –, und sie entschied sich, bei James zu leben. Es war eine Entscheidung von großer Tragweite, aber obwohl Caroline noch so klein war, hatte ich das deutliche Gefühl, dass sie sehr genau wusste, was sie wollte, als sie sich entschied, mit ihrem Vater in den Süden zu gehen. Und wir alle fanden, dass es das Beste war, denn die beiden Mädchen kamen überhaupt nicht miteinander aus. So musste Caroline ohne ihre Mutter aufwachsen. Es fällt schwer, nachzuvollziehen, wie sehr sie mich vermisst haben muss. Nicht einmal an ihrem sechsten Geburtstag sah ich sie. Heute, da ich Großmutter bin, erscheint es mir unvorstellbar, wie ich es ertragen konnte, mich von einem so lieben, empfindsamen und schönen Mädchen trennen zu lassen.

Hal und ich hatten uns ein Haus in Ashfield, Brisbane, gemietet. Eines Tages beschloss er, einen kurzen Urlaub für einen Besuch bei seiner Mutter in Perth, seiner einzigen Verwandten, zu nutzen und bei dieser Gelegenheit auch einen alten Freund zu sehen. Ich erstickte ihn fast mit meiner Umarmung, als wir uns zärtlich verabschiedeten. Wir passten von der Körpergröße her so wunderbar zusammen; alle Leute, die uns zusammen sahen, meinten, wir wären wie füreinander geschaffen. Hal blickte mir tief in die Augen. Ich würde ihn zwei ganze Wochen nicht sehen. Dann griff er in seine Hosentasche und zog zu meiner großen Überraschung ein Kondom hervor.

Ich sah ihn erstaunt an. Was sollte das heißen? Ich war Hal nie untreu gewesen. »Denkst du, ich fange an herumzuvögeln, bloß weil du eine Weile weg bist?« Ich konnte es nicht glauben.

Hal lachte leise. »Nur für alle Fälle«, war seine kryptische Antwort.

War das eine Art Test? Damals kam ich gar nicht auf diese Idee. Er wollte nicht, dass ich einsam zu Hause saß, wenn er fort war, das sollte dieses Geschenk mir wohl sagen, dachte ich. Wir waren beide keine kleinkarierten Spießer; zum Beispiel hatten wir uns dem Sunshine-Nudisten-Club angeschlossen, mit dem wir, zusammen mit der kleinen Victoria, regelmäßig am Wochenende etwas unternahmen. Es ging dort sehr lustig und absolut unschuldig zu, ob bei Erwachsenen oder Kindern.

Trotzdem hätte ich nie gedacht, dass ich eine Woche später mit einem Kerl im Bett landen würde, den ich kaum kannte! Ich war nicht auf die Jagd gegangen, vielmehr war er der typische Aufreißer, ein Freund einer Freundin, den eine Frau nur so lange interessierte, bis er sie erobert hatte. Er hatte eine sehr weltmännische Art, ganz anders als die Männer, die ich bisher kennen gelernt hatte. Ich berichtete Hal in meinem nächsten

Brief in den leuchtendsten Farben von dieser Begegnung und dankte ihm für das Kondom. Es hatte immerhin seinen Zweck erfüllt!

Hal war zutiefst verletzt und enttäuscht, wie er mich mit ein paar knappen Zeilen wissen ließ. Ich war verwirrt, aber rückblickend erkenne ich, dass mich seine Reaktion nicht hätte überraschen sollen. Ich beschloss, in Zukunft mehr auf Hals Gefühle zu achten und anderen Männern aus dem Weg zu gehen.

Doch ich hatte nicht mit Bill gerechnet, ebenfalls ein Nudist, der mir ständig einredete, dass zwischen uns eine besondere Beziehung bestand. Und das war tatsächlich so. Bill gefiel die Eleganz, die Geschmeidigkeit meiner Bewegungen, und ich bewunderte an ihm eine gewisse Ritterlichkeit. Bei dieser gegenseitigen Anziehung spielten viele subtile Aspekte eine Rolle. Ich genoss diese besondere Beziehung, sah aber nicht ein, warum sie nicht rein platonisch bleiben konnte. Bill war älter und größer als ich, intelligent und verheiratet – *glücklich* verheiratet.

Hal arbeitete als elektrotechnischer Zeichner und ich unterrichtete wieder, als mein Leben abermals eine neue Wendung nahm, als würden aus der Ferne die Fäden gezogen. Ein Massagekurs, den ich im Winter 1979 in Brisbane absolvierte, führte zu dem Angebot, in einer neuen Vorortpraxis als Masseurin zu arbeiten.

Ich arbeitete ein halbes Jahr dort und die Patienten sagten mir häufig, dass ich besonders sensible Hände hätte und sie sich sofort besser fühlten, wenn ich sie berührte, was mich natürlich freute. Manche männliche Patienten reagierten mit einer Erektion – irgendetwas in mir löste sexuelle Erregung aus, ohne dass ich es wollte –, und dann gab ich ihnen zum Spaß einen Klaps auf den Po, um die Situation zu überspielen. Ich musste mich immer mehr am Riemen reißen, damit solche Sachen nicht ausuferten.

Am Ende gab ich doch nach. Ich tat zwar alles, damit die Inhaberin der Praxis nichts mitbekam, aber es müssen wohl ekstatische Laute durch die Wände gedrungen sein. Sie sagte zwar nichts, erhöhte aber die Miete für meinen Massageraum. Und da kam mir die Idee, dass ich mir sowohl Miete wie auch weitere Peinlichkeiten ersparen könnte, wenn ich meinen eigenen Weg ging.

Ich war eine gute Masseurin, geschickt und gut ausgebildet und mir neuerdings auch meiner besonderen Begabung bewusst. Bald war ich Herrin meines eigenen Massagesalons, den ich praktischerweise in einer Einliegerwohnung im Hinterhof einrichten konnte. Hal hatte nichts dagegen, da ich bei meinen männlichen Kunden sexuell nicht beteiligt war. Außerdem ging ihm seine liberale Einstellung über alles, was immer er empfinden mochte.

Ich war überzeugt, dass es unsere Beziehung nicht beeinträchtigen würde, wenn ich meinen Kunden Entspannungsmassagen verabreichte, gleichzeitig aber strenge Grenzen setzte, und Hal erhob keine Einwände. Trotzdem ließ ich mich etwa in dieser Zeit sterilisieren, um keine Verhütungsmittel mehr benützen zu müssen. Ich hatte mich nicht bewusst für Promiskuität entschieden, aber kann es sein, dass wir Dinge planen, die wir sogar vor uns selbst verheimlichen?

Hätte ich mich doch bloß nie von Hal getrennt!

Wenn wir uns geliebt hatten, wenn ich ihn noch in mir spürte und vollkommen befriedigt neben ihm lag, hätte ich nicht im Traum jemand anders haben wollen. Ich liebte seine Ausstrahlung, seine beruhigende, sanfte Aura.

Und warum um alles in der Welt verließ ich ihn dann? Was wissen wir von dem Skript in unserem Unbewussten, dem zu folgen wir uns gezwungen fühlen, diesem tief in unserer Psyche verborgenen Lebensplan? Kräfte außerhalb meines Einflusses schienen sich unbeirrbar durchzusetzen und die Geschehnisse zu lenken. Manche mögen es den sich enthüllenden Willen Gottes nennen, aber man könnte es ebenso gut den unaufhaltsamen Drang des Menschen nennen, innerlich zu wachsen, sich ins Chaos zu stürzen, um dort zu größerer Vollendung zu finden.

Man könnte es aber auch ganz einfach sehen. Kein Mensch ist ohne Fehler. Und eine Frau kann nicht bei einem Mann bleiben, wenn sie nicht bereit ist, sich mit seinen Fehlern zu arrangieren. Auch Hal hatte Eigenschaften, die mich auf die sprichwörtliche Palme brachten.

Hal war Pazifist, was unter anderem bedeutete, dass er es nicht duldete, wenn unserer Tochter Grenzen gesetzt wurden. Er konnte mir mit seinen intellektuellen Argumenten allen Wind aus den Segeln nehmen und mich zu hilfslosen Wutanfällen provozieren mit seiner – wie ich es nannte – Verlogenheit.

»Was ich Victoria an Taschengeld gebe, ist ein Geschenk«, argumentierte er unbeirrt, »und nicht als Druckmittel zu ihrer Erziehung gedacht. Du weißt doch, dass ich es schon hasse, wenn man Kindern eintrichtert, Bitte und Danke zu sagen. Das muss von innen heraus kommen, sonst bringen wir ihnen nur falsche Manieren bei.«

Deshalb meinte Victoria sich erlauben zu können, nach Belieben unhöflich zu sein und keinerlei Aufgaben im Haushalt zu übernehmen. Meiner Ansicht nach betrachtete sie ihr Taschengeld – das reichlich und zuverlässig kam, egal was sie tat oder nicht – wahrscheinlich als Belohnung für schlechtes Benehmen.

Hal blieb immer gelassen, wenn ich auf hundertachtzig war. Er lachte dann leise und genoss die Macht, die er über mich hatte. Er sah in meinen Augen, wie sehr ich seine Verlogenheit verachtete, und machte sich dennoch über mich lustig. Wohl nichts untergräbt eine Beziehung mehr als Verachtung.

Ich verließ Hal eines Tages zutiefst gekränkt aus einem spontanen Impuls heraus, zog in ein Haus ganz in der Nähe und holte Victoria, die inzwischen zur Schule ging, zu mir. Nach einigen Monaten gab ich nach und ging zu ihm zurück. Dann verließ ich ihn wieder oder setzte ihn vor die Tür. Zwölf Jahre lang ging das so, mit immer längeren Unterbrechungen, zeitweise lebte unsere Tochter bei mir, zeitweise bei ihm, bis er dem Ganzen ein Ende machte.

»Ich habe dich eigentlich nie geliebt«, sagte er zum Schluss, eine Woche bevor er tat, was er nie hatte tun wollen: Er heiratete – eine Frau, die einundzwanzig Jahre jünger war als ich.

Das Callgirl Gottes

Nun, da ich allein war, konnte ich mich wieder ohne jegliche Einschränkungen meinen Kunden – und mir selbst – widmen. Doch ich suchte noch nach Inspiration für meine Arbeit, um das Niveau dieses Spiels zu heben.

Ich fand meine Inspiration ganz unerwartet, nämlich auf einer Ausstellung antiker chinesischer Vasen in Perth. Wie hypnotisiert stand ich vor den Bildern, die darauf gemalt waren. Sie zeigten chinesische Nonnen, vollkommen bekleidet, aber eindeutig im Koitus, ihre aufnahmebereite Vulva gut ausgestatteten Männern darbietend, die wie Handelsreisende aussahen.

Mir fiel sofort eine Geschichte ein, die die Szene erklärte. Diese Handelsreisenden waren oft für lange Zeit von zu Hause fort, wenn sie zu Fuß oder mit Packtieren durchs Land zogen. Im alten China war es Männern, die zum Ausgleich ihrer Yang-Energie weibliche Yin-Energie brauchten, von der Gesellschaft nicht verboten, Nonnen aufzusuchen. (Ob ihre Ehefrauen ihnen verboten, andere Frauen zu besuchen, wusste ich nicht.) Genau, dachte ich, das ist es, was Männer brauchen: einen Ausgleich für ihre männliche Energie, aber auf wesentlich gesündere Weise als durch Masturbation, bei der sie keine weibliche Energie bekommen. Eine schlichte, natürliche Weisheit, ganz anders als die Einstellung zu Sex in der westlichen Welt, den eine repressive Religion jahrhundertelang verteufelte.

Die Nonnen, spann ich meine Geschichte weiter, brauchten die Männer für ihre eigenen Zwecke. Sie benutzten den Geschlechtsakt als ekstatische Meditation über Gott und verschafften sich damit gleichzeitig einen Lebensunterhalt.

Für das Spiel galten bestimmte Regeln. Es war unerlässlich,

dass die Nonne und ihr Kunde sich mit der richtigen Einstellung begegneten, damit die gewünschten psychischen und spirituellen Energien frei wurden. Indem er ihr mit Respekt begegnete, konnte der Handelsreisende an der spirituellen Ekstase der Nonne teilhaben und daraus Nutzen ziehen, sagte ich mir und wurde immer aufgeregter, als mir plötzlich klar wurde, dass darin der Sinn meiner Arbeit lag. Der Sinn des Geschlechtsakts war nicht hemmungsloser Genuss, sondern ein geistiges Gleichgewicht zu erreichen. Puh! In meinem Kopf lief ein Film ab, der mich ganz schwindlig machte, Adrenalin schoss mir durch die Adern – jetzt konnte mich nichts mehr aufhalten.

Meine Fantasievorstellung gefiel mir sehr – und nur darum ging es, auch wenn ich annehme, dass ein Körnchen Wahrheit in dieser Geschichte steckte. Gab es überhaupt jemals Nonnen in China? Buddhistische vielleicht? Egal, von jetzt an visualisierte ich mich als eine Frau, die nicht anderes wollte, als ihren Kunden mit ihren kostbaren weiblichen Säften zu einem Energiegleichgewicht zu verhelfen. Sie würden, wenn sie wieder gingen, in Frieden mit sich selbst sein, sich gereinigt und gesegnet fühlen – das Callgirl Gottes würde ihre besten Seiten zum Vorschein bringen! Und mir wiederum würden meine Kunden auch Gutes tun.

Meinen Kunden erzählte ich nie von dieser Vorstellung. Für keinen von ihnen war sie von Nachteil und meine neue Einstellung zahlte sich in einer Weise aus, die mir besonders wichtig war. Ich konnte mich lange Zeit – bis ich meine Vision vergaß und im Schmutz der Realität versank – bei meiner Arbeit wohl fühlen.

Herz und Körper flossen über vor Kreativität, aus meinen Händen schien Gnade zu strömen, aus meiner Scheide Nektar. Ich genoss es zu berühren und sinnlichen Genuss zu geben –

und umgekehrt von so vielen verschiedenen Händen, Zungen und Körpern berührt zu werden. Ich lernte die Gewohnheiten vieler Männer beim Liebesspiel kennen und bewunderte, wie sie das Ganze auf sanfte Weise dirigieren konnten, wenn ich sie dazu ermunterte. Wenn sie in fantasieloser Routine erstarrt waren, half ich ihnen, ein bisschen zu variieren. Es gab keine Position, die tabu gewesen wäre: sitzend auf dem Massagetisch, auf dem Boden, auf einem Stuhl, stehend gegen die Wand oder in der Dusche. Bei manchen Kunden mochte ich es sehr, sie von Kopf bis Fuß zu waschen, die Sinnlichkeit der schlüpfrigen Seife zwischen unseren Körpern zu spüren. Am wenigsten mochte ich die Missionarsstellung, denn dabei hatte ich zu wenig Bewegungsfreiheit. Nach einer entspannenden und sinnlichen Massage kletterte ich gern auf den Tisch und auf meinen Kunden, der inzwischen mehr als bereit war.

Ich fand meine Arbeit nicht anstrengend, solange ich auch etwas davon hatte. Meine Vagina von einem *Lingam* in genau der richtigen Größe massieren zu lassen, war einfach wunderbar, und ich bekam mehr, als ich gab. Trotzdem hatte ich nicht mit allen Kunden Sex, sondern nur mit denen, die mein Vertrauen gewonnen hatten und mich sexuell anzogen. Die meisten Kunden bekamen eine erstklassige Massage mit anschließender Handentspannung.

Ich fand es wunderbar, wenn Kunden zur Abwechslung einmal mich massieren wollten. Sie taten mir etwas Gutes und ich wurde dafür noch bezahlt! Manche hatten einen Kurs gemacht, andere wollten einfach nur meinen Körper streicheln und sich an meinem sinnlichen Genuss erfreuen. Natürlich nutzten sie die Gelegenheit auch dazu, meinen nackten Körper zu erforschen, ihre Hände von meinen Füßen über meine Schenkel bis zu meiner allerintimsten Stelle wandern zu lassen. Solange meine Kunden sanft vorgingen – das war für mich entscheidend – und aufhörten, wenn ich es verlangte, war ich vollkommen zufrieden.

Meine Weiblichkeit kam in dieser Zeit heraus wie nie zuvor. Da mich keine häuslichen Querelen mehr belasteten, konnte ich bei meinen Männern die strahlende Gespielin sein, schön und zärtlich, hingebungsvoll und unanständig. Zu mir kamen hauptsächlich Geschäftsleute, manche sehr bekannt, die meisten nicht. Es waren zwei Ärzte darunter, ein Zahnarzt, ein TV-Nachrichtensprecher, zwei Architekten, Taxifahrer, Umzugsspediteure, Fußballer und andere Sportler, Musiker – und manchmal auch jemand aus der Branche, mit dem ich mich auf einen speziellen Deal einigte. Es kamen Deutsche, Holländer, Franzosen, Chinesen, Thailänder, aber auch Australier zu mir.

Oft verblüffte mich, welche Verwandlung sich vor meinen Augen vollzog. Männer, die mit gesenktem Blick müde hereingeschlurft waren, sahen strahlend frisch aus, wenn sie wieder gingen. Viele meiner Kunden hielten sich als Liebhaber für unbrauchbar: Diejenigen, die an einer Missbildung litten, an einer körperlichen oder geistigen Krankheit; manche waren sehr klein gewachsen, schmächtig oder unförmig dick; und viele hatten schlicht ein miserables Selbstwertgefühl. Ihnen allen gab ich mein Bestes und sie belohnten mich dafür mit ihrer Freundschaft.

Mehr als einer meiner Kunden litt unter vorzeitigem Samenerguss. Ich konnte ihnen nicht helfen, sosehr ich mir auch Mühe gab. Es tat mir Leid für sie, denn dadurch konnten sie nur einen kleinen Teil des sinnlichen Genusses erfahren. Ich versuchte ihre verspannten, oft wie versteinerten Körper durch Massage zu lockern, aber sie bekamen schon bei der leisesten Berührung eine Erektion und ein einziger Massagestrich in der Nähe des Hinterns genügte, damit sie ejakulierten. Trotzdem kamen sie immer wieder, oft mit kleinen Geschenken, als wollten sie sich entschuldigen.

Mehr Glück hatte ich mit – häufig verheirateten – Männern, die angeblich impotent waren. Bei mir, der ihnen fremden Frau, die mit Musik und sanftem Licht für Entspannung sorgte und sich Zeit für sie nahm und nie sagte, dass mit ihnen etwas nicht stimmte, brachten sie problemlos eine Erektion zustande und kamen ohne Schwierigkeiten zum Orgasmus.

Geschickt und einfühlsam hieß es in meiner Anzeige in den Samstagszeitungen, obwohl ich nicht mehr allzu oft inserierte. Ich wollte nicht ständig arbeiten müssen. Geld war für mich, obwohl es praktisch ist, welches zu haben, nie das Wichtigste. Wenn es mir wirklich darum gegangen wäre, hätte ich eine spezielle Art von Bordell eröffnen müssen, aber auf diese Idee kam ich erst, als es schon viel zu spät war.

Nur ein oder zwei enge und langjährige Freunde wussten, dass sie mit einer Exnonne Sex hatten. Ich schlug aus meiner Vergangenheit niemals Kapital, auch wenn ich es gekonnt hätte, denn meine neue »Mischidentität« war mir viel zu wertvoll, geradezu heilig. Meine Hände hatten eine elektrisierende, gleichzeitig jedoch entspannende Wirkung – ein Geschenk Gottes, das mir die Arbeit unglaublich erleichterte. Es genügte mir zu wissen, dass meine Kunden sich hinterher offensichtlich besonders wohl fühlten. Als kleines Dankeschön brachten sie mir oft Blumen, Schokolade und manchmal auch Musik mit.

Zu meinen Stammkunden gehörte Mel mit dem zerzausten roten Haarschopf und den spitzbübischen Augen, der jeden Freitagnachmittag nach Arbeitsschluss zu mir kam. Er nannte meine Art der Massage »Handauflegen«, und daraus schloss ich, dass er einmal Priester oder zumindest auf dem Priesterseminar gewesen war. Inzwischen Schuster und verheiratet, schien er im Leben irgendwie zu kurz gekommen zu sein. Mir kam es immer so vor, als stünden ihm Tränen in den Augen, selbst wenn er lachte.

Eines Freitags, als er sich auszog, um sich auf den Massagetisch zu legen, vertraute ich ihm an, dass ich früher einmal Nonne war. In seine Augen trat ein Leuchten, als ich das sagte, und er umarmte mich so fest und herzlich, dass mir fast die Luft wegblieb.

Mel mochte es sehr, wenn ich locker die Hand auf seinen Körper legte, als wäre es ein reinigendes Ritual, das seine Welt wieder ganz machte. Mit jeder Berührung verschwand seine Müdigkeit ein bisschen mehr, bis seine Haut nicht mehr fahl und teigig wirkte und seine gute Ausstrahlung zurückkam. Mir kam es jedes Mal so vor, als umgäbe ein Kranz aus Licht sein lächelndes Gesicht.

Meine Kunden waren oft Akademiker mit zerrütteten Ehen, die sich die mit einer Scheidung verbundenen Streitereien ersparen wollten. Sie hatten sich an ein liebloses Familienleben gewöhnt, suchten ihre Befriedigung größtenteils in Arbeit und Erfolg und sexuelle Entspannung und Vergnügen bei anonymen Frauen wie mir. Bei anderen Kunden war die Ehe schlicht gescheitert – das waren Männer mit gebrochenem Herzen und ansehnlichem Bankkonto, die es nicht so schnell wieder riskieren wollten, durch eine erneute Heirat womöglich noch mehr von ihrem Besitz zu verlieren. Es war billiger und leichter, eine Prostituierte zu bezahlen, die nie alt werden und nie an ihnen herumnörgeln würde – ein großer Vorteil!

Manche meiner Kunden waren einfach sexsüchtig. Sie hatten oft eine Ehefrau oder Freundin, aber sie bekamen nie genug. Einer von ihnen war Luke. Als Katholik hatte er furchtbare Schuldgefühle, weil er sich verbotenen Sex gönnte, aber seine Gedanken drehten sich um nichts anderes. Ich habe noch nie einen schwerer gestörten Mann erlebt.

Luke sagte, dass er seine junge Frau liebte und es schrecklich fand, sie zu betrügen, aber Sex mit ihr sei reine Routine ohne jede Leidenschaft. Er liebte sie, also konnte er sie nicht vögeln. Für ihn hätte hemmungsloser Sex mit seiner schönen Frau die Entweihung von etwas Kostbarem bedeutet; schon die Vorstellung stieß ihn ab, es war unmöglich. Luke hatte ganz und gar verinnerlicht, dass Sex – der katholischen Lehre zufolge – etwas Schlechtes war, und das änderte sich nicht einmal durch die Heirat. Er dachte immer noch an seine Mutter und die Jungfrau Maria, wenn er sich seiner unschuldigen Frau zuwandte. Also brauchte er eine Hure zum Vögeln, damit der Druck in seinem wirren Hirn nachließ.

Je mehr Vorwürfe er sich machte, desto schlimmer wurde es. Luke vertraute sich einem Priester an, was ihm gut tat, wie er meinte, bis der Priester schließlich gestand, dass er selbst mit einer verheirateten Frau Unzucht trieb.

Luke kam so oft zu mir, wie es nur ging – mehrmals in der Woche –, deshalb war er meistens knapp bei Kasse. Er tat mir Leid und ich berechnete ihm einen niedrigen Spezialtarif. Seine kurzen Zwischenspiele bei mir hatten etwas Manisches an sich. Das Einzige, was ihm zumindest kurzfristig eine Art inneren Frieden zu verschaffen schien, war eine weitere Kopulationsrunde in den Armen einer Frau, die er als das Gegenteil seiner tugendhaften Gattin betrachtete. Seine Kopulierwut war wie ein inbrünstiges Gebet um Befreiung von jenem Dämon, der ihn in den Krallen hatte. Ich glaube, er war froh, dass ich eine Hure war, die ihn nicht mit Verachtung strafte.

Ich versuchte einen Handel mit ihm zu machen. »Ich massiere dich schön durch, das wird dir gut tun, und anschließend mache ich eine Handentspannung. Dann bekommst du etwas für dein Geld, ersparst dir aber die Schuldgefühle.« Erst willigte er ein, dann wollte er doch unbedingt Sex haben; einmal vergewaltigte er mich fast. Mir war klar, dass er Hilfe brauchte, ich wusste aber nicht, was ich ihm raten sollte, bis ich von einem Therapeuten hörte, der ausschließlich mit Männern arbeitete. Ich gab die Information an Luke weiter und hoffte, dass er sich mit ihm in Verbindung setzen würde, aber bei unserem letzten Treffen berichtete er, dass er sich von einer katholischen Beratungsstelle in Adelaide telefonisch Hilfestellung geben ließ. Der Teufel gibt nicht so schnell auf, würde ich sagen.

Als Matthew – ein erfolgreicher nassforscher Anwalt, ziemlich redselig – das erste Mal bei mir war, fiel mir nichts Besonderes an ihm auf, außer dass er sich ständig über seine Frau und seine Familie beklagte – mit *ihnen* stimmte offenbar vieles nicht! Doch seine Krankheit, was immer es war – Muskeldystrophie vielleicht, in Verbindung mit Alzheimer – schritt rasch fort. Als ich ihm das letzte Mal seine Windel wieder anlegte, hatte er kaum genug Geld in der Tasche, um das Taxi für die Heimfahrt zu bezahlen. »Ich weiß nicht, wo das ganze Geld hinkommt«, jammerte er mit einem einfältigen Lächeln auf den immer schmaler werdenden Lippen. Ich konnte es mir schon denken, denn ich wusste, dass er auch zu »normalen« Prostituierten ging. Matthew war zweimal verheiratet gewesen, beide Male wider besseres Wissen, wie er sagte. An einem sehr heißen Tag nahm er mich einmal mit zu sich nach Hause, wo ich in seinem Pool schwamm und er mir von der schattigen Pergola aus zusah. Er nannte mich »Meerjungfrau«, aber wenn er mich an sich zog, musste ich fest auf beiden Beinen stehen. Matthew brauchte vor allem Streicheleinheiten.

Zu den Freunden unter meinen Kunden zählte auch ein Trio von Männern, die an Schizophrenie litten. Sie wohnten in einem anderen Vorort, ein ganzes Stück entfernt, und kamen immer gemeinsam mit dem Auto, um Benzin zu sparen. Mullet, der dickste und wahrscheinlich auch der älteste von ihnen, übernahm die Terminvereinbarung und das Reden. Einer nach dem anderen kam für eine halbe Stunde herein, zahlte hinterher seinen Rentnertarif, und wartete dann, bis sie gemeinsam wieder heimfahren konnten. Ich mochte diese drei Männer sehr. Sie waren lieb, schlicht und anspruchslos, einfach nur dankbar für alles, was sie bekamen. Ihr Körper war nicht so muskulös wie bei anderen Männern und auch nicht so verspannt, eher wie von großen Babys.

Normalerweise kamen sie einmal alle zwei Wochen, doch plötzlich fiel mir auf, dass ich sie schon eine ganze Weile nicht mehr gesehen hatte. Ich rief Mullet an (er hatte mir »für alle Fälle« die Telefonnummer seiner Mutter gegeben). Als er ans Telefon kam, begann er mich gleich mit hoher Stimme abzukanzeln: »Wie konnten Sie mit Kerlen wie uns solche schlimmen Dinge tun?« Mullet gehörte inzwischen zu Jesus, wie er mir erklärte, und ich sei einer der schlechtesten Menschen auf der Welt, verderbe die Männer und verrichte des Teufels Arbeit. Ich fühlte mich verletzt, konnte ihn aber verstehen.

Ein paar Monate später rief Mullet an, um einen Termin zu vereinbaren, dieses Mal für ihn allein. Er tat so, als wäre alles wie früher, als er noch kein von der Religion suggeriertes Gewissen gehabt hatte. »Was ist geschehen, Mullet?«, fragte ich. »Ich bin ein schlechter Mensch, hast du gesagt, weißt du noch? Wozu willst du dann kommen?« – »Ich habe es mir anders überlegt«, sagte er verlegen und hörte sich sehr erleichtert an, als ich sagte: »Gut, dann bis morgen.«

Von da an kam er wieder regelmäßig, um es sich mit mir gut gehen zu lassen, aber seine beiden Freunde sah ich nie wieder. Ich bewunderte Mullet dafür, dass er zu seinen Wünschen stand, wo seine beiden Kumpel noch ganz in ihren Schuldgefühlen steckten.

Einen leidenschaftlichen Liebhaber hat wahrscheinlich jede Hure. Meiner war ein äußerst fitter junger Zahnarzt mit einem enormen Sexualtrieb, dem er jedoch ohne alle Skrupel nachgab. Kaum öffnete ich diesem stürmischen Kerl die Tür, riss er sich schon die Kleidung vom Leib. Man kennt diese klischeehafte Szene aus Filmen, aber Neville schauspielerte nicht. Er war, auf seine Weise, regelrecht sexbesessen – im Unterschied zu Luke quälten ihn jedoch keine religiös begründeten Gewissensbisse. Neville, die personifizierte Leidenschaft, küsste mich ununterbrochen, während er sich mit mir in Richtung Schlafzimmer bewegte und dabei eine Fährte von Kleidungsstücken hinterließ. In einer Stunde sechsmal zu kommen war keine große Sache für ihn. Einmal musste ich wirklich energisch werden, weil meine Scheide vor Erschöpfung schon ganz trocken war, und ihn ins Bad schieben. Trotzdem lechzte er nach mehr, als er ging – das Hemd offen, die Krawatte noch in der Hand.

Neville gehörte zu den wenigen Kunden, die ich küsste. Ich war in dieser Beziehung sehr heikel. Viele reagierten enttäuscht, wenn ich mich nicht küssen ließ, aber das ist etwas, was ich nicht erklären konnte. Beim Küssen ist der Mund beteiligt, der Teil von mir, dem Gewalt angetan wurde, indem etwas gegen meinen Willen hineingezwängt wurde – vielleicht lag es daran. Für mich musste Küssen einfach ein echter Ausdruck *meiner* Leidenschaft sein; freundschaftliche Zuneigung reichte nicht. Jemandem meine Lippen zu öffnen bedeutete mehr als einen Austausch von Geld gegen Sex – es musste eine Sache zwischen zwei ebenbürtigen Menschen sein, die die gleiche Lust, wenn nicht Liebe empfanden. Wenn meine Lippen nicht hätten ehrlich sein dürfen, hätte ich jede Integrität aufgeben müssen.

Meine Kunden mussten es einfach akzeptieren, wenn es dieses kleine Extra nicht gab. Sie bekamen nicht mehr als ein freundschaftliches Küsschen, und wenn sie sich noch so liebenswürdig zeigten.

Ich betrieb einen ziemlichen Aufwand, damit mein Zimmer stets angenehm, warm und sauber wirkte, und mein Massagetisch war super bequem. Ich benutzte erstklassige Öle und pinkfarbene Handtücher und ließ im Hintergrund klassische Musik laufen. Weiches rosa Licht aus einer kleinen Lampe vermittelte Intimität und ein Gefühl von Entrücktheit. Es wirkte auch Wunder bei meiner Haut, der rosa Farbtöne besonders schmeicheln. Oft zündete ich auch eine Kerze an und arrangierte ein paar Blumen in einer kleinen Vase. Einmal malte ich das Zimmer in hellem Pink aus und kaufte passende Vorhänge dazu. Und als ich den synthetischen Teppichboden unter meinen nackten Füßen als unangenehm empfand, ließ ich das Zimmer mit einem Belag aus Neuseelandwolle auslegen. Der Hausbesitzer war entsetzt. Zum Glück hatte ich den grässlichen grauen Nylon-Teppichboden nur im Schuppen verstaut, so dass ich ihn beim Auszug wieder auflegen konnte.

Ich hatte meine Stammkunden, mit denen ich mich absolut wohl fühlte – wie Daniel, den ich insgeheim Daniel den Großen nannte, weil er wirklich so etwas wie ein Riese war.

Dan lag auf meinem Massagetisch wie ein zu groß geratener Cherub und seine gewaltigen Fettwülste bedeckten die gesamte Fläche bis zur Kante. Er gab mir mit sanfter Stimme Anweisungen, wie ich ihn am besten massieren sollte. Vermutlich wurde er wegen seiner Fettleibigkeit und seiner auffällig leisen Stimme häufig mit herablassendem Mitleid behandelt – was Dan weder nötig hatte noch wollte, denn er war ein besonnener, erfinderischer Mensch, der mit seiner Leibesfülle gut umgehen konnte, zumindest damals in jungen Jahren.

Er war völlig anders als meine sonstigen Kunden, unvergleichlich in seiner Sinnlichkeit. Wahrscheinlich hat sich Dan deshalb so viel Haut zugelegt, dachte ich, weil er sich dadurch noch mehr Genuss verschaffte. Er geriet in Ekstase, wenn ich sanft über seinen Hals, seine Ohren, seinen Kopf strich – ich könnte genauso gut jeden anderen Körperteil nennen. Seine unglaubliche Sinnenfreude hatte eine geradezu magnetische Wirkung: Sie verzauberte mich, entführte mich in eine andere Dimension, wo Festes sich verflüssigt. Auch ich wurde wesentlich sensibler, seit ich die Welt von Dan dem Großen kennen gelernt hatte.

Es war immer eine sehr intensive Stunde, die mir viel Energie gab. Ich spürte, wie es ihn erregte, wenn ich ihn berührte – an den Fettwülsten, die von seinen Armen hingen, an den dicken, aber sehr empfindsamen Fingern, an den runden Waden und Schenkeln, den hügeligen Fettpolstern auf dem Rücken, am Bauch, am Brustkorb und natürlich an seinem Penis. Verglichen mit dem restlichen Körper hatte sein Penis nicht sehr an Umfang zugenommen, sondern hielt würdevoll Distanz zu Dans Fettbergen. Ich weiß nicht, was Dan dazu meinte; er konnte seinen Penis nur im Spiegel sehen. Jedenfalls war ein Geschlechtsverkehr aufgrund seiner Fettleibigkeit unmöglich. Aber natürlich konnte er jederzeit einen Orgasmus haben, vor allem mit Hilfe einer Freundin wie mir. Und seine Orgasmen waren unbeschreiblich. Ich spürte es in meinen Fingerspitzen, durch die kleinen Wellen ekstatischer Erregung, die durch seinen Körper gingen, wenn er kam.

Bei Männern wie Dan, die sich mit Haut und Haar ihren Empfindungen hingeben konnten, musste ich seltsamerweise manchmal weinen. Mit solchen Männern war es, als würde ich in einem Meer der Sinnlichkeit treiben, mein ganzer Körper in einem überwältigenden Zusammenklang vibrieren, von einem Orgasmus in den anderen fallen – obwohl ich vielleicht nichts anderes tat, als über ein Bein zu streichen.

Jede Hure braucht einen guten Umzugsspediteur als Kunden. Ich hatte einen ausgesprochen kräftigen und großzügigen namens Brett, der mich mit seinen Geschichten über sein glückliches Familienleben, seine nette Frau und seine kleine Tochter verblüffte. Ich fragte ihn nie, wozu er dann eigentlich mich brauchte. Ich glaube, er kam zu mir, um Abwechslung in sein Leben zu bringen, so wie andere Leute zwischendurch einmal essen gehen. Brett war intelligent, aber unkompliziert und praktisch denkend. Das ständige Schleppen schwerer Möbel strapazierte ihn körperlich sehr und die medizinische Massage, die er von mir haben wollte, half ihm, fit zu bleiben. Doch er dachte nicht im Traum daran, sich damit zufrieden zu geben. Nie. Die anschließende Handentspannung war gewissermaßen das Sahnehäubchen. Wäre er auch zu mir gekommen, wenn ich diese sexuelle Dienstleistung nicht angeboten hätte? Ich weiß es nicht.

Als Albert auf der Bildfläche erschien, ein Lastwagenfahrer mit dem Gesicht eines Kindes, wusste ich zuerst nicht, wie ich mit ihm umgehen sollte. Er meldete sich auf meine Anzeige *Geschickt und einfühlsam* und sagte, er brauchte einen einfühlsamen Menschen, aber ob ich ihm bitte den Hintern versohlen könnte? Ich hatte noch nie von dieser Form der sexuellen Erregung gehört und deshalb war ich zuerst entsetzt, doch dann erinnerte ich mich daran, dass es mir früher in gewisser Weise auch gut getan hatte, mich zu züchtigen. Genau das wollte Albert: feste Schläge auf den Hintern mit seinem Ledergürtel. Er sagte, es wäre gut für seinen Kreislauf, und sah mich so hoffnungsvoll an, dass ich widerstrebend einwilligte.

Er legte sich mit dem Gesicht nach unten auf meinen Massagetisch und ich ließ den Ledergürtel auf seinen ziemlich großen Hintern klatschen, dessen Haut auffallend rau und pickelig war. Sein Körper zitterte und zuckte vor Schmerz und Befriedigung. Er dankte mir und bat um mehr, und bitte fester.

Ich hatte kräftige Arme und bald erschienen rote Striemen auf seinem zitternden Fleisch. »Fester!«, verlangte er erneut. Es verschaffte ihm zweifellos eine gewisse Befriedigung. Dann bat er mich, ich sollte ihn gleichzeitig ausschimpfen, wenn ich ihn schlug. »Du böser Junge! Du bist sehr ungezogen gewesen, deshalb muss ich dich bestrafen!«, wiederholte ich, während ich mit dem Gürtel auf seinen Hintern eindrosch. Bis er schließlich zu wimmern begann und ich aufhörte. Ich hatte gar nichts davon, außer dass meine Neugier befriedigt wurde. Aber wozu das alles? Und wo sollte es hinführen?

Albert benahm sich wie ein kleines Kind, das Schläge bekommen hatte, weil es ungezogen gewesen war, als er vom Massagetisch herunterstieg. Jetzt sollte Mami ihm verzeihen, ihn auf ihrem Schoß sitzen lassen und trösten. »So ist's brav«, sagte ich, als er sein großes Hinterteil zaghaft auf meinen Knien platzierte. »Jetzt bist du ein braver Junge und Mami hat dich lieb.« Erst danach konnte er sich von mir massieren lassen, seinen schmerzenden Hintern mit Cremes und sanften Streichbewegungen behandeln lassen.

Albert kam mehrmals zu mir und jedes Mal wollte er strenger bestraft, noch heftiger geschlagen werden – bis ich es nicht mehr tun konnte. Ich hasste es, ein ewig gleiches Spiel zu spielen, das nirgendwo hinführte. Albert war niedergeschmettert. Ich hatte Mitleid mit dem Kind in ihm, das sich so sehr an derlei Behandlung gewöhnt hatte, dass er sich als Erwachsener nichts Schöneres vorstellen konnte, aber mir ging es sehr gegen den Strich.

In dieser überaus befriedigenden Anfangsphase meiner Karriere lernte ich endlich auch zu masturbieren. Und es fiel mir erstaunlich leicht angesichts der massiven inneren Widerstände, die ich so lange mit mir herumgetragen hatte. »Wie kommt's, dass eine sexuell so freie Frau nicht masturbieren kann?«, fragte mich Hal immer wieder, halb tadelnd, halb herausfordernd. Für mich war Masturbieren immer etwas gewesen, das man nur tat, wenn man einsam und verzweifelt war. Ich fand es unnatürlich und machte mich damit abhängig von einem Liebhaber, wenn ich einen Orgasmus haben wollte.

Eines Samstagabends, als ich allein zu Hause war, aber die Erregung all der Menschen draußen in der Stadt in mir spürte, hatte ich nicht wie sonst den Drang, loszugehen und mich unter sie zu mischen, sondern zog ein Spitzenhöschen an, einen knappen BH und einen seidenen Morgenmantel, zündete ein paar Kerzen an und stellte einen hohen Spiegel auf den Boden. Mein ganz besonderes, nach Rosen duftendes Massageöl griffbereit, kniete ich mich vor den Spiegel, die Knie auseinander, der Morgenmantel geöffnet. Genau wie sonst, wenn ich meine Männer in Stimmung versetzte, entblößte ich langsam meine Brüste und meine intimen Stellen, meine Brustwarzen und die weichen Schamlippen, um mich ganz allmählich in Erregung zu bringen. Meine Hand schob den Morgenmantel und den BH nur immer ein Stückchen beiseite, als würde mich ein unsichtbarer Liebhaber langsam entkleiden. Ich übernahm den Part eines Mannes, der die Frau in mir erregte. Die Schönheit und Sinnlichkeit meines Körpers machte mich unglaublich heiß.

Ich erfand eine Figur, die ich Father Kennedy nannte, und malte mir aus, dass er eine Dunkelkammer besaß, in der er Schwester Mary Carla vögelte, am liebsten auf dem Tisch.

Ich hatte einen langen, köstlichen, beglückenden Orgasmus.

Das Gefühl tiefer Befriedigung begleitete mich auch in meinen Träumen in jener Nacht. Im Traum war ich wieder eine Novizin, die mit ihren Mitschwestern jede Woche in den Wald ging, um sich dort mit jungen Männern, angehenden Priestern aus dem Priesterseminar gleich nebenan, zu treffen. Die geballte sexuelle Energie aller Beteiligten gipfelte in einem gewaltigen Orgasmus.

Ich erwachte aus diesem orgastischen Traum mitten in der Nacht mit einem unglaublichen Hochgefühl und musste über die Wahl meiner Symbole für sexuelle Erregung laut lachen. Ich wusste, dass Priester in der Realität normalerweise die fantasielosesten und uninteressantesten Männer sind, die man sich vorstellen kann. Es war, als würde die Sublimierung ihrer Sexualität sie vertrocknen lassen oder in einer Weise heilig machen, die ich einfach widerwärtig fand.

Bei Nonnen war es auch nicht viel besser. Allzu oft vertrocknete ihre gottgegebene Weiblichkeit zu bleichen Falten. Der berühmte Bildhauer Bernini sah es offenbar anders, seiner Statue von der heiligen Therese nach zu schließen, aber wie viele Ordensschwestern sahen in heutiger Zeit so aus? Nonnen wie die heilige Theresa von Avila und Hildegard von Bingen sind seit hunderten von Jahren tot.

Zu meiner großen Überraschung bekam auch mein Anus auf einmal spontane orgastische Kontraktionen. Es geschah, als ich mich ganz normal entleerte. Ich saß auf der Toilette und nahm sehr bewusst wahr, wie sich ein großes Stück Stuhl mühelos auf den Darmausgang zubewegte. Tränen stiegen mir in die Augen und rollten über meine Wangen, als diese gewöhnlichste aller Körperfunktionen sich zu einem Höhepunkt angenehmer Empfindungen wandelte. Ich seufzte vor Wohlbehagen, als das letzte Stück hörbar ins Wasser plumpste. Mein Körper ließ mich wissen, dass mit meinem einst so ausgetrockneten und verstopften Darm alles in Ordnung war.

Da verstand ich, warum es meinen Männern, selbst den allerkonservativsten, so sehr gefiel, wenn ich ihren Analbereich streichelte, manche mochten es auch, wenn ich einen Finger in ihren Anus steckte (Sauberkeit vorausgesetzt), und dass homosexuelle Männer den Analverkehr als absolut befriedigend empfinden. Nicht, dass sich ein Mann jemals analen Freuden mit mir hingegeben hätte. Ein Kerl versuchte es einmal, als ich noch für einen meiner Zuhälter arbeitete, aber es tat so grässlich weh und ich weinte so jämmerlich, dass er glücklicherweise aufgab. Nur einmal, als wir es in der Hundestellung taten, machte einer meiner Kunden Annäherungsversuche bei meinem Anus. Ich musste nichts weiter sagen als »Falsches Loch, mein Lieber«, und er verstand.

Das Callgirl Gottes war glücklich. Ich erlebte mit meinen Kunden, was in einer Ehe wenigen vergönnt ist: dass mein innerstes Wesen Ausdruck fand. Ich war die gebende Göttin, die von ihrem Gott in Gestalt vieler Männer Nektar empfing.

Mit den meisten meiner Kunden erlebte ich sinnliches Vergnügen, mit manchen verband mich eine herzliche Freundschaft. Ich schätzte meine Kunden – zumindest das, was ich in der kurzen Zeit, die wir unter solch ungewöhnlichen Umständen miteinander verbrachten, von ihnen kennen lernte. Und offensichtlich schätzten sie auch *mich*, was noch wichtiger war. Es wurde nicht viel gesprochen, aber es war Respekt da,

Wertschätzung, Freundlichkeit und Humor. »Ich mag deine besondere Art der Berührung, Carla«, »Ich fühle mich wohl bei dir« und »Du massierst ausgezeichnet und sorgst außerdem dafür, dass ich mich wunderbar fühle« – das waren einige der Kommentare auf die Frage, die ich mir ständig stellte: *Bin ich auf dem richtigen Weg?*

Diese Männer gaben mir ihr Geld, aber keiner von ihnen führte mich jemals zum Abendessen aus oder wollte sich mit mir in der Öffentlichkeit sehen lassen, und so ging ich seit der Trennung von Hal jede Nacht allein zu Bett. Es reichte mir, von mehreren Männern heimlich geliebt zu werden, jeden Tag einmal – oder zweimal – zu einem beglückenden Orgasmus gebracht zu werden. Manche meiner Männer trauten sich sogar zu sagen, dass eigentlich *sie* Geld bekommen müssten.

Mein unabhängiger Charakter lernte es zu schätzen, dass ich das Haus nachts für mich hatte. Victoria blieb oft bei ihrem Vater, das machte es für uns beide einfacher. Ich war vierundvierzig, sah aber mindestens zehn Jahre jünger aus. Ich hatte nie das Bedürfnis, mir durch Drogen, Rauchen oder Trinken Abstand zu meiner Arbeit zu verschaffen. Ich erfreute mich bester Gesundheit und meinte – man möge es mir verzeihen – ich hätte das große Los gezogen.

Die Vase bekommt Risse

Auf meinem Massagetisch lag Phil, ein untersetzter, stämmiger Mann, ungefähr fünfundfünfzig. Er hatte die Augen geschlossen und atmete geräuschvoll. Phil war einer meiner Stammkunden, und ich hatte meine ganze Sorgfalt auf seinen Rücken seinen Nacken und seine Beine verwendet. Jetzt drehte er sich um und ich machte mich an die Vorderseite seiner Beine, seine Brust und den wichtigsten Teil seiner Anatomie – seinen Penis.

Ich kannte mich aus mit Körpern. Phil hatte die letzte halbe Stunde heftiges Verlangen gequält. Das verriet mir das unwillkürliche leichte Hochstoßen seines Beckens, hervorgerufen nicht nur durch meine Berührung, sondern auch von den Myriaden ungenutzter Spermien – von den durch ständiges Aufschieben des Liebesakts unbefriedigten Hormonen. Phil war zu mir gekommen, weil ich ihm den Druck nehmen und zugleich das intensivste Vergnügen verschaffen konnte, das er je erlebt hatte – einen gesteigerten Orgasmus. Jahrelange Erfahrung hatte mich gelehrt, wo die sensiblen Stellen waren, wo ich fester anpacken, wann ich langsam, wann schnell arbeiten musste. Ich wusste, wie man Schritt für Schritt eine Energiewelle aufbaut und wieder abflauen lässt, immer wieder von Neuem.

Phil näherte sich dem Höhepunkt und ich erwartete, dass ihn jeden Moment ein Gefühl äußersten Wohlbehagens überfluten würde. Phils Verlangen – und meine Hände – ließen ihn kommen. Es war ein wunderbarer Orgasmus – bestimmt besser als beim letzten Geschlechtsakt mit seiner Frau, der, wie Phil mir anvertraut hatte, mehrere Monate zurücklag. Er hätte glücklich sein sollen, aber ich hörte einen Laut, den ich nicht erwartet hatte: mit einer Hand die Augen bedeckend unterdrückte Phil ein herzzerreißendes Schluchzen. Sein nackter verletzlicher Körper zitterte, als ich verwundert auf ihn hinabsah, sein Penis war inzwischen schlaff und jedes Gramm überschüssiges Fett an seinem Körper bebte.

Da ich nicht wusste, was ich machen sollte, nahm ich ein Handtuch und bedeckte ihn notdürftig. Ich legte ihm sanft eine Hand auf die Stirn und als er die Augen öffnete, sah ich darin eine unbeschreibliche Trauer. Mit einem Blick erkannte ich, dass er jetzt, nachdem er sich hatte gehen lassen, noch unendlich viel trauriger war als zuvor – darüber, dass das Verströmen sexueller Energie ihm gezeigt hatte, wie leer sein Leben ohne Liebe, ohne echte Intimität war.

Ich half Phil, sich aufzurichten. Schweigend wickelte er sich das Handtuch um die Hüfte und machte sich auf den Weg zur Dusche.

Phils Gefühle fanden einen gewissen Widerhall in mir und ich tat nichts dagegen. Was immer sich Phil erhofft und bekommen hatte, es war nicht das Richtige gewesen. Der höchste Genuss schien die größte Leere hinterlassen zu haben. Ich war verwirrt. Die kostbare chinesische Vase, die mein Symbol war, hatte einen kleinen Riss bekommen.

Aber, so sagte ich mir, nicht alle meine Kunden kommen wie Phil mit unrealistischen Erwartungen zu mir. Und doch, sagte eine andere Stimme, ist für viele Kunden die erotische Massage sicher ein Ersatz für eine echte Beziehung. Dann aber war das, was sie bei mir erlebten, eine falsche Beziehung.

Eine *falsche* Beziehung! Stimmte es, dass die Männer, die zu mir kamen, Sex mit Liebe gleichsetzten, ja mit Fürsorge und Zuneigung? Wenn dem so war, verstärkte ich ihre Illusionen umso mehr, je geschickter ich bei meinem sexuellen Service wurde. Ich wollte eine echte Person in einer echten Beziehung sein, wenn ich arbeitete. In meinen klaren Momenten wusste ich, dass die chinesische Nonne nur eine Fantasie und nicht real war. Ach, es war alles so verwirrend!

Ein schrecklicher Gedanke – zu schrecklich, um mich länger damit zu befassen – schlich sich in mein widerstrebendes Gehirn: Vielleicht machst du die Entfremdung deiner Kunden nur noch schlimmer. Vielleicht verstärkst du nur ihre Unfähigkeit, echte Intimität zu erfahren, verstärkst ihren Mangel an Selbstvertrauen … Wie Eva im Paradies hörte ich die Schlange, aber im Gegensatz zu Eva konnte ich nicht feststellen, woher die Stimme kam. Ich wusste nur, dass ich mich zwischen Gut und Böse entscheiden musste. Wenn ich beides nur hätte auseinander halten können!

Als Phil an jenem Nachmittag ging, hatte sich mein Leben verändert. Mehr als alles andere wünschte ich mir jetzt, authentisch zu sein. Um das zu lernen, überlegte ich, musste ich genauer definieren, was gut und was schlecht war. Als ich den christlichen Gott Ende 1969 verbannte, hatte ich versäumt, ihn durch einen anderen Gott zu ersetzen. Jetzt vermisste ich tief in mir etwas und spürte ein Verlangen, das durch meine Arbeit nicht gestillt wurde. Es musste eine Weisheit geben, die über das hinausging, was die katholische Kirche anzubieten hatte. Ich hatte sie nur noch nicht entdeckt. Ich wollte eine letzte Wahrheit, etwas, das meine ganze Hingabe verlangte.

Nicht dass ich die Suche völlig aufgegeben hätte. Hal hatte mein Interesse an Philosophie geweckt und ich hatte begonnen, Madame Blavatskys Wälzer über das esoterische Wissen der Theosophischen Gesellschaft zu studieren. Jetzt nahm ich die Einladung von June an – einer Frau, die ich in einer Buchhandlung kennen gelernt hatte –, eine Weile bei ihr auf dem Land zu verbringen. Ich war zutiefst dankbar für diese Unterbrechung meines Lebens auf der emotionalen Überholspur. Die Miete für das behelfsmäßige Häuschen ein wenig abseits des Haupthauses (in dem sie wohnte) war gering. Es diente als Postamt, Sandwichladen und Tankstelle. Ich wollte etwa ein halbes Jahr dort bleiben und hatte meine Möbel in einem Lager untergestellt.

Außerdem nutzte ich die Zeit dort, um mich von einer Venenoperation zu erholen. Ich hatte die Schmerzen in meinen Beinen und die hässlichen Krampfadern lange genug ertragen und einen Spezialisten aufgesucht, der einen guten Ruf hatte. Bei ihm musste ich mich auf einen Stuhl stellen, mein Kleid hochziehen und mich langsam drehen, während er meine Beine genau begutachtete. »Hmm, würde sich lohnen«, meinte er schließlich, warnte mich jedoch auch, dass es keine Kleinigkeit sein würde. »Sie werden mindestens zwei Monate lang starke Schmerzen haben, während sich die Blutgefäße an die neuen Bahnen anpassen.«

»Ich würde dir gern die Schmerzen wegmassieren«, sagte June mit ihrer sanften hellen Stimme. Sie war Heilerin und ein großzügiger Mensch.

Victoria und ich genossen unsere neue Umgebung. Victoria freundete sich mit Junes Tochter an und lernte mit viel Vergnügen auf den Pferden des Nachbarn reiten. Es gefiel uns beiden, mit dem Lärm der Hühner, Truthähne, Gänse und des anderen Federviehs zu leben. Sobald es meine Beine erlaubten, fuhr ich mit dem Fahrrad durch die herrliche sommertrockene Landschaft und atmete den Duft des Heus und der Eukalyptusbäume ein, die in der Hitze ihr Aroma verströmten.

Sobald ich fit genug war, half ich June im Sandwichladen und auf dem Hof. Ich genoss es, in ihr eine Freundin zu haben, und June genoss meine Gesellschaft, besonders da sie sich ihrem Mann Sam entfremdet hatte. Sam war ein ruhiger, praktisch veranlagter und ziemlich gut aussehender Typ, der es satt hatte, dass seine Frau ständig von ihm verlangte, ein »New-Age«-

Ehemann zu werden. Deshalb war er in einen anderen Teil des Anwesens gezogen und hatte begonnen, ein neues Haus zu bauen. Wenn er herüberkam – was wegen ihrer gemeinsamen Arbeit unvermeidlich war – und sich zu einer Tasse Kaffee niederließ, überfiel sie ihn mit »Wahrheiten«, die ihm im Leben wichtig sein sollten, mit ihren Überzeugungen und ihrer neuen Religion. Sie begann stets freundlich, wurde dann aber immer bestimmter und schrie ihm am Ende, wenn er ging, noch etwas hinterher.

June vertraute mir an, dass Sam impotent sei. Die wenigen Male, die sie in den letzten Monaten miteinander geschlafen hätten, hätte er ihn nicht hochbekommen, was immer sie auch unternommen hätten. »Du kannst ihn gern haben, Carla!«, bemerkte sie süffisant, wenn sie ihre Tiraden über ihn losgelassen hatte.

Vier Monate nach meiner Ankunft folgte ich schließlich ihrer Aufforderung und konnte meiner Freundin beweisen, dass ihr Mann keineswegs impotent war. Ich fand ihn süß und würzig wie Glühwein.

Da der Mensch ist, wie er ist, verwandelte sich Junes Freundlichkeit in Wut. Sie brüllte mich an wie eine böse Fee, ich hätte eine Woche Zeit, mein kleines Häuschen am Fluss zu verlassen. Dennoch werde ich ihr nie vergessen, wie freundlich sie zu mir war, als meine Beine so wehtaten. Mir wäre im Traum nicht eingefallen, Sam zu verführen – und ihm nicht, verführt zu werden –, wenn sie uns nicht dazu herausgefordert hätte.

Ich mietete jedoch ein anderes Haus, diesmal in South Fremantle, direkt am Strand. Es war ärgerlich, dass ich kein eigenes besaß. In den letzten Jahren hatte ich bestimmt schon ein Dutzend verschiedenster Behausungen bewohnt, manche hatte ich wegen allzu neugieriger oder intoleranter Nachbarn nach ein paar Wochen, ja sogar Tagen wieder verlassen müssen. Es störte mich einfach, wenn ständig eine alte Dame hinter ihren Vorhängen hervorlugte, sobald jemand zu mir kam oder ging. So musste ich auf unangenehme Weise lernen, dass Mietwohnungen für mich nicht geeignet waren, selbst ein kleines Haus auf demselben Grundstück störte mich.

Außerdem schottete ich mich einfach nicht genug ab. Als ich mit Doreen, einer befreundeten Künstlerin, und ihrer Tochter Lara, einer Schauspielerin, in mein dreistöckiges vornehmes Ferienhaus am Meer zog, ließ ich mir von meinem Nachbarn beim Transport meines Massagetischs in den Kellerraum helfen. Ich wusste damals noch nicht, dass er genau auf der anderen Seite der Wand schlief und nicht im oberen Stockwerk wie seine Frau. Zu dieser Zeit gab ich nur selten Massagen, da ich mich an der Murdoch University in Psychologie eingeschrieben hatte. Ich wollte nur so viel arbeiten, dass wir finanziell über die Runden kamen.

Es dauerte nur ein paar Tage, bis der frustrierte alte Mann seinen Kreuzzug begann, um mich mit Hilfe der örtlichen Behörde aus meinem Haus zu vertreiben, nachdem seine entsprechenden Versuche beim Besitzer – der auf meiner Seite stand – nichts gefruchtet hatten. Er rief alle Nachbarn zusammen, um mit ihnen über »die Aktivitäten in Nummer 4« zu diskutieren. Mir wurde die Teilnahme verweigert, obwohl ich eine freundliche Mitteilung an alle Mieter in der Häuserzeile schrieb und sie darauf hinwies, dass ich in Bezug auf jene »Aktivitäten« wohl die einzige echte Autorität wäre. Nicht ein Einziger gab sich die Mühe, mir zu antworten. Meine Nachbarn auf der anderen Seite waren junge Leute, die häufig Partys feierten und ebenso oft über das Geländer des vorderen Balkons pinkelten, aber das war für die Mieter kein Problem – im Gegensatz zu den Sünden, die angeblich in meinem Haus begangen wurden.

Die Versammlung endete mit einer formellen Beschwerde bei der Verwaltung von Fremantle, die mich umgehend aufforderte, meine Arbeit auf dem Grundstück einzustellen, ansonsten hätte ich rechtliche Schritte zu erwarten.

Ich musste akzeptieren, dass Moral häufig Vorurteile produziert und niemand moralischer ist als ein frustrierter alter Baptist, der feuchte Träume und Selbstgerechtigkeit einer Handentspannung vorzieht. Wir schrieben allen Nachbarn einen freundlichen Abschiedsbrief und Doreen bedachte die Nachbarschaft mit Puccinis *Väterchen*, *teures*, *höre*, ihrem Lieblingsstück, in voller Lautstärke. »Um ihnen zu zeigen, dass wir gebildete Künstler sind, Herrgott noch mal. Wir sind eine Bereicherung für diese Gemeinde, kein Ärgernis!«

Doreen, ihre Tochter und ich trennten uns und ich zog nach Subiaco. Gleich in der ersten Woche bekam ich Besuch vom Sittendezernat – dank brieflicher Hinweise meiner ehemaligen Nachbarn. Zuerst riefen sie mich an, das heißt, der Chef des Dezernats gab sich als Kunde aus, der sich auf meine Anzeige hin meldete. Es waren anständige Kerle, obwohl mir, als sie in Uniform vor meiner Tür standen, abwechselnd heiß und kalt wurde. Nachdem sie die Köpfe in meinen Massageraum gesteckt hatten, wo mein Zeugnis an der Wand hing, verabschiedeten sie sich lächelnd. Auf dem Weg nach draußen meinte der Chef: »Ach, übrigens, kommen Sie doch bei Gelegenheit einmal vorbei und melden Ihr Gewerbe an, damit wir wissen, wer Sie sind, und Sie nicht mehr belästigen müssen.«

Ich tat wie mir geheißen. In dem schmuddeligen Büro voller gleichgültig blickender Gesetzeshüter wurde ein Foto von mir für die Akten gemacht. »Wenn Sie die Sache aufgeben, lassen Sie es uns wissen, dann werden wir Ihre Daten wieder löschen«, sagte der junge Polizist, als ich ging. Wer's glaubt, wird selig! Da ich nicht gegen das Gesetz verstieße, werde es auch keine

Polizeiakte über mich geben, versicherten sie mir, aber die ganze Sache reduzierte mein Ideal einer chinesischen Nonne auf ein *Laster*, und darüber war ich entsetzt. Ich fühlte mich wie das »notwendige Übel«, von dem die Leute sprachen, wenn sie meine Tätigkeit nicht verdammen wollten, es aber doch taten, indem sie sie so nannten. Das Callgirl Gottes war jemand, den sie nie anerkennen würden – wie auch? Meine stillen Tränen tropften auf einen weiteren Riss meiner schönen Vase …

Als ich wieder zu Hause war und in den Spiegel blickte, stellte ich eine Veränderung fest. Mein Gesicht hatte einen entschlossenen, kalten, ernsten Ausdruck angenommen und besaß nicht mehr das goldene Strahlen, das ich sonst in meinem Spiegelbild zu sehen glaubte. Man sah mir meine fünfundvierzig Jahre an. Ich war entsetzt und bei einem tieferen Blick in mein Inneres entdeckte ich, dass ich in vielerlei Hinsicht verstört war. Ich besaß keinen anderen Beruf, auf den ich hätte zurückgreifen können (außer Unterrichten, was mir nicht lag). Mein Haltbarkeitsdatum näherte sich bedenklich dem Verfallstag – die Sexbranche verlangt gute Ware, sonst ist man weg vom Fenster. Meine Hände waren langsam, aber sicher ruiniert vom vielen Massageöl, auch wenn es Mandelöl war, und die immer stärker hervortretenden Muskeln und Venen erinnerten mich an die kräftigen Hände meines Vaters.

Ich dachte über die Kunden nach, die ich in letzter Zeit gewonnen hatte, zum Beispiel Ben, ein kleiner Mann, der aussah wie ein Gnom. Es war nicht gerade eine einer Göttin würdige Arbeit, seinen widerwilligen Schwanz aufzurichten. Sein runzliger Körper erinnerte mich an einen Wollpullover, der viel zu heiß gewaschen wurde, sein Mund schloss sich nicht ganz über seinen hervorstehenden Zähnen und seine großen spitzen Ohren standen vom Kopf ab. Ben zog von einer Prostituierten zur anderen, war aber nirgendwo lange gern gesehen, und er wusste und akzeptierte es. Er war hartnäckiger als eine Katze und ließ sich nicht lange fern halten, egal wie grob man wurde.

Besonders abstoßend fand ich seine Angewohnheit, meine Brustwarzen zu zwirbeln und sich dabei die Lippen zu lecken, während er mit baumelnden Beinen auf dem Massagetisch saß und ich seinen Penis bearbeitete. Ja, bearbeitete – er tat sich schwer, zu kommen! Aber er wollte keine Massage, keinen Sex mit mir, sondern – abgesehen von seiner sexuellen Befriedigung, die ich anstrengend fand – nur eins: einen kurzen Kuss. Er bot mir seine geschürzten Lippen, schloss die Augen und wartete, bis er Haut spürte, die er küssen konnte. Wie sollte ich das mit dem spirituellen Aspekt meiner Arbeit in Einklang bringen? Wo war der Austausch von Energie? War ich schon so weit, es nur wegen des Geldes zu machen?

Das war an sich schon schlimm genug. »Ich bin in einer Sekunde wieder da«, sagte ein Kunde nach der Massage und erklärte mir, er hätte seinen Geldbeutel im Auto gelassen. Eine Sekunde ist schnell vorbei. Instinktiv ging ich mit zur Tür, obwohl ich nicht gerade für den zufälligen Blick eines Nachbarn oder eines Passanten gekleidet war. Ich sah gerade noch, wie mein Kunde mit seinem Wagen forsch losfuhr und verschwand. Ich litt furchtbar, denn ich hatte nicht nur Geld verloren, sondern auch meine Würde. So etwas war mir noch nie passiert! Diesmal drohte ein dicker Riss meine chinesische Vase zu zerstören.

Gedanken, die ich noch nie gehabt hatte, schlichen sich in mein Gehirn – Gedanken, die eine unerwünschte Wirkung hatten. Ich musste der Tatsache ins Auge sehen, dass ich absolut keine Kontrolle über die Motivation meiner Kunden hatte und viele von ihnen durch den Kontakt mit anderen Masseusen und Prostituierten ziemlich abgebrüht waren. Besonders die schweigsamen, egozentrischen Männer brachten mich zur Verzweiflung, die nicht zwischen einer göttlich inspirierten Liebkosung und einem gleichgültigen Klaps auf den Hintern unterscheiden konnten.

Ich musste mir eingestehen, dass die meisten meiner Kunden dem Bild der Handelsreisenden auf den chinesischen Vasen keineswegs entsprachen. Sie waren schlicht und einfach sie selbst, kamen aus Gründen, die ihnen vielleicht bewusst waren, vielleicht auch nicht, und die sie mir nur selten mitteilten. Das Ideal, das ich mir zurechtgelegt hatte, war einseitig. Ich konnte sie respektieren und ihnen etwas geben, aber nicht damit rechnen, dass jeder Mann, der zu mir kam, auch mir Respekt entgegenbringen würde.

Mit dieser Erkenntnis veränderte sich unwiderruflich etwas in mir. Die reine Freude, die ich früher empfunden hatte, gab es nicht mehr. Und was ich wirklich verabscheute, war, dass man mich befummelte, auch wenn ich es nicht wollte. Und dass dies immer häufiger vorkam, machte mich wütend und entsetzte mich. Der Kerl, der bäuchlings auf meinem Tisch lag, ließ seine Hand wandern. Er konnte mein Gesicht nicht sehen und daher auch nicht abschätzen, ob ich es ernst meinte, wenn ich seine Hand beiseite schob. Er hielt zwar kurz inne, dann aber glitt die Hand erneut an meinem Bein hoch. Er wollte nur eine Scheide befummeln, während er massiert wurde, fragte nicht um Erlaubnis und – schlimmer noch – nahm ein Nein nicht ernst. Immer wieder musste ich mich diesen wandernden Händen entwinden. Bei Kunden, die ich gut kannte, war ich in der Regel unter einem ziemlich kurzen Rock nackt, aber jetzt trug ich längere Röcke und einen Slip, um den zudringlichen Fingern den Zugang zu erschweren. Aber niemals trug ich eine Hose – es sollte doch möglich sein, in meinem eigenen Massageraum weiblich und attraktiv auszusehen und dennoch mit Respekt behandelt zu werden!

Es war ein herber Schlag für mich, als mir bewusst wurde, dass ich meine Kunden nur mochte, wenn ich glaubte, dass sie sich an meine Spielregeln hielten. In Wirklichkeit aber spielte ich das Spiel allein. Wenn ich den Ball nicht annahm, indem ich – ausgesprochen oder unausgesprochen – eine Forderung zurückwies, waren sie gekränkt, missachteten meine Wünsche oder blieben einfach weg. Das Merkwürdigste war, dass sie bis jetzt sehr gut dabei gefahren waren. Diese »Handelsreisenden«, die weibliche Energie brauchten, verließen mich ausgeglichen und in Hochstimmung. Aber sie brauchten dazu keine Nonne! Sie brauchten einfach eine Hure, die nie »Das war's« sagte, bevor ihre Zeit vorbei war, und deren Gefühle nicht ihren Respekt verlangten. Wenn sie Geld annahm, hatte sie ihnen auch zu dienen.

Ich wollte Respekt, aber das war ein utopischer Wunsch: Die meisten Männer sahen in mir eine Annehmlichkeit, für die sie bezahlten. Ich war Teil eines Pakets – wenn ich meinte, ich verkaufte nur Massagen und könnte mich entscheiden, ob ich darüber hinaus etwas gab oder nicht, irrte ich mich. Ein Stück Fleisch – mein Fleisch –, dafür kamen sie, und die Massage war nur ihr dürftiger Vorwand, um es zu bekommen.

Allmählich wurde es kompliziert. Häufig konnte ich mich nicht mehr erinnern, was ich beim letzten Besuch eines Kunden vereinbart hatte. Ich begann eine Kartei anzulegen – mit Angaben darüber, was die Kunden in der Regel erwarteten, was ich zugelassen, was ich verweigert hatte, Dinge, auf die ich Acht geben musste, und so weiter. Aber wenn ich mit einem potenziellen Kunden am Telefon sprach, konnte ich nicht jedes Mal meine Kartei konsultieren, und so machte ich hin und wieder Termine, die ich später bedauerte. Allzu häufig hoffte ich, ein Mann hätte sich wundersamerweise seit seinem letzten Besuch verändert und hegte nicht mehr dieselben Erwartungen wie zuvor. In Wahrheit fiel es mir einfach schwer, Nein zu sagen. Und je mehr ich ihnen entgegenkam und stillschweigend in etwas einwilligte, das ich eigentlich nicht wollte, desto mehr sank mein Selbstvertrauen. In mir wuchs ein großes Unbehagen.

Es lag mir so viel daran, vor mir selbst als anständige Frau dazustehen. Ich schämte mich, wenn ich nicht den Mut aufbrachte, eine Massage abzubrechen, weil ein Kunde mich unbedingt berühren wollte, obwohl ich nicht in Stimmung dazu war. Warum ist es jetzt anders, fragte ich mich. Warum war es letzte Woche in Ordnung, jetzt aber nicht? Ich konnte den Männern nicht die Schuld daran geben, dass sich meine Gefühle geändert hatten. Aber es war wichtig für mich, ein paar Regeln aufzustellen, auch wenn sie für viele meiner Kunden nicht akzeptabel waren.

Ich machte weiter mit meiner Massagearbeit, aber ich wollte dabei nicht mehr unbekleidet sein und es sollte keinen Sex mehr geben, nur Handentspannung. Dann beschloss ich mitten in der Nacht, überhaupt keine Handentspannung mehr zu machen. Allmählich glaubte ich, dass alle Männer, die Sex oder Handentspannung wollten, miserable Beziehungen hatten und ich ihre Situation nur verschlimmerte. Negativer oder einseitiger hätte mein Standpunkt nicht sein können. Doch sobald es hell wurde und ich meinen ersten Termin hatte, waren meine idealistischen Vorsätze dahin. Nicht nur weil es anstrengend ist, eine ganze Stunde lang konventionelle Massage zu verabreichen, für die man auch noch weniger Geld bekommt, sondern auch, weil es äußerst schwierig war, meine Stammkunden von meinen neuen Vorgaben zu überzeugen.

Joe hörte mir aufmerksam zu, als er nackt und verletzlich auf meinem Massagetisch lag und sich auf das kommende Vergnügen freute. Er hatte es wie immer genossen, zuerst mich zu massieren, und jetzt war er an der Reihe. Angesichts seines weichen, erwartungsvollen Blicks fiel es mir schwer, ihm zu erklären, dass Geschlechtsverkehr nicht mehr im Programm war. Joe reagierte verblüfft, offensichtlich verstand er es nicht. Er war ein einfühlsamer Liebhaber und hatte mich vor über einem Jahr verführt. Bei der Liebe war er absolut präsent, eine seltene Eigenschaft. Joe schwieg, als ich stammelnd meine Erklärungen vorbrachte. Als ich sah, wie Traurigkeit sein Gesicht verdüsterte, schwieg ich ebenfalls. Ich war ihm dankbar dafür, dass er trotzdem blieb, so dass ich ihm als Geschenk die beste Massage geben konnte, zu der ich fähig war.

Als er sich umdrehte, hatte er Tränen in den Augen. Ich fing an, seinen Penis zu streicheln, aber er schob meine Hand beiseite. Er wollte nicht, dass ich meine Meinung änderte, konnte aber an diesem Tag einfach nicht auf diese Art zum Höhepunkt kommen. Dann streckte er die Hand aus und liebkoste mein Gesicht. Was immer ich Joe bisher gegeben hatte, er hatte es wirklich geschätzt. Wie konnte ich nur denken, ich würde ihn verletzen? Wie konnte ich mich so irren? Dieser Mann erfüllte alle Anforderungen, die sich eine chinesische Nonne vorstellen konnte, und ich wies ihn zurück! Ich zog mein Oberteil aus und umarmte ihn, und dabei kam er schließlich.

Bernard war ein weiterer Stammkunde, mit dem ich mich innig verbunden fühlte. Er fuhr Taxi und brauchte eine gute Massage, um die langen Stunden hinter dem Steuer zu kompensieren. Normalerweise war ich bei ihm nackt. Als ich ihm eine einfache Massage vorschlug, lehnte Bernard humorvoll ab und zupfte an meiner Kleidung. »Was ist los mit dir?«, fragte er ungläubig. Dabei legte er sich auf den Massagetisch und zog mich spielerisch auf sich. »Wir haben das doch schon einmal gemacht, Carla, und es war ausgesprochen gut.«

Es war hoffnungslos. Ich beschloss, mitzumachen, ließ zu,

dass er mir die Kleider auszog und mich mit seinen Händen erregte. Ich gab ihm seine Massage – meine Hände wanderten automatisch zu den Stellen, die angespannt und verhärtet waren und Behandlung brauchten. Bernard lag reglos da und unterbrach mich nicht. Nur sein Rücken benötigte eine Massage und wenn ich fertig war, drehte er sich immer mit einem breiten Lächeln um, setzte sich auf und zog mich auf seinen erigierten Penis. Ich stützte mich mit den Beinen auf dem Tisch ab, er hob mich immer wieder hoch und unsere Erregung steigerte sich, bis wir schließlich beide kamen.

Es war vorbei. Mit einem Gefühl der Leere zog ich mich wieder an und beeilte mich dann, die Dinge zu tun, die getan werden mussten: ein Glas Wasser für Bernard holen, während er duschte, die Handtücher entfernen, die Kissen wieder zurechtlegen. Ich fragte mich, wie er sich fühlte. Als ich ihm im Flur begegnete, sah er großartig aus mit dem um die Hüfte gewickelten Handtuch und einem schalkhaften Lächeln um die Lippen. Mir blieb nur eine Wahl: Entweder ich weigerte mich, Bernard jemals wiederzusehen, oder ich hatte weiterhin Sex mit ihm. Bernard war nicht nur nett, er bezahlte auch gut, und so schob ich die Entscheidung hinaus.

Wenn ich klar hätte denken können, hätte ich erkannt, dass mehrere meiner Kunden durchaus zu meinem Ideal einer chinesischen Nonne passten. Aber es gab da etwas, das die Bilder auf der chinesischen Vase mir nicht sagten, eine wesentliche und sehr elementare Botschaft, die nicht zu mir durchdrang: *Wenn eine chinesische Nonne sich nicht mehr dazu in der Lage fühlt, aus welchem Grund auch immer, hört sie auf!* Doch wie die Bilder selbst, die für immer auf die Vase gemalt waren, hörte ich nicht auf.

Stattdessen machte ich mir weiter Gedanken. Und je mehr ich nachdachte, überlegte und die Dinge abwog, desto erschöpfter wurde ich.

Malcolm, ein neuer Kunde, brach in Schluchzen aus, als ich ihm erklärte, dass es bei mir keinen Geschlechtsverkehr gäbe. Er entschuldigte sich für seine Tränen, bat mich aber, ihn nur einmal in mir sein zu lassen. »Ich war schon zwei Jahre nicht mehr in einer Frau. Ich möchte wissen, ob ich dazu noch Manns genug bin«, fügte er trübsinnig hinzu.

Letzteres fand ich verständlich, auch wenn das Übrige eine manipulative Taktik war. Malcolm hatte ein Kondom mitgebracht und so bot ich ihm Oralverkehr an, aber nur, wenn er das Kondom überzog. Das bedauerte ich sofort, als ich den antiseptischen Geschmack im Mund hatte, der sich noch Stunden später trotz mehrerer Tassen Tee, Kaffee, Kräutertee und schließlich auch ein paar Gläsern Wein nicht wegspülen ließ.

Also gab ich mich geschlagen und sagte: »Okay, machen wir es so, wie du es möchtest.« (Du hast gewonnen, weil ich es vorher hätte wissen müssen!) Ich bearbeitete seinen schlaffen, enttäuschten Penis mit meinen Händen, bis er wieder munter wurde, und legte mich dann auf Malcolm. Der Arme, er hatte wirklich nicht die von mir gesetzten Grenzen überschreiten wollen. Nach einem Stoß in mir schob er mich sanft beiseite und kam in seinem Kondom. »Mehr brauche ich nicht«, sagte er. »Jetzt fühle ich mich wieder ganz.«

Die meisten meiner Kunden waren anständige, liebenswürdige, großzügige und aufrichtige Menschen. Sie selbst und das, was sie wollten, waren vollkommen in Ordnung. Nicht in Ordnung war nur, dass ich meine eigenen Energien und meine körperlichen Empfindungen nicht respektierte. Und wenn ich mich selbst nicht respektierte, ging es mir schlecht. Was ich tat, machte mich nicht zu einer schlechten Frau, es fühlte sich nur so an.

Immer wieder ließ ich mich vom Genuss der erotischen Erregung durch Sex hinreißen, fühlte mich hinterher aber noch ausgelaugter und war enttäuscht über meinen Mangel an Einsicht und Selbstbeherrschung. In den Augenblicken vor dem Orgasmus, im Fieber lustvoller Leidenschaft, redete ich mir ein, dass es diesmal anders wäre und ich mich danach immer noch gut fühlen würde. Aber das gute Gefühl ließ schnell nach. Ich hörte nicht auf, weil ich süchtig war: süchtig nach Sex, nach der Aufmerksamkeit, die man mir schenkte, und nach dem leicht verdienten Geld. Aber damals fiel es mir schwer, das alles zu erkennen.

Ich hatte ständig Angst, meine Freunde oder Bekannten könnten erfahren, dass ich Handentspannung und noch mehr machte. Folglich konnte ich natürlich auch niemandem mein Herz ausschütten. Eigentlich war mein einziger Vertrauter mein homosexueller Freund Shane – ein reizender, künstlerisch veranlagter, intelligenter, hübscher und toleranter junger Mann, der, was mich betraf, nichts anderes im Sinn hatte, als mir zu helfen. Er besuchte mich, um mich mit seinen kreativen Kochkünsten zu überraschen, und versetzte mich mit seiner melodischen Stimme und seiner freundlichen Gegenwart ständig in gute Laune. Mit Shane konnte ich über fast alles sprechen. Fast alles. Selbst mit ihm redete ich nie über meine große Angst, dass alles auffliegen könnte.

Ich freundete mich auch mit Ruth und Don an, einem Paar, das ein paar Straßen weiter wohnte. Aber auch wir sprachen nie über mein Leben. Ich arbeitete stundenweise als Lehrerin, um den Eindruck zu erwecken, dass dies meine Einkommensquelle wäre. Zwei Jahre lang besuchten wir uns gegenseitig und führten etliche lebhafte und heitere philosophische Gespräche beim Abendessen, das Ruth gekocht hatte. Mein dunkles Geheimnis behielt ich für mich und es schien mit der Zeit immer dunkler zu werden.

Aber es gab noch ein anderes Geheimnis, das ich bald hüten musste, ein Geheimnis zwischen Don und mir. Der Ärger begann, als Don mir sagte, er wollte mit mir schlafen. Als ich ihm in die dunklen tiefgründigen Augen blickte, sah ich, dass unsere harmlosen sexuellen Anspielungen seine Fantasie angeregt hatten. Ich wusste, dass Ruth und Don bei ihrer Heirat unschuldig gewesen waren und beide noch nie einen anderen Sexualpartner gehabt hatten. Sie hatten scherzhaft darüber gesprochen, sich eine Geliebte beziehungsweise einen Geliebten zu nehmen, was mich den Atem anhalten ließ – trotz der Liebe und Zuneigung, die sie anscheinend füreinander empfanden, konnte dieser Rauch schließlich ein Feuer offenbaren. Ruth erzählte freimütig, dass ihr ein Arbeitskollege gefiel. Aber das alles war nur im Spaß gesagt – wir wussten, dass es bei solchen Fantasien bleiben würde.

Ich war völlig entsetzt angesichts Dons Wunsch. Er war ein guter Freund, ja, aber keinesfalls der Typ, mit dem ich einen Flirt anfangen würde, und ich hätte mir niemals träumen lassen, dass er unser Verhältnis anders sah. Stimmte etwas mit meinen erotischen Antennen nicht? Ich kam zu dem Schluss, dass Don sich nicht von mir angezogen fühlte, sondern nur aus purer Neugier mit einer anderen Frau schlafen wollte. Zu meiner Überraschung gab er jedoch auch nicht nach, als ich ihm das sagte.

Schließlich gab *ich* eines Nachmittags nach, weil ich dachte, dass ihn die Erfahrung wieder ins Lot bringen würde: Er würde erkennen, wie langweilig Sex ohne emotionale Beteiligung sein kann. Also willigte ich ein, dass er zu mir kam. Es war die seltsamste Begegnung, die ich je hatte. Don erinnerte mich an einen galanten römischen Krieger, der einen bis zum Letzten verteidigen würde. Seine Frau Ruth war für mich eine Art Königin, die äußerste Loyalität verdiente. Und doch betrogen wir sie, wenn auch nicht in der Absicht, sie zu verletzen.

Sobald wir nackt im Bett lagen, näherte sich Don mir mit der Zielstrebigkeit, die er wahrscheinlich auch bei seiner Frau an den Tag legte. Ich unternahm keine besonderen Anstrengungen, ihn zu erregen. Im Gegenteil, ich wollte ihm zeigen, dass die Qualität der Beziehung dem sexuellen Akt seine Würze verleiht, nicht ein neuer Körper. Ich hoffte, er würde sich genauso langweilen wie ich. Wir machten es in der Missionarsstellung und anschließend lagen wir nebeneinander auf meinem Bett, er auf dem Rücken, und ich betrachtete ihn von der Seite. Er blickte zur Decke, so dass ich sein Gesicht nicht sehen konnte. Er vertraute mir nicht an, was in seinem Kopf vorging, drängte mich jedoch, Ruth nichts zu erzählen. »Es würde sie nur verletzen, sie würde es nicht verstehen.«

Ich versprach feierlich, unser Geheimnis zu wahren, aber jetzt hatte ich außer meiner Angst, entdeckt zu werden, noch eine weitere Last zu tragen. Die Welt da draußen würde mich als Dirne, Nutte, *lasterhaftes* Mädchen bezeichnen, als jemanden, der sich seinen Lebensunterhalt nicht mit etwas *Anständigem* verdienen konnte, ohne den eigenen Körper zu verkaufen. Ich glaubte an die Freiheit, besaß jedoch nicht den Mut, zu meiner Überzeugung zu stehen. Mit anderen Worten, *ich war eine Schwindlerin.*

Das Gefühl, eine Schwindlerin zu sein, jemand, der sein Leben auf Lügen aufbaut, wurde immer quälender und unerträglicher. Und so kam es, dass ich eines Abends zum Vortrag eines prominenten amerikanischen Psychologen ging, der den zahlreichen Zuhörern seine Erkenntnisse über C. G. Jungs Archetypen näher brachte. Er sah aus, als könnte er mir in meiner Not ein Stück weiterhelfen. Ich war fest entschlossen, mit ihm zu sprechen, und wartete geduldig hinter der Bühne, bis alle Leute gegangen waren. Schließlich kamen er und sein Assistent, der ihm von meinem dringenden Anliegen erzählt hatte, und sie setzten sich in der Erwartung, gleich etwas Außergewöhnliches zu hören.

»Also, worum geht es?«, fragte Mr Prominent und beugte sich, die Hand auf das Knie gestützt, zu mir, während sein Assistent locker den Arm auf die Lehne seines Stuhls legte.

»Ich komme mir vor wie eine Schwindlerin …«

Ich hatte mein schreckliches Geständnis kaum ausgesprochen, als beide schon loslachten.

»Ist das alles?«, rief Mr Prominent amüsiert, erhob sich und schickte sich an, zu gehen, während ich mit offenem Mund dasaß. Im nächsten Moment waren beide verschwunden, immer noch lachend und sich über irgendetwas anderes unterhaltend. Ich bemühte mich, aus dieser Antwort schlau zu werden. Was meinte er: Dass man sich keine Gedanken zu machen brauchte, wenn man ein Schwindler war? Dass alle Schwindler waren, das war doch ein alter Hut? Dass sich nichts auf der Welt leichter zurechtbiegen ließ als das? Ich begriff einfach nicht, was es da zu lachen gab. War Mr Prominent selbst ein Schwindler? Das war eine mögliche Erklärung, jedoch eine, die zu akzeptieren ich nicht bereit war.

Ich war genauso verwirrt wie zuvor und wandte mich auf der Suche nach einer Antwort spirituellen Lehren zu. Ich beschäftigte mich mit der Bahai-Religion, transzendentaler Meditation und Raja-Yoga, vertiefte mich in die Religionen Indiens und besuchte buddhistische Klöster. Mit Gurus ließ ich mich nicht ein – Rajneesh, Sai Baba oder Muktananda kamen für mich nicht in Frage. Vielleicht dachte ich, diese heiligen Männer würden mich verurteilen oder mich mit hypnotischen Kräften von meinem ureigenen Weg abbringen. Es war schon unheimlich genug, einem scharfsichtigen Lehrer wie Paul Lowe, einem ehemaligen Anhänger von Rajneesh, gegenüberzusitzen. Ich wollte niemanden vor mir haben, der auf den Grund meiner Seele blickte und mir sagte, dass ich ein schrecklicher Mensch sei. Nein, ich wollte jemanden finden, der mir sagte, dass ich in Ordnung war, so wie ich war! Jemanden, der die arme, von Rissen durchzogene Vase in mir wieder ganz machen, meine Selbstzweifel verscheuchen konnte. Jemanden, der meiner – wie ich es mittlerweile nannte – Selbstsabotage, die mich daran hinderte, reich zu werden, ein Ende machen konnte.

Nichts von alledem war mir damals wirklich klar. Hätte ich klar denken können, dann hätte ich mich selbst sagen hören: *Du bist eine Schlampe, ein liederliches Weib und verdienst nichts Gutes.*

Unter alledem litt mit der Zeit die Qualität meiner Massage. Ich wollte möglichst schnell fertig werden und war außerdem eher erschöpft als zuvor. Wenn ich einen Blick in den Spiegel warf, war ich entsetzt, wie blass und unglücklich ich aussah. Es war sehr wichtig für mich, das Gefühl zu haben, etwas Gutes mit meiner Arbeit zu tun, aber ich fühlte mich immer weniger inspiriert. Als sich der heimtückische Verdacht in mir verstärkte, ich würde mehr Schaden anrichten als Gutes bewirken, bekam der Ausdruck »lasterhaftes Mädchen« eine neue Bedeutung für mich. Liebe verwandelte sich allmählich in Widerwillen.

Die Zweifel, die Tag und Nacht an mir nagten, entwickelten sich zu einem wahren Kampf zwischen Gut und Böse, der mich aus dem Gleichgewicht zu bringen drohte. Ich rief mich zur Vernunft und atmete erleichtert auf, wenn ich mich gut fühlte, aber ich konnte die Überzeugung nicht loswerden, dass ich durch und durch schlecht war. Mit diesen Widersprüchen zu leben wurde zu einem nervenzehrenden Albtraum. Ich hatte niemanden, dem ich mich in meiner Not anvertrauen, der mir eine gesündere Alternative bieten konnte, und so schrieb ich fieberhaft und in ungeordneten Bruchstücken meine verworrenen Gefühle auf. In dem verzweifelten Versuch, etwas Klarheit zu gewinnen, füllte ich mein Tagebuch mit bizarren, verdrehten Gedanken.

Ich verurteilte mich, weil ich das »entfremdete Verhalten der Männer«, wie ich es nannte, förderte. Meine Schuldgefühle waren immens. Ich sah nicht, dass mich die Motive meiner Kunden nichts angingen. Ich sah nicht, dass es überheblich war, zu glauben, ich würde verstehen, was in ihnen vorging. Wie stand es mit meiner anfänglichen Überzeugung, die Männer könnten vom sexuellen Kontakt mit mir auf spiritueller Ebene profitieren? Ließ ich mich durch gesellschaftliche Moralvorstellungen einschüchtern? Das war nur möglich, wenn in mir Schuldgefühle lauerten, die geradezu auf einen Auslöser warteten. Aber die Schuldgefühle waren lange, bevor ich mit meiner Arbeit begann, da gewesen. Ich hatte mir einen Beruf ausgesucht, der mir *bewies*, dass ich schuldig war.

Die Entzündungen an meinen Beinen wurden schlimmer und wollten nicht heilen. Ich versuchte es mit Antibiotika, Mercurochrom, Heilsalben, Ärzten, Naturheilkundlern – aber die Wunden waren hartnäckig, der Eiter und der Schmerz Anzeichen dafür, dass in mir etwas Schmutziges war, das herauskommen wollte. Ich fühlte mich innerlich vollkommen verfault angesichts dieses quälenden Dilemmas, das in meiner Seele gärte. In diesem elenden Zustand rief ich Gaye an, eine Spezialistin für Rebirthing.

Wach auf, tote Prinzessin!

Gaye führte mich still zu meiner dritten Sitzung in ihre Wohnung. Beim Rebirthing versucht man, in Kontakt mit den Energien von Ereignissen zu Beginn des eigenen Lebens zu kommen, indem man auf bestimmte Art einatmet und diese Energien dann durch den Atem wieder abgibt. Was da genau abgegeben wird, war nicht klar – offensichtlich war das auch nicht nötig –, aber nach den Sitzungen fühlte ich mich reiner und leichter. Gaye war eine erfahrene Heilerin und Anhängerin eines verehrten, indischen spirituellen Meisters, von dem sie die Inspiration für ihre Arbeit bekam. Ich vertraute ihr.

Wie bei den vorherigen Sitzungen lag ich auch diesmal auf einer weichen Matratze auf dem Parkettboden. Es war warm im Raum, doch als ich ihren Anweisungen zum Atmen folgte, wurde mein Körper sehr kalt. Gaye deckte mich zu. Rasch brach die Atemarbeit Energiekanäle in meinem Körper auf, die durch alte Ängste blockiert waren. Heftige Energiewellen gingen stoßweiße durch meine Arme und Beine wie ungebremste Elektrizität. Es war zwar unangenehm, gehörte aber dazu, und so ließ ich es geschehen und atmete weiter.

Irgendwann veränderte sich mein Bewusstsein und ich wachte mit dem Gefühl auf, in einem Sarg zu liegen. Mein Kopf ruhte auf einem kleinen festen Kissen und ich trug ein langes schlichtes, fast weißes Kleid, dessen Saum und Ärmel mit kleinen gestickten Blumen besetzt waren. Ich erkannte, dass ich lebendig begraben war, und wollte sofort aus dem Sarg heraus.

»Was ist los?«, fragte Gaye, die spürte, dass ich eine Vision hatte.

»Gefangen in einem Sarg«, sagte ich mit der für den Trancezustand typischen flachen Stimme.

»Drücke gegen den Deckel«, empfahl sie mir.

Ich versuchte es mit beiden Händen und mit ganzer Kraft, aber es war zwecklos. »Der Deckel ist aus Stein und ich kann ihn nicht bewegen«, sagte ich mutlos und ließ die schlaffen Arme fallen. Ich hatte das Gefühl, in einer wichtigen Sache versagt zu haben. Aber jahrelange Erfahrung hatte Gayes Intuition geschärft und sie wartete schweigend.

Verwirrt ließ ich alles geschehen und plötzlich bewegte sich etwas in der Stille. Es war mein eigener Körper, der sich, wie mir vorkam, langsam horizontal aus dem Sarg hob. Er glitt mühelos durch den Steindeckel, und ohne die Augen zu öffnen, die im Tod geschlossen waren, konnte ich die kleine Familienkapelle sehen, wo der Sarg auf Steinblöcken ruhte. In dem kleinen Betraum herrschte Eiseskälte. Die Wände waren nass von der Feuchtigkeit, die jahrelang nicht hatte entweichen können.

Während ich ruhig zum Deckengewölbe aufstieg, sammelten sich dunkle Wolken und ich wusste, dass ich mich auf dem Weg zur Hölle befand und dem Teufel begegnen würde. Die Arme über der Brust gekreuzt, ergeben in mein furchtbares Schicksal, schwebte ich unaufhaltsam zu ihm empor.

Was dann geschah, lag jenseits all meiner Vorstellungen. Als ich mich den dichten bedrohlichen Wolken näherte, schossen daraus wie Blitze in einem Sturm Arme hervor und packten meinen schwebenden Körper. Und schon war ich umfangen von einem unsichtbaren Wesen, das mich fest im Griff hielt. Zu meinem unendlichen Erstaunen und meiner unaussprechlichen Freude wurde ich jedoch nicht mit teuflischer Verachtung verbrannt, sondern fand mich plötzlich eingehüllt in himmlische Glückseligkeit. Ich spürte nur reinste Liebe. Jede Zelle meines Körpers war von Freude durchdrungen und ich fühlte mich von pulsierendem Leben erfüllt wie nie zuvor. Ich war sprachlos, reglos, versank in diesem Glück. Ich sah kein Gesicht, hörte keine Worte, hatte nur das überwältigende Gefühl, zärtlich gehalten zu werden und mit dem, der mich hielt, verschmolzen zu sein.

Meine Atmung setzte aus und mein Bewusstsein schwand. Ich lag auf Gayes Matratze, eingetaucht in dieses unendliche Glück, tief in ursprünglicher Unschuld ruhend. Eine selige Ruhe, ohne jegliches Zeitgefühl und ohne Bewusstsein von meiner physischen Existenz. Bis ich Gaye hörte, die mich mit leiser Stimme zurückrief.

Ich lächelte sie an, konnte aber nicht über mein Erlebnis sprechen. Eine Weile schwiegen wir beide. Meine Atmung kehrte zurück, regelmäßig und ruhig. Langsam fing mein Gehirn wieder an zu arbeiten. Soeben hatte ich gelernt, dass das so genannte Böse Teil unseres Daseins ist. In welcher Gestalt es existierte, war mir damals jedoch nicht klar. In diesem kurzen Augenblick wusste ich lediglich, dass es nur Liebe gab und nichts Böses. Das Böse war eine Art umgekehrte Liebe und konnte durch Verständnis völlig umgewandelt werden – ein Verständnis, über das ich jedoch noch nicht verfügte. Trotzdem war der Widerspruch, der die Verheerungen in meiner Seele angerichtet hatte, gelöst. Vorerst war ich ein guter Mensch und nichts anderes.

In diesem entspannten Zustand hörte ich Gayes Stimme. Ich konzentrierte mich darauf, auf diese Stimme, die mich in die Welt zurückholte. »Du musst dich jetzt von all deinen schlechten Freunden trennen.«

Was meinte sie mit »schlechten Freunden«? Ich verstand das nicht. Aber ich stellte keine Fragen und nickte nur im Vertrauen darauf, dass sie wusste, wovon sie sprach. Ich stellte keine Verbindung zwischen dieser Aufforderung und meinen Massagekunden her – schließlich hatte ich ihr nie von ihnen erzählt.

Als mir dieser Zusammenhang ein paar Tage später dämmerte, wurde ich wütend und rief: »Nein! Die Leute, die zu mir kommen, sind nicht schlecht! Meine Arbeit ist nichts Schlechtes! Das macht mich nicht zu einem schlechten Menschen!«

Ich begriff nicht, dass ich aufgefordert wurde, alle »Freunde« fallen zu lassen, die einen *schlechten Einfluss* auf mich hatten. Leider hatte Gaye genau dieses Wort – »schlecht« – gebraucht, das mich dazu brachte, ihren Rat abzulehnen. Pech gehabt, ich war noch nicht bereit für diese Lektion.

Natürlich hatte ich Recht – meine Kunden waren nicht schlecht und ich auch nicht. Aber meine Arbeit bewirkte, dass ich mir schlecht *vorkam*, weil ich nicht mehr mit dem Herzen dabei war. Ich folgte nicht mehr meiner Intuition und deshalb verfügte ich nicht mehr über die Kraft, um mich der negativen Energien zu erwehren, die durch den engen Kontakt mit meinen Kunden auf mich einwirkten. Gibt es etwas Intimeres als den Geschlechtsverkehr? Es ist ja nicht nur ein physischer Kontakt, sondern auch ein emotionaler Austausch. Die psychischen Energien der Beteiligten färben aufeinander ab. Als ich meine Arbeit als Callgirl Gottes begann, hatte ich so viel Energie und meine Absichten waren so rein, dass ich alles Negative, was ein Kunde bei mir hinterließ, umwandeln oder wegschieben konnte. Meine positive Haltung hatte bei meinen Kunden und bei mir selbst die besten Seiten ans Licht gebracht. Aber wie sollte ich meine psychischen Energien intakt halten, wenn meine Motivation nur noch darin bestand, Geld zu verdienen, und ich glaubte, zu nichts anderem zu taugen? Warum erkannte ich nicht, dass mit meiner Begeisterung auch mein Mitgefühl dahin war, so dass ich mich von einigen Kunden abgestoßen fühlte?

Ach, wenn ich das damals auch schon so differenziert hätte sehen können, damals, als ich es brauchte! Wie konnte ich nur so schrecklich begriffsstutzig sein! Nun, die Antwort ist einfach: Es lag an meiner katholischen Erziehung und meinem früheren religiösen Leben. Im Kloster hatte ich gelernt, ein schwaches Selbstwertgefühl mit der Tugend der Demut gleichzusetzen. Schlimmer noch: Die Religion hatte mich gelehrt, mich mit dem Leiden abzufinden. Man hatte mir beigebracht, jegliche Sensibilität für die Botschaften meines eigenen Körpers abzutöten.

Die Sitzungen mit Gaye führten dazu, dass ich ein besseres Selbstwertgefühl bekam. Ich empfand mich wieder als diejenige, die für das geliebt wurde, was sie war, anstatt mein ganzes Bedürfnis nach Anerkennung durch den Erfolg bei meinen Klienten zu befriedigen. Doch was auch immer mich in jenen dunklen Wolken umfangen hatte, es ließ mich nicht mehr so ohne weiteres los. Da die Botschaft nicht eindeutig gewesen war, würde ich sie wohl Schritt für Schritt durch Erfahrung entschlüsseln müssen.

Ich setzte meine Massagearbeit fort und auch mein innerer Kampf ging weiter. Ich hatte das Gefühl, süchtig nach Sex zu sein, doch wirklich süchtig war ich danach, meine Gedanken und Gefühle zu blockieren. Wegen meiner tiefen Überzeugung, schlecht zu sein und dem Teufel zu gehören, traute ich mich nicht, dem Ganzen weiter nachzugehen. Stattdessen deckte ich alles mit meinem glühenden Verlangen nach dem Gegenteil zu: dem Glauben, dass ich ein guter Mensch war, weil ich hohe Ideale hatte.

Wenn ich Angst verspürte, kämpfte ich dagegen an. Wenn ich Scham empfand, schluckte ich sie hinunter, wieder und wieder. Alles, was ich durch die Therapie herausfand, unterlag dem Schutz meines verborgenen Lebensskripts. Meine kürzlich gewonnene Überzeugung, dass ich unschuldig war, hinderte mich daran, all dem nachzuspüren, was im Dunkeln lag und seiner Entdeckung harrte. Ich hatte schreckliche Angst davor, die Schreie in meinem Inneren zu hören.

Kann man heilen, was man sich weigert zu spüren? Meiner Erfahrung nach nicht. Das schwankende Konstrukt meiner eigenen Unschuld trieb wieder davon. Mehr denn je hatte ich das Gefühl, ich müsste sterben, wenn meine Freunde herausfanden, womit ich mir meinen Lebensunterhalt verdiente.

Dann tauchte ein neuer Kunde auf, der sich Ray nannte, ein älterer Herr um die sechzig, schlank, gebildet und höflich. Er wollte eine Massage und richtigen oralen Sex – einen Blowjob, weniger höflich ausgedrückt. Ich war bereits mehrmals darum gebeten worden, doch obwohl ich mich mit Begeisterung der Fellatio hingab, hatte ich mich stets geweigert, bis zum Ende zu gehen und zu schlucken. Doch da Ray ein sehr stiller, anständiger Mann mit guten Manieren und sein Penis nicht allzu groß war, willigte ich ein. Es würde eine neue Erfahrung sein, redete ich mir ein – und so war es auch. Mit dieser heftigen, unkontrollierten Reaktion meines Körpers hatte ich nicht gerechnet.

Ray sah hilflos zu, als ich zum Waschbecken lief und würgte und erbrach, kaum dass ich Sperma im Mund hatte. Er war ganz außer sich, aber es hatte nichts mit ihm zu tun. Mein Körper erinnerte sich an etwas, das mein Gehirn längst vergessen hatte. Es war eine starke Erinnerung und doch konnte ich das Puzzle immer noch nicht zusammenfügen.

Ich versuchte es mit einer anderen Tätigkeit und brachte beispielsweise eine Werbezeitschrift heraus – lange bevor die Regionalzeitungen die Idee aufgriffen. Ich arbeitete hart und plante all die praktischen Schritte, die für den Erfolg notwendig waren. Doch während alle anderen den Eindruck zu haben schienen, dass ich wusste, was ich wollte, konnte ich mir tief in meinem Inneren nicht vorstellen, dass ich Erfolg haben würde.

Etwas in mir, eine Autorität, die die Macht besaß, ihr Veto einzulegen, sorgte dafür, dass all meine Pläne scheiterten. Ich spürte es, wusste aber beim besten Willen nicht, wie ich damit fertig werden sollte. Schließlich nannte ich es bei seinem Namen: Selbstsabotage. Doch sie zu bekämpfen erwies sich als absolut zwecklos.

Versuchsweise nahm ich ein paar Stunden in so genannter Voice-Therapie. Dabei geriet die Stimme des Kindes, die mit dem Therapeuten sprach, jedes Mal in Panik, stotterte und bekam keine Luft mehr. Weder der Therapeut noch ich selbst vermochten herauszufinden, was das bedeutete. Wir kamen nicht über diesen Punkt hinaus und gaben schließlich auf. Dasselbe passierte, als ich erneut Rebirthing machte. Selbst bei einer Therapiestunde in einem warmen Bad, das die Wärme des Mutterleibs simulieren sollte, kam ich über das anstrengende Stottern und die Atemnot nicht hinaus.

Damals war die Arbeit mit dem inneren Kind sehr populär. Die alternativen Zeitschriften waren voll davon und boten zahllose Telefonnummern von Therapeuten. Ich entschied mich für eine Frau. Leider versuchte sie ganz offen, mich zu bemuttern. In absolut gutem Glauben wollte sie, da sie es nicht besser wusste, in mir das Kind hervorrufen, das vollkommen von ihr abhängig war. Ich konnte die Gefühle nicht verbalisieren, die dazu führten, dass ich ihrer Methode misstraute, bis ich sie eines Tages bei ihr zu Hause am Telefon mit einer Klientin sprechen hörte, die – wie sie mir später voller Stolz erklärte – nichts unternahm, ohne sie zuerst zu konsultieren. Befriedigte diese Therapeutin vielleicht nur ihre eigenen Bedürfnisse?

Ich begab mich erneut auf den Lehrpfad und besuchte Vorträge, wann immer ein Mensch in die Stadt kam, der mir klug erschien und etwas Neues anzubieten hatte. Ich schrieb mich in Motivations-, Reframingkurse und Ähnliches ein. Vielleicht stecken die Gründe für meine Probleme in meinen Muskeln und Körperzellen, dachte ich. Also ließ ich mich von einem bulligen Masseur »rolfen«, bis ich überall blaue Flecken hatte.

Um meine Angst ein für alle Mal zu überwinden, ging ich über Feuer, einen unendlich langen Streifen heißer Kohle, zweimal.

Ich brauchte eine Pause von alledem. Schon öfter hatte ich den Drang verspürt, in den Süden zu reisen, weg von der Stadt. Ich hatte diesen Wunsch nie mit Spirituellem in Verbindung gebracht und deshalb zugelassen, dass meine üblichen Beschäftigungen ihn in den Hintergrund drängten. Es war der Sommer des Jahres 1984. Ich lebte mit meiner Tochter Victoria zusammen und hatte gerade ein geräumiges Auto gekauft. Weiter nach Süden als bis Pinjarra war ich nie gekommen, was nicht besonders weit war, doch jetzt konnte ich dem Fernweh nicht mehr widerstehen. Ich brachte Victoria zu Hal und gönnte mir eine Woche, ohne zu wissen, was mich erwartete. Dann packte ich den Wagen so, dass ich unterwegs darin schlafen konnte.

Bei dieser mysteriösen Reise, die mich schließlich in die kleine Stadt führte, in der ich mehrere Jahre leben sollte, tat ich buchstäblich keinen Schritt, bis mir eine innere Stimme deutlich sagte, wohin ich als Nächstes gehen sollte. Ich wollte nicht das Risiko eingehen, am falschen Ort zu landen, indem ich meinen normalen Antennen folgte. So saß ich beispielsweise in Bridgetown in einem Café, starrte auf die Straßenkarte und erwog mehrere Möglichkeiten, bis mir klar war, dass ich nach Mount Barker fahren musste. An jenem Nachmittag erklomm ich den Bluff Knoll in den Stirling Ranges, kroch auf dem Bauch zum steilen Grat, weil ich schreckliche Angst hatte, den kreisenden, herabstürzenden Vögeln zu folgen und in den leeren Abgrund zu tauchen.

Ich schlief am Fuße des Berges in meinem Wagen und fuhr

erst weiter, als mir der richtige Augenblick dafür gekommen schien. Mein nächstes Ziel war Albany, wo ich in der Frenchmans Bucht schwamm. Am nächsten Abend stellte ich mich mit dem Wagen auf eine Klippe mit Blick aufs Meer. Der Mond schien hell, aber ich schlief gut. Am Tag darauf gegen Mittag war es sehr heiß, aber ich war entschlossen, mich nicht von der Stelle zu bewegen, bis klar war, dass es Zeit war, weiterzufahren.

Als ich am selben Tag den Wagen am Denmark River abgestellt hatte und über die Straße ging, traf ich Mark, den ich in Perth kennen gelernt hatte. Ich trug ausgesprochen knappe Shorts und einen Hut mit breiter Krempe, den ich tief ins Gesicht gezogen hatte, und war auf dem Weg in ein Lebensmittelgeschäft, um mir ein Eis zu kaufen. Als Mark in seinem Wagen an mir vorbeifuhr, konnte er mein Gesicht nicht sehen, erkannte aber meine Beine wieder, die er vor gar nicht langer Zeit am Nudistenstrand von Swanbourne bewundert hatte. Er blieb stehen und setzte zurück.

An jenem Abend ging ich auf seine Einladung hin zu einer Freiluftparty bei Vollmond. Die Leute saßen auf Strohballen um ein Lagerfeuer und tanzten zum Klang von Trommeln. Ich fühlte mich sofort wie zu Hause – als ob sie Freunde wären, die ich schon ewig kannte. Ich beschloss, einmal im Monat für ein Wochenende nach Denmark zu fahren.

Ein halbes Jahr später zog ich mit meiner zehnjährigen Tochter in ein Häuschen wenige Kilometer außerhalb der Stadt. Es war eine radikale Veränderung und sollte kein Spaziergang werden.

Die Kleinstadt Denmark – wo es immer noch keine Ampeln gab – liegt inmitten üppig grüner Berge und ist von Wasser umgeben: dem Denmark River, einem Meeresarm namens

Wilson und dem großen Indischen Ozean. Die Küste mit ihren weißen Sandstränden und den stillen klaren Felsbecken, wo sich die riesigen Wellen des Ozeans an Granitbrocken brechen, ist unglaublich spektakulär. Das Tal, in dem ich lebte, war voll von majestätischen Eukalyptusbäumen, die es nur in diesem Teil der Welt gibt. Die Freude über diesen Ort und das Licht machten das alte zugige Holzhaus, in dem Victoria und ich wohnten, leicht wett.

Hier lernte ich George kennen, einen Mann, in dem ich einige Eigenschaften meines Vaters wiederfand, das ich in meinen früheren Beziehungen mit James und Hal hatte ausweichen können.

George war ein Mann mit leisem Gang und sanfter Stimme, breiter Brust und etwas Übergewicht. Er war kaum größer als ich, hatte jedoch eine völlig andere Haltung: Während ich aufrecht und gerade ging, schlenderte er lässig dahin, was ich ausgesprochen entwaffnend fand. George hatte volle schwarze Locken, die in einen gepflegten Bart übergingen. Er war zwanghaft reinlich, legte bei Kleidung aber gelegentlich einen furchtbaren Geschmack an den Tag. Er war bei seinem halb indianischen Großvater in der schönen Bergregion von British Columbia aufgewachsen. Als er auf die Farm zog, die ich gemietet hatte, war er vierundvierzig und ich siebenundvierzig. Er stellte seinen Wohnwagen in den Schuppen nicht weit vom Haus und schlief darin.

Mein neuer Untermieter redete furchtbar viel, was ich ermüdend fand, bis er sich als nützlich erwies. Ich brauchte dringend einen Mann im Haus, das 1945 erbaut worden war. Wie es schien, besaß George nicht nur das Werkzeug, sondern auch die Fähigkeiten für alle möglichen anfallenden Arbeiten. So weit, so gut.

Als ich eines Tages nach dem Mittagessen das Geschirr spülte, bemerkte er beiläufig, dass er, sollte ich jemals einen Sexualpartner brauchen, als Ersatzliebhaber zur Verfügung stünde, wenn ich wollte. Ersatzliebhaber! Ich musste kichern. George war für mich kein Mann, der als Liebhaber in Frage kam – ich kannte seine Vorliebe für dunkle Schönheiten, insbesondere asiatische, und seine Abneigung gegen Blondinen. Außerdem war ich drei Jahre älter als er. Ich war mir so sicher, dass George keinerlei Interesse an mir hatte, dass ich mir nichts dabei dachte, wenn ich in der Hitze halb nackt herumlief, als wäre er ein geschlechtsloses Wesen. Im Übrigen war »Ersatzliebhaber« nicht gerade ein Wort, das mich anmachte – es klang nach einem kalten, schäbigen Kompromiss.

Aber George gehörte zu den Menschen, die man nicht unterschätzen sollte. Er besaß die Geduld eines Indianers. Sie hatte ihm in Vietnam das Leben gerettet. In dem Wissen, dass derjenige, der sich zuerst bewegte, ein toter Mann war, hatte er im dichten Dschungel einen Vietkong ausgetrickst. George konnte, wenn er wollte, auf entwaffnende Weise charmant sein, aber auch schlau wie ein Fuchs. Sein äußerst lebhafter und kluger Verstand nahm jedes interessante und nützliche Detail aus der physischen und psychischen Welt der Menschen und Tiere, dessen er habhaft werden konnte, auf und behielt es – nach dem Motto: Wissen ist Macht. Ich sah, wie er Vögel aus Bäumen lockte und dazu brachte, sich bei ihm auf die Schulter oder den Arm zu setzen. Er kam auch gut mit Victoria zurecht, die ihn »Adopto-Paps« nannte.

George war ein Naturtalent, was Psychologie betraf, und half mit seinen Ratschlägen vielen verwirrten Seelen. Doch umgekehrt gab es niemanden, der George einen Rat geben konnte, dessen Sorgen und Leidenschaften zu finster waren, als dass er sie hätte preisgeben können, und zu schwierig, um mit ihnen fertig zu werden. Wie H. D. Thoreau verachtete er den

Gutmenschen und trug eine amoralische Überlegenheit zur Schau. Seiner Ansicht nach waren die meisten Menschen dumm und glaubten ihm alles, was er ihnen erzählte. Er hatte tatsächlich eine sehr überzeugende Art.

Die Menschen, mit denen er sich in Denmark anfreundete, waren nicht von vorgestern und wussten, wenn ihnen jemand Unsinn erzählte. Schließlich wurde George doch etwas bescheidener – aber das war lange nachdem ich mit ihm zusammenlebte.

Als George und ich ein Liebespaar wurden, lernte ich eine ganz andere Seite an ihm kennen. Ich war bald fasziniert und verspürte eine Anziehung, die mir bekannt vorkam, vielleicht aus einem anderen Leben zur Zeit des schurkischen russischen Mönchs Rasputin. Die seltsame Mischung aus Schlauheit und Unschuld, die wohltuende und zugleich elektrisierende Berührung des Heilers, die Ausstrahlung unendlicher sexueller Energie, all das schien mir vertraut. Im Bett passten wir ausgezeichnet zusammen und ich erlebte die sexuelle Liebe wie nie zuvor. Ich öffnete mich George wie eine Blume der Sonne an einem kalten Tag.

Ich war es nicht gewohnt, nahe bei meinem Partner zu schlafen. George aber brachte mir allmählich bei, die ganze Nacht in körperlichem Kontakt mit ihm zu bleiben, Rücken an Rücken aneinander geschmiegt. Er verwöhnte mich mit allen erdenklichen Liebesworten, oft auf eine charmant-kindliche Art, schrieb einfache Botschaften auf Papierschnitzel und legte ein oder zwei vorsichtig gepflückte Blumen dazu. Und er sagte, er küsse nur Menschen, die er liebe. Besonders dies veranlasste mich zu glauben, dass er mich wirklich liebte. Ich wusste, was er damit meinte: Küssen war für mich etwas Intimes, Persönliches und bedeutete mehr Hingabe, als miteinander zu schlafen. Nur selten hatte ich meinen Kunden erlaubt, mich zu küssen. George hatte volle weiche und nachgiebige Lippen und sein Atem war angenehm. Noch nie war die Versuchung größer.

Bei George fühlte ich mich von einem Gefühl universellen Einsseins, einer unbeschreiblichen Vollkommenheit getragen. Ich verlor mich in ihm. Bevor es mir bewusst war, konnte ich nicht mehr ohne ihn auskommen.

Nach ungefähr einem Jahr dieser außergewöhnlichen Verbindung begann George, die Zuneigung, die ich zu ihm gefasst hatte, zurückzuweisen. Es lag ihm nicht, direkt zu sein, deshalb machte er negative Bemerkungen über unseren Sex – beziehungsweise meinen, um genau zu sein. »Warum kommst du nie zur selben Zeit wie ich?«, polterte er. Ich war sprachlos, weil dies doch der Fall war – spürte er es denn nicht? Aber seine Krittelei hinterließ einen derart tiefen Eindruck bei mir, dass ich keinen vaginalen Orgasmus mehr mit ihm bekam. Ich wusste nicht, worauf er hinauswollte, und glaubte, er entfernte sich von mir, weil ich eine schlechte Liebhaberin sei.

Auch in anderer Hinsicht befremdete er mich. Er sprach wochenlang nicht mit mir und hielt sich ohne Erklärung fast nur noch in seinem Wohnwagen auf, ganz in sein Schneckenhaus zurückgezogen. Ich wurde fast verrückt vor Unsicherheit und Verlangen, was er einfach ignorierte. Dann schlief er mit einer Frau, die unsere Farm besuchte, eine Anhängerin Rajneeshs, die später zugab, mit der Absicht gekommen zu sein, George zu verführen. Die dunkelhaarige geschmeidige Frau erreichte ihr Ziel ohne Mühe. George bat mich nicht zu gehen und gab mir keinerlei Erklärung. Stattdessen sagte er zu mir, wir hätten keine Beziehung und seien kein Paar.

Ich war außer mir vor Eifersucht, konnte das alles nicht glauben und litt monatelang. Ich hatte keine Ahnung, wie ich aus der Sackgasse herauskommen sollte, besonders als er plötzlich weich wurde und sich wieder in heftige sexuelle Umarmungen mit mir stürzte.

Dann wurde die Farm mit einem Mal verkauft. Es brach uns das Herz, denn wir hatten beide sehr viel Energie und ich sehr viel Geld hineingesteckt. Man ließ uns sechs Wochen Zeit bis zum Auszug.

Dies war die ideale Gelegenheit, unsere gestörte Beziehung zu beenden, aber George hatte von einem Farmer in der Nähe gehört, der ein Pärchen suchte, das sich um sein Anwesen kümmerte, und so fuhren wir zu einem Gespräch zu ihm. Es war ein idyllisches Plätzchen und die Arbeit dort war mit einem neuen Haus verbunden. Allerdings gab es ein Problem: Außer dem großen Schlafzimmer mit eigenem Bad, das George sofort für sich beanspruchte, war nur noch ein kleines Schlafzimmer vorhanden.

»Würdest du dieses Zimmer nehmen?«, fragte mich George ohne Umschweife. In dem Raum war lediglich Platz für ein Einzelbett. Er hatte einen herrlichen Ausblick und das Licht strömte hell durch das Fenster. Doch seine Größe ließ auf die Unterordnung und Unterwerfung schließen, die der machthungrige George zweifellos von mir erwartete. »Nein, natürlich nicht«, erwiderte ich, aber George hatte nichts anderes erwartet. Er hatte den Besitzer bereits überredet, mir einen Wohnwagen und ein paar andere Extras zur Verfügung zu stellen, um meinen Bedürfnissen gerecht zu werden. Während der Unterhaltung durchdrang plötzlich ein mildes Licht meine Sinne und ich bat den Farmer, allein mit ihm sprechen zu können.

Ich hätte Georges Chancen zerstören können, indem ich dem Mann einfach erzählte, dass es nicht gut gehen würde, aber ich wollte George nicht durch Schwindel einen Job und die Möglichkeit, Herr des Hauses zu sein, zunichte machen. Ich überzeugte im Gegenteil den Besitzer davon, dass George ein ausgesprochen fähiger Mann sei, der leicht auch meinen Teil übernehmen und außerdem Zäune flicken und Kälber auf die Welt bringen könne.

Nachdem sich der Farmer mit seiner Frau beraten hatte, die mit Tee und Plätzchen aufwartete, erklärten sie sich einverstanden. Ich bat, es George selbst sagen zu können, da es das Ende unserer Beziehung bedeutete.

George war gekränkt, dass er von dem Gespräch mit dem Farmer ausgeschlossen worden war, und sehr gespannt und neugierig, was seinen Inhalt betraf. Ich ließ ihn warten, bis wir wieder zu Hause waren. Dann erzählte ich ihm von dem Gefallen, den ich ihm, wie ich glaubte, getan hatte.

Doch mit der nun folgenden Reaktion hätte ich nie im Leben gerechnet. George bekam einen Wutanfall, wie ich ihn hoffentlich nie mehr bei einem Menschen erleben werde. Ich erinnere mich nicht mehr an seine Worte und weiß nur noch, dass er alle möglichen Gegenstände, deren er habhaft werden konnte, durch das lang gestreckte Wohnzimmer warf. Er begann mit Nippes – Vasen, Quarzsteinen und Holzstücken, die wir wegen ihrer schönen Formen nach Hause gebracht hatten –, es folgte das Kaminholz, das er mit seiner ganzen Kraft durch den Raum schmetterte, so dass es von den Sesseln und Wänden zurückprallte. Dann packte er die Essstühle, zertrümmerte sie auf dem Boden und schleuderte die Einzelteile fort. Er war so in Rage, dass er schließlich die Tür aus den Angeln riss und hinterherwarf.

Ich saß auf der anderen Seite des Zimmers, die Ellenbogen auf dem ovalen Tisch aus Jarrahholz aufgestützt, die Fäuste unter dem Kinn, und beobachtete fasziniert seinen Wutausbruch. Mein Herz pochte vom Adrenalin und offen gestanden auch vor wachsender Genugtuung. Nicht nur weil ich endlich eine Reaktion bei George dem Gelassenen hervorgerufen hatte. Es war eine Bestätigung meiner Entscheidung. Dies war ein George, mit dem ich ganz bestimmt nicht zusammenleben wollte, unter keinen Umständen!

Für George – der behauptet, sich an diese Szene nicht einmal zu erinnern – war sein Zorn auf die bittere Erkenntnis zurückzuführen, dass er endgültig jede Macht über mich verloren hatte. Der neue Job hätte ihm viele Gelegenheiten geboten, mich zu beherrschen und zu demütigen. Jetzt war ihm dies versagt und außerdem würde er noch mehr arbeiten müssen. Sich bei mir dafür zu bedanken, dass ich Rücksicht auf ihn genommen und seine Aussichten nicht zunichte gemacht hatte, kam ihm nicht in den Sinn.

Wie sich herausstellte, blieb George vier Jahre auf der Farm. Er schmückte das Haus, bis es einem Indianerzelt glich, und trug zum Umweltschutz bei, indem er Rieseneisvögel (Eindringlinge und Raubtiere, die einheimische Vögel fressen) schoss und Wildkatzen in tödliche Fallen lockte. Am Ende wurde jedoch das Verhältnis zu seinem Chef durch seinen Machttrieb empfindlich gestört. Ich bin zutiefst dankbar für den gesunden Menschenverstand, der mich an dem Tag, als ich mich von George trennte, glücklicherweise nicht im Stich ließ. Doch Georges übermächtiger Charakter hatte seine Spuren bei mir hinterlassen, wie ich bald feststellen sollte.

Ich kehrte nach Perth zurück. Dort lernte ich Persephone Arbour kennen, deren Frauengruppe ich mich anschloss. Zum ersten Mal in meinem Leben öffnete ich mich gegenüber Frauen. Ich hatte nie Vertrauen zu meiner Mutter gehabt, die zwar physisch anwesend, aber emotional für mich nicht erreichbar war. Sie konkurrierte sogar mit mir. Unbewusst hatte ich zu allen Frauen dieselbe Beziehung aufgebaut wie zu meiner Mutter: Ich hatte ihnen nicht vertraut.

Persephone leitete die Gruppe mit großem Geschick, ermutigte uns, unsere Geschichten zu erzählen und aus unseren Erfahrungen zu lernen. Ihr wunderbarer Humor trug sehr zum Gelingen dieser denkwürdigen Abende in ihrem Haus bei. Ich erzählte von George und erfuhr dabei einiges über Coabhängigkeit und Selbstwertgefühl. Ich berichtete auch von meinen Erfahrungen als Callgirl Gottes. Eigentlich rechnete ich damit, dass sie mit Entsetzen reagieren würden, doch wir lachten viel und heilten gemeinsam die schrecklichen Wunden der jüngsten Vergangenheit.

Der Humor meiner Leidensgenossinnen half mir auch, meine erotische Massage in einem anderen Licht zu sehen, so dass sie mir wieder ganz okay erschien. Dass ich eine gewisse Verachtung für Männer entwickelt haben könnte, sprachen wir nicht an. Diese Verachtung beruhte auf dem heimtückischen Gedanken, dass sie nur Sex wollten und die meisten von ihnen Angst vor Intimität hatten – eine Überzeugung, die sich bei mir eingeschlichen hatte, ohne dass ich es merkte.

Mit der Zeit hatte ich zwar nur noch sporadisch Kontakt zu Persephone, aber sie blieb ein wichtiger Bestandteil meines Lebens und nahm interessiert und einfühlsam Anteil an allem, was ich ihr erzählte.

Eines Nachts hatte ich einen Traum, der keine Bilder, jedoch eine wichtige Botschaft beinhaltete, die ich auswendig lernen musste. Ich wachte früh auf und schrieb sie nieder: ICH VERSPRECHE, IN ALLEM ZU SCHEITERN, WENN ICH NUR LEBEN DARF. Ich schrieb den Satz in Großbuchstaben, mehrmals hintereinander, bis mir dämmerte, dass ich tatsächlich irgendwann in meinem Leben dieses Versprechen gegeben hatte. Es war ein sehr wichtiger Hinweis, aber in welchem Zusammenhang hatte ich es versprochen? *Wie* hatte ich so ein Versprechen geben können? *Wann* hatte ich mein Leben so bedroht gesehen, dass ich mich auf einen solchen Handel einließ? Und *wem* hatte ich dieses Versprechen gegeben?

Während ich so nachdachte, erinnerte ich mich wieder an jene Selbstsabotage, die dazu geführt hatte, dass keiner meiner Versuche gelang, mich von meiner Massagearbeit zu lösen. Am entscheidenden Punkt wurde mir stets »klar«, dass mein Vorhaben nicht gelingen konnte, selbst wenn ich jemand mit Erfahrung hinzuzog und egal an wie vielen Fortbildungskursen ich teilnahm. Mir fielen die Worte Robert Kyosakis bei einem seiner hervorragenden Workshops mit dem Thema »Das Geld und du« wieder ein. Er hatte mich angesehen und sehr deutlich gesagt: »Natürlich ist es für manche einfach zu spät.« Ich war damals Anfang fünfzig und wollte unbedingt beweisen, dass er sich irrte, besaß aber nicht das nötige Selbstvertrauen. Ich scheiterte stets mit geradezu schlafwandlerischer Sicherheit und erwartete auch nichts anderes.

Um meine Suche nach den Ursachen fortzusetzen, nahm ich in Byron Bay in New South Wales am so genannten Hoffman-Prozess teil, bei dem es insbesondere um die Themen »Vater« und »Mutter« geht. In den vielen Sitzungen, bei denen ich wütend auf Kissen eindrosch, rätselte ich, warum ich den Drang verspürte, den imaginierten Penis meines Vaters wieder und wieder zu zerschmettern. Der Penis aber rekonstruierte sich immer wieder von selbst und ich schlug ihn erneut in Stücke, bis ich furchtbar erschöpft war und glaubte, die Sache wäre erledigt, weil ich erledigt war. Im Rückblick frage ich mich, warum keiner der Therapeuten darauf näher einging.

Ein seltsamer Teil des Prozesses war, dass ich mich plötzlich an die Umstände meiner Geburt erinnerte, und zwar an

Details, die sogar meine Mutter vergessen hatte, bis ich ihr später davon erzählte. Ich konnte auch die Gefühle meiner Eltern bei meiner Geburt nachvollziehen. Durch den Hoffman-Prozess änderte sich meine Sicht auf meinen Vater und meine Mutter. Ich sah in ihnen nicht mehr nur die Menschen, die mich aufgezogen hatten, sondern empfindsame Wesen, die sich durchs Leben gekämpft und ihr Bestes getan hatten.

Während der Ruhetage, die ich allein im Hotel verbrachte, um das Erlebte zu verarbeiten, wurde mir schließlich klar, dass es der Teufel der Religion meiner Kindheit war, mit dem ich den schrecklichen Pakt geschlossen hatte. Ich saß wie betäubt da, als ich nach und nach die Einzelheiten erfasste. Ich hatte nicht sterben wollen, um nicht in die Hölle zu kommen. Also musste ich etwas wirklich Schlimmes getan haben, was mich glauben ließ, ich würde in der Hölle landen, wenn ich starb. Doch was war mit der Beichte – wie konnte es sein, dass ich nicht glaubte, Gott würde mir alles verzeihen? Obwohl Engel etwas Vertrautes für mich waren – ich hatte ihnen als Kind stets einen Platz an meiner Seite eingeräumt –, hatte ich mich an den Teufel gewandt und *ihn* um Hilfe gebeten und irgendwann versprochen, in allem zu scheitern, was ich wirklich tun wollte, wenn ich nur leben durfte! Ich war wie zerschmettert von diesen grässlichen Gedanken, aber gleichzeitig erleichtert, weil ich nun zumindest eine klare Strategie hatte: *diesen Teufel austreiben! Das Versprechen widerrufen!*

Als Erstes fuhr ich nach Melbourne und sagte meinem Vater und meiner Mutter von Angesicht zu Angesicht, dass ich sie liebte. Wir weinten alle vor Freude.

Wieder in Perth gab ich geradezu fantastische Summen für alle möglichen Verhaltenstrainings aus, darunter auch eine ganz spezielle und extrem teure Sitzung in neurolinguistischem Programmieren (NLP), die angeblich all meine Probleme ein für alle Mal beseitigen sollte. NLP funktioniert in vielen Fällen hervorragend, wird jedoch häufig überschätzt. Wenn positives Denken überhaupt funktioniert, dann hätte es bei mir funktionieren müssen, aber leider war dem nicht so.

Ebenso fruchtlos blieben mehrere Stunden bei Hypnotiseuren. Aber ich gab nicht auf. Der Drang, weiter gegen diesen Teufel zu *kämpfen*, trieb mich an – fast blindlings.

Nach dieser Pause fühlte ich mich wieder frisch und mit neuer Begeisterung erfüllt. Da war ich also trotz allem wieder bei meiner früheren Tätigkeit gelandet und arbeitete, während Victoria in der Schule war.

Als ich eines Tages nach Hause kam und die Taste auf dem Anrufbeantworter drückte, um die Nachrichten abzuhören, erklang Ravels »Pavane für eine tote Prinzessin«. Ich ließ die rhythmische klagende Melodie eine halbe Stunde lang laufen. Es war nichts Rätselhaftes daran: Statt eines leeren Bandes hatte ich aus Versehen dieses faszinierende Stück in meinen Anrufbeantworter eingelegt. Ob das reiner Zufall war, dass ich ausgerechnet dieses Band erwischte, das ich vergessen hatte zu kennzeichnen?

Ich dachte an die Prinzessin im Steinsarg, die beim Aufwachen feststellen musste, dass sie lebendig begraben war, und bekam eine Gänsehaut. Ich sah mich verschwommen als anmutige Frau, deren wahre Identität gestorben war und die nun in einer Unterwelt lebte. War es nicht tatsächlich wie ein Leben in der Unterwelt, wenn man sich den Freunden, die »normale« Jobs hatten, unterlegen fühlte? Ich wollte ihnen auf keinen Fall erzählen, womit ich mein Geld verdiente, und bekam regelrecht Schweißausbrüche bei dem Gedanken, dass einige es erraten könnten.

Schließlich lief mir jemand über den Weg, der mir vielleicht helfen konnte, meinen Teufel loszuwerden: Rimmie, ein sympathischer, charismatischer Schamane. Er verfügte über besondere Kräfte, verwendete Trommeln, um Schwingungen zu erzeugen und damit Menschen zu helfen, die hartnäckigsten Probleme in den Griff zu bekommen. Er hatte sich bereits als Exorzist betätigt – womit ein Gespräch mit ihm für mich ein Muss war!

Nachdem ich ihn mit meiner Geschichte vertraut gemacht hatte, erklärte er mir, ich müsste meinen Teufel ansprechen, ihn mir vorstellen und ihm sagen, er solle sich aus dem Staub machen. Ich setzte mich auf ein Kissen auf dem Boden, während Rimmie mit seiner Trommel auf einem Stuhl Platz nahm. Ich glaubte nicht mehr an den Teufel wie die Katholiken, sondern sah in ihm eher eine Kraft in meinem Körper, die teuflische Eigenschaften hatte: destruktiv, verführend, lügnerisch in jeder Hinsicht. Dennoch wusste ich, dass ich mir diese Energie in Gestalt jenes Teufels vorstellen musste, den ich von meiner religiösen Erziehung her kannte, um die Voraussetzung für diese Austreibung zu schaffen. Ich hatte Angst, aber auch den verzweifelten Wunsch, ihm endlich einen Tritt zu verpassen.

Rimmie begann mit einem sanften Trommelwirbel, wurde lauter, dann wieder leiser, summte dazu wie eine Biene und versetzte mich bald in einen traumartigen Zustand.

Der Teufel erschien mir in einem Wald, wo ich an den glatten Stamm eines großen Eukalyptusbaums gelehnt saß. Wie verlangt beschrieb ich Rimmie die Szenerie. »Atme die Kraft des Baums ein«, forderte er mich mit sanfter Stimme auf, trommelte dabei leise und eindringlich. »Jetzt steh auf und sieh ihm ins Gesicht.«

Die Trommel des Schamanen wurde etwas lauter. Ich atmete die Kraft des Baums ein, den Blick auf den Teufel gerichtet, und suchte mit dem Rücken Halt an dem Baumstamm, während ich mich langsam hinstellte. Der Teufel wartete geduldig, Rauchflöckchen entstiegen seinen grässlichen Nasenlöchern, während sich seine schwarzen Lippen zu einem hämischen Lachen öffneten. Seine Augen funkelten boshaft, als genösse er dieses Spiel namens »Töte mich, wenn du kannst«. Sie erinnerten mich auf unheimliche Weise an meinen Vater.

Aber er war nicht mein Vater, oder? Er war der Teufel und konnte mit der Hilfe meines Therapeuten ausgetrieben werden. Mein Freund und Schamane befeuchtete sich die Lippen, um die Worte auszusprechen, die mich bestimmt von diesem Ungeheuer befreien würden.

»Sag ihm, dass es vorbei ist mit ihm!« Rimmie klang sehr bestimmt und unterstrich seine Worte mit entschiedenen, festen Trommelschlägen. »Sag ihm, dass er dich lange genug begleitet hat und jetzt seine Zeit gekommen ist, zu gehen – du brauchst ihn nicht mehr.« Bum-bum, bum-bum.

Ich zögerte einen Augenblick.

»Der Pakt, den du mit ihm als Kind geschlossen hast, ist gelöst! Zerreiß ihn!«, schrie Rimmie.

Mit den Trommelschlägen nahm ich allen Mut zusammen, Worte formten sich in meinem Kopf. Ich atmete tief ein und sah das Ungeheuer an. Es grinste hinterhältig, drohte mir mit stechendem Blick, der jeden angetrunkenen Mut hätte zunichte machen können. Ich schwankte, durchstand die Prozedur aber mit fester Entschlossenheit. »Verschwinde, du Ungeheuer!«, rief ich, die Lippen gespannt, damit sie nicht zitterten. »Ich widerrufe meinen Pakt mit dir! Ich habe keine Angst mehr, zu sterben! Ich habe das Recht, dass mir alles, was ich tue, gelingt!«

Ich verstummte. Der Therapeut verlangsamte seine Trommelschläge und wartete, bis sich mein Atem ebenfalls beruhigt hatte. »Was ist passiert?«, fragte er mich und beugte sich erwartungsvoll zu mir.

»Der Teufel hat gelacht«, sagte ich matt. »Er ist durch den Wald davongelaufen und hat dabei laut gelacht.«

Natürlich verstärkte dieser fehlgeschlagene Versuch nur meine Überzeugung, dass was immer mich in seinen Krallen hielt, unbesiegbar war. Wenn es etwas Stärkeres gab, hatte ich es immer noch nicht gefunden.

Aber es *gab* etwas Stärkeres, und am Ende, als ich aufgegeben hatte, an all den falschen Orten verzweifelt danach zu suchen, sollte *es* schließlich *mich* finden.

Die Vase zerbricht

Im Jahr 1993 wurde mein Vater achtzig. Er hatte Darmkrebs und die Krankheit schritt rasend schnell fort. Es hieß, er würde nicht mehr sehr lange zu leben haben, also flog ich hin, um an seiner Seite zu sein. Ich wohnte bei meiner Schwester Liesbet. Auch meine beiden anderen Schwestern kamen mit dem Flugzeug, Berta aus Fremantle und Teresa aus Canberra. Wir wollten nicht, dass unser Vater im Krankenhaus starb.

Erst sechs Monate zuvor hatte er mir in seiner Küche zögernd gestanden, dass er Schmerzen im Bauch hatte. Es war ihm sogar ein Stöhnen entschlüpft. Ich hätte darauf kommen müssen, dass wirklich etwas nicht stimmte, denn mein Vater ließ es sich so gut wie nie anmerken, wenn er Schmerzen hatte, und dieses Stöhnen hatte sich angehört, als würde ein Schiff in der Tiefe des Meeres versinken.

Seltsam, dass er vor unserer Mutter sterben sollte. Sie lebte schon seit einem Jahr im Pflegeheim und er hatte von der Zeit geträumt, wenn er frei sein würde, wenn er sie nicht mehr vom Bett in den Rollstuhl würde heben und zweimal wöchentlich würde ausfahren müssen. Es war eine schwere Entscheidung gewesen, unsere Mutter in ein Pflegeheim zu bringen. Sie hatte uns unter Tränen gebeten, sie nicht in diesem Haus zu lassen, wo es so schrecklich roch, wo sie mit dem Teller auf dem Schoß essen musste, weil es wegen der beengten Verhältnisse keinen Speiseraum gab, und wo die Leichen zur Hintertür hinausgetragen wurden, damit niemand mitbekam, dass dort Leute starben, wo es nichts anderes zu tun gab. Kein Wunder, dass sie sich in dieser Umgebung erst in sich selbst zurückzog und dann senil wurde; die Schmerzmittel, die sie nahm, verschlimmerten ihren Zustand noch zusätzlich. Dennoch war sie körperlich widerstandsfähiger als ihr Mann, der nur noch wenige Wochen zu leben hatte.

Wir vier Schwestern machten eine Art Dienstplan und wechselten uns bei der Pflege unseres Vaters rund um die Uhr ab. Er verfiel zusehends – ein Geschehen, das er ungläubig verfolgte. Man hatte ihn zwar operiert, aber es war zu spät gewesen, der Krebs hatte bereits in die Lunge metastasiert. Da er wusste, dass ihm nicht mehr viel Zeit blieb, reiste er ein letztes Mal in sein geliebtes Deutschland, um sich von seinen Verwandten dort zu verabschieden. Wegen seiner Schmerzen musste er seinen Aufenthalt jedoch abkürzen. Er wäre erster Klasse zurückgeflogen, ohne einen Tropfen Gratiswhisky trinken zu können, meinte er hinterher ironisch.

Er probierte aus, ob seine immer noch kräftigen Arme und Beine noch funktionierten, und schüttelte immer wieder ungläubig den Kopf. Bald brauchte er einen Stock, dann ein Gehwägelchen, um sich fortbewegen zu können. Es war schrecklich, mitzuerleben, wie dieser Mann, der uns einmal alle tyrannisiert hatte, jetzt von uns abhängig wurde wie ein Baby.

Es war sehr schwer für ihn. Es dauerte eine ganze Weile, ehe er sich traute, uns zu bitten, sein Gebiss zu säubern, ehe er uns sein eingefallenes Gesicht ohne Zähne sehen ließ. Und es kam die Zeit, als er sich nicht mehr selbst abputzen konnte, nachdem er seinen übel riechenden Stuhl abgesondert hatte. Seine Haut war weicher geworden als die eines Babys, so papierdünn, dass er bettelte, wir sollten beim Abwischen ganz behutsam sein. Trotzdem stopfte er jede Menge Nahrung in sich hinein, als würde er dadurch irgendwie seine alte Kraft wiedergewinnen. Schließlich brachten wir ihm schonend bei, dass er nur essen sollte, wenn er wirklich hungrig war, wie der Doktor gesagt hatte. »Was hineinkommt, muss auch wieder raus, da geht nichts dran vorbei«, hatte der Arzt gemeint. Mein Vater hatte diese Bemerkung schweigend bedacht und sofort danach gehandelt. Von diesem Tag an aß er nur noch die vorgesehene Ration und bat um keinen einzigen zusätzlichen Bissen mehr. Dass er sich schweigend fügte, bewegte mich zutiefst. Es bedeutete, dass er sein Sterben akzeptiert hatte.

Eine der letzten Freuden meines Vaters war, jeden Nachmittag um zwei Uhr sein Bett zu verlassen und sich vor den Fernseher zu setzen, um »Days of Our Lives« anzuschauen. Meine Mutter und er hatten viele Jahre lang tagtäglich wie gebannt verfolgt, wie diese gut aussehenden, habgierigen Männer und Frauen sich jahrein, jahraus mit schöner Regelmäßigkeit betrogen. Bei einem meiner Besuche aus Westaustralien hatte ich einmal das Pech gehabt, gerade dann zu Hause anzukommen, als meine Eltern ihre Lieblingssendung anschauten. Die Haustür war nicht verschlossen gewesen, ich ging also hinein und verkündete meine Ankunft mit lauter fröhlicher Stimme. Niemand kam, um mich zu begrüßen. Ich fand die beiden im Wohnzimmer, den Blick auf den verfluchten Fernseher geheftet. Ohne ein Wort zu sagen, bedeutete mir mein Vater mit herrischer Geste, hereinzukommen und mich auf die Couch zu setzen. Meine Mutter registrierte meine Anwesenheit mit einem halben Blick, als ich ihr Sichtfeld querte, ohne den Kopf zu bewegen oder mich richtig anzusehen, den Mund zu einem entschuldigenden Lächeln verzogen. Einer der Figuren stand gerade Entscheidendes bevor, als ich gekommen war. Schließlich seufzten sie tief auf und ich wusste, dass es bald vorbei sein und wir miteinander Tee trinken würden.

Mein Vater saß immer noch tagtäglich vor dem Fernseher, um das Leben dieser klischeehaften Männer und stutenbissigen Frauen zu verfolgen. Wir leisteten ihm dabei Gesellschaft, trotz der Gefahr, dass diese banale Seifenoper möglicherweise auf uns abfärbte. Ungefähr zehn Tage vor seinem Tod schüttelte er plötzlich energisch den Kopf, stieß ein lautes »Tsss, tsss!« hervor – ein wenig lispelnd, weil sein Gebiss locker saß – und fragte verwundert, wie sich jemand nur einen solchen Mist ansehen könne. »Das ist doch widerlich, was diese Leute da miteinander machen«, brummelte er, als hätte ihn jemand um seine Meinung gebeten, und das war das erste Mal, dass er die Sendung kritisierte. »Wie können sie nur so schreckliches Zeug bringen!« Er stemmte sich aus dem Sessel hoch und humpelte zurück zu seinem Bett. Wir sahen uns vor Erstaunen über diese plötzliche Anwandlung gesunder Ernüchterung verdattert an. War unser Vater jetzt vielleicht erleuchtet?

Während unser Vater schlief, saßen wir vier Schwestern in der Küche bei einer Tasse Tee und überlegten, ob seine häufigen Wutanfälle wohl zu seiner Erkrankung beigetragen hatten. Wir konnten nicht akzeptieren, dass der Krebs wahllos zuschlägt. Er hatte sich viel im Freien aufgehalten, was ja sehr gesund war. Vielleicht hatte es ihn innerlich zerfressen, dass man seine jahrzehntelange Arbeit in den Klostergärten zunichte gemacht hatte? Vielleicht hatte die Tatsache, dass unsere Mutter ihn ständig heruntergemacht hatte, schließlich ihren Tribut gefordert? Er hatte ihren beißenden Spott nur schwer und doch so lange ertragen. Und er hatte sich nicht allzu vernünftig ernährt. Seit er vor zehn Jahren aufgehört hatte zu rauchen, hatte er ständig heimlich Schokolade gegessen.

Niemand weiß, was eine Krankheit wirklich verursacht, aber ich hatte das Gefühl – ob das nun so war oder nicht –, dass die Geheimnisse und ungelösten Konflikte der Vergangenheit die Hauptrolle spielten. Unser Vater war Beziehungsprobleme nie angegangen, sondern hatte die ungelösten Konflikte mit allen Mitgliedern seiner großen Familie – und verschiedenen anderen Menschen in seinem Leben, beispielsweise Mutter Albion – ständig mit sich herumgeschleppt; er hatte etliche Leichen im

Keller. Vielleicht war es das, was nun in seinen Eingeweiden wütete?

Ich hoffte in diesen letzten Wochen so sehr, dass mein Vater sein Herz erleichtern und all die Dinge, die er getan hatte und bedauerte, aussprechen würde, uns um Verzeihung bitten und – umgeben von seiner untröstlichen Familie – in Frieden sterben würde.

Bei zwei Gelegenheiten war er nahe daran. Das erste Mal saßen wir draußen im Halbschatten unter einem Baum. Ich las, Vater sinnierte schweigend. »Ich habe Father Ben alles erzählt«, sagte er nach einer Weile ganz unvermittelt. »Damit ist alles in Ordnung, oder?«

Father Ben hatte meinem Vater viele Jahre lang die Beichte abgenommen, aber dieses »Oder?« verriet, dass ihn doch noch Zweifel plagten. Ich sah eine Anspannung in seinem Gesicht, die nicht nur von den körperlichen Schmerzen herrührte. Ich ergriff die Chance und erwiderte: »Nur *du* weißt, ob alles in Ordnung ist, Pa, oder ob du mit irgendwelchen Menschen und mit Gott etwas in Ordnung bringen musst.« Deutlicher wagte ich nicht zu werden. Mein Vater gab sich der Illusion hin, dass niemand in der Familie seine Geheimnisse kannte.

Er runzelte die Stirn. Er musste sich ständig selbst versichern, dass der Big Boss, wie er seinen katholischen Gott nannte, schon alles richten würde, trotz seines inneren Aufruhrs. Und dem Big Boss übergab er sich nun wie ein braver Junge, der bereit ist, seinem strengen Vater, der es am besten weiß, in allem gehorsam zu sein. Er nahm sein Leiden als Strafe des Big Boss, zu seinem eigenen Besten. Er verlangte wiederholt, dass niemand ihm irgendetwas geben dürfte, was sein Sterben beschleunigen konnte; er wollte Gott absolut gehorsam sein. Als wir ihm schließlich das Morphin per Dauertropfinfusion verabreichten, sagte er, er hätte Angst, »abgemurkst« zu werden, und ließ sich nur von der Gemeindeschwester überzeugen, dass es damit seine Richtigkeit hatte.

»Ich habe meinen Frieden gemacht«, sagte er plötzlich, als wir das nächste Mal draußen saßen und die frische Luft genossen. Ich hatte mich mit meinem Buch ein Stück von ihm entfernt niedergelassen. Irgendwelches banales Gerede verbot sich von selbst und mein Angebot, ihm etwas vorzulesen, hatte er abgelehnt. Er machte sich, so gut es ging, mit der eigenartigen Tatsache vertraut, dass er starb, und mit dem Wissen, dass er nun doch vor seiner Frau gehen würde.

»Ich weiß, Pa«, erwiderte ich, »aber ich wünschte, du könntest auch *glücklich* sein.«

Er schaute bei diesen Worten sehr nachdenklich drein, aber ich wandte mich wieder meinem Buch zu. Dann meldete er sich doch noch einmal und fragte: »Woher weißt du, dass ich nicht glücklich bin, Carla?«

Doch ich, ich drückte mich feige. Ich spürte, wie ungeheuer wichtig seine Frage war, ließ mir jedoch keine Zeit, ihre Bedeutung zu erfassen oder meinem Vater eine faire Antwort zu geben. Stattdessen blockte ich ihn auf eine Weise ab, die mir später unendlich Leid tat.

»*Du* weißt, ob du glücklich bist oder nicht, Dad«, stieß ich hervor, unfähig, das unerwartete Geschenk seines Vertrauens anzunehmen, und mein Kopf wurde ganz leer. Es war mein Stichwort gewesen, aber ich hatte es verpasst. Ich vergaß, meinen eigenen Gott oder einen Engel um Hilfe anzurufen. In der Stunde seiner größten Not oder vielleicht in einem kurzen Augenblick, der besondere Möglichkeiten geboten hätte, war ich nicht für ihn da. Er wiederholte seine Frage sogar noch einmal, doch ich gab ihm dieselbe abweisende Antwort – armer Mann.

Dennoch ging in meinem Vater unerwartet eine Veränderung vonstatten. Zwei Nonnen, der Familie seit vielen Jahren freundschaftlich verbunden, kamen ihn besuchen und richteten mir etwas sehr Wichtiges aus, als sie aus dem Krankenzimmer kamen. Es war Schwester Victoire, unsere älteste Freundin, der er aufgetragen hatte, mir zu sagen, dass es ihm »Leid tat, dass er mit Carla so hart gewesen war«. Mir blieb fast das Herz stehen, ich konnte es kaum fassen.

Als die beiden Nonnen fort waren, ging ich hinein, um nach ihm zu sehen. Mein Vater sah mir nicht einmal in die Augen, sondern sagte lediglich: »Du warst immer so eigensinnig, Carla«, um sich selbst zu rechtfertigen, und wandte den Kopf ab. Wusste er noch, wie er mich terrorisiert hatte, damit ich nichts von seinem bösen Tun verriet? Er hatte sich dafür entschuldigt, dass er »so hart« gewesen war, aber nicht direkt bei mir. Trotzdem war ich sprachlos, denn mehr war ihm offenbar nicht möglich. Es bedeutete, dass ihm seine Gewalttätigkeit auf der Seele gelegen hatte und ihm Leid tat.

Das große Geheimnis seiner anderen Verfehlungen hatte er nur gegenüber dem Priester enthüllt; mit den Menschen, denen er wehgetan hatte, sprach er nicht darüber. Es war zu viel verlangt, von ihm zu erwarten, dass er sein Herz so weit öffnete, selbst das Wissen um seinen baldigen Tod konnte sein Schweigen nicht brechen. Innerlich weinte ich um uns beide. Was braucht es denn noch, wenn man nicht einmal angesichts der Tatsache, dass man bald seinen Körper, seine Familie und die Erde für immer verlassen wird, die Mauern des Widerstands einreißen kann? Aber er war in diesen letzten Tagen, die ihm blieben, liebevoll und zärtlich mit uns allen und zeigte uns seine Liebe mit Umarmungen, die uns sehr zu Herzen gingen. Wir spürten, dass sie echt war. Und dennoch würde er nicht mit allem im Reinen sein, wenn er starb, sondern klammerte sich stattdessen an seinen Glauben, der ihm durch die Beichte bei einem Priester Vergebung von allen Sünden versprach, und hoffte darauf, dass sein Gott Wort halten würde.

Meine Mutter, in diesen außergewöhnlichen Tagen geistig klarer als zu anderen Zeiten, bat darum, an das Sterbebett ihres Mannes gebracht zu werden. Eine nette Krankenschwester, die sich besonders um sie kümmerte, kleidete sie an und machte sie zurecht. Ein Rollstuhltaxi fuhr sie die wenigen Kilometer bis zu uns und ich schob sie in das große Zimmer, in dem ihr Mann – der hämisch getönt hatte, er würde das Leben in vollen Zügen genießen, sobald sie tot sei – gegen einen kleinen Berg von Kissen gelehnt im Bett lag. An seinen Augen konnte ich sehen, wie sehr ihn diese Geste von der Frau freute, die immer behauptet hatte, alles besser zu wissen als er. Sie war gebrechlich geworden und doch noch selbstbewusst in ihrem Auftreten. Ihre Wangen überzog eine leichte Röte, ihre Augen hatten einen eindringlichen Blick und ihr Gesicht wirkte wie von innen erleuchtet, als sie sich ihm näherte. Ihrer unausgesprochenen Anweisung folgend, stellte ich ihren Rollstuhl direkt ans Bett und verließ still den Raum. Ich wandte mich noch einmal um, ehe ich die Tür schloss, und war wie verzaubert von der Szene, die ich sah.

Der dünne Arm meiner Mutter lag auf seiner Bettdecke, ihre verbrauchte, verkrümmte Hand in seiner großen knochigen, und sie sahen sich in wortloser Liebe einfach nur an. Fast war es, als würde sie ein Lichtschein umgeben, die Augen meines Vaters strahlten jedenfalls vor Freude und leidenschaftlicher Zuneigung, denn ich konnte sein vollkommen verwandeltes Gesicht sehen. Das Wunder ihrer Liebe versetzte den Raum geradezu in Schwingungen. Beide würden bald für immer vom Leben Abschied nehmen müssen, und nun gab es für nichts anderes mehr Raum als ihre tiefe Liebe.

Mit einem Mal begriff ich, dass sie sich ihr ganzes Leben lang geliebt hatten, von ganzem Herzen, auch wenn sie miteinander gekämpft, sich betrogen, gehasst und gegenseitig heruntergemacht hatten. Viele Leute, die die beiden kannten – auch ich – hatten gesagt: »Mein Gott, warum trennt ihr euch nicht endlich?« Doch in jenen geheiligten Momenten der Gnade verziehen sie einander ohne jeden Vorbehalt und wurden erneut vermählt, dieses Mal als wahrhaft Liebende, die nicht auf den eigenen Vorteil bedacht sind, sondern sich ganz und gar hingeben wollen. Ich erkannte, dass ich mir kein Urteil über die Dinge hätte anmaßen sollen, die früher zwischen ihnen passiert sind – nur sie beide wussten, wie viel davon wirklich beabsichtigt war.

Obwohl wir immer abwechselnd bei ihm gewacht hatten, war unser Vater allein, als er nach dem Besuch unserer Mutter in den frühen Morgenstunden, um vier Uhr, seinen letzten Atemzug tat. Keine von uns hatte in jener Nacht viel geschlafen. Wir saßen in der Küche bei einer Tasse Tee, als wir mehr spürten als hörten, dass er ein letztes Mal nach Luft rang. Als wir zu ihm liefen, sahen wir ihn mit qualvoll aufgerissenem Mund daliegen, wie ein an den Himmel gerichteter Aufschrei. Die Seele meines Vaters hatte sich auf den Weg in die Freiheit gemacht.

Zum Glück waren noch mindestens vier Stunden Zeit, bevor der Bestatter kam, um ihn abzuholen – Zeit genug, dass meine Brüder ihn noch ein letztes Mal sehen konnten. Ich wollte ihn so lange wie möglich ungestört liegen lassen, damit seine Seele den Körper ganz verlassen konnte, aber meine Schwestern, denen der Tod mehr zu schaffen machte, bestanden darauf, dass die Leiche rasch abgeholt wurde.

Der Bestatter kam. Es war Sonntag und noch so früh, dass die beiden jungen Männer in ihren properen schwarzen Anzügen sich noch nicht ganz von ihrem Samstagnachtvergnügen erholt hatten. Sie waren leise und respektvoll und konzentrierten sich so gut sie konnten auf ihre Aufgabe, denn ich beobachtete jeden Handgriff, und dessen waren sie sich bewusst. Sie stellten die Bahre mit dem offenen Leichensack neben dem Bett ab und dann legten sie die groteske, aber so vertraute Gestalt hinein.

Ich fand es überaus merkwürdig, dass mein Vater, noch im Pyjama, sich nicht gegen diese unwürdige Behandlung wehrte. Sein noch nicht erstarrter langer Körper sackte in der Mitte durch und seine Arme und Hände, von keinem Bewusstsein mehr gesteuert, fielen seitlich herunter. Es war der Anblick seiner starken, jetzt leblosen, für alle Zeit nutzlosen Hände, die in dieser Welt nichts mehr ausrichten konnten, der mich am tiefsten berührte. Die jungen Männer verstauten sie in dem schwarzen Plastiksack und zogen den Reißverschluss über dem Gesicht zu.

»Werden Angehörige den Toten sehen wollen?«, wurden wir gefragt. Wir verneinten, alle hätten ihn gesehen. Unsere Mutter hatten wir in diesem Moment vollkommen vergessen. Eine Einbalsamierung wurde meinem Vater erspart, denn das hätte bedeutet, dass die Leiche geöffnet werden musste, aber der Bestatter war trotzdem nicht erfreut, als meine Mutter einen ganzen Tag später hartnäckig darauf bestand, ihren toten Mann noch einmal zu sehen. Es gelang ihm dennoch, meinen Vater, angetan mit seinem besten Anzug, erstaunlich gut herzurichten.

Nachdem die jungen Männer vom Bestattungsinstitut an jenem Sonntagmorgen gegangen waren, saßen wir alle fassungslos zusammen, obwohl mit dem Tod unseres Vaters seit Langem zu rechnen gewesen war. Ich sollte gleich wieder etwas Neues über mich lernen. Für einen Teil von mir war der Tod meines Vaters nämlich ein Triumph – auch wenn ich mir das nicht eingestehen wollte –, weil ich noch am Leben war. Trotz jahrelanger Therapie – durch die sich meine Trauer, mein Zorn und meine Angst tatsächlich zum größten Teil in Mitgefühl für meine Eltern verwandelt hatte – gab es einen kleinen Winkel voller Bitterkeit, in dem eine Spinne lebte; sie sollte gleich ihr Gift verspritzen.

»Ich bin gespannt, wie viel Geld er hinterlässt, wo er doch so viel zu Huren getragen hat. Das haben wir doch alle gewusst«, fügte ich hinzu.

Meine Worte verklangen im stillen Raum. Keine meiner Schwestern reagierte darauf, sie waren viel zu benommen. Eigentlich war meine Bemerkung gar nicht an sie gerichtet, sondern an die Seele meines Vaters, die noch in der Nähe war. In jenem Moment, als seine Seele vielleicht verletzlich war wie nie, kam von mir diese heimtückische Spinnenfrau-Attacke, denn ich war voller Zorn, dass er nicht den Mut gehabt hatte, mir gegenüber vollkommen offen zu sein. Er hatte alles schön unter der Decke gehalten, bis zum letzten Atemzug. Und die Religion hatte es ihm durch die Beichte ermöglicht, dies ungestraft zu tun.

Als die Sätze heraus waren, wurde mir erst wirklich klar, was ich gesagt hatte, und ich spürte, dass mein toter Vater emotional sehr heftig darauf reagierte. Mir wurde bewusst, dass meine Rache bittere Folgen haben würde, und ich fühlte mich schlecht. Schließlich sind die Toten uns hilflos ausgeliefert.

Mein Herz wurde schwer vor Kummer. Ich weinte lange, nicht nur um meinen toten Vater, sondern weil ich mich auf so brutale Weise an ihm gerächt hatte. In den dunklen Nächten, die folgten, bat ich ihn um Verzeihung. Und dann, endlich, führte ich mit ihm das Gespräch, das ich mir zu seinen Lebzeiten immer gewünscht hatte, redete mir all meinen Schmerz von der Seele und schilderte ihm, wie es für mich gewesen war. Danach verzieh ich ihm von ganzem Herzen. Ich hatte von ihm verlangt, mir gegenüber offen zu sein, aber wie offen war ich ihm gegenüber gewesen? Er hatte immer sein Bestes getan und sich in seinen letzten Tagen selbst übertroffen. Dass ich meinte, es besser zu wissen und er den nächsten Schritt hätte tun müssen, war *mein* Fehler.

Ich blieb nicht zur Beerdigung meines Vaters. In Melbourne war die Footballsaison in vollem Gang und ich hätte meinen Flug nur mit einem Aufschlag für ein Erste-Klasse-Ticket umbuchen können. Der wichtigste Teil der Arbeit war getan, soweit es mich betraf, und die Gefühlsduselei am Grab wollte ich mir ersparen.

Wie es der Zufall wollte, regnete es am Tag der Beerdigung in Strömen, so dass sich nicht sagen ließ, ob es Tränen oder Regentropfen waren, die über die Gesichter liefen. Alle wurden nass bis auf die Haut. Nicht ganz ein Jahr später, als meine Mutter neben ihm im selben Fleckchen regenschwerer Erde beigesetzt wurde, war es genauso. Mir wurde später, daheim in Westaustralien, alles berichtet. Leider ließ ich mir damit zweimal die Chance entgehen, den anderen Mitgliedern meiner Familie für eine Weile ganz nah zu sein. *Ich hätte es nicht ausgehalten*, sagte ich mir. Was wusste ich denn schon, was mein Vater brauchte, um mit sich ins Reine zu kommen? Ich war es, die sich weiter darum kümmern musste, heil zu werden.

Es würde nie wieder sein wie zuvor.

Ich nutzte meine freie Zeit, um meine Familiengeschichte aufzuschreiben, was mir zunehmend wichtiger wurde, und über das, was in mir vorging, Tagebuch zu führen. Massagetermine nahm ich nur so viele an, dass es zum Überleben reichte.

Wie früher ließ ich mich bei meiner Arbeit auch jetzt auf

Kompromisse ein. Anders als früher täuschte ich einen Orgasmus vor. Dieser Moment blieb mir als der Tiefpunkt meiner Karriere im Gedächtnis. Bernard, mein Kunde, spürte den Unterschied und imitierte die Laute, die ich von mir gab, um zu zeigen, dass er mich durchschaut hatte. Und ich brachte es tatsächlich fertig, zu leugnen.

Immer häufiger passierten unangenehme Dinge. Ähnliche Vorfälle hatte es auch früher gegeben, aber jetzt konnte ich sie mir nicht mehr schönreden und sie kosteten mich Nerven wie nie zuvor. Nachdem ich eine Anzeige geschaltet hatte, ließ einer meiner Konkurrenten, der mir schaden wollte, jemanden bei mir anrufen, der nicht mehr auflegte und damit mein Telefon für andere Kunden blockierte. Da ich allein arbeitete, hatte ich nur begrenzte Möglichkeiten, mit anderen »Einzelkämpferinnen« zu konkurrieren – von Bordellen ganz zu schweigen –, aber mit derartigen Belästigungen musste ich mich abfinden.

Eines Tages, als zwei Kunden endlich doch durchgekommen waren und einen Termin gemacht hatten, jedoch nicht zur vereinbarten Zeit erschienen, beschloss ich, dass ich ebenso gut einkaufen gehen könnte. Als ich rückwärts aus meiner Zufahrt fuhr, entdeckte ich ganz in der Nähe meines Eingangs, vom Haus aus jedoch nicht zu sehen, ein geparktes Auto. Ich überraschte den Kerl am Steuer mit einer Kamera in der Hand, und da begriff ich, was los war. Die Konkurrenz, wer immer es war, demonstrierte damit allen Kunden, die zu mir wollten, dass sie beobachtet und fotografiert wurden. All meine Termine platzten. Anonymität ist in diesem Geschäft so wichtig, dass sich potenzielle Kunden durch solche Aktionen für immer verscheuchen lassen.

Auch die potenziellen Kunden, die anriefen, wurden immer unangenehmer. Oft wollten sie sich bei mir nur Anregung holen, während sie masturbierten, legten auf, sobald sie kamen, und ließen mich in der Luft hängen – einfach widerlich. Solche Sachen waren auch früher passiert, als es noch gut lief – in diesem Geschäft musste man damit rechnen –, aber jetzt traf mich die Erkenntnis wie ein Schlag: Es war nicht nur ärgerlich, sondern auch erniedrigend.

An einem dieser traurigen Tage bekam ich von einem Fremden mehrere fürchterlich obszöne Anrufe. Als ich beim nächsten Klingeln abhob und neben der Hörmuschel kräftig in eine Trillerpfeife blies, ohne dass ich eine Ahnung hatte, wen dieses ohrenbetäubende Geräusch traf, wurde mir klar, dass ich langsam verrückt wurde. Es ging mir auf die Nerven, dass mein Telefon abgehört wurde. Ich erkannte das verräterische Klicken und konnte es nicht mehr ertragen. Mit einem Mal wurde mir bewusst, mit wie vielen Dingen ich mich um dieser Karriere willen abgefunden hatte.

Meine frühere Begeisterung war wie weggeblasen, und das zeigte sich mit der Zeit auch in meinem Gesicht. Ich konnte meine wahren Gefühle noch nie besonders gut verbergen. Eines Tages öffnete ich einem neuen Kunden die Tür, doch anstatt hereinzukommen, meinte er entschuldigend, er müsste sein Auto noch irgendwo im Schatten parken. Ich sah ihn nie wieder. Dieses Erlebnis demoralisierte mich fürchterlich, es machte mir schwer zu schaffen. Vielleicht hatte die Konkurrenz diese Sache inszeniert, aber ich glaubte es nicht. Mein Gesicht strahlte einfach keine Freude, keine Zuversicht mehr aus. Ich weiß, dass ich ausgesprochen hässlich sein kann, wenn ich unfreundlich dreinschaue.

Es war an der Zeit, mir einzugestehen, dass ich keinen Spaß mehr an der Sache hatte. Das Callgirl Gottes war tot. Ich wusste nicht genau, wie es gekommen war, aber rätselhafterweise wurden im gleichen Maß, wie mein Selbstvertrauen sank, auch meine Kunden immer unangenehmer. Doch kaum hatte ich den Gedanken formuliert, dass ich mit dieser Arbeit aufhören sollte, meldete sich sofort eine innere Stimme zu Wort, die widersprach und behauptete, ich könnte es mir gar nicht leisten, aufzuhören, ich hätte ja nichts anderes. Das machte mir Angst.

Mit wachsender Verzweiflung stürzte ich mich wieder in verschiedene Therapien. Ich besuchte Wochenend-Retreats und Workshops, darunter auch das Landmark Education's Forum und zwei weitere Kurse, immer auf der Suche nach Erkenntnissen, die mich heil machen würden. Ich gab meine ganzen Ersparnisse dafür aus, so dass ich fast keine Rücklagen mehr hatte. All diese Kurse hatten ihren Sinn, konnten mir aber nicht viel weiterhelfen – eigentlich griff ich immer nur nach dem nächsten rettenden Strohhalm. In mir herrschte immer noch Chaos, mich belastete der psychische Müll, der sich bei der erotischen Massage auf mich übertrug, besonders wenn sie Geschlechtsverkehr einschloss, auf den ich mich jedoch nur noch selten einließ. Ich war nicht mehr so widerstandsfähig wie früher, als ich bei meiner Arbeit innerlich ganz erfüllt von spiritueller Motivation und spielerischer Neugier war. Jetzt zog mich mein Job nur noch herunter. Ich war müde und ausgelaugt. Tief in mir brodelte es gefährlich, geradezu lebensbedrohlich. Seit ich den Hoffman-Prozess gemacht und meinen Kindheitspakt mit dem Teufel aufgedeckt hatte, waren ganze zwei Jahre vergangen. Doch diese Angst in mir, diese panische Angst wovor, wusste ich nicht –, war unvermindert groß und kein Therapeut hatte mir helfen können, sie zu verstehen.

Bis ich Jessie begegnete.

Jessie war eine lebenserfahrene Sexualtherapeutin, in New York City aufgewachsen. Ich erzählte ihr alles aus meiner Lebensgeschichte, was mir relevant erschien: die Luftnot während der Therapiestunden, meine Hoffnungslosigkeit. Zufällig erwähnte ich auch, dass meine Sexualerziehung in jungen Jahren in dem Satz »Küssen macht schwanger« bestanden hatte.

»Küssen macht schwanger? Wieso denn das?«, fragte sie mich ganz sachlich.

Mir war bewusst, dass es für eine lebenserfahrene Frau vermutlich ziemlich komisch klingen würde, aber ich gestand ihr trotzdem: »Ich dachte, dass Küssen den Mann in Erregung bringt, so dass sein Samen dann in den Hals der Frau läuft.«

»Haben Ihnen die Nonnen erzählt, dass es so vor sich geht? Dass der Samen in den Hals läuft und Sie dadurch schwanger werden?«

»Nein, ich habe es mir so vorgestellt. Es erschien mir natürlich.«

»Warum sollten Sie eine solche Vorstellung entwickeln, wenn Sie etwas Derartiges nie erlebt haben?«

Mir drehte sich der Kopf bei Jessies Frage. Ich saß in einem Korbstuhl auf ihrer Veranda und auf einmal fiel es mir wie Schuppen von den Augen. Mein Vater hatte mich als kleines Mädchen sexuell missbraucht, zum Oralverkehr gezwungen. Zum Glück saß ich fest im Stuhl, sonst hätte mich diese plötzliche Erkenntnis buchstäblich umgehauen. Mir wurde ganz schwummerig. Und eigenartigerweise hatte ich das sichere Gefühl, es *immer* gewusst zu haben. Irgendwo hatte ich es immer gewusst, mir aber nicht eingestehen wollen, was mein Vater getan hatte. Es war lebenswichtig gewesen, das Bild von meinem Vater als guten Menschen, der mich, seine erste, ganz besondere Tochter, von Herzen liebte, auf keinen Fall zu beschädigen. Ich hatte mir selbst nicht eingestehen wollen, dass mein Vater mich nicht genug geliebt hatte, dass er mich nicht nur nicht beschützt, sondern mir sogar Gewalt angetan hatte. Er war für mich ein Teufel gewesen und dieses Wissen war allzu schmerzhaft.

Tränen stiegen mir in die Augen, doch dann folgte eine weitere Erkenntnis. Ich hatte die Wahrheit auch deshalb verleugnet, weil ich mir nicht eingestehen wollte, dass ich ja mitgemacht hatte, ihm *Partnerin* bei seinen üblen Machenschaften gewesen war. Mein Gott, ich hatte meinen Vater schützen wollen! Ich liebte ihn! Nicht nur aus Scham, sondern wegen meiner großen *Liebe* zu meinem Vater hatte ich so viel Angst vor der Wahrheit gehabt.

Jessie kam auf die Veranda heraus. Ich hatte gar nicht bemerkt, wie die Zeit vergangen war. Nachdem ich Jessie ihr saftiges Honorar bezahlt hatte, ging ich. Ich wollte mich irgendwo hinlegen, um zu schlafen, vielleicht zu sterben.

Als ich später aufwachte, war mein Kopf etwas klarer. Einige Puzzleteile hatten sich zusammengefügt, passten auf einmal ineinander wie riesengroße Schlüssel in ihr zugehöriges Schloss. Das Rätsel meines Pakts mit dem Teufel löste sich: »Der Teufel«, mit dem ich kämpfen musste, war ursprünglich mein *Vater*. Als Kind, das nachts missbraucht wurde, wenn Realität und Traum sich vermischen, konnte ich beides nicht auseinander halten. Es war so übermächtig gewesen, hatte sich so schlecht angefühlt und ich musste jedes Mal so sehr würgen, wenn mein Vater zu mir gekommen war, dass ich glaubte, ich würde sterben und, weil ich ein schlechtes Mädchen war, in die Hölle kommen. Und so hatte ich in meinem kindlichen Glauben zum Teufel gebetet, er möge mich vor dem Tod bewahren – vor dem Tod durch Ersticken vor allem. *Bitte, Daddy, bitte Daddy-Teufel, ersticke mich nicht.*

Nun wurde mir alles klar. Nun wusste ich, dass meine Überzeugung, ganz und gar schlecht zu sein, seit damals in mir verwurzelt war, als mein Vater versuchte, mich zum Schweigen zu bringen, indem er mich würgte und trat. Die daraus resultierenden ständigen Schuldgefühle und die Scham gaben mir seitdem das Gefühl, dass ich es nicht verdiente, irgendetwas mir Wichtiges zustande zu bringen; und deshalb war ich überzeugt, es dem Teufel oder dem Bösen in mir schuldig zu sein, zu versagen.

Es dauerte lange, sehr lange, bis ich alle bei Jessie gewonnenen Erkenntnisse integriert hatte, bis alles, was ich begriffen hatte, seinen Platz in mir gefunden hatte. Es war ein unglaublich mühsamer, zäher Prozess. Diese Dinge mit dem Verstand zu begreifen war eine Sache; die Gefühlsstrukturen zu ändern, die tiefe Furchen in mein Unterbewusstes gegraben hatten, jedoch eine ganz andere. Meine Gefühle kamen mir wie an meinem Gehirn befestigte Gummibänder vor, die bei jedem Versuch, etwas zu verändern, aus Angst vor dem Unbekannten, Unvertrauten in ihre ursprüngliche Position zurückschnellten. Ich stellte entsetzt fest, dass ich immer noch die uralte Scham mit mir herumschleppte, immer noch kein Selbstvertrauen besaß. Ich war ein seelisches Wrack. Und im Unterschied zu früher, als ich das Ganze noch nicht begriffen hatte, sah ich jetzt bestätigt, dass mein Vater mich abgelehnt hatte. Mein Vater hat mein Leben zerstört, dachte ich, und ich sitze nun vor den Trümmern. Verzweifelt ging ich zum nächsten Therapeuten.

»Werde ich jemals normal sein?«, fragte ich die auf sexuellen Missbrauch spezialisierte Therapeutin der staatlichen Beratungsstelle in der Stadt. Es herrschte dort ein solcher Andrang, dass sie mir erst in drei Monaten wieder einen Termin geben konnte. Sie sah mich geschockt an, als ich ihr diese Frage stellte. Vor ihr saß eine elegant gekleidete Frau, die sich nicht das Geringste zutraute. Meine Wangen brannten, als ich ihre Reaktion sah und hörte, was sie darauf antwortete.

»Sie wurden in jeder erdenklichen Weise missbraucht«, sagte sie und beugte sich über den Schreibtisch zu mir. »Körperlich, sexuell, emotional und geistig. Sie werden heil werden, wenn Sie sich auf den Prozess einlassen, den ich Ihnen beschrieben habe.« Und dann fügte sie noch etwas Bemerkenswertes hinzu: »Oder Sie werden einen spirituellen Weg gehen müssen.«

Also ging ich und kaufte für mein inneres Kind einen Teddybär, wie sie mir geraten hatte, und schleckte so viele Lutscher, bis mir schlecht wurde. Ich besorgte mir das empfohlene Buch *The Courage To Heal* und gab dem kleinen Mädchen in mir eine Stimme, indem ich das, was es sagte, mit der linken Hand schrieb. Ich stellte mir vor, wie ich es in den Armen hielt und liebevoll tröstete. Es half unheimlich viel. Ich spürte, wie das kleine Mädchen, das sein Leben lang ängstlich im dunklen Kohlenschuppen gekauert, sich nie aus ihm hervorgewagt hatte, sich nun endlich aufrichtete. Wie lange würde es dauern, bis es sich endlich wieder sicher fühlte?

Ich führte diese wunderbare Selbsttherapie mehrere Wochen intensiv fort und es machte mir Freude, mich regelmäßig mit dem kleinen Mädchen in mir zu unterhalten. Wenn ich es vergaß, war sie gekränkt, weil ich sie vernachlässigt hatte, und ich musste es wieder gutmachen. Es war so wichtig, dass sie lernte, mir zu vertrauen.

Inzwischen hatte die Bemerkung der Therapeutin über einen spirituellen Weg, den ich vielleicht einschlagen sollte, meine Neugier geweckt. Ich überlegte, was sie gemeint haben mochte. Meditation, eine Religion? Wenn ja, welche Religion? Oder meinte sie, nach den Lehren eines spirituellen Meisters zu leben? Vielleicht haben wir gar keine Alternativen, lediglich inspirierte Gedanken, die uns zu Handlungen führen und diese wiederum zu neuen Lehren. Jedenfalls fiel mir Meister Adi Da wieder ein (in Los Angeles Anfang der 1970er-Jahre als Bubba Free John bekannt). Als ich zum ersten Mal ein Buch über sein

Leben las, spürte ich ein so starkes Leuchten in meinem Herzen, dass ich erst an mir herunter, dann sogar in mein T-Shirt hineinschaute, um dieses Licht zu sehen, das ich so intensiv spürte. Ich konnte das Buch nicht mehr aus der Hand legen, so sehr verlangte mich nach den Gefühlen und Empfindungen, die es in mir wachrief. Jetzt begann mich dieser Meister, der aus der Ferne in den Menschen eine so starke Wirkung erzielen konnte, ernsthaft zu interessieren.

Ich fing an, zu den wöchentlichen Adi-Da-Meetings zu gehen, die eine seiner Anhängerinnen, die einige Zeit bei ihrem Guru verbracht hatte, in Fremantle abhielt. Und so machte ich mich auf den gefahrvollen Weg jener, die unter dem Bann eines Meisters stehen – einen spirituellen Weg für die Unschuldigen, die Aufrichtigen, die Mutigen, die Verwirrten und die Dummen. Ich kaufte Bücher und Kassetten, ging zu Retreats und meditierte zweimal täglich. Ich spürte wieder göttliche Liebe in mir, wie damals im Kloster, nur dieses Mal viel realer und stärker. Und Meister Das Schriften inspirierten mich: Niemand, so erschien es mir, verstand die Natur des Menschen und das Ego besser als er. Meister Da schrieb viele Bücher, fast wie am Fließband, und wir waren gehalten, sie alle zu kaufen.

Ich arbeitete weiter als Masseuse und das Geschäft lief einigermaßen. Erst das direkte Eingreifen der »Hand Gottes« sollte ihm ein für alle Mal ein Ende setzen. Sie manifestierte sich nachdrücklich und glücklicherweise im Sommer 1994, obwohl ich damals alles andere als erfreut darüber war. Sie stellte meinen Garten und bald auch mein Leben völlig auf den Kopf.

Wenn ich in meinem gemütlichen Häuschen in Hilton bei Fremantle aus dem Fenster sah, hatte ich meinen zerstörten Garten vor Augen. Ich hatte mir dieses Haus gerade wegen seines großen Gartens ausgesucht und weil es für längere Zeit zu mieten war. Seit meine Tochter Victoria sich mit fünfzehn Jahren entschieden hatte, bei ihrem Vater zu leben, wohnte ich allein dort. Jetzt, nach kaum acht Monaten, war das große Stück Land in drei Parzellen eingeteilt worden, und beiderseits von mir wurden Zäune hochgezogen. Mein einziger, sehr geschätzter Baum, eine Schatten spendende Eiche, fand sich bald jenseits des Zaunes wieder. An der Rückseite jeder Parzelle wurden neue Klärbehälter installiert.

Dem Mann auf dem Bagger tat es zwar auch Leid, aber er musste nun einmal die Kräuter-, Blumen- und Gemüsebeete und die mit großer Sorgfalt verjüngten Hibiskus- und Ehrenpreissträucher wegschaufeln. An einem einzigen Nachmittag waren all meine Pläne für ein ruhiges Leben zerstört und ich saß zornig und hilflos in einem Haus, das nur von Sand umgeben war.

Als wäre es ein Symbol dafür, dass ich nicht wusste, wohin ich nun gehen sollte, brach ich mir am Bettpfosten den großen Zeh meines rechten Fußes an. Auch das noch! Ich konnte nicht mehr arbeiten. Meine freundlichen Nachbarn Elsie und Bert brachten mir Suppe und Butterbrot und Unterhaltung. Bert war vom ersten Tag an wie ein guter Vater zu mir gewesen. Ich lernte ihn kennen, als es einmal überraschend an der Haustür klopfte und ich öffnen ging: Da stand er mit seinem Werkzeugkasten in der Hand und fragte, ob ich irgendwelche handwerklichen Arbeiten zu machen hätte. Als ich einmal meine Schlüssel drinnen vergessen hatte, half er mir ins Haus einzubrechen, indem er über der Waschküche etliche Dachziegel abhob.

Als Nächstes bekam ich schlimme Rückenschmerzen. Ich konnte nicht mehr aufrecht gehen, an Massagearbeit war gar nicht zu denken. Eine ganze Woche lang hatte ich mich wegen meines Zehs nur an Krücken fortbewegt und jetzt quälte ich mich noch eine Woche mit Rückenschmerzen herum.

In jener zweiten Woche kümmerte sich einer meiner Kunden um mich. Mein guter Engel kam oft vorbei, um mich zum Mittagessen auszuführen oder zum Chiropraktiker zu bringen, und er erledigte sogar die Einkäufe für mich. Eines Tages, als ich mich kaum bewegen konnte, ließ ich mir von Rob aus dem Bett helfen. »Besser du als ich«, witzelte er grinsend. Es wunderte mich sehr, dass er danach immer noch zu mir kam, obwohl er mich in diesem Zustand gesehen hatte.

Rob war verheiratet, reich, und seine Geschäfte – welcher Art sie auch gewesen sein mochten – hatten ihn mit vielen Menschen aus dem Bereich der Justiz, Polizisten, allen möglichen Detektiven und Richtern in Kontakt gebracht. Er kannte sich auch sehr gut mit Massagesalons und Bordellen aus. Ich stellte ihm Fragen, als wir nach dem Essen noch unser Bier austranken, aber er wollte nicht recht mit Informationen darüber herausrücken, was sich in dieser Szene tat. Das brauche mich doch nicht zu interessieren, meinte er. »Iss auf, Carla. Lass es dir gut gehen.«

Als mein Rücken und mein angebrochener Zeh wieder in Ordnung waren, sagte ich Rob, dass ich ihm nur noch eine normale Massage geben würde – für alles andere hatte ich wirklich keine Energie mehr. Rob nahm es hin. Den Rest könnte er sich anderswo holen, meinte er.

Körperlich war ich wieder gesund, aber ich hatte immer noch keine Ahnung, wie es weitergehen sollte.

Gerade als Elsie von nebenan mit frisch gebackenen Scones ankam, läutete das Telefon. Zu meiner Überraschung war es State Housing, die staatliche Wohnungsbaubehörde, die mir eine Hauseinheit in Denmark anbot. Drei Monate zuvor hatte eine Bekannte ganz beiläufig zu mir gesagt: »Lassen Sie sich bei State Housing registrieren, Carla.« Ich hatte gelacht. »Was sollen die für mich tun können? Ich bin weder allein erziehende

Mutter noch behindert.« Doch sie hatte noch einmal gesagt: »Lassen Sie sich einfach einmal bei denen registrieren.« Und das hatte ich gemacht.

In Denmark wurden zu der Zeit mehrere Hauseinheiten für über Fünfzigjährige gebaut, was ich überhaupt nicht mitbekommen hatte, und ich war eine von nur zwei Personen, die sich um eine Wohnung für Alleinstehende beworben hatten. Bert schlug vor, wir sollten uns das Ganze einfach einmal anschauen – und er und Elsie waren sehr angetan von dem, was sie sahen. Ein vollkommen neues Haus! Und rundherum Platz, um einen hübschen Garten anzulegen. An diesen Ort konnte ich mich zurückziehen und in aller Ruhe den Rest meines Lebens verbringen. Ein Geschenk des Himmels, das ich nicht zurückweisen konnte.

Zwei Wochen später zog ich ein. Mein Leben hatte eine völlig andere Wendung genommen, während ich es kaum mitbekam. Die Hand Gottes hatte mich hochgehoben und entschlossen woanders abgesetzt – und das gerade zur rechten Zeit.

Es war wunderbar, wieder in Denmark zu leben, in meinem neuen kleinen Heim. Ich genoss es, humorvolle und ehrliche liebe Freunde um mich herum zu haben. Die chinesische Vase, die mich so viele Jahre inspiriert hatte, war endgültig zerbrochen und ich hatte inmitten der Scherben nun Platz genug, meinen Frieden zu finden. Doch ich sollte bald wieder einen großen Fehler machen, dieses Mal indem ich vermeintlich das Richtige tat.

Einige meiner Freunde in Denmark waren Anhänger von Meister Da und so führte ich meine Studien und spirituellen Praktiken als Teil dieser kleinen Gruppe fort. Die Anhänger des Meisters werden ständig ermahnt, in ununterbrochenem Gedenken an ihren Meister zu leben. Ein Bild von ihm hatte ich an meinem kleinen Hausaltar aufgehängt, weitere zierten nahezu jede Wand in meinem Haus. Meister Das Anziehungskraft war so stark, dass ich ihm ein Jahr später, nachdem ich an einem einwöchigen Retreat in der malerischen Landschaft nahe Melbourne teilgenommen hatte, ewige Verbundenheit schwören wollte. Dieses Mal, redete ich mir voller Überzeugung ein, würde ich mich der richtigen Sache verschwören, einem Leben in vollkommener Hingabe, das mich auf den wahren spirituellen Weg führte – wozu auch gehörte, dass ich zwanzig Prozent meines Einkommens abgeben würde. Ich bräuchte einen Meister, niemand könne diese ungeheure Aufgabe allein bewältigen, wurde mir gesagt.

Ehe ich meinen Treueschwur ablegen durfte, sollte ich meine sexuellen Beziehungen klären. Sexuelle Beziehungen müssen einer emotional verbindlichen Beziehung vorbehalten bleiben – eine Art Glaubenssatz, den ich ernst nehmen musste, wenn ich mich für diesen Weg entschied. Zu jener Zeit lebte ich zwar zölibatär, hatte aber noch Kontakt zu einem Kunden, der, wie es der Zufall wollte, auch in Denmark lebte. Ich hatte kaum mein Häuschen bezogen, als Jack mich schon besuchte. In einer kleinen Stadt spricht es sich schnell herum, wenn jemand Neues kommt! Für mich war Jack wie das Salz der Erde. Er war unschuldig wie ein Lamm, gutherzig, schlicht, arbeitsam und strotzte vor Gesundheit. Als er mich in Perth zum ersten Mal aufsuchte, hatte er seine neueste, weit geschnittene Hose an, ein frisch gewaschenes kariertes Hemd, seine saubersten Stiefel und auf dem kahl werdenden Kopf saß schief ein Filzhut, den er höflich abnahm, als er mit mir sprach. Er war schüchtern, hatte ein entwaffnendes Lächeln und konnte wegen Speiseröhrenkrebs, der allerdings in Remission war, nur leise sprechen.

Mit Jack umzugehen war einfach und angenehm. Er sehnte sich einfach nach weiblicher Gesellschaft. Vor vielen Jahren hatte er eine junge Frau geheiratet, die bald nach der Hochzeit versucht hatte, mit einem Großteil seines Geldes zu verschwinden. Obwohl er Frauen liebte, ja geradezu anbetete, verstand er sie im Grunde nicht und hatte keine Ahnung, was er mit ihnen anfangen sollte. Von mir bekam er die liebevolle Zuwendung, nach der er suchte. Er ließ sich gern von mir massieren und war sehr glücklich, wenn er in meinen Armen liegen konnte. Was er oft nicht mochte, war Geschlechtsverkehr oder sich durch Streicheln zum Orgasmus bringen zu lassen, denn das machte ihn müde, wie er sagte. Er wollte Nähe und liebevolle Berührung, um eine Weile seine Einsamkeit zu vergessen.

All das versuchte ich, so gut es ging, den Anhängern Meister Das zu erklären, die für meine spirituelle Entwicklung verantwortlich waren. Meine Beziehung zu Jack war die einzige, die man als sexuell einstufen konnte, und sie wurde verkompliziert durch die Tatsache, dass Jack mir Geld gab. Jack lieh mir auch sein Auto, wenn meines den Geist aufgegeben hatte, und brachte mir jede Menge Aprikosen aus seinem Garten mit. Wir kümmerten uns umeinander und mir lag sehr daran, dass es ihm gut ging. Ob meine Beziehung zu Jack wohl ihrem Anspruch von der »emotional verbindlichen« Beziehung gerecht wurde?

Natürlich nicht. Es mochte eine Beziehung zwischen einer liebenden Prostituierten und einem liebenden Mann sein, doch ihre Zustimmung fand sie keinesfalls. Ich musste mich aus dieser Beziehung lösen, ehe ich Meister Adi Da meine Verbundenheit geloben durfte. Für mich war dies gewissermaßen die Feuerprobe: Konnte ich wirklich *selbst* entscheiden, was richtig und was falsch war? Und hatte ich nicht schon oft das *Gefühl* gehabt, das Richtige zu tun, und später festgestellt, dass es ein Fehler gewesen war? Sollte ich jetzt nicht meinem neuen Meister – oder seinen Vertretern – vertrauen?

Ich legte mein Gelöbnis ab. Wie damals, als ich ins Kloster eintrat, ignorierte ich wieder bereitwillig den Schmerz in meinem Inneren zugunsten eines höheren Ziels. Ich akzeptierte das Urteil der Menschen, die vermeintlich über mir standen, dass meine Motive unlauter seien, weil Jack mich bezahlte – und all das, weil ich ein spiritueller Mensch sein wollte. Ich zahlte einen hohen Preis für dieses neue Selbstbild.

Von da an verweigerte ich Jack jegliche Beziehung und es tut mir heute noch Leid. Ich versuchte es ihm zu erklären, aber er sah mich mit seinen durch die dicken Brillengläser vergrößerten braunen Augen nur immer verwirrt an. Der arme Mann verstand überhaupt nicht, was los war, und er litt. Er nahm mich ein letztes Mal fest in die Arme und drückte mir zitternd einen letzten unschuldigen Kuss auf die Lippen. Ich überließ Jack seiner Einsamkeit und seiner Verwirrung. Er erlitt einen Rückfall und starb wenige Monate später im Krankenhaus, und ich war nicht bei ihm.

Jacks Tod war für mich der Wendepunkt. Niemand, nicht der größte aller spirituellen Meister auf Erden, nicht der Weiseste aller Weisen des Himmels und auch nicht Gott hatte jemals das Recht, mir zu sagen, was richtig für mich war. Mein lieber Freund Jack lehrte mich etwas für mein Leben wirklich unendlich Wichtiges. In dieser traurigen Zeit begann ich meine innere Wahrheit nach und nach wieder mehr zu respektieren.

Ich sagte mich von Meister Da los. Es klingt vielleicht seltsam, aber es machte mir schrecklich Angst. Ich hatte das Gefühl, dass ich, wenn ich meinen Weg allein ging, vielleicht meine letzte Chance auf wahre Hingabe an Gott verspielte, dass ich mich von einem besonderen Strom der Gnade abschnitt. Ich wollte nicht schon wieder ein Versprechen brechen, das ich in vollem Ernst abgegeben hatte. Und ich nahm es mir sehr zu Herzen, als mir gesagt wurde, Meister Da erfülle jede Lossagung mit großer Trauer und er sei zutiefst verletzt, dass das Geschenk seiner selbst zurückgewiesen wurde.

Meister Da zu lieben war vermutlich ein großes Geschenk. Mich von ihm loszusagen ein noch größeres, denn damit entschied ich mich für den höchsten aller Werte: meinem inneren Selbst treu zu sein. Die Überwindung des ängstlichen Ego-Selbst beginnt damit, dass man an seinem inneren Selbst nicht länger zweifelt. Vielleicht war das der Sinn, warum Meister Da in mein Leben trat: Mich dazu zu bringen, dass ich mich für die innere Wahrheit statt für noch so großartige Versprechen von Befreiung entschied. Ich war mir nicht sicher, ob ich das Richtige tat; all meine spirituell engagierten Freunde rieten mir davon ab. Heftige Gewissensbisse plagten mich, als ich die vielen Fotos von Adi Da von meinen Wänden nahm, doch durch irgendeine gnädige Fügung sollte ich kein weiteres Mal entgleisen.

Als ich einem Freund von meiner Entscheidung erzählte, dass ich mein erst vor kurzem gegebenes Versprechen widerrufen wollte, spürte er, dass mir meine – wie andere es nannten – Illoyalität zu schaffen machte, und er bemerkte gelassen: »Carla, dieses Versprechen hast du nur dir selbst gegeben.« Und wieder begriff ich mit großer Erleichterung, dass die einzige Wahrheit, der ich folgen musste, die Wahrheit in meinem Herzen war. Alle äußeren Bezugspunkte beeinträchtigten nur jene wunderbare Harmonie mit dem stets gegenwärtigen Göttlichen in meinem tiefsten Inneren.

Kein Ding ist gut oder schlecht, erst das Denken macht es dazu, schrieb Shakespeare. In meinen mittlerweile einige Jahre zurückliegenden Sitzungen bei Gaye erlebte ich dies zum ersten Mal. Das Böse stellte sich als allumfassende Liebe heraus. Damals war ich zu unreif, um dieses große Geschenk schätzen zu können. Nun jedoch begann ich diese tiefe Wahrheit zu würdigen.

Du wolltest es nicht anders, Carla

Wir hatten 1994. Bald würde ich siebenundfünfzig sein und hatte doch gerade erst die erste richtige Lektion meines Lebens gelernt: mich selbst anzunehmen. Warum hatte ich bloß so lange gebraucht, um diese schlichte Wahrheit zu begreifen, fragte ich mich verwundert. Die Religion meiner Kindheit, in der Sünde, Strafe, Schuldgefühle und Demütigung die wichtigste Rolle spielten, hatte sie in irgendeine Ecke verdrängt oder unter den Dielenbrettern vergraben, irgendwo, wo sie kaum mehr zu finden war. Wie sollte die katholische Kirche ihre Schäfchen ohne die große Macht der Schuldgefühle unter Kontrolle halten? Würden die Katholiken auch so oft oder überhaupt noch in die Kirche gehen, wenn sie nicht ständig ein Bedürfnis nach Vergebung, nach der Anerkennung des »Vaters« hätten? Würden sie zur Beichte gehen? Würden sie denjenigen, die predigen, was richtig und was falsch ist (meistens, was falsch ist), weiterhin einen Sonderstatus und Respekt zugestehen? Und, ganz entscheidend, würden sie weiterhin das Geld geben, das die Maschine am Laufen hält?

Natürlich ließ sich alles leicht auf meine Religion schieben. Ein wenig war ich aber auch selbst schuld: Ich war einfach nicht darauf vorbereitet worden, ehrlich zu sein. Ich hatte zu viel Angst gehabt, mich der Wahrheit zu stellen. Und jetzt, da ich mich ihr zu stellen begann, was war es schon? Aus meiner persönlichen Erfahrung kann ich sagen, dass es keine bessere Form des Exorzismus gibt als Ehrlichkeit.

Mir wurde klar, dass ohne Ehrlichkeit kein wirklich spirituelles Leben möglich war. All das Getue, ob man gut genug ist für Gott, für andere oder für das eigene aufgeblähte Selbstbild – es hatte nichts mit Spiritualität zu tun. Es kam mir vor, als hätte man mich aus einem Minenfeld gehoben, das ich irrtümlich für einen Pfad gehalten hatte, und auf einem neuen und fremden Weg abgesetzt, an den sich meine Augen und Beine noch nicht gewöhnt hatten.

Die Vergangenheit hatte tiefe Spuren in mir hinterlassen und es würde viel Arbeit erfordern, sie zu beseitigen. Meine neu entdeckte Freiheit war nur ein Anfang. Eingefahrene Strukturen wurden nach und nach verändert und es würde viel Zeit und weitere – nicht immer nur angenehme – Erfahrungen brauchen, um aus dem Callgirl Gottes schlicht ein Mädchen Gottes zu machen.

Wenn der Schüler bereit ist, erscheint auch der Lehrer, heißt es. Im November 1998 kam Isaac Shapiro nach Denmark. Isaac – dunkelhäutig, sexy, kräftig (er liebte Essen!) und wunderbar *unkompliziert* – war sich seines spirituellen Wesens bewusst geworden. Es waren angenehme Stunden mit ihm. Man konnte ihm Fragen stellen, die er, der andere behutsam zu ihrem wahren Selbst führte, mit unendlicher Geduld beantwortete.

Ich saß unter etwa hundert Zuhörern und spürte plötzlich ein intensives Verlangen, auf die Bühne zu gehen und mit Isaac zu sprechen. Allerdings wurde mir bei dem Gedanken, mich öffentlich zu äußern, gleich so heiß vor Angst, dass ich tagelang nicht den Mut dazu fand, bis ich schließlich doch aufstand und mir einen Weg nach vorn suchte.

Dann saß ich neben ihm, das Mikrofon in der Hand, mein Herz hämmerte wie verrückt und wollte sich einfach nicht beruhigen. Den Blick fest auf Isaac geheftet, wollte ich, obwohl mir schwummrig war, gerade anfangen zu sprechen, als Isaac mich innehalten ließ.

»Sag mir, was du empfindest.«

»Angst«, erwiderte ich.

»Nun«, sagte Isaac, »das ist eine Vorstellung, die du in deinem Kopf hast, ein Etikett für das, was du empfindest. Sag mir, welche *körperlichen* Empfindungen du hast.«

Ich spürte in meinem Körper nach. Das Adrenalin, das gerade noch mit aller Macht durch meine Adern geströmt war, stabilisierte sich von allein auf einem angenehmen Niveau. »Ich spüre eine Art Hitze«, sagte ich, was im Publikum einige Lacher hervorrief.

»Das ist es also, wovor du Angst gehabt hast«, sagte Isaac, »eine Art Hitze!« Er lachte leise in sich hinein und sah mich dabei unverwandt an.

Ich nickte nur, besonders klar denken konnte ich in diesem Moment nicht, spürte wirklich eine große Wärme in mir und wahrscheinlich glühten auch meine Wangen. Ich stand auf, um wieder an meinen Platz zu gehen, doch Isaac hielt mich zurück. »Würdest du bitte ein Lied singen?«, fragte er mit einem verschmitzten Lächeln, das jedoch andeutete, dass es nur eine Bitte war, keineswegs ein Muss.

Mir fiel sofort das Lied ein, das ich damals als Sechsjährige vor der Klasse eher gekrächzt als gesungen hatte, starr vor Angst, dass man mich als schlechtes Mädchen sehen könnte. Noch stark unter dem Einfluss des Adrenalins, sang ich *»Daar bij die molen«*, nicht besonders schön, aber mit einem Lächeln. Als ich geendet hatte, bekam ich großzügigen Applaus. »Bleib bei dir«, sagte Isaac, bevor ich mich umwandte, um das Podium zu verlassen. Im gleichen Moment, als er das sagte, verlor ich das Bewusstsein, trat ein in einen tiefschlafartigen Zustand, wo ich nichts mehr dachte, überhaupt nichts – ein friedvolles, unermesslich weites Nichts. Nur für den Bruchteil einer Sekunde, als ich Isaacs unverwandtem Blick begegnete und seine Worte tief in mein Herz drangen, ein auf einem Seidenkissen dargebrachtes Geschenk. *Bleib bei dir.* Ich wusste, dass diese Worte das Geheimnis des Glücks enthielten. Ich dankte ihm stockend, er nickte mir zu und ich kehrte an meinen Platz im Publikum zurück.

Isaac hatte mir, außer seinen Worten, noch etwas anderes gegeben. In jenem Moment des Nichtseins war ich zu meinem wahren Selbst heimgekehrt – etwas so Simples und doch so schwer zu beschreiben. Von diesem Ort nahm ich ein Gefühl mit, anders als eine Emotion, ein Gefühl meiner selbst als reines Sein. Es war eine tiefe Erkenntnis oder Erkenntnis der Tiefe, in der wir leben. Ich spürte mich, diese Carla, wachsen. Selig saß ich da, voller Dankbarkeit für dieses wunderbare Geschenk.

Als ich wieder zu Hause war, erinnerte ich mich noch an anderes, was Isaac zu jemand gesagt hatte. *Gefühle sind unpersönlich.* Ich stellte mit Erstaunen fest, dass die Gefühle der Scham, Wertlosigkeit und Angst, die ich als ausschließlich mir gehörig empfunden und nie in Frage gestellt hatte, gar nicht meine eigenen Gefühle waren! Ich hatte sie geerbt, höchstwahrscheinlich von meinen Eltern, die sie wiederum von ihren Eltern, von der Gesellschaft, der Kirche und so weiter gelernt hatten. Als Kind hatte ich über diese Gedanken keine Kontrolle, als Erwachsene immer noch nicht.

Ich verweilte eine Zeit lang bei diesen Erkenntnissen, ging in die Vergangenheit zurück und spürte, wie die altvertrauten schmerzhaften Gefühle sich von mir zu lösen begannen, sich dann aber doch wieder mit aller Macht in meinem Kopf festklammerten. Ich hatte sie vierundfünfzig Jahre lang mein Leben bestimmen lassen und sie waren nicht bereit, sich einfach so davonzumachen. Doch Isaac hatte mich gelehrt, worauf es ankam: bei mir zu bleiben, bei meinem wahren Selbst. Bejahung auch der schwierigsten Gefühle und Gedanken war ein Weg, bei sich selbst zu sein.

Eigentlich ganz einfach: Durch Selbstablehnung verlor ich mich, durch Selbstbejahung würde ich wieder zu mir finden.

Am 23. Dezember 1998, knapp einen Monat nach Isaacs Besuch, wurde ich in einer der schmalen Straßen Denmarks von einem Lastwagen, der mit überhöhter Geschwindigkeit unterwegs war, angefahren und stürzte vom Fahrrad. Der Fahrer hielt nicht an.

Ich kam mit einem komplizierten Bruch des rechten Arms ins Krankenhaus. Der Dienst habende Chirurg schien nicht sonderlich erbaut, sich so kurz vor Weihnachten noch damit beschäftigen zu müssen. Er saß da, den Kopf in die Hände gestützt – wir warteten beide darauf, dass die Operation beginnen konnte –, blickte dann auf, kam zu mir und flüsterte mir grimmig ins Ohr: »Mein Job ist, Ihren Arm wieder zusammenzuflicken, und nicht, ihn wieder hübsch herzurichten. Wenn Sie das wollen, müssen Sie sich einen plastischen Chirurgen suchen!«

Er flickte meinen Arm auch wirklich nur notdürftig zusammen. Er fixierte die Bruchstücke nicht mit einem Nagel, wie er mir vor der Operation zugesichert hatte, und machte sehr grobe Nähte. Danach konnte ich wegen einer akuten Schleimbeutelentzündung am Ellenbogen nicht liegen und ich bekam eine schwere Reaktion auf das Morphin, was jedoch zwei ganze Tage lang niemand bemerkte. Ich wurde fast wahnsinnig vor Schmerzen und mir war ständig übel. Sobald ich die Augen schloss, sah ich jedes Mal den Buchstaben M vor mir tanzen, Myriaden von Ms, die nicht mehr verschwinden wollten. Schließlich überlegte ich, was diese Ms bedeuten sollten, und die Antwort kam sofort: M stand für Madness, Wahnsinn. Ich wurde wahnsinnig vor Schmerz, weil ich medikamentös falsch behandelt wurde, weil ich weder Nahrung noch Flüssigkeit bei mir behalten konnte und wegen Schlafmangels.

Den Leuten, die mich am ersten Weihnachtstag besuchen kamen, bot sich ein erbärmlicher Anblick. Louis, mein Chiropraktiker, erkannte auf den ersten Blick, was ich brauchte. Der liebe Mensch erinnerte mich an etwas, das ich zwar wusste, in meinem elenden Zustand jedoch vergessen hatte: *Akzeptiere, was geschieht, ohne dich zu widersetzen.* »Atme, Carla«, sagte er. »Bewusstes Atmen bringt dich zur Mitte, heraus aus dem Kopf.«

Und so akzeptierte ich, während ich einatmete, was geschah, und übergab mich beim Ausatmen immer wieder dem Rätsel des Warum. Ich akzeptierte, was immer mir bevorstand, und gelangte zu innerem Frieden. »Was ist Hingabe?«, hatte ich Persephone und ihre Freunde gefragt. Ich hatte jahrelang darüber nachgedacht, was wahre Hingabe sein könnte. Jetzt hatte ich die einmalige Gelegenheit, es besser zu verstehen! Es war wieder einmal die Selbstakzeptanz, die mich tiefere Schichten meiner selbst erschließen ließ. Der Buchstabe M stand nun für Meditation.

Wieder zu Hause lernte ich die unglaubliche Hilfsbereitschaft vieler Freunde akzeptieren, die mit Essen und anderen guten Dingen ankamen und mich in jeder Weise unterstützten. Ich lernte eine neue Bedeutung von M – die magischen Momente, die sich einstellen, wenn man sich ganz hingibt.

So viel Liebe zu bekommen und sich dabei nicht zu verändern war unmöglich. Ich wurde in vieler Hinsicht milder – ein weiteres M.

Während mein gebrochener Arm heilte, verbrachte ich lange Phasen in völliger Einsamkeit und Stille. Ich konnte nicht fernsehen, weil dann meine Augen schmerzten, und aus demselben Grund nicht länger lesen. Schreiben konnte ich auch nicht. Ich hatte das seltsame Gefühl, in einem Vakuum zu leben wie ein

Schatten. Lebte ich die ganze Zeit in diesem Vakuum, vollkommen allein, und andere Menschen tauchten nur am Rande auf? Und war all mein Tun nur darauf ausgerichtet, dieses stille Vakuum mit allen möglichen Ablenkungen zu füllen? Fast fürchtete ich, dass es so sein könnte.

Ich spielte irgendeine leichte, eingängige Musik und hatte Angst, wieder in die Leere und Stille zurückzufallen, wenn sie zu Ende war. Ich programmierte den Rekorder so, dass er das Band immer wieder abspielte, um das Ende hinauszuzögern. Spielte ich nicht mein ganzes Leben lang schon auf Zeit? Was versuchte ich wegzuschieben? Den Gedanken, ausgelöscht zu werden, zu verschwinden, als hätte ich nie existiert? Ich fühlte mich vom unausweichlichen Tod umgeben, als lebte ich in einer Welt, die bereits gestorben war.

Ich wollte mich nicht so seltsam fühlen, also füllte ich das Vakuum mit schwerem Schokoladenkuchen, den mir jemand aus dem Café mitgebracht hatte. Hinterher fühlte ich mich schlecht, irgendwie aber auch besser. Ich merkte, dass ich durch zu viel Essen meine Gefühle betäubt hatte. Ich spürte den unvermeidlichen Tod meines Körpers nicht mehr so intensiv. *Keiner von uns geht irgendwohin, keiner von uns wird hier bleiben*, sagte die Stimme aus dem Vakuum, in der Stille widerhallend. Mein Nacken, mein Arm und meine Hand taten furchtbar weh.

Wenn ich mich nicht einfach daran freuen konnte, dass ich lebte, vielleicht sollte ich dann wieder einmal vögeln, überlegte ich. Das letzte Mal lag schon Jahre zurück! Doch es war niemand da, mit dem ich hätte ins Bett gehen können, ich war von nichts als Erinnerungen umgeben. Ich brauchte einen Menschen aus Fleisch und Blut, der mich anschauen, der die Arme um mich legen konnte. Ich könnte mich dann der Illusion hingeben, doch nicht allein zu sein. *Die Arme würden dich wieder loslassen*, mischte sich die Stimme ein. *Er würde gehen – ins Bad oder um sich schlafen zu legen. In der Nacht würde er sich ins Nichts zurückziehen, am Tag in den Nebel vielfältiger Beschäftigungen.*

Seltsame Gedanken. Ich hatte Angst, dass ich als Nächstes an Selbstmord denken würde. Dann jedoch erkannte ich zum Glück, dass meine Überlegungen nicht nur negativ waren, sondern eine Einladung, mehr in die Tiefe zu gehen als im alltäglichen Leben. Ich bat unsichtbare Freunde um Hilfe – Engel, irgendjemanden dort draußen. Und irgendwann veränderten sich meine Gefühle. Ich war auf einmal bereit, mich dem Tod zu stellen, und gewann in diesem Moment eine neue Freiheit.

Das Leben hatte mich dazu gebracht, die Akzeptanz »dessen, was ist«, noch besser zu verstehen. Ich erkannte, dass es dasselbe ist wie Selbstakzeptanz, denn eigentlich gibt es dort draußen nichts. Was es augenscheinlich dort draußen gibt, ist immer und nur mein Selbst. Ich kann es nicht erklären. Nur die werden es verstehen, die es ohnehin schon wissen.

Nun gab es kein Leid mehr, nur das unglaubliche Gefühl, mit Freude annehmen zu können, was immer der Augenblick brachte, Atemzug für Atemzug, Herzschlag für Herzschlag, Schmerz für Schmerz. Erfolg bedeutete nicht mehr, Geld oder einen Beruf zu haben oder anerkannt zu werden. Erfolg bedeutete, diesen einen Moment in Dankbarkeit zu leben.

Meine Tochter Caroline drängte mich, einen erfolgreichen südamerikanischen Heiler aufzusuchen, der sich gerade in Perth aufhielt, damit er die Heilung meines gebrochenen Arms beschleunigte. Ich sträubte mich lange, hauptsächlich weil er ein sagenhaftes Honorar verlangte, das ich mir kaum leisten konnte. Caroline bot mir an, es zu übernehmen, falls ich nicht zufrieden sein sollte, und schließlich willigte ich ein, zu ihm zu gehen.

Ich stand vor Victor und erklärte ihm, warum ich gekommen war. Er nahm keine Notiz von meinem Arm, sondern sah mir in die Augen. Er war stämmig, hatte dunkle Haut, Charisma und reichlich Optimismus. Nach wenigen Sekunden eröffnete er mir, dass mein Geist die meiste Zeit meines Lebens zum Teil außerhalb meines Körpers gewesen wäre. Er zeichnete ein Bild, das neben meinem Körper die Umrisse eines Geistkörpers zeigte; der Geist hatte entsetzliche Angst und wollte fort, nur die Nabelschnur verband ihn noch mit meinem Körper. Ich hörte aufmerksam zu – für mich ergab Sinn, was er sagte, trotz meines neu gefundenen inneren Friedens.

Als ich mich umsah, registrierte ich geringschätzig das große Kreuz mit unzähligen Lämpchen, das Bild der Jungfrau Maria – allen möglichen religiösen Schnickschnack, und noch dazu katholischen!

Victor forderte drei seiner Schülerinnen auf, mich ebenfalls anzusehen. Sie beschrieben Symptome, die seine Einschätzung bestätigten, auch dass ich einen durchdringenden Blick hatte, den andere Menschen als unangenehm empfanden. Das ließ mich aufhorchen. Ich hatte schon bemerkt, dass die Leute zu begreifen versuchten, was sie in meinen Augen sahen. Sie dachten offenbar, ich starre sie zornig an, und deshalb hatte ich mir angewöhnt, meine Augen leicht nach oben zu drehen, damit sie freundlicher wirkten. Wenn ich den direkten Blick anderer Leute vermeiden wollte, schaute ich haarscharf an ihnen vorbei – auch eine etwas irritierende Angewohnheit.

Ich wurde gebeten, mich vor das beleuchtete Kreuz zu stellen und Gott um Hilfe zu bitten. Ich schloss die Augen und tat, wie mir geheißen, innerlich bereit für alles, was da kommen mochte.

Dann bat mich Victor, mich – unterstützt von den drei Frauen – auf eine lange Bank zu legen, und begann mit einem

Ritual, um meinen Geist zurück in meinen Körper zu bringen. Er rief meinen Geist mit lauter Stimme und während er mir ziemlich fest auf die Fußsohlen schlug, musste ich rufen: »Ich bin hier!« Ich wimmerte, weil die Schläge ordentlich wehtaten, brachte den geforderten Ausruf jedoch zustande; die Frauen beteten unterdessen. Plötzlich rief Victor aus: »Im Namen Gottes, ich befehle dir, geh hinein!«, und dabei schlug er mir ein letztes Mal auf die Füße. Mir entfuhr unwillkürlich ein lauter Schrei – und ich spürte, wie mein Geist in meinen Körper zurückkehrte.

Man half mir von der Bank, und Victor beobachtete, wie ich auf und ab ging. Ich fühlte mich wie ein neuer Mensch, unkompliziert, ähnlich einem Kind, nicht besonders, sondern vollkommen normal. Ich begriff, vielleicht zum ersten Mal, wie es war, einfach Mensch, ganz »da« zu sein. Es war eine ganz leise, schlichte Freude. Ich empfand gelinde Zuversicht und natürliche Würde, als ich so auf und ab ging, und große Dankbarkeit gegenüber Victor, dem Mann, der meinen Geist in meinen Körper zurückgeholt hatte.

Er hatte etwas heilen können, von dem ich keine Ahnung gehabt hatte. Man hatte mich im Alter von sechs Jahren so sehr erschreckt, dass ich einen Teil meines Körpers abgespalten hatte, und ich hatte mich an diesen Zustand gewöhnt. Es war wunderbar, wieder mein ganzes Selbst zu spüren. Ich atmete leichter und fühlte mich auf einer tiefen Ebene nun endlich allen anderen Menschen zugehörig. Es war ein ganz besonderer Moment.

Über meinen Arm wurde überhaupt nicht gesprochen, doch nachdem ihn die besten Chirurgen der Stadt ein zweites Mal operiert hatten, heilte er erstaunlich gut.

Radikale Unschuld

Wir hatten August 1999 und ich saß bei meiner holländischen Freundin im Garten. Ich war über Frankreich, Belgien und London nach Breda in Holland gereist und erklärte ihr nun, dass ich pleite sei, aber immerhin ein Rückflugticket in der Tasche hätte.

Ich war dem starken Impuls gefolgt, bei einer Frau namens Byron Katie einen Ausbildungskurs mit Zertifikat in »The Work« zu machen, und hatte im Vertrauen darauf, dass es schon irgendwie klappen würde, eine Anzahlung geleistet, ohne die restliche Summe bezahlen zu können. Ich hatte Aussicht auf eine Entschädigung wegen meines Unfalls, handelte also nicht vollkommen unüberlegt. Das Problem war, dass weder eine Bank noch irgendein Freund in Denmark mir einen einzigen Cent auf diese Zahlung vorschießen konnte, denn weder die Summe noch das Auszahlungsdatum waren festgelegt. Ich schöpfte alle Möglichkeiten aus, um so viel Geld wie möglich zusammenzukratzen. Von zwei lieben Freunden in Perth bekam ich schließlich in allerletzter Minute das Geld für das Ticket geliehen.

»Glaubst du, ich bin verrückt?«, fragte ich meine Freundin. Julia, eine quicklebendige Frau in den Achtzigern, lachte auf. Nein, das glaubte sie nicht, vielmehr bewunderte sie meinen Mut. Und sie bot mir auf der Stelle an, zweitausend Gulden beizusteuern, das reichte gut für den zweiwöchigen Kurs. Ich sei ihr als Gast herzlich willkommen, sie wolle mich auf ihre Kosten gründlich verwöhnen. Was für eine Erleichterung! Julia war eine reiche Frau mit einem großen Herzen und wir kamen wunderbar miteinander aus.

Ich sog tief die milde Sommerluft in ihrem Garten ein, die so viel feiner roch im Vergleich zur scharf-würzigen Luft Australiens. Ich war wieder in meiner Heimat, zum ersten Mal seit neunundvierzig Jahren. Tilburg, meine Geburtsstadt, lag nur zwanzig Zugminuten entfernt. Ich fühlte mich wie in ein Märchenbuch versetzt, eines mit vielen hellen, freundlichen Bildern.

Der Kurs sollte bald beginnen, also machte ich mich auf den Weg nach Heeze, nach Kapellerput, einem alten, zu einem Tagungszentrum umgewandelten Jesuitenkloster, das Platz für rund hundert Gäste bot. Als ich mich angemeldet hatte, hatte man mir per E-Mail mitgeteilt, dass der Kurs ausgebucht sei. Ich schrieb, dass ich trotzdem kommen würde, und hörte zwei Tage später, dass Katie aufgrund der großen Nachfrage beschlossen hatte, so viele Leute aufzunehmen, wie man dort unterbringen konnte.

»The Work« von Byron Katie begann einige Jahre nach Katies Erleuchtungserlebnis. Katie, eine mollige Frau in den Fünfzigern, erfuhr, wie es ist, sich ungeliebt und wertlos zu fühlen, wie es ist, zu hassen und von Zorn, Schmerz, Trauer und Verzweiflung erfüllt zu sein, wie es ist, wenn die Seele so sehr leidet, dass man nicht gut für sich sorgen kann. Durch eine gnädige Fügung erkannte sie eines Morgens, als sie aufwachte, dass es lediglich Geschichten waren, die sie in Fesseln hielten. Seitdem hat sie keine einzige Geschichte mehr geglaubt.

Jesus sagte: »Die Wahrheit wird euch frei machen.« Wie oft haben wir diesen Satz gehört und die Wahrheit mit der einen oder anderen Überzeugung, an die wir glaubten, gleichgesetzt? Die wirkliche Wahrheit brauchen wir nicht zu glauben, denn sie sitzt tief im Herzen.

Zum ersten Teil von »The Work« gehört Aufschreiben. »Mein Vater hat mein Leben ruiniert«, begann ich. Ich liebte meinen Vater und hatte ihm verziehen, aber es stimmte, dass er mein Leben ruiniert hatte; das war eine »Tatsache«, mit der ich mich abgefunden hatte. Als mich meine Betreuerin fragte: »Ist es wahr, dass dein Vater dein Leben zerstört hat?«, meinte ich, das liege doch auf der Hand, das sei eine unumstößliche Tatsache. War nicht mein ganzes Leben ein Beweis dafür? »Ich kann mit dieser Tatsache verschieden umgehen, aber ich kann sie nicht wegleugnen«, beharrte ich.

»Wer wärst du ohne die Überzeugung, dass dein Vater dein Leben zerstört hat?«

Diese Frage ließ mich innehalten. Mein Kopf wurde leer, ich war plötzlich sehr müde. Lieber wäre ich ohnmächtig geworden, hätte mich in Luft aufgelöst oder sonst etwas gemacht, als mich dem Gedanken zu stellen, dass ich ohne diese Überzeugung leben könnte. Es kostete mich große Mühe, mich wieder zu konzentrieren, nachzudenken und die Frage zu beantworten.

Vier ganze Tage lang konnte ich nicht erkennen, dass dies meine *Interpretation* dessen war, was mir geschehen war und wie mein Leben sich gestaltet hatte. Aufgrund dieser Geschichte hatte ich mich an die Vorstellung gewöhnt, ein Missbrauchsopfer zu sein. Ein vielleicht wieder gesundes oder gesundendes Opfer, aber immer noch ein Opfer. Und außerdem: Wenn nicht mein Vater schuld sein sollte, wer denn dann? *Ich* war bestimmt nicht schuld an meinem ruinierten Leben!

Am fünften Tag dämmerte es mir langsam. Es ging gar nicht darum, Schuld zu verteilen. Was, wenn *niemand* schuld hatte? Was, wenn mein Vater und ich mit unserer jeweiligen inneren Reife nur unser Bestes getan hatten? Was gewann ich, wenn ich darauf beharrte, dass mein Vater mein Leben zerstört hatte? Endlich war ich bereit, meinen Opferstatus aufzugeben, den ein Teil von mir so hoch schätzte. Der Wunsch, anderen die Schuld zu geben und selbst keine Verantwortung zu übernehmen, muss eine tiefe psychische Unterströmung sein, die uns von der größeren Wahrheit fortzieht.

Ich ging zu der Betreuerin, die vier Tage zuvor diesen Prozess angestoßen hatte. Und antwortete auf ihre Frage, wer ich ohne diese Überzeugung wäre: »Ich wäre schlicht glücklich und zufrieden. Ich würde mich normal fühlen, einfach ich, mit einem runden, ganzen Leben wie jeder andere Mensch auch.«

Von meinem Vater hatte ich gelernt, dass ich schlecht war. Ein ganz wichtiger Aspekt von »The Work« ist die so genannte Umkehrung. Als ich diese Überzeugung umkehrte, stellte ich fest, dass ich *mich selbst* viel öfter als schlecht bezeichnet hatte, als mein Vater es je getan hatte. Ich hatte, wenn auch unabsichtlich, eine Geschichte fortgeschrieben. Ich kehrte *alles* um und hatte dann die Wahrheit, die mich frei machte. Aus »Mein Leben wurde zerstört« wurde »Mein Leben ist *gesegnet!*«

Und diese Wahrheit berührte mich so stark, dass ich vor Freude weinte.

Ein junger Mann namens Brett ging zu Katie hinauf, um mit ihr zu arbeiten, weil er sich dafür schämte, auf welche Weise sein Vater Geld verdiente – er betrieb ein Bordell. In mir löste es ähnliche Schamgefühle aus.

Katie hatte kein Problem mit Prostituierten und ihrer Arbeit. Diese Frauen erbrächten eine notwendige Dienstleistung, sagte sie, und die Amsterdamer Prostituierten machten es mit Stil. Ihre Schlafzimmer, selbst die Fenster, in denen sie sich zur Schau stellten, seien ebenso heilige Orte wie Kirchen. Sie fragte herum, ob wir anderer Meinung wären; wenn ja, sollten wir unsere Vorstellungen näher erforschen.

Katies naiver Idealismus machte mich wütend. Hatte sie wirklich keine Ahnung von der schmutzigen Seite dieses Gewerbes? Von den Drogen, der Erniedrigung und Gewalt, der Gier nach Geld? Wie konnte sie Prostituierte ungeniert als »Frauen, die eine notwendige Dienstleistung erbringen« bezeichnen, als wären sie Kassiererinnen in einem Supermarkt?

Trotz allem, was ich Katie sagen hörte, trotz all meiner eigenen Erfahrungen saß in meinem tiefsten Inneren immer noch die Überzeugung, dass ich selbst Schuld hatte. Hatte ich nicht viele Hinweise ignoriert, dass ich aufhören sollte? Hatte ich nicht wider bessere Einsicht gehandelt und weitergemacht, bis ich einfach nicht mehr konnte? Wenn Katie erfuhr, dass ich eine Hure gewesen war, würde sie ihre Mary-Poppins-Haltung schnell aufgeben.

Ich kämpfte eine Weile mit mir, vertraute mich dann aber doch einer ihrer Mitarbeiterinnen an. »Ich schäme mich und habe nicht den Mut, mit Katie daran zu arbeiten.«

»Gut«, sagte sie, »du hast den Anfang gemacht, indem du es mir gesagt hast.« Und ich spürte, dass sie mich unterstützen würde, wenn ich mit Katie daran arbeiten wollte.

Mit leiser Stimme, die ich kaum als meine eigene erkannte, fragte ich, ob ich nach oben kommen könnte. Als ich neben Katie saß und in diese klaren blauen Augen sah, fing ich an zu erklären, warum ich schlimmer war als eine normale Prostituierte und weder von Gott noch der Natur auf Vergebung hoffen könnte. Ich berichtete ihr, dass ich von diesem Leben abhängig geworden war und mich nur wegen des Geldes prostituiert hatte, was allem widersprach, was ich eigentlich gewollt hatte. Ich hatte mich selbst verraten.

»Hast du das Beste getan, was du tun konntest?« Ihre simple Frage hallte durch das Mikrofon im ganzen Raum wider.

Meine Antwort war ebenso simpel und die reine Wahrheit. »Ja, das habe ich.«

»Wo ist dann das Problem?«

Erleichterung durchströmte mich. Was für ein Getue um nichts! In welche erstaunlichen Verwicklungen wir uns doch völlig unnötigerweise verstricken. Etwas wollte ich allerdings noch loswerden, etwas, das mich sehr belastet hatte.

»Ich habe Männern geschadet mit dem, was ich getan habe, Katie. Ich denke, die Männer, die zu mir kamen, waren zu einer normalen Beziehung nicht fähig, und ich habe alles noch schlimmer gemacht, indem ich ihre Entfremdung verstärkt habe. Sie hatten oft Schuldgefühle und ich habe ihre Schuldgefühle verstärkt …« Ich verstummte, während ich aufmerksam Katies Gesicht beobachtete.

»Wenn diese Männer wirklich so vereinsamt waren, wie du glaubst, dann hast du ihnen meiner Meinung nach etwas gegeben, was sie brauchten und nirgendwo sonst bekommen konnten. Wer bist du, diese Männer zu beurteilen? Wer bist du, zu sagen, welchen Weg sie gehen sollen?« Und dann sagte sie mit ihrer typischen Direktheit und wurde fast laut dabei: »Woher wusstest du, dass es *richtig* war, was du tatest? Weil du es getan hast. Wir tun, was wir tun, bis wir es nicht mehr tun.«

Meine selbst auferlegten Schuldgefühle, auf lebenslanger erlernter Scham basierend, waren innerhalb von zehn Minuten weggefegt. Ich brachte noch ein heiseres leises Dankeschön zustande und setzte mich wieder zu den anderen, eingehüllt in ein Gefühl von Frieden, wie ich es noch nie erlebt hatte. Ich fühlte mich geläutert – nicht im christlichen Sinn, wenn einem eine Sünde vergeben wurde, sondern befreit von Illusionen und Lügen. Ich wusste mit absoluter Sicherheit, dass ich unschuldig war und es immer gewesen war, selbst als ich meine innere Wahrheit zu verraten meinte. Ich war ein Mensch wie jeder andere: Jeder tut das Beste, das er entsprechend seinem jeweiligen Wissen oder Unwissen tun kann, sonst würde er es anders machen. Nun, da ich diese Erkenntnis für mich selbst angenommen hatte, konnte ich es auch anderen zugestehen, insbesondere meinen Eltern.

Es ist ohne Zweifel ein überaus gnadenreiches Geschenk, wenn man wieder zu seiner ursprünglichen Unschuld zurückkehren kann und weiß, dass man nichts anderes als gut ist, im Innersten unverdorben, egal welche psychischen und emotionalen Muster man entwickelt hat. Nun hatte ich wunderbare Werkzeuge zur Hand, um in Augenblicken der Selbstkritik – oder der Kritik an anderen – die Wahrheit zu finden.

Was ich für mein wahres Selbst gehalten hatte – als Kind, als Nonne und als Prostituierte –, war der schlechte, schuldbeladene Teil von mir. Da ich meinem »schlechten Selbst« so viel Glauben geschenkt hatte, hatte es überdimensionale Proportionen angenommen und sogar ein Eigenleben entwickelt – eine Subpersönlichkeit, eine Art Teufel. Jeder Gedanke, mit dem ich mich selbst verdammte, gab diesem Schlechten-Selbst-Teufel in mir die Energie, die er brauchte, um weiterzuleben. Wie merkwürdig, nun zu entdecken, dass ich im Innersten unschuldig war, ein stilles und zeitloses Geschöpf der Gnade!

Meine liebe Freundin Julia und ich machten eine Radtour durch die herrliche Landschaft voller duftender Kräuter und Wildblumen. Sie zeigte mir Strände mit grobkörnigem Sand, wir saßen an Kanälen, Flüssen, Teichen und Seen und besuchten malerische Dörfer und Bauernhöfe. Als Kind hatte ich sehr wenig von Holland gesehen, nicht einmal am Meer war ich gewesen. Ich fühlte mich von Julia wie eine Königin behandelt. Sie zeigte mir einen der wenigen Orte in Holland, wo man keinen Verkehrslärm hört: das Landschaftsschutzgebiet Veluwe mit seinen sanften grünen Hügeln. Wir lagen still im Gras, dankbar für all die Schönheit um uns herum.

Dann wurde es Zeit für mich, allein auf Entdeckungsreise zu gehen. Ich fuhr mit dem Zug nach Tilburg. Eigentlich rechnete ich damit, dass sich nach neunundvierzig Jahren fast alles verändert haben würde, doch ich sollte überrascht werden.

Auf dem Weg vom Bahnhof durch die altvertrauten Straßen,

die ich mit meinen Brüdern und Schwestern so oft gegangen war, überquerte ich den großen Platz, wo unsere jährliche *Kermis*, der Jahrmarkt, abgehalten wurde, und betrat den Dom, in dem meine Eltern geheiratet hatten. Plötzlich begannen die Glocken zu läuten, dieselben Glocken, die meine Eltern gehört hatten, als sie damals den Gang entlangschritten. Ich war tief bewegt, als ich daran dachte, dass sie hier, in dieser Kirche, mit so viel Liebe und Mut ihr gemeinsames, so schwieriges Leben begonnen hatten.

Ich ging weiter zu dem Haus, das einmal mein Heim gewesen war. Es hatte eine neue Fassade – keine Verbesserung gegenüber der alten. Ich klopfte an die Tür und der Besitzer öffnete. Ich erklärte ihm, so gut es ging, dass dies mein früheres Elternhaus sei, dass ich aus dem fernen Australien käme, und er ließ mich in seinem Wohnzimmer Platz nehmen, während er sich in der Küche zu schaffen machte. Mein Stuhl stand neben dem Fenster, wo ich als Kind gelegen hatte, als ich an Scharlach erkrankt war. Ich schaute auf den kleinen Hinterhof hinaus, der mir jetzt unglaublich winzig erschien, und doch war es derselbe von einer Ziegelmauer umgebene Hof, in dem unsere Schaukel und das Klettergerüst gestanden hatten. Und da waren die drei Türen: die Küchentür, die zum Kohlenschuppen und die zum Abort.

Ich fragte, ob ich mich ein bisschen umschauen könnte. Der Besitzer hatte nichts dagegen und ließ mich herumwandern.

Der Kohlenschuppen war als Waschküche und Toilette ins Haus integriert worden und blitzblank. Der frühere Abort war ein Raum ohne Tür und Boden; niemand hatte sich die Mühe gemacht, ihn in irgendeiner Weise zu verschönern. Hinter dem Haus, wo damals ein Fußweg und ein Gemüsegarten gewesen waren, wo ein Fliederbaum und eine Gartenlaube gestanden hatten, befanden sich inzwischen ein überdachter Abstellplatz für das Auto und ein großer Hobbyraum – beides ein großer Luxus in Holland.

Ich ging wieder ins Haus. In der hübsch ausgemalten Küche sah ich an den Wänden noch die alten Holzleisten. Die Tür, die früher in den Keller geführt hatte, verschloss nur noch einen Stauraum unter der Treppe. Seit der Erfindung des Kühlschranks brauchten die Leute keine feuchten Keller mehr. Gleich neben der Haustür führte immer noch die schmale mit einem Läufer belegte Treppe zu den Schlafzimmern. Ich bat nicht darum, nach oben gehen zu dürfen.

Erinnerungen stürmten auf mich ein, doch ich empfand nichts als Freude – Freude darüber, dass ich auf die Welt gekommen war, dass ich hier gelebt hatte, Freude über all meine Erfahrungen. Die Vergangenheit quälte mich nicht mehr. Stattdessen hatte ich nur Erinnerungen, flüchtige Gedanken, Geschichten – und dieses Wunder hatte »The Work« vollbracht, die Arbeit, die ich in der Woche zuvor mit Byron Katie geleistet hatte.

Wohin als Nächstes? Natürlich über den Kanal nach England! Dort lebte Alice, meine alte Liebe, deren Bild ich noch immer in mir trug. Wir hatten in all den Jahren sporadisch Kontakt miteinander gehabt, und jetzt wollte ich auf ihr Angebot zurückkommen, bei ihr zu nächtigen – »falls Sie einmal nach England kommen«. Nun, ich kam, ob es gerade passte oder nicht!

In meiner Nervosität, nur ja nicht in den falschen Zug einzusteigen, verpasste ich den richtigen und musste mehrere Stunden warten, bis der nächste fuhr. Ich rief Alice an. Kein Problem, meinte sie, sie würde mich am Bahnhof abholen. »Sie brauchen nicht zum Trafalgar Square zu fahren, wie wir ursprünglich vereinbart haben«, sagte sie. »Es wird sonst zu spät.« Ich seufzte erleichtert. Nachdem ich schon den Zug verpasst hatte, musste es mir mit dem Bus nicht auch noch passieren.

Der Zug ratterte von London in Richtung Norden nach Manchester. Ich stieg aus. Keine Alice. Ich machte mich auf den Weg zum Ausgang und dann sah ich sie: eine matronenhafte Gestalt, die auf mich zueilte.

»Ich hatte schon befürchtet, ich würde Sie warten lassen!«, rief Alice übersprudelnd. Ich sah sie forschend an in der Erwartung, sie würde mich als die Person erkennen, die einmal sehr in sie verliebt gewesen, inzwischen zur Vernunft gekommen war, aber immer noch eine ganz besondere Hochachtung für sie empfand. Alice streckte mir die Hand entgegen und umarmte mich dann, ohne dass unsere Gesichter sich berührten. Ich wollte ihr einen freundschaftlichen Kuss auf die Wange drücken, doch sie hielt mich mit festem Griff und einem Redeschwall auf Abstand.

Alice überhäufte mich mit Fragen zu meiner Reise, lächelte breit, ihre Wangen röteten sich. Alice war nervös! Ich antwortete, so gut ich konnte; wir mussten erst wieder ein wenig miteinander vertraut werden.

Ihr Mund war immer noch rot, ganz ohne Lippenstift, ihr Lächeln immer noch wunderbar. Und ihre grünen Augen hatten immer noch den festen Blick von früher. Sie war älter geworden und klüger, das heißt zynischer gegenüber dem Leben im Allgemeinen, gegenüber Politikern und jungen Frauen im Besonderen. Alice war glücklich, dass sie in England lebte und nicht irgendwo in Irland, nein danke. Ihre impulsive Seite sehnte sich nach der irischen Westküste, ihre praktische Seite jedoch genoss den Lebensstil, den England ihr bieten konnte.

Ihr hübsches kleines Häuschen hatte ein Obergeschoss, und Alice führte mich in ihr winziges Nähzimmer, in dem ein schmales Feldbett aufgeschlagen war. »Das Gästezimmer«, erklärte sie, »hat Schwester Bridget in Beschlag genommen.«

»Was, Schwester Bridget, die Geschichtslehrerin aus Irland, die ich aus Stella Maris kenne?«

Ja, sie war es. Inzwischen in den Achtzigern, kam sie Alice häufig besuchen, obwohl Alice aus dem Orden ausgetreten war. Schwester Bridget stand immer noch absolut loyal zu den Faithful Companions of Jesus, ich hörte von ihr kein einziges Wort der Klage und ebenso wenig Dinge, die man als Klatsch hätte bezeichnen können.

Wie kam es, dass ein Mensch wie Alice, der alles in der Welt mit kritischen Augen betrachtete, immer noch jeden Tag in die Kirche ging? Die Alice, bei der ich nun wohnte, war im Grunde immer noch eine Nonne, mitsamt dem typischen Strickjäckchen. Ihr Aussehen kümmerte sie offenbar überhaupt nicht, denn sie lief herum wie eine Vogelscheuche.

Alice wollte mein Buch nicht lesen, auch nicht das Kapitel, in dem es um sie selbst ging. Vielleicht wird sie es niemals lesen. Mir wurde klar, dass wir nicht viel über die Vergangenheit reden würden. Ebenso würden persönliche Fragen ausgespart bleiben. Ihr schien nur wichtig zu sein, dass ich mich als ihr Gast wohl fühlte. Sie erzählte mir viel über die Geschichte der Gegend und kutschierte mich herum, bis ich mich sicher genug fühlte, allein mit dem Bus zu fahren. Erst als sie erfuhr, dass mir die Nonnen in Broadstairs einen Besuch verweigerten, kam ihre rebellische Art zum Vorschein. Alice fuhr mich zu einer alten Freundin aus dem Orden, die inzwischen nicht weit entfernt in einem komfortablen vierstöckigen Herrenhaus ein Leben im Ruhestand führte.

Alice wusste, wie wir zu Schwester Marys Zimmer im obersten Stock gelangen konnten, ohne dass uns jemand sah. Dann stellte sie mich Schwester Mary vor – ich habe den Namen geändert, weil sie anonym bleiben wollte –, einer alten, gebrechlichen Nonne, deren Haare immer noch ihr natürliches Braun hatten und deren größtes Vergnügen offenbar war, den vielen herumliegenden Büchern nach zu schließen, ununterbrochen zu lesen. Sie war schon recht wackelig auf den Beinen, deshalb blieb sie die ganze Zeit sitzen.

Geistig war Schwester Mary trotz ihres hohen Alters noch vollkommen klar. Sie musterte mich misstrauisch und ich spürte geradezu ihren inneren Kampf, als sie überlegte, ob sie mir vertrauen konnte. Schließlich entschied sie sich doch, mir offen ihre Geschichte zu erzählen, wenngleich anfangs ein wenig zögerlich, weil sie nicht genau wusste, wie diese Informationen verwendet werden würden. Doch in dieser kostbaren halben Stunde vermittelte mir Schwester Mary ein umfassenderes Bild der Mutter Generaloberin, die so großen Einfluss auf mein wie auch das Leben vieler anderer gehabt hatte.

Schwester Mary hatte sie viele Jahre gekannt. »Sie war immer schon ziemlich eigen, lange bevor sie Generaloberin wurde«, erzählte sie voller Gefühl. »Margaret Winchester war Oberin eines Klosters in Kanada, bevor sie nach Broadstairs kam, und bekannt für ihre bizarren Anweisungen. Zum Beispiel ließ sie ihre Nonnen auf dem Boden schlafen statt in Betten.«

Das klang ganz nach der Person, die ich kennen gelernt hatte. Die ihr unterstellten Nonnen mussten wahren Heldenmut besessen haben, weniger weil sie auf dem Boden schliefen, sondern weil sie die unaufhörlich auf sie einströmenden Überraschungen ertrugen, mit denen die Oberin ihren Gehorsam und ihre Demut auf die Probe zu stellen pflegte. »Mir kam Margaret Winchester nicht ganz zurechnungsfähig vor«, bemerkte ich.

Diese kritische Einschätzung der Generaloberin gefiel Schwester Mary gar nicht, weshalb sie anfing, mir die tiefere Ursache für ihr empörendes Verhalten zu erläutern. »Während des Krieges«, setzte Schwester Mary an, »machte sie sich als Oberin in Broadstairs immer fürchterlich Sorgen um die Menschen in den verschiedenen Häusern. Bei jedem Luftangriff wurde sie hysterisch, und als einmal eine Brandbombe auf das Dorf Broadstairs fiel, dachte sie, die Bombe hätte das Novizenhaus getroffen. Der Schock beeinträchtigte sie wohl mental.«

Aha, dachte ich, als ich die Generaloberin kennen lernte, war sie schon mindestens sechzehn Jahre lang »mental beeinträchtigt«! Warum hatte man sie drei Jahre nach dem Krieg, 1948, trotzdem zur Generaloberin gewählt?

»Sie war eine beeindruckende Person«, sagte Schwester Mary, als könnte sie Gedanken gelesen. Dem stimmte ich zu, behielt jedoch für mich, dass man ehedem auch Hitler als »beeindruckend« bezeichnet hatte.

Dann berichtete Schwester Mary, was sie als noch viel jüngere Nonne bewogen hatte, gegen ihre eigene Mutter Generaloberin Schritte zu unternehmen. »Madame Winchester förderte während ihrer Amtszeit die bereits existierende Praxis, dass die Nonnen über einander Bericht erstatteten, bis sich diese Sache wie ein todbringendes Unkraut im ganzen Orden ausbreitete. Selbst wenn nur der Verdacht auf einen Regelverstoß bestand, wurde ihr die betreffende Nonne gemeldet. Die Generaloberin schien geradezu besessen von strikter Disziplin und wusste immer genau, wer sich in einer Weise verhielt, die nicht ganz den Regeln entsprach. Die unschöne Praxis bekam nachgerade eine politische Dimension: Die Willfährigen wurden mit einflussreichen Positionen bedacht, die anderen gedemütigt und degradiert.«

Ich schrieb alles mit, so schnell ich konnte – was Schwester Mary nicht gefiel, wie ich bemerkte, aber diese Dinge waren zu wichtig, als dass ich sie allein meinem Gedächtnis anvertraut hätte. Schwester Mary lag sehr daran, mir verständlich zu machen, dass sie erst etwas unternommen hatte, als die Generaloberin wirklich zu weit gegangen war.

»Sie erteilte Schwester Helen, die Rektorin einer großen weiterführenden Schule in England war, aus heiterem Himmel die Weisung, die Schule zu schließen, und das, nachdem das Lehrerkollegium für das kommende Schuljahr bereits komplett war und sich alle Schüler eingeschrieben hatten. Schwester Helen war eine sehr loyale Nonne, besaß aber auch eine gute Portion gesunden Menschenverstand. Sie entschied, dass es nun endgültig reichte und an der Zeit war, die Vorgänge einer höheren Autorität zu berichten, nämlich dem Bischof von London. Derartiges hatte es noch nie gegeben, die Generaloberin hatte ein solches politisches Manöver sicherlich nicht erwartet, aber ihr blieb nichts anderes übrig, als Schwester Helen ihre Schule zu lassen.«

Schwester Mary sah fragend zu Alice, die auf der anderen Seite saß, die Hände im Schoß gefaltet. Alice nickte zustimmend: Ja, das entspreche auch ihrer Erinnerung, ja, Schwester Mary, erzählen Sie ruhig weiter.

»Durch ihren ungewöhnlichen Schritt, ihre Oberin zu übergehen«, fuhr Schwester Mary fort, »hatte Schwester Helen ein Feuerwerk an Intrigen im Orden ausgelöst. Es gab etliche, insbesondere in ihren früheren Gemeinschaften in Kanada, die unumwunden forderten, Madame Winchester müsste ihren Stuhl räumen (und natürlich auch Schwester Mary, die ihre Schüchternheit und ihre Skrupel endlich überwand und den Mund aufmachte). Margaret Winchester versuchte sich durchzulavieren, indem sie ihre unmittelbaren Rivalinnen auf entlegene Posten versetzte, doch es half alles nichts. Nur ihr Rücktritt konnte den Orden vor weiterem Machtmissbrauch schützen, und genau das geschah dann 1967.«

Ich schrieb eifrig mit und mir drehte sich der Kopf bei diesen Enthüllungen, von denen wir in Australien überhaupt nichts mitbekommen hatten. Offenbar war ich nicht die Einzige gewesen, die die Generaloberin so abscheulich behandelt hatte, und ich hatte mit meinen Ansichten über das Ordensleben Anfang der 1960er-Jahre auch keineswegs allein dagestanden. Für Schwester Mary jedoch waren die Sechziger die Jahre, in denen der Orden seinen großen Niedergang und das Ende seines starken Einflusses in der katholischen Gesellschaft erlebte. Die Neuerungen lösten einen wahren Exodus aus, doch Schwester Mary betonte nachdrücklich, dass sie das nicht gewollt hatte, dass sie nie die Absicht gehabt hatte, dem Orden mit dem, was sie tat, zu schaden. Die meisten religiösen Gemeinschaften hatten in jener Zeit ähnliche Austrittszahlen zu verzeichnen.

Was Schwester Mary mir dann erzählte, entlockte mir ein ironisches Lächeln. Jetzt, im Jahr 1999, drei Jahrzehnte nach den geschilderten Ereignissen, sollte das all diese Vorgänge betreffende Beweismaterial – Briefe, Tagebücher und Dokumente, die im Archiv des erzbischöflichen Ordinariats verwahrt waren – für die Öffentlichkeit zugänglich sein. Dem war aber nicht so. Aus Angst um den Ruf des Ordens und der beteiligten Personen hatten die Faithful Companions of Jesus den Erzbischof überredet, sämtliche Dokumente weitere zwanzig Jahre unter Verschluss zu halten, und danach wären die Schlüsselfiguren sicher nicht mehr am Leben.

Nun ja, dachte ich, das sagt eigentlich alles. Ich hatte weder das Bedürfnis noch den Wunsch, mir irgendeines dieser Dokumente anzuschauen. Ich gehe davon aus, dass der Orden noch vor Ablauf dieser zwanzig Jahre nicht mehr existieren wird. Einst gab es tausende Schwestern der Faithful Companions of Jesus. Heute sind es weniger als zweihundert und die meisten von ihnen sind ziemlich alt.

Ich dankte Schwester Mary für ihr Vertrauen, spürte aber deutlich, dass sie zweifelte, ob das klug gewesen war.

Ich fuhr mit dem Bus nach Sedgley Park. Als ich Schwester Alice von meinem Vorhaben erzählte, reagierte sie, als plante ich einen Museumsbesuch. »Sedgley Park ist inzwischen eine Polizeiakademie, glaube ich«, sagte sie. Das war es auch, doch offenbar schätzte man die Geschichte des ehemaligen Klosters und bemühte sich, die Gebäude und Gartenanlagen, so weit es ging, im ursprünglichen Zustand zu erhalten.

Ich läutete, wurde eingelassen und bekam einen Polizeibeamten zur Seite, der mich herumführte. Er wäre sicher nie im Leben darauf gekommen, welche Gefühle mich bewegten, als ich nach so vielen Jahren wieder diese Korridore entlangging, in das alte Musik- und das ehemalige Geschichtszimmer, die verschiedenen Lese- und Gemeinschaftsräume, die Turnhalle und die Kapelle geführt wurde. Wir stiegen sogar die alte Eichenholztreppe hinauf, die sich noch immer anmutig in den zweiten Stock schwang, wo die Zimmer in Büros umgewandelt worden waren. Ich konnte auch einen Blick auf die schmale Holztreppe werfen, die ehedem zu unseren Schlafräumen unter dem Dach geführt hatte – jetzt Lagerräume, zu denen der Zutritt verboten war. Unser altes Refektorium wurde inzwischen von Angehörigen der Akademie für private Zwecke genutzt.

Als mein Führer das Gefühl hatte, dass ich mich auch ohne ihn zurechtfand, ließ er mich allein herumwandern. Ich kam mir vor wie ein Geist, der zurückkehrte – weder Nonne noch Studentin. Der ganze Gebäudekomplex wirkte wie eine riesige leere Bühne für die Dramen, die sich seinerzeit, als ich dort lebte, abgespielt hatten. Ich ging durch die Korridore bis zu der Stelle, wo die Abflüsse während des Hochwassers verstopft gewesen waren und ich meine Haube abgenommen hatte, um unterzutauchen und sie frei zu machen. Ich grinste vergnügt, als vor meinem inneren Auge die entsetzten Gesichter meiner Lehrerinnen auftauchten.

Das Schönste an dem ganzen Klostergebäude war immer noch die Kapelle mit all ihrem Marmor, ihrem Holz und der wunderbaren Akustik. Als ich die schmale Wendeltreppe zur Empore hinaufstieg, knarrten die Eichenbohlen unter meinen Füßen wie eh und je. Auch die alte Orgel war noch da und ihr abgenutzter Blasebalg zeugte davon, wie oft ihr im Laufe der vielen Jahre die schönste Musik entlockt worden war. Ich strich ehrfurchtsvoll über das alte Instrument, nun ein lebloser Körper, aber trotzdem kostbar. Während ich dort in der Kapelle auf der Empore stand, durchströmte mich mit einem Mal eine tiefe Dankbarkeit. Was für ein Privileg, mich heute an diesem Ort, wo ich einst so gelitten hatte, so frei fühlen zu können! Draußen auf dem sanft gewellten Parkgelände küsste ich die Blätter der Rhododendren und dankte ihnen für all die Freude, die sie mir geschenkt hatten.

Ich ließ mich auf einer der altvertrauten Holzbänke nieder und betrachtete die Frontseite des ehemaligen Klosters. An den Mauern waren hier und da noch die früheren religiösen Symbole in Form von Kreuzen sichtbar. Ich erkannte die Fenster der Bibliothek wieder, die hohen Bäume in ihrer Nähe. Eigentlich waren vierunddreißig Jahre keine so lange Zeit. Wer hätte damals gedacht, dass hier so bald eine ganz andere Organisation einziehen würde. Sedgley Park stand noch, aber es lebte keine einzige Nonne mehr hier.

Bevor ich ging, aß ich im Kasino noch zu Mittag, und zum ersten Mal begriff ich, wie es gewesen sein könnte, dort als ganz normale Studentin zu leben, mit Freunden zu essen, sich mit ihnen am Tisch unterhalten zu können und nicht schweigen zu müssen wie wir Nonnen. Und dennoch freute ich mich, dass in Sedgley Park trotz aller Veränderungen noch so viel erhalten geblieben war.

Als ich wieder bei Alice war und ihr erzählen wollte, was ich erlebt hatte, spürte ich sehr schnell, dass Sedgley für eine Vergangenheit stand, an der sie kein Interesse mehr hatte. Also gab ich mich entspannt dem eigenartigen und köstlichen Gefühl hin, dem einstigen Objekt meiner Begierde endlich ganz nah zu sein, und lernte sie als die Person zu schätzen, die sie wirklich war: eine Frau mit vielen Stärken, aber auch Ängsten, wie wir alle, doch auch mit einem Charme, der in seiner Art immer einzigartig sein würde. Ihre Augen sind heute dunkler, aber immer noch voller Leben, und wenn sie ihren Zynismus gegenüber der Welt für eine Weile vergisst, lächelt sie genauso wunderbar wie eh und je.

Alice und ich haben es nie geschafft, offen über die Vergangenheit zu sprechen. Es belastete mich jahrelang sehr, dass ich sie und mich zu Unrechtem hatte verleiten wollen, aber jetzt habe ich meinen Frieden damit gemacht. Ich weiß zwar nicht, ob Alice meiner Meinung ist, aber ich glaube, dass keiner von uns beiden »Unrecht« getan wurde, dass wir beide uns selbst für unsere Rolle in diesem Spiel entschieden haben.

Mit etwas finanzieller Unterstützung von Alice flog ich nach Dublin und fuhr mit dem Bus in Richtung Westen, nach Limerick, um meine alte Freundin Schwester Antoinette zu besuchen. Erstaunlicherweise kannte der Taxifahrer die Adresse nicht, und so hatte ich Gelegenheit, ein wenig herumzuwandern, während ich mich selbst durchfragte. Es gab einmal eine Zeit, da hätte vom Kleinkind bis zum Greis jeder gewusst, wo das Kloster Laurel Hill liegt.

Ich wurde empfangen wie eine Königin. Schwester Catherine, die Oberin, kam an die Tür geeilt und hinter ihr eine Schar alter Nonnen, alle um die achtzig, neugierig auf den Besuch und froh über diese Unterbrechung ihres Tagesablaufs. Sie überhäuften mich, die ich einen so weiten Weg gemacht hatte, um ihre geliebte Schwester Antoinette zu sehen, mit Segenswünschen.

Dann führte man mich zu Schwester Antoinettes kleinem Zimmer. Sie war inzwischen neunzig und gebrechlich, doch ihr Gedächtnis war phänomenal. Sie hatte immer noch dasselbe liebe Lächeln wie früher, das ihre Augen hinter den Brillengläsern aufleuchten ließ, und wir plauderten und lachten miteinander, bis sie erschöpft war. Sie konnte gar nicht glauben, dass ich den weiten Weg gemacht hatte, um sie zu besuchen. Ich entschuldigte mich, dass ich so lange nichts von mir hatte hören lassen, und gab ihr während meines dreitägigen Aufenthalts immer wieder zu verstehen, wie wichtig sie mir immer gewesen war.

Ich verbrachte jeden Tag so viel Zeit mit ihr wie möglich und ließ sie allein, wenn sie sich ausruhen wollte. Wenn wir uns unterhielten, schaukelte Schwester Antoinette in ihrem Schaukelstuhl gemächlich vor und zurück. Sie zeigte mir Fotos von ihrer Gemeinschaft, als sie ihr fünfzigjähriges Ordensleben, dann das sechzigjährige feierten, wir frischten alte Erinnerungen auf, wie es damals in Benalla gewesen war, und sie wusste noch viele Dinge, die ich längst vergessen hatte. Doch Schwester Antoinette war sehr müde geworden nach fünfundsechzig Jahren als Nonne und neunzig als Menschenwesen; sie konnte nicht mehr lesen, Briefe schreiben oder fernsehen. Manchmal saßen wir nur schweigend beieinander und sahen uns an und ich war zutiefst dankbar für diese Begegnung.

Als ich wieder in Australien war, erhielt ich eine Antwort auf die Weihnachtskarte, die ich ihr geschickt hatte: Schwester Antoinette war nicht lange nach unserer Zusammenkunft sanft entschlafen. Gott sei ihrer lieben, gütigen Seele gnädig.

Das Mädchen Gottes

Wieder zu Hause in meinem gemütlichen Häuschen in Denmark, nahm ich mir Zeit, um in aller Ruhe zu bedenken, was ich auf meiner Reise gelernt hatte. Ich hatte das Gefühl, in mehr als einer Weise heimgekommen zu sein. Ich war glücklich, endlich wieder bei mir zu sein. Es ist eine große Befriedigung, wenn man einmal zur Hölle geht und wieder zurück, schließlich wieder zu Hause landet und lachend feststellt, dass man sein Zuhause die ganze Zeit mit sich getragen hat, ohne es zu wissen!

Jetzt, da ich wusste, dass ich meine Eltern von Herzen liebte, begriff ich zum ersten Mal, dass auch sie mich von Herzen geliebt hatten. Es musste schwer für sie gewesen sein, besonders für meine Mutter, dass ich so weit entfernt lebte und sie so wenig Anteil an meinem Leben haben ließ, doch sie hatte mich so akzeptiert, wie ich war, und mich weder gedrängt noch sich mit Klagen oder Ratschlägen eingemischt. Was ist das, wenn nicht bedingungslose Liebe? Und mein Vater – wie sehr hatte er geliebt! Er empfand sich als unzulänglich – wie viele Männer, die als Kinder von ihren Eltern ständig gedemütigt werden – und kompensierte es, indem er Stärke zeigte. Ich habe fast mein ganzes Leben gebraucht, bis ich spüren konnte, mit wie viel Zärtlichkeit er das Spielzeug für uns bastelte, mit welcher Freude er uns zusah, wenn wir damit spielten, und bis ich seine unaufhörliche Sorge erkannte, ob er wirklich sein Bestes gab. Seine Schuld wurde durch sein Schweigen nur noch quälender für ihn. Er bezahlte einen hohen Preis dafür.

Auf dem Klostergelände nahe Grange Hill wurde zur Erinnerung an meinen Vater, den Gärtner von Genazzano, eine Gedenktafel angebracht und am 22. August 1998 vom Vorsitzenden des College-Beirates enthüllt. Mein Vater hatte sich diese späte Anerkennung seiner kreativen und hingebungsvollen Arbeit zur Verschönerung des Klostergeländes und der vielen Jahre in Diensten der Nonnen von Genazzano auch wirklich redlich verdient. Ich war nicht bei der feierlichen Enthüllung, aber meine Geschwister berichteten mir später, dass sie sie sehr bewegend fanden.

Mit dem Orden der Faithful Companions of Jesus, einst in mehreren Ländern hoch geachtet und bekannt, geht es steil bergab. Die meisten der noch verbliebenen Nonnen beten um sein wundersames Überleben.

Schwester Anna und Schwester Benedict verließen beide wenige Jahre nach mir den Orden. Anna heiratete und bekam einen Sohn, ehe der Kontakt zu ihr abriss. Mit Schwester Benedict traf ich mich nach ihrem Austritt; sie litt sehr darunter. Sie war mit Leib und Seele Nonne gewesen, doch ihrem Konvent war es nicht gelungen, ihr Heimat zu werden. Sie starb viele Jahre später an Krebs.

Vaucluse College, in dem ich etliche freudlose Schuljahre verbrachte, auch wenn mir Gebäude und Anlage sehr gefielen, wurde wegen Schülermangels geschlossen. Auch in Benalla unterrichten keine Nonnen der Faithful Companions of Jesus mehr, die kleine Gemeinschaft ist vom Kloster in ein nahe gelegenes Haus gezogen. Dass Nonnen in einer Klostergemeinschaft leben, ist heute in Australien die große Ausnahme; die meisten leben allein in Wohnungen, manche in Häusern. Das Pflegeheim in Genazzano wird mangels ausgebildeter Krankenschwestern aus dem Orden und wegen rückläufiger Belegung bald geschlossen werden.

Schwester Kevin gehört immer noch zu den alten Freunden unserer Familie. Erst kürzlich unterhielt ich mich am Telefon lange und herzlich mit der noch sehr lebendigen Neunzigjährigen, die inzwischen an einer Lungenkrankheit leidet. Sie erzählte mir ein wenig von der Geschichte Genazzanos: Wie die ersten Nonnen kämpfen mussten, wie hochwillkommen meine Schwester Liesbet und ich waren, als wir ihr beim Waschen und Bügeln halfen und ihr dadurch einen Teil ihrer ungeheuren Arbeitslast abnahmen. Zu Liesbet sagte sie einmal im Vertrauen: »Wenn wir auf Carla gehört hätten, wenn wir freundlicher und verständnisvoller mit ihr gewesen wären, dann wäre sie noch bei uns, denke ich.« Ich danke Schwester Kevin für ihre freundlichen Worte, aber ich glaube, dass alles so gekommen ist, wie es kommen sollte.

Als ich kürzlich zu Liesbets sechzigstem Geburtstag in Melbourne war, beschlossen meine jüngste Schwester Teresa und ich, uns ein wenig in Genazzano umzuschauen – spätabends, damit wir keinen Nonnen, Schülerinnen oder Hausmeistern über den Weg liefen. Die Tore waren alle verschlossen, aber wir kletterten über die Mauer, wo sie etwas niedriger war, und dann spazierten wir, in Erinnerungen schwelgend, im Mondlicht auf dem Klostergelände herum. Vieles war noch so wie zu unserer Zeit, und doch schien alles ein ganzes Leben zurückzuliegen.

Als ich den Orden verließ, war meine Geißel das Einzige, was niemand von mir zurückverlangte, und so besitze ich dieses unschöne Andenken an ein von Strenge und Engstirnigkeit bestimmtes Leben noch heute – eine aus fünf sehr fest geflochtenen Knotenschnüren bestehende Peitsche, verfärbt vom jahrelangen häufigen Gebrauch. Anna erzählte mir, sie hätte die ihre nur sporadisch benutzt, weil sie diese Praxis makaber fand. Ich bog mich vor Lachen, als sie demonstrierte, wie halbherzig sie sich gezüchtigt hatte.

Während meiner Zeit im Kloster kam ich nie auf diese Idee, aber ich bin sicher, dass Jesus Humor hatte. Würde ein wahrer spiritueller Lehrer denn denjenigen, die ihren Humor verloren haben, nicht helfen wollen, ihn wieder zu finden? Irgendwo entdeckte ich einen Druck, auf dem Jesus herzhaft lacht. Er hält ein Glas Wein in der Hand und bringt gerade einen Toast aus. *Auf Christus*, stand darüber. Um Christi willen, vergesst nicht, dass Lebensfreude und Spiritualität eins sind! Dieses Bild begleitete mich von einer Wohnung zur anderen, bis es nach vielen Umzügen schließlich auseinander fiel.

Jetzt, da ich klüger geworden bin, kann ich rückblickend mit Leichtigkeit erkennen, warum die meisten Therapien, die ich ausprobierte, mir nicht wirklich halfen. Solange ich mich als durch und durch schlechten, gewissermaßen dringend reparaturbedürftigen Menschen betrachtete, war keine grundsätzliche Heilung möglich. Alle Therapien konnten nichts weiter tun, als über das ganze Durcheinander ein paar positive Überzeugungen zu legen. Wie kann die Seele die Seele heilen, wenn das eigentliche Problem die Seele ist? Mit jedem Versuch, meine Seele zu »reparieren«, gab ich ihr auch zu verstehen, dass sie nicht in Ordnung war und ich sie ablehnte.

Selbstakzeptanz hingegen, mit allen Fehlern und Schwächen, ist eine Handlung des wahren Selbst. Ich werde immer wieder gefragt, wie man es anstellt, mehr im Hier und Heute zu sein, denn es hat sich herumgesprochen, dass darin eine große Kraft liegt. Nun, meine Antwort lautet: Immer wenn ich mich selbst akzeptiere, ist mehr von meinem wahren Selbst im Hier und Jetzt. Die alles entscheidende, fundamentale Erkenntnis für mich war, dass ich im Kern ein ewiges Wesen bin, das nie befleckt, nie zerbrochen wird, nie verloren geht. Wie kann der Teufel weiter in einem Menschen leben, der nicht länger an seinem Gutsein zweifelt?

Ich habe für meine Versuche, mich von einem Selbst zu befreien, das ich für nicht gut genug hielt, ein Vermögen ausgegeben. Wäre ich von Anfang an ohne Angst rückhaltlos ehrlich gewesen, hätte ich mein wahres Selbst entdeckt, das von Natur aus in Frieden mit sich ist. Doch wie konnte ich ehrlich sein, da ich überzeugt war, durch und durch verdorben zu sein? Wer kann sagen, was ich hätte tun und was ich hätte lassen sollen? Wir können nur tun, wofür wir bereit sind, einen Schritt nach dem anderen, bis unsere Beine kräftiger werden. Oder, wie Byron Katie sagt: »Wir tun, was wir tun, bis wir es nicht mehr tun.«

Was die Ego-Teufel gar nicht mögen, ist Enttarnung – die schlichte, ehrliche Kommunikation darüber, was in einem vor sich geht. Wenn man seine Befürchtungen und Zweifel einem Freund oder auch nur sich selbst gegenüber offen legt, kann das die Gefahr bannen. Genau das versuche ich heute zu tun und ich kehre meine Geschichten unaufhörlich um.

Ich lebe seit langer Zeit zölibatär – um mein inneres Gleichgewicht wieder zu finden, vermute ich. Die Herausforderung für mich war, auch wenn ich es erst vor kurzem erkannt habe, als allein stehende Frau rundherum glücklich zu sein, meinen Wert ohne einen Mann zu finden, meinen Geliebten in meinem Selbst und allem um mich herum zu finden. Da eine Partnerschaft jedoch Spaß machen und ein fruchtbarer Boden für *gelebte* Liebe sein kann, öffne ich mich nach und nach dem Gedanken, doch wieder eine intime Beziehung einzugehen. Möglicherweise eine gewagte Aussage, denn ich bin nicht sicher, ob in der Abteilung »Sexualität« überhaupt noch etwas funktioniert. Ich bin fit und gesund, eine Frau mit blühendem Aussehen und genieße es immer noch, in verrückten Klamotten auf Partys zu gehen und meine tollen Beine zu zeigen, komme aber langsam ins weise Greisenalter. Meine realste und intimste Beziehung ist die zu mir selbst. Die Vertrautheit mit mir selbst ist mir inzwischen lieb und teuer und sie kommt daher, dass ich vollkommen ehrlich mit mir bin, mitfühlend und liebevoll mit mir umgehe.

Ich bin sehr gern mit Menschen, Tieren und besonders Kindern zusammen und habe große Freude an meinen beiden Enkeln, Victorias Sohn und Tochter. Aus Victoria ist eine Mutter mit starkem Beschützerinstinkt geworden, und sie setzt ihren Kindern klare Grenzen – etwas, das sie selbst nie hatte. Manchmal verdreht sie die Augen, wenn sie mich trifft; sie denkt eben viel praktischer als ich. Ihr Leben ist ihre Sache und ich lasse sie, wie meine Mutter auch, ihre Lektionen auf ihre Weise lernen. Wenn ich manchmal doch mit einem Vorschlag komme, werde ich daran erinnert, dass ich mich einmische. Sie ist mir eine hervorragende Lehrerin.

Meine Tochter Caroline ist Musikerin. Sie ist ein sehr einfühlsamer Mensch, unsere Gespräche sind offen und liebevoll. Sie sagt, sie möchte keine Kinder, weil sie so viel Liebe und Pflege brauchen und so leicht zu verletzen sind – was sich ihrer Meinung nach gar nicht vermeiden lässt. Victorias Kinder lieben ihre Tante heiß und innig.

James, mein Exmann, hat nie wieder geheiratet und lebt zufrieden in seinem Haus bei Fremantle in Westaustralien.

Als Hal heiratete, half ich den anderen aus meiner Familie bei ihren Vorbereitungen für die Hochzeit. Ich wünschte ihm von ganzem Herzen Glück und hatte Verständnis dafür, dass ich nicht eingeladen war.

Mein Freund George hat seinen Platz in Denmark gefunden. Seit einigen Jahren geht es ihm gesundheitlich sehr schlecht, er hat starke Schmerzen. Er jammert ständig, bleibt aber zu meinem Erstaunen geduldig am Leben. Irgendwann dankte er mir dafür, dass er die Chance hatte, sein eigener Chef zu sein, nachdem wir das Tal verlassen hatten. Heute interessiert es ihn mehr, anderen Menschen zu helfen, und er übernimmt oft praktische Arbeiten für Leute mit wenig Geld. Er war es, der den Auslauf für meine Hühner einzäunte und mit dem Rücken einer Axt fünfzehn Zentimeter lange Nägel in die Holzpfähle schlug.

Isaac Shapiros Worte »Bleib bei dir« bekommen Tag für Tag wieder neue Bedeutung. Wie ich ihm selbst sagte, als ich ihn noch einmal traf, ist Bei-mir-Sein heute die Quelle meiner Würde, meines inneren Friedens, meiner Selbstironie und meines ganzen Lebens. Andere Leute, die sich selbst nicht derart in Frage gestellt haben, mögen es für selbstverständlich halten, aber für mich ist es ein wunderbares Geschenk.

Ich hätte mir eine Menge Leid ersparen können, wenn ich im Voraus, bevor ich meinen Weg ins Erwachsenenleben antrat, gewusst hätte, was klappen würde und was nicht. Ich hätte vielleicht nicht das Bedürfnis gehabt, ins Kloster zu gehen und mit Anfang dreißig wieder auszutreten. Ich wäre womöglich keine Prostituierte geworden und hätte nie die enttäuschende Erfahrung von lieblosem Sex und bitterem Selbstbetrug gemacht. Ich hätte unter Umständen ohne lange Umwege zu mir selbst gefunden und keine emotionalen Verwirrspiele spielen müssen. Aber wer kann schon seiner Entwicklung vorgreifen? Und was wäre dann aus dieser Geschichte geworden?

Das Leben gab mir genau das, was ich brauchte – die ganze Zeit. Ich bin so froh, dass ich »aufgewacht« bin, zu meinem wahren Selbst gefunden habe. Was für ein *gesegnetes* Leben! Mein Irrtum war: Ich fiel auf eine Lüge herein. Und ich dachte, ich würde mit dem Teufel paktieren! Nun ja, machen wir nicht alle hin und wieder einmal Fehler?

Als ich begann, meine Fantasie von der chinesischen Nonne auszuleben, folgte ich dem Ruf meiner Seele. Als ich die Botschaft aus meinem Inneren vernahm, in den Süden zu gehen (und Denmark zu entdecken), und so vernünftig war, nur das zu tun, was sich für mich richtig anfühlte, folgte ich wieder jenem Ruf. Was ist das anderes, als Gottes Willen zu erfüllen? Ich folgte immer Gottes Ruf, *so gut ich konnte.* Die Angst hinderte mich daran, es besser zu machen, bis sie aufhörte. Jetzt bin ich einfach ein Mädchen Gottes. Für immer.

Postskriptum an meinen Vater

Ich verehrte dich so sehr als Kind,
Und du hast mich so sehr ignoriert,
Dann missbraucht,
Und trotzdem wunderbares Spielzeug für mich gebastelt,
Und mich gelehrt, wie man Drachen steigen lässt,
Wie Dinge wachsen,
Und wie schön ein Spinnennetz in der Morgensonne glitzert.
Du schlugst mich, wenn ich dich ärgerte;
Ich war so ein schwieriges Kind,
Und sehr; sehr eigensinnig.
Um deine hässliche Seite, deine Verdorbenheit zu vertuschen,
Hast du mich fast erdrosselt, damit ich schwieg.
Ein verängstigtes, verwirrtes Kind war dir lieber
Als eines, das über dein schreckliches Tun sprechen könnte.
Der Krebs nahm dir alle Kraft
Und viel von deiner Überheblichkeit.
Du entschuldigtest dich sogar,
Wenn auch nicht bei mir direkt,
In jenen Tagen, als das Leben so schnell verebbte.
Und dann starbst du.
Sie kamen, um deinen Körper fortzubringen;
Deine Hände lagen schlaff an der Seite.
Hätte ich dich beschimpft,
Diese Hände hätten mich und niemanden sonst
mehr schlagen können.
Der Mund, weit aufgerissen, Mitleid erregend,
Kann nicht mehr sagen:
»Es tut mir Leid, Carla«.
Stattdessen sagte er: »Ich liebe dich«,

Das Herz überfließend in Augen, die von Tränen brennen.
Und jetzt bist du bei Gott,
Einem Gott, der nicht urteilt;
Jetzt verstehst du.
Jetzt verstehe ich.
Du hast dein Bestes getan,
Und du hast geliebt.
Du liebtest,
Du missbrauchtest,
Du hasstest,
Du schlugst zu,
Du wurdest gequält von Schuldgefühlen.
Du hast das Leid deiner Kindheit nie überwunden,
Du hast hart gearbeitet,
Du hast geurteilt, verteidigt und wurdest schließlich krank.
Jetzt bist du tot,
Und alles ist gut.
Es ist gut, dass du liebtest, so gut du konntest,
Und dass es meine Erwartungen nicht erfüllte.
Alles ist gut.
Du bist jetzt mein ganz besonderer Engel.
Ich danke dir, geliebter Dad.

Dank

Zuallererst möchte ich der geheimnisvollen Gnade danken, die dieses Buch immer wieder vorangebracht hat, bis es schließlich fertig wurde. Diese gnädige Kraft ließ mich all die Jahre bei der Stange bleiben, auch wenn ich immer wieder dachte, es sei zu schwierig, oder wenn ich mir einzureden versuchte, ich könne genauso gut aufhören.

Im Jahr 1992 ließ mir ein anonymer Wohltäter einen Laptop zukommen. Ich war nicht nur sehr berührt von dieser Geste, sondern nahm, indem ich ihn behielt, die Herausforderung an, mein Buch eines Tages zu Ende zu bringen. Dieses Geschenk war das erste einer langen Reihe unverhoffter, ermutigender Ereignisse, die ich alle brauchte, um trotz der vielen inneren Veränderungen und unterschiedlichen Beweggründe weiter zu schreiben.

Ich möchte meiner Freundin, ehemaligen Lebensberaterin und Frauengruppenleiterin Persephone Arbour dafür danken, dass sie das Vorwort zu diesem Buch geschrieben und mich einfach dadurch inspiriert hat, dass sie ist, wer sie ist.

Meine Freundin Yosi Collins schickte mir ihren alten Computer, als ich mir die anfallenden Reparaturen für den Laptop nicht mehr leisten konnte. Meine mangelnden Computerkenntnisse machten es oft notwendig, dass ich Hilfe in Anspruch nahm, und irgendwoher kam immer Hilfe, oft sogar unentgeltlich. Zu meinen besonders großzügigen Computerengeln gehören Murray Fairbanks sowie Bill und Rose McMullen. Lynn Tulipan, eine Bekannte, mit der ich seit Jahren keinen Kontakt gehabt hatte, kam eines Tages für eine Woche aus Karratha zu Besuch, tippte mit flinken Fingern viele Seiten meines handgeschriebenen Manuskripts in meinen Computer und verschwand dann ebenso plötzlich, wie sie gekommen war. Ich danke dir, Lynn.

Selbst der Staat unterstützte mich ungewollt, indem er mir einen Computerkurs bezahlte, eigentlich als Maßnahme zum Wiedereinstieg in die Arbeitswelt, doch da meine Bewerbungen allesamt erfolglos waren, blieb nichts anderes übrig, als meine neuen Kenntnisse für dieses Buch einzusetzen.

Ich danke Craig Chappelle aus tiefstem Herzen dafür, dass er schlicht aus Freundschaft meine erste Fassung (noch ohne Seitenzahlen) las und mir Feedback gab, ohne mein Selbstvertrauen zu zerstören. Englisch ist nicht meine Muttersprache und das macht sich oft versteckt in manch seltsamen grammatikalischen Konstruktionen bemerkbar. Don Eade, etliche Jahre Betreuer der Schreibwerkstatt von Susannah Kathryn Pritchard in Darlington, zog zufällig nach Denmark und machte mich freundlicherweise mit Presentation Protocol vertraut.

Einem weiteren Freund, Kumara, ebenfalls ein publizierter Autor, verdanke ich das Feedback eines unbefangenen Lesers und viele wohl überlegte Vorschläge.

Unerwartete Hilfe bekam ich von einer Nonne der Faithful Companions of Jesus, die ich in England traf. Sie möchte anonym bleiben. Was sie mir in ihrer Offenheit vertrauensvoll berichtete, bereicherte dieses Buch sehr, und ich danke ihr dafür.

Hilfreich zum Abgleich bestimmter geschichtlicher Daten waren unter anderem die Bücher *These Women* und *The Sisters Faithful Companions of Jesus in Australia* von Schwester M. Clare O'Connor FCJ.

Sally Haigh übernahm die Redaktion der ersten Fassung, und sie tat mehr als das. Sie ist wahrhaft eine Heilerin des geschriebenen Wortes. Ich danke ihr für die unermüdliche Aufmerksamkeit und das Fingerspitzengefühl, mit dem sie diese Aufgabe bewältigte, und ihre Bereitschaft, für die Bearbeitung des Manuskripts zusätzliche Zeit zu investieren, als es doch länger wurde als geplant.

Dem fachmännischen Rat von Tanya Marwood und Andrew Burke, beide in Westaustralien sehr bekannt, verdankt mein Buch seine vorliegende Form.

Die hervorragende Arbeit der Mitarbeiter bei HarperCollins kann ich gar nicht genug loben. Es hat gut getan, mit Nicola O'Shea zu arbeiten und zu sehen, wie das Manuskript dank ihres ausgezeichneten Lektorats besser wurde. Alison Urquhart danke ich für ihre stete Unterstützung, für die Geduld und Freundlichkeit, mit der sie all meine Fragen beantwortete und sich für meine Belange einsetzte.

Gelegentlich suchte ich Orientierung bei einer Frau, die in dem Ruf steht, Zugang zu höherer Weisheit zu haben, und in den Sitzungen tauchte immer wieder spontan mein Buch als Thema auf. Die Botschaft lautete stets: »Mach es fertig, es wird Erfolg haben«, so dass ich das Gefühl hatte, eine göttliche Mission zu erfüllen. Ich danke den unbekannten Freunden, die sie inspiriert haben, und den anderen unbekannten, unsichtbaren Freunden, die mir Orientierung gaben.

Und die vielen Personen in diesem Buch, die alle ihren Part so gut gespielt haben? Ich danke von ganzem Herzen meinen Eltern, den Nonnen der Faithful Companions of Jesus, meinen Expartnern, meinen beiden Töchtern und all den Menschen, die an meiner seelisch-geistigen Heilung beteiligt waren. Und natürlich danke ich ganz besonders all den Männern, die meine Kunden waren. Was hätte ich ohne sie geschrieben?

Meinen Freunden in dem kleinen Städtchen Denmark, wo ich lebe, danke ich dafür, dass sie mir getreulich die höchste Wahrheit der Einen Allgegenwärtigen Liebe widerspiegeln.

Carla van Raay